Johnson-Jahrbuch
Band 1/1994

Johnson-Jahrbuch

Band 1/1994

Herausgegeben von
Ulrich Fries und Holger Helbig

Vandenhoeck & Ruprecht

Redaktion: Holger Helbig

Umschlagbild: Andreas Lemberg, Uwe Johnson I, Öl auf Leinwand

Die Deutsche Bibliothek – CIP-Einheitsaufnahme

Johnson-Jahrbuch. –
Göttingen: Vandenhoeck und Ruprecht.
Erscheint jährl. – Aufnahme nach Bd. 1. 1994
ISSN 0945-9227

Bd. 1. 1994 –

ISBN 3-525-20900-2

Satz: Competext, Heidenrod
Druck und Bindung: Hubert & Co., Göttingen

Inhalt

Johnsons Werke werden wie folgt abgekürzt:

IB	Ingrid Babendererde	JT	Jahrestage
MJ	Mutmassungen über Jakob	BU	Begleitumstände
DBA	Das dritte Buch über Achim	KP	Karsch, und andere Prosa
ZA	Zwei Ansichten	BS	Berliner Sachen

Vorwort

In seinen Frankfurter Vorlesungen hat sich Uwe Johnson nachdrücklich gegen das Etikett vom »Dichter der beiden Deutschland« gewehrt, »freilich auch wegen der Berufsbezeichnung«. Selten findet man zitiert, daß er willens gewesen wäre, den Titel hinzunehmen, »wäre er zugetroffen in der Hinsicht, dass die Arbeiten des so Betroffenen in dem einen Teil Deutschlands von den Lesern geprüft werden durften wie in dem anderen«. Dieser Fall ist nun eingetreten.

Seit der Öffnung der Grenze, die zu beschreiben Johnson sich ausdrücklich bemüht hat, wird bemerkenswert oft aus seinem Werk zitiert; auch wenn es um Geschichte geht, nicht um Literatur. Mit der Entdeckung der DDR nach ihrem Ende ging die Entdeckung des Chronisten Johnson einher. Zugleich hat der für die Auswirkungen der deutschen Teilung in vielem exemplarische Lebenslauf das Interesse an der Person geweckt. Die Aufmerksamkeit für Johnsons Werk nimmt stetig zu, nicht nur in der früheren DDR, wo das Interesse zunächst vorrangig auf das geschichtliche Substrat gerichtet ist. Auch in der alten Bundesrepublik wird es neu gesehen, nicht zuletzt im Zusammenhang der Diskussion über die Literatur der DDR. Das ist eine produktive Situation für ein Jahrbuch, das Leben, Werk und Wirkung Uwe Johnsons gewidmet ist. Es beginnt in dem Jahr zu erscheinen, in dem er sechzig geworden wäre, zehn Jahre nach seinem Tod.

Uwe Johnson war, über das Anekdotische hinaus, ein ebenso schwieriger wie verschlossener und faszinierender Zeitgenosse. Sein Leben ist zweifellos eng mit dem Werk verknüpft. Ohne biographischer Interpretation das Wort reden zu wollen, glauben wir, daß die Kenntnis der Biographie zu einem besseren Verständnis des Werkes beiträgt. Gespräche mit Freunden Johnsons oder Berichte von Zeitzeugen werden daher zumindest die ersten Bände des Jahrbuchs eröffnen.

Zentrale Aufgabe aber werden die wissenschaftliche Analyse und Interpretation seines Werkes sein, so umfassend wie möglich. Ohne den Wert der bisherigen Johnson-Forschung schmälern zu wollen, steht sie doch in vieler Hinsicht erst am Anfang. Wichtige Fragen, die den Kern des erzählerischen Werkes betreffen, sind formuliert. Die gründliche Beschäftigung mit kleineren Texten dagegen, mit den essayistischen Arbeiten, den Fernsehkritiken, oder mit Johnsons Tätigkeit als Übersetzer und Schulbuchlektor steht noch aus. Ähnliches gilt für die Untersuchung der literarischen Rezeption. Die zunehmende Relevanz des Johnsonschen Werkes in der Komparatistik ist bereits abzusehen. Die Aufzählung ist nicht vollständig, verdeutlicht aber das breite Spektrum der Themen, für das dieses Jahrbuch einstehen soll. Unter der Überschrift *Kritik* werden wichtige Veröffentlichungen zu Johnson vorgestellt und vor dem Hintergrund der politischen Entwicklungen in Deutschland kommentiert. In höherem Maße noch als die anderen Beiträge versteht sich diese Rubrik als Gesprächsangebot.

Das Jahrbuch soll ein Platz sein, auf dem sich die Forschung in ihrer ganzen Vielfalt versammeln und begegnen kann. Kein Thema, keine Fragestellung soll ausgeschlossen sein. Die Forschungsbedingungen sind durch das Vorhandensein des Uwe Johnson Archivs in Frankfurt am Main besonders günstig. Wir hoffen, in Zusammenarbeit mit dem Archiv auch Quellenmaterial veröffentlichen zu können.

Im Unterschied zu einer Einzelpublikation verspricht ein Jahrbuch Kontinuität und fordert Beständigkeit. Tatsächlich liegt diesem Jahrbuch die Überzeugung zugrunde, daß dem Werk Johnsons nur kontinuierliche Arbeit gerecht werden kann.

Wir bedanken uns bei allen, die geholfen haben, das vorliegende Buch zu gestalten.

Die Herausgeber

Hanover, NH   3/III/93

Lieber Ulrich Fries,

ich bin, durch allerlei Zwischenfälle, recht verspätet,
3. März! (nach sibirischen Kältemonaten).

Ja der Uwe ...

In den schaut wohl niemand richtig herein. Er war
immer, so schien es mir, in der Mitte zwischen Widersprüchen – zutraulich und doch fast verschlossen.
Ich habe mir damit geholfen dass ich seine Eigenständig-
keit einfach ignorierte; war er stumm, redete ich in
seine Stille, fragte, bekam kryptische Antworten,
ignorierte Rauch u. Schleier. Meist waren es praktische
Probleme, die er vorbrachte, hervorgerufen durch Cata –
strophen – so der Brand, der seine Berliner Mansarden –
stube, mit allen mühsam gesammelten Unterlagen
für seine Arbeit, u. viele Notizen zerstörte, u in dem seine
Schwägerin, der er dies Dach während seiner U.S.A
Zeit zur Verfügung gestellt habe, um Raum. Er musste
sofort nach Berlin, es war ein Wochenende, die Ban –
ken geschlossen, credit karten hatten die Johnsons
nicht. Ich fahr mit ihm an den Flughafen mit meiner
American Express card u er kam auf einen Panam
Flug nach Berlin. Damals war seine äussere Ruhe

10   *Helen Wolff: Brief an Ulrich Fries. Faksimile*

2)

mehrfach erschüttert – der Tod der Schwägerin, der Verlust
unersetzlicher Papiere, u. auch die Sorge, was der Hauswirt von ihm als Schadenersatz beanspruchen würde,
denn er war der legitime Mieter der grade zu stehen
hatte. In solcher Lage verliess er sich darauf, dass
man ihm zur Verfügung stand, hat es aber auch nie
vergessen. (In seiner Verbleibung stellte der Hauswirt
keinerlei Ansprüche oder sonstige Fragen. Es wurde nie
geklärt ob Freunde da vor- u. fürsorglich eingegriffen
hatten oder Versicherung den Schaden deckte – wie auch
immer, "man" schonte ihn.)

 Er war streng mit sich selbst. Kein Alkohol während
er schrieb, nur Tassen von Tee, den Frau Elisabeth
ständig zu erneuern hatte. Er benahm sich überhaupt
wie ein deutscher Mann, im Bann der Arbeit, autokratisch
verlangend u. sich bedienen lassend. (Es fiel mir
besonders bei meinen Berliner Besuchen auf.)
In Amerika erschien er kameradschaftlicher – Ansteckung
durch freiere Atmosphäre? Dabei bewunderte er seine
Frau für ihre beachtliche Intelligenz u. ihr literarisches
Urteilsvermögen.

 Er war ein Einzelgänger der Gesellschaft brauchte.
Als wir beide unter dem gleichen Dach arbeiteten,
im Verlagshaus Harcourt Brace Jovanovich, Third Ave,
New York,

erschien er sozusagen regelmässig in meiner Bureautür u versuchte sofort sich nützlich zu machen und
machte sich auch wirklich nützlich — er hatte diesen
Riesenverstand u war einst in Deutschland als Herausgeber tätig gewesen. Er half Wolf Biermanns
Drahtharfe in eine amerikanische Gitarre umzustimmen,
mit dem feinen Ohr für politische Frequenz. Diese
Besuche waren geradezu gemütlich. Hilfsbereitschaft
gehörte zu seiner Art zu sein. In der Abteilung in
der er sein amerikanisches Lehrjahr absolvierte hatte
er sich Freunde gewonnen — charakteristisch, in erster Linie eine
russische Mitarbeiterin, eine Seele von einem Menschen,
die mit ihrer Mutter lebte u bei der Ihre fern zu Gast war.
Diese hatte unter einem (deutschstämmigen) Vorgesetzten
zu leiden, der ihre Anregungen zwar anhörte, sie aber
als die eigenen an die noch Übergeordneteren weiterleitete,
der Dame dadurch den verdienten Aufstieg sperrte — wer
denkt hier nicht an Schopenhauers schlagendes Wort:
"... der, um zu scheinen was er nicht ist, darf andere
nicht gelten lassen für Das, was sie sind."
      Johnson's Gerechtigkeitssinn war so gereizt, dass man
ihn nur mühsam davor zurückhalten konnten den
Tatbestand einer höheren Rangstufe zu demaskieren —

12   Helen Wolff: Brief an Ulrich Fries. Faksimile

4

Was, wie die business-Hierarchie nun einmal ist, der Firma nur
Wider-Wärtigkeiten, ja sogar Kündigung eingetragen hätte.
Er sah das schliesslich widerwillig ein + strafte den Schuldigen nur
mit seiner Verachtung die stumm aber sichtbar war. Das konnte er.
Kollegial, hilfsbereit – + ganz + gar unfähig zu Compromissen
+ berechnenden Gefälligkeiten – da man nun doch schon
einmal in einer Welt der Gegenseitigkeit lebt. "Gefällig"
im landläufigen Sinn setzte er gleich mit "Verlogenheit." Die Ehre galt der Wahrheit, die auch eine
recht subjektive Wahrheit sein konnte. Einen in
seiner Art ähnlichen Wahrheitsfanatiker warf er
aus den Fugen als dieser auf die übliche höfliche
Floskel: "How are you today" zurückbekam: "Why do
you ask? You couldn't care less!"

     Ja, der Ehre –

              Gute Grüsse
                Ihrer

                   Helen Wolff

PS: Streichen gestattet,
    Papierkorb ditto
    Nur Keine Änderungen
    im Wortlaut ohne Rückfrage

PPS: Grüsse auch Ihrer Mutter –
     alle Mütter sind unzufrieden

Helen Wolff

Brief an Ulrich Fries

Transkription

Hanover, NH 3/III/93

Lieber Ulrich Fries,

ich bin, durch allerlei Zwischenfälle, recht verspätet, 3. März! (Nach sibirischen Kältemonaten.)

Ja der Uwe …

In den schaut wohl niemand richtig herein. Er war immer, so schien es mir, in der Mitte zwischen Widersprüchen – zutraulich und doch fest verschlossen. Ich habe mir damit geholfen[,] dass ich seine Abständigkeit einfach ignorierte: war er stumm, redete ich in seine Stille, fragte, bekam kryptische Antworten, ignorierte Rauch u[nd] Schleier. Meist waren es praktische Probleme, die er vorbrachte, hervorgerufen durch Catastrophen – so der Brand, der seine Berliner Mansardenstube, mit allen mühsam gesammelten Unterlagen für seine Arbeit u[nd] vielen Notizen zerstörte, u[nd] in dem seine Schwägerin, der er dies Dach während seiner U.S.A. Zeit zur Verfügung gestellt hatte, umkam. Er musste sofort nach Berlin. Es war ein Wochenende, die Banken geschlossen; Creditkarten hatten die Johnsons nicht. Ich fuhr mit ihm an den Flughafen mit meiner American Express Card u[nd] er kam auf einen Panam Flug nach Berlin. Damals war seine äussere Ruhe mehrfach erschüttert – der Tod der Schwägerin, der Verlust unersetzlicher Papiere, u[nd] auch die Sorge, was der Hauswirt von ihm an Schadenersatz beanspruchen würde, denn er war der legitime Mieter, der geradezustehen[1] hatte. In solcher Lage verliess er sich darauf, dass man ihm zur Verfügung stand, hat es aber auch nie vergessen. (Zu seiner Verblüffung stellte der Hauswirt keinerlei Ansprüche oder sonstige Fragen. Es wurde nie geklärt[,] ob Freunde da vor- u[nd] fürsorglich eingegriffen hatten oder [eine] Versicherung den Schaden deckte – wie auch immer, »man« schonte ihn.)

Er war streng mit sich selbst. Kein Alkohol während er schrieb, nur Massen von Tee, den Frau Elisabeth ständig zu erneuern hatte. Er benahm sich überhaupt wie ein deutscher Mann, im Bann der Arbeit, autokratisch verlangend u[nd] sich bedienen lassend. (Es fiel mir besonders bei meinen Berliner Besuchen auf.) In Amerika erschien er kameradschaftlicher – Ansteckung durch freiere Atmosphäre? Dabei bewunderte er seine Frau für ihre beachtliche Intelligenz u[nd] ihr literarisches Urteilsvermögen.

Er war ein Einzelgänger der Gesellschaft brauchte. Als wir beide unter dem gleichen Dach arbeiteten, im Verlagshaus Harcourt Brace Jovanovich, Third Ave., New York, erschien er sozusagen regelmässig in meiner Bureautür u[nd] versuchte sofort[,] sich nützlich zu machen und machte sich auch wirklich nützlich – er hatte diesen Riesenverstand u[nd] war auch in Deutschland als Herausgeber tätig gewesen. Er half[,] Wolf Biermanns *Drahtharfe* in eine amerikanische Gitarre umzustimmen, mit dem feinen Ohr für politische Frequenz. Diese Besuche waren geradezu gemütlich. In der Abteilung[,] in der er sein amerikanisches Lehrjahr absolvierte[,] hatte er sich Freunde gewonnen – charakteristisch, in erster Linie eine russische Mitarbeiterin, eine Seele von einem Menschen, die mit ihrer Mutter lebte, u[nd] bei der Uwe gern zu Gast war. Diese hatte unter einem (deutschstämmigen) Vorgesetzten zu leiden, der ihre Anregungen zwar anhörte, die aber als die eigenen an die noch Übergeordneteren weiterleitete, der Dame dadurch den verdienten Aufstieg versperrte – wer denkt hier nicht an Schopenhauers schlagendes Wort: »... der, um zu scheinen was er nicht ist, darf andere nicht gelten lassen für das,[2] was sie sind.«

Johnsons Gerechtigkeitssinn war so gereizt, dass man ihn nur mühsam davor zurückhalten konnte[,] den Tatbestand einer höheren Rangstufe zu denunzieren – was, wie die business-Hierarchie nun einmal ist, der Dame nur Widerwärtigkeiten, ja sogar Kündigung eingetragen hätte. Er sah das schließlich widerwillig ein u[nd] strafte den Schuldigen nur mit seiner Verachtung, die stumm, aber sichtbar war. Das konnte er.

---

1 Im Original getrennt geschrieben.   2 Im Original groß.

Kollegial, hilfsbereit – u[nd] ganz u[nd] gar unfähig zu Compromissen und *berechnenden* Gefälligkeiten – da man nun doch schon einmal in einer Welt der Gegenseitigkeit lebt. »Gefällig« im landläufigen Sinn setzte er gleich mit »Verlogenheit«. Die Ehre galt der Wahrheit, die auch eine recht subjektive Wahrheit sein konnte. Einen in seiner Art ähnlichen Wahrheitsfanatiker warf er aus den Fugen[,] als dieser auf die übliche höfliche Floskel: »How are you today« zurückbekam: »Why do you ask? You couldn't care less!«

Ja, der Uwe –

Gute Grüsse
Ihrer Helen Wolff

PS: Streichen gestattet,
       Papierkorb ditto
       Nur keine Änderungen im Wortlaut ohne Rückfrage

PPS: Grüsse auch Ihrer Mutter – *alle* Mütter sind unzufrieden

Manfred Bierwisch

Fünfundzwanzig Jahre mit Ossian

Dr. Jürgen Grambow und Teilnehmer eines Jenaer Seminars sprachen mit Prof. Manfred Bierwisch über Uwe Johnson und seine Freunde[1]

JG: Zu Ihrem 50. Geburtstag hat Uwe Johnson ein Porträt, eine Art Chronik Ihrer Beziehung zueinander geschrieben.[2] In dem Text heißt es, Johnson sei vor 25 Jahren – mittlerweile also vor 38 Jahren – in Leipzig Mitglied einer Gruppe von Freunden geworden, die miteinander lebten, gleichrangig und ebenbürtig. Sehr bald ist von Vertrauen und Verschwiegenheit die Rede, verständlicherweise, wenn man an die Situation 1955 denkt, die von den ostdeutschen Erben Stalins geprägt war. Offenbar gab es aber auch unabhängig davon Spaß an Geheimsprache und allerlei Rituellem.

Bierwisch: Angefangen mit den Namen, die wir füreinander hatten. Da waren James und James und Jake – der eigentlich auch James hieß, aber

---

1 Unabhängig voneinander sprachen Dr. Jürgen Grambow (JG), am 13.11.1990 in Berlin, und ein von Rudolf Gerstenberg (RG) und Thomas Schmidt (TS) an der Jenaer Universität veranstaltetes Seminar, am 6.12.1990 anläßlich der Verleihung der Jenaer Ehrendoktorwürde, mit Prof. Manfred Bierwisch. Die Unterstützung des Jenaer Seminars durch Dr. Grambow wurde Grundlage für die Idee, beide Gespräche zu einem zu vereinen. Den daraus hervorgegangenen, von Thomas Schmidt redaktionell bearbeiteten Text hat Manfred Bierwisch im August 1993 durchgesehen, korrigiert und ergänzt. Die weiteren Fragesteller sind Prof. Dr. Gisela Harras (GH) und Holger Helbig (HH).
2 Johnson, Uwe: Twenty five years with Jake, a.k.a. Bierwisch, in: Ders., Porträts und Erinnerungen, hg. von Eberhard Fahlke, Frankfurt am Main 1988, S. 95-108.

das ging nicht –, dann natürlich Béla, und eben Ossian. Die Namen, wie auch sonst allerlei Spielereien, waren eine Lebensform, sie hatten mit unserem Verhältnis zueinander zu tun, gewiß nicht mit Tarnung und Vorsicht. Tatsächlich ist Johnson für mich bis heute in Wahrheit Ossian. Auch James und James kann ich noch immer kaum anders anreden. Und Béla konnte bis zu seinem Tod vor zwei Jahren keiner, der ihn kannte, anders als bei seinem wahren Namen nennen.

JG: Wie ist es denn zur Bildung dieses Klubs gekommen, wie waren seine Regeln? Wie wurde man Mitglied?

Bierwisch: Der Ausdruck Klub ist eigentlich irreführend. Die Gruppe ist ohne alle Absichten entstanden, es gab da keinen Plan, nur unterschiedliche Zufälle, und eben gemeinsames Verständnis von dem, was uns wesentlich schien. Baumgärtner und Menzhausen, die beiden Jamese, hatten gemeinsam Abitur gemacht. Daß sie befreundet blieben über die Schulzeit hinaus, das war schon kein Zufall mehr, sondern ein Stück Weltverständnis. In dem spielte die große amerikanische Literatur der Gegenwart – Hemingway, Faulkner, Dos Passos, Wolfe – eine wichtige Rolle. Walter Krug, ihr Deutschlehrer in der Abiturklasse, mit dem wir in der Folgezeit alle befreundet waren, hatte ihre Neugier darauf auf ungewöhnliche Weise geweckt. Ich bin den beiden dann ganz zufällig begegnet. Ich war mit einem gemeinsamen Bekannten unterwegs, der hat die beiden begrüßt, auf dem Hauptbahnhof, und nach ein paar Sätzen sagte James, komm doch mal vorbei. So fing das an, ein reiner Zufall. Menzhausen sagte noch, bei Engewald – war es wirklich der Buchhändler Engewald? – hängt ein Franz Marc im Schaufenster, den müssen wir uns angucken. Und redete dann Bedeutsames über die Roten Pferde und den Expressionismus überhaupt. Am Tag drauf habe ich dann Baumgärtner besucht und Erstaunliches über Bruckner gehört. Und von Bruckner. James konnte damals schon alle Brucknersymphonien singen, blasen, stampfen, eben aufführen im Alleingang. Menzhausen fing dann an, Kunstgeschichte zu studieren. Da seine Mutter im KZ gewesen war, wurde er gleich nach dem Abitur zum Studium zugelassen. Das gehörte auch zum ostdeutschen Kommunismus. Baumgärtner mußte zunächst eine Ausbildung zum Schlosser machen – die Einsichten in die Sprache der Berufskollegen finden sich später in seiner Dissertation zur Leipziger Umgangssprache. Und ich mußte erst einmal ins Lungensanatorium nach Adorf. Danach fing ich an, Physik zu studieren, weil ich für Germanistik bereits zweimal abgelehnt worden war, aber nach einem Semester habe ich mich dann umschreiben lassen können. Im musikwissenschaftlichen Seminar, in das ich unter Umgehung der Studienvorschriften ging, aber die waren damals noch nicht so rigide wie nach den verschiedenen Hochschulreformen, im Seminar vom ›Kammerprofessor Wolff‹ bei einer Veranstaltung über Bartók traf ich dann diesen kauzigen Studenten, der im Tausch gegen die *Minima Moralia* die *Philosophie der Neuen Musik* herausrückte. Béla, das heißt, Eberhard Klemm, um das festzuhalten, bin ich wirklich durch das Losungswort »Adorno« näher gekommen. Und die beiden Jamese, die mich längst mit dem Namen Jake kenntlich gemacht hatten, haben Béla dann rasch akzeptiert. Das heißt, nein, es gab da noch ein retardierendes Moment. Ich war mit Béla und anderen Musikologen nach Berlin gefahren, im Amerikahaus haben wir da auf Vermittlung des Kammerprofessors Wolff – das war übrigens glatter Hochverrat und hätte ihn sein Lehramt und mehr kosten können – Schallplatten angehört, alle Bartók-Streichquartette, in der Maison de France haben Béla und ich auf eigene Faust französische Schallplatten, vor allem aber *Le Sacre de Printemps* angehört, und auf der Rückfahrt habe ich sechs Hefte der Zeitschrift *Der Monat*[3] mitgenommen. Die Züge von und nach Berlin wurden damals unheimlich streng kontrolliert, die Kontrolleure haben mich erwischt und uns beide mitgenommen. Béla wurde dann nach zwei Tagen entlassen, und ich wurde angeklagt »wegen Gefährdung des Friedens des deutschen Volkes und der Welt«. Das war im Herbst 1952, und daß Béla so rasch wieder zu Hause war, während ich zu anderthalb Jahren Zuchthaus verurteilt wurde, hat ihm zunächst einiges Mißtrauen eingetragen. Es war aber eben so, daß ich die Konterbande geschmuggelt hatte und Béla nicht. Das war den Freunden dann bald klar, und als ich nach 10 Monaten entlassen wurde – inzwischen war Stalin gestorben, die Partei hatte Fehler eingeräumt und den Aufstand am 17. Juni mit sowjetischer Hilfe überstanden –, da hatten Béla und die Jamese mittels unglaublich verrauschter Tonbandaufnahmen fast alle Mahlersymphonien aufgetan, auch Schönberg, das Streichtrio mit der auskomponierten Injektionsspritze, wie Béla erläuterte, und anderes. Béla – der Name ist übrigens wirklich von Bartók genommen – war also unentbehrlicher Bestandteil geworden. Inzwischen war Baumgärtner bei den Germanisten immatrikuliert, und das Jahr, das ich verloren hatte, hat uns in einer Seminargruppe zusammengeführt. In der tauchte dann, und das ist der letzte Zufall, ein großer, schlanker, sehr blonder und etwas

---

3 »Der Monat«, eine internationale Zeitschrift, hg. von Melvin J. Lasky und Hellmut Jaeserich, Frankfurt am Main 1948 bis 1971.

ungewöhnlicher Kommilitone auf. Der ist entweder Anarchist oder
Dichter, befand Menzhausen nach den ersten gemeinsamen Gesprächen.
Und damit war sein Signet geprägt, denn als Germanisten hatten wir uns
außer mit dem *Doktor Faustus* auch mit Ossian und den Liedern alter
Völker, also gerüchteweisen Dichtern, zu befassen. Ossian akzeptierte
den Namen, und wir ihn. Er war ein neues, ganz anderes Temperament,
das war von Anfang an offenbar. Aber wir hatten einander überzeugt, das
war ebenso rasch klar. Daß er an einem Roman schrieb, war einfach seine
Eigenart, auch wenn es eine ganze Weile dauerte, bis er von dem Text
etwas preisgab. Zunächst war uns allerdings nicht bewußt, wie entscheidend
das werden sollte, oder bereits war. Jedenfalls war es außer den Differenzen
mit der Staatsmacht, die ihn von Rostock weg nach Leipzig, also zu uns,
geführt hatten, vor allem das gemeinsame Interesse für die Ausprägungen
der Moderne, das uns verband – und natürlich auch immer auf Abstand
zur offiziellen Doktrin brachte. Es war ja die Zeit, in der Barlach und
selbst Eisler als Formalisten denunziert wurden, in der Strawinsky un-
aufführbar war. Gewiß hat das alles zu der Vorbehaltlosigkeit beigetragen, mit der wir aufeinander vertraut haben, und damit auch zur
Festigkeit dieses eigenartigen, lockeren Kreises. Aber das war keine
geschlossene Gesellschaft, alle Spielregeln waren informell. Was uns
zusammenhielt, war der gemeinsame Nenner, der nicht festgelegt werden brauchte. Verschiedenheiten der Interessen und der Fächer, denen
wir nachgingen, waren eine gewiß wichtige, aber ganz unkalkulierte
Bereicherung.

JG: Also gleiche Rechte für jeden, aber spezielle Fähigkeiten und
Interessen in einem gemeinsamen Rahmen?

Bierwisch: So könnte man es wohl zusammenfassen – oder eigentlich
doch nicht. Die Idee gleicher Rechte wäre uns gar nicht gekommen, es
verstand sich wirklich alles von selbst. Was hilfreich schien oder Spaß
machte, das haben wir gemacht. Johnson hat, als er ein Zimmer brauchte,
eine Weile bei Menzhausen gewohnt, dann mehrfach bei mir. Und wir
standen ja in keinem Wettbewerb, gut genug waren wir allemal. Wenn
wir gemeinsame Seminare besuchten, Baumgärtner und ich haben das
mehrmals getan, dann lag der Reiz darin, verschiedene Varianten auszu-
probieren – mit Adornos Technik moderne Lyrik zu analysieren, oder
Schiller durch die Brille von Heidegger. Aber zu spezialisiert dürfen Sie
sich das auch nicht vorstellen, etwa in der Art: Béla betreibt Musik, oder
Menzhausen bildende Kunst, und das ist es dann.

JG: Johnson läßt wissen, daß er erst in Leipzig Leute kennengelernt habe, die sich ganz ungeniert mit ihren Wünschen an Peter Suhrkamp wandten und ihre Situation schilderten. Offenbar hat er sich seine erste Benjamin-Ausgabe 1955 zum Umrechnungskurs eins zu fünf selbst gekauft. Da hat es mich ein wenig verwundert, daß er in dem Porträt zwar Adorno nennt – und Sie haben ihn ja eben auch mehrfach erwähnt –, von Benjamin, der seinem Brecht doch ungleich näher stand, aber kein Wort fällt.

Bierwisch: Das sind zwei Punkte ganz verschiedener Art. Zunächst die Bücherwünsche. Wir haben halt alle denkbaren Wege benutzt, um an die Sachen zu kommen, die uns interessierten. Da gab es zum Beispiel noch private Buchhandlungen und Antiquariate; Heideggers *Sein und Zeit* habe ich aus einem Nachlaß erworben; die Deutsche Bücherei war durchaus ergiebig, wenn man es richtig machte, zum Beispiel mit einer Bescheinigung von Hans Mayer; und natürlich haben wir ausgetauscht und geliehen, auch von älteren Freunden, die *Minima Moralia* etwa hatten wir von Schlips, der Lektor bei Johann Ambrosius Barth war und eine phantastische Bibliothek hatte. Aber dann wollten wir eben auch Neuerscheinungen aus dem Westen. Beim Umrechnungskurs eins zu fünf war da mit dem Stipendium nicht viel zu bewerkstelligen. Da hat Baumgärtner die Idee gehabt, einfach an Suhrkamp zu schreiben. Es ging um die *Prismen* von Adorno. Er hat um ein Remittendenexemplar gebeten und bekam umgehend ein Exemplar, dessen einziger Fehler darin bestand, daß es einen doppelten Schutzumschlag hatte – erst später haben wir begriffen, daß das damals bei Suhrkamp-Titeln normal war. Der zweite Punkt, die Frage nach Benjamin, die stellt sich so eigentlich nur aus der Retrospektive. Benjamin hat es ja bis 1955 einfach gar nicht gegeben. Ich kannte ihn zunächst nur, weil Adorno sich für das Konstruktionsprinzip der *Philosophie der Neuen Musik* auf ihn beruft. Die Beschäftigung mit Benjamin selbst kam erst später, und dann auch für jeden etwas anders und in verschiedenen Phasen. Bei Béla, der sehr von Bloch beeinflußt war, begann es früher, und auf andere Weise auch bei Ossian. Ich war damals wesentlich stärker von Sartre fasziniert. Die Herkunft von Johnsons Benjamin-Ausgabe kann ich übrigens präzisieren, weil ich an ihrer Beschaffung beteiligt war. Sie war ein Geschenk von Freunden zu Weihnachten 1956, das den Beschenkten aber erst nach dem Fest erreichte.

JG: Ich habe besonders auf Benjamin bestanden, weil Johnson sich in den *Begleitumständen* eigentlich nur auf Benjamin beruft. Er sagt dann ja auch, daß er ihn sich erfinden mußte, weil er, als er zu schreiben anfing, die Bände noch nicht hatte, noch gar nicht kannte. Aber das kommt ja, glaube ich, der Logik eines Schreibenden sehr nahe: Hinterher legt man sich eine Erklärung zurecht.

Bierwisch: Nun ja, wie schon gesagt, Benjamin hat bis 1955 in der Öffentlichkeit praktisch nicht existiert. Er war auch für uns zunächst nur eine Art Gerücht, dessen Quellen Adorno und Bloch waren. Wie spät und zunächst schwierig die dann so eingreifende Wirkung Benjamins begonnen hat, und keineswegs nur in Leipzig, ist jetzt ja fast ein Gemeinplatz. Und übrigens glaube ich schon, daß in der Zeit der *Begleitumstände* und natürlich der *Jahrestage* Benjamin bei weitem bedeutsamer war für Johnson als in der Zeit, über die wir gerade gesprochen haben. Die *Mutmassungen* und gar *Ingrid Babendererde* sind kaum von Benjamin geprägt, auch nicht im Sinn einer Logik post festum. Für die *Mutmassungen* war die Aneignung Faulkners wirklich viel bedeutsamer. Die biographische Erinnerung Johnsons, die Sie verwundert hat, ist also durchaus korrekt.

TS: Kann ich da vielleicht eine Frage nach dem Leipziger Umfeld anschließen? Es wird oft von der ›goldenen Zeit‹ in Leipzig in den fünfziger Jahren gesprochen – mit Bloch und Krauss und Mayer. Viele Interpreten beziehen sich bei den *Mutmassungen* auf die Moderne-Rezeption, die in großen Teilen des Ostens versperrt war und für die in Leipzig Hans Mayer eine Rolle gespielt hat. Ich wollte Sie fragen, wie Sie das von heute aus sehen. War Leipzig ein Refugium? War Leipzig etwas Besonderes, auch das Studieren in Leipzig? War das auch für Johnson etwas Besonderes?

Bierwisch: Die triviale Antwort ist: ja. Schon nach den biographischen Umständen. Johnson hatte Rostock, also Mecklenburg, nach politischen Konflikten und Exmatrikulation verlassen, und dann hatte er in Leipzig urvermutete Freunde, Gleichgesinnte, war in ganz persönlicher Weise angenommen. Aber zu dem, was Sie eigentlich meinen: Natürlich ist es Koketterie, wenn Johnson Leipzig die heimliche Hauptstadt der DDR nennt, aber gänzlich unbegründet war es nicht. Gewiß war Leipzig kein Refugium, das konnte es in einem rigoros zentralistischen Staat nicht geben. Aber Unterschiede, interessante Widersprüche, die gab es schon. Und sie waren nach Berlin, der Stadt mit der damals noch offenen Grenze, in Leipzig besonders ausgeprägt, sowohl aufgrund der Tradition wie auch der Nachkriegsentwicklung. Da gab es die Gewandhauskonzerte, die wöchentlichen Motetten des Thomanerchors, eine durchaus noch lebende bedeutende bürgerliche Kulturtradition. Natürlich war uns die wichtig. Und dann hatte Leipzig eine in vielen Fächern sehr wohl noch hochrangige Universität, die sich unter ihrem Rektor Gadamer mehrere Jahre erfolgreich gegen die Eingriffe der Partei gewehrt hatte. Das war allerdings vor unserer Studienzeit. Inzwischen war der Widerstand gebrochen. Dennoch: Deutsche Literatur der Goethezeit lehrte immer noch Hermann August Korff, ein gediegener, traditioneller Geisteswissenschaftler. Theodor Frings, bei dem ich später unter beiderseitigen Schmerzen promoviert habe, verkörperte die ungebrochene Tradition der älteren Germanistik. Und der große Ägyptologe Siegfried Morenz, von dem es hieß, daß er am 17. Juni mit den Hennigsdorfer Arbeitern marschiert war, der konnte anhand der altägyptischen Geschichte die Mechanismen der Parteidiktatur deutlich machen. Aber dann waren da die so gar nicht ins Klischee passenden Vertreter marxistischer Wissenschaft: Bloch, Hans Mayer, Werner Krauss, auch der Historiker Walter Markov. Daß sie alle später in Konflikte mit der Partei kamen, Konflikte, die uns zum Teil ganz direkt betroffen haben, das war zunächst nicht abzusehen. Vorerst waren sie die offiziellen Repräsentanten einer nicht mehr bürgerlichen Wissenschaft. Aber die zur Legende gewordenen Veranstaltungen im Hörsaal 40, die Hans Mayer in seinen Memoiren und auch Johnson in seinem Porträt *Einer meiner Lehrer* beschrieben hat, das war unstrittige Moderne. Und ebenso eigenwillig Blochs raunend und schnalzend vorgetragene Geschichte der Philosophie. Das waren prägende Eindrücke, Veranstaltungen, die man nicht durch ein Buch ersetzen kann. Übrigens waren alle diese großen Figuren, die bürgerlichen und die nichtbürgerlichen, Großordinarien alten Stils, niemand hätte sich einen Umgang mit ihnen, wie er heute üblich ist, vorstellen können. Daß der Student Johnson von Professor Mayer privat empfangen wurde, daß Béla gelegentlich bei Bloch eingeladen war, das waren unerhörte Begebenheiten. Erst spät, schon nach Abschluß des Studiums, habe ich Hans Mayer zu besuchen gewagt, wurde ich in Blochs Gesprächskreis eingeladen. Professoren waren noch wirklich bedeutend, in jeder Hinsicht. Das heißt nicht, daß sie keine persönliche Wahrnehmung ihrer Studenten gehabt hätten. Als ich zum Beispiel zur ersten Zwischenprüfung bei Professor Mayer antrat, Thema deutsche Romane des 20. Jahrhunderts oder so ähnlich, ein Jahr nachdem ich wieder immatrikuliert worden war, hat mir sein Assistent, den ich gut kannte, hinterher verraten: »Du hast Dir die Eins zwar verdient, aber sie stand schon vor der Prüfung fest, wegen der besonderen Umstände.« Das war bedeutsamer als lockere Umgangsformen. Wir wußten damals durchaus, daß wir es mit wirklichen Persönlichkeiten zu tun hatten.

Auf der anderen Seite, und trotz aller Leipziger Besonderheiten, war Berlin noch etwas anderes. Nicht die Hauptstadt der DDR, eher schon das damals noch atemberaubende Berliner Ensemble, aber vor allem eben die offene Grenze. Die einzige Klee-Ausstellung, die ich damals gesehen habe, zum Beispiel, war in der Westberliner Akademie der Künste. Und der ganze große Teil der Moderne, der in der Öffentlichkeit der DDR nicht existierte: Aufführungen von Strawinsky, Sartre, Frisch ... In dieser Hinsicht konnte Leipzig nicht anders sein als andere Städte der DDR auch.

JG: Lassen Sie mich auf das Porträt zurückkommen, das Johnson Ihnen gewidmet hat. Er erwähnt da die beiden Sanatorienaufenthalte, die Sie absolvieren mußten.

Bierwisch: Ich war in Wahrheit dreimal im Sanatorium, zweimal in Adorf und einmal in Sommerfeld, alles in allem über zwei Jahre. Aber das erste Mal war vor unserer Bekanntschaft.

JG: Gibt er Ihre Aversion gegen Adorf richtig wieder, oder legt er etwas hinein in den Namen des Städtchens an der tschechischen Grenze?

Bierwisch: Adorf hatte mit dem Zauberberg nur die streng einzuhaltenden Liegekuren gemeinsam. Man muß sechs bis acht Stunden am Tag ruhen, das ist ein sehr eingeschränktes Leben, ziemlich frustrierend. Da habe ich mir viel Zeit mit Briefeschreiben vertrieben. Ich habe da unter anderem *Das Sein und das Nichts* von Sartre gelesen und Ossian dann allerlei von den Einsichten angedient, die ich da gewonnen zu haben meinte, obwohl die kaum seinem Denkstil entsprachen. Immerhin, es war Teil eines andauernden Disputs über die Erklärbarkeit der Welt, der in vielen Formen und Einkleidungen anhielt.

JG: In dem Porträt sagt er, Sie hätten praktisch erst durch den Kuraufenthalt in Sommerfeld bei Berlin einen Begriff vom Norden, also von ›seiner‹ Landschaft bekommen.

Bierwisch: Ich war da fast ein Jahr, mitten in der märkischen Landschaft, und es war ein ungewöhnlich schöner Sommer, den habe ich ihm in Briefen zu beschreiben versucht. Aber er hat mich da auch mehrfach besucht. Das war die Zeit, in der er viel zwischen Leipzig und Güstrow pendelte, und Sommerfeld lag fünf Bahnstationen von Berlin entfernt. Wir haben einige Wochenenden mit langen Spaziergängen zugebracht. Er arbeitete damals an den *Mutmassungen*. Ich erinnere mich an einen Winterspaziergang, der See, der an das Gelände des Sanatoriums grenzte, war zugefroren, die Schneedecke lud dazu ein, Spuren zu machen, und unversehens waren wir in ein unverabredetes Spiel verwickelt: Wir schrieben Wörter in den Schnee, immer abwechselnd eins nach einem großen Bogen um das Ganze, das ein streng aleatorisches Gedicht wurde. Eine Mischung aus Ballett und dadaistischer Lyrik. Wir waren sehr zufrieden.

JG: Und dann hat er Sie mitgenommen ganz in den Norden, nach Güstrow und an die See?

Bierwisch: Das war im nächsten Sommer, also 1958, da habe ich ihn in Güstrow besucht, er hat mich ins Barlach-Haus zu Lütten Schult geführt, mit dem er auf seine Weise befreundet war, und dann bin ich unter seiner Führung zum ersten Mal an die Ostsee gefahren. Ich war bis dahin tatsächlich kaum über Berlin hinausgekommen. Johnson hatte eine große Neigung, jemandem die Welt vorzuführen. Mir hat er damals Güstrow und Rostock erklärt.

JG: Als Sie aus dem Sanatorium zurückkamen, so schreibt er in dem Porträt, wurde eine private Faust-Aufführung inszeniert.

Bierwisch: Das war eins von den vielen Spielen, die wir trieben, es steht als Beispiel für viele andere Spielereien. Wir hatten damals alle das Studium abgeschlossen, Baumgärtner und ich waren Assistenten an der Deutschen Akademie der Wissenschaften, Menzhausen war am Museum in Dresden, Béla, ohne den Leipzig nicht denkbar war, war Assistent der Musikwissenschaft an der Uni, und Ossian pendelte zwischen Leipzig und Güstrow. Er wohnte damals zum zweiten Mal bei meinen Eltern, während meines Sanatoriumsaufenthalts in meinem Zimmer. Die Gelegenheiten, bei denen alle Freunde zusammenkamen, waren seltener geworden. Wir nannten solche Zusammenkünfte nach dem damals für die Regierungstreffen der Supermächte gerade üblich gewordenen Titel ›Gipfeltreffen‹. Bei einem solchen Gipfeltreffen in Leipzig wurde also als Kulturprogramm Faust aufgeführt. Das war eine Art lebender Bilder, und Johnson hat die Aufführung vielleicht erwähnt, weil es Photos davon gibt, eben den Faustfilm. Béla war Faust, ich Mephisto, Ossian war alles mögliche, Wagner und der Dom, vor dem Faust und Gretchen sich

treffen, der Ofen, hinter dem Mephisto sitzt, und auch der erstochene
Bruder. Das ging alles auf der Straße oder einem unbebauten Grundstück
vor sich. Ein Nachmittagsspaß. Einen anderen Spaß dieser Art habe ich
neulich aus meinem Gedächtnis gekramt, ein Rondo »An einer Pumpe
zu singen«, das wir uns einmal an einem Frühlingstag zwischen den
Vorlesungen ausgedacht haben.[4]

JG: Johnson sagt in dem Porträt, von Ihnen hat er etwas gelernt über die
Psychologie der Sprache. Läßt sich in ganz wenigen Sätzen sagen, was er
damit gemeint haben könnte; sind Sie ein Grund für seine eigenwillige
Interpunktion?

Bierwisch: Nein, das gewiß nicht. Ich weiß nicht genau, was er als
Einsicht für sich gewonnen hat, was er nennen würde, um die Bemerkung zu belegen. Der Anlaß, auf den sie sich wohl bezieht, liegt Jahre
später. 1965 schrieb ich einen Essay für das Strukturalismus-Heft des
Kursbuchs,[5] das Enzensberger damals herausgab. Johnson hatte Enzensberger
bei einem seiner Besuche zu mir nach Berlin-Lichtenberg mitgebracht,
und wir haben uns mit unglaublicher Leichtigkeit verstanden: Ich ahnte,
was er suchte für das Heft, und er verstand, was ich dazu zu sagen hatte,
kaum daß ich es angedeutet hatte. Ich schrieb also diesen Artikel, und
weil dies kein Fachjournal war, habe ich den Text Abschnitt für Abschnitt mit Johnson durchgesprochen. Die Geduld, die er mir wegen der
nötigen Erläuterungen nachgesagt hat, gilt umgekehrt nicht weniger. Es
war eine faszinierend-anstrengende Übung, der Artikel hat sehr davon
profitiert. Daß er vielleicht nicht zuletzt darum dann ein Lehrtext für eine
ganze Generation westdeutscher Linguistikstudenten geworden ist, ist
eine andere, merkwürdige Geschichte. Kursbuch 5 war über mehrere
Jahre der obligate Grundkurstext, nicht nur für Linguisten. Ich denke
jedenfalls, daß es vor allem diese Art Zusammenarbeit war, etwas, worum
es ihm immer wieder ging, die ihn zu dieser Bemerkung veranlaßt hat.
Was das Verständnis der Sprache für sich genommen betrifft, so haben
wir darüber wohl sehr verschieden gedacht, wenn auch mit vergleichbarer
Faszination. Aber Johnson war immer vom Rätselhaften, Unerklärten

---

4 Bierwisch, Manfred: Erinnerungen Uwe Johnson betreffend, in: Über Uwe
Johnson, hg. von Raimund Fellinger, Frankfurt am Main 1992, S. 286-295 und in: »Wo
ich her bin ...«. Uwe Johnson in der DDR, hg. von Roland Berbig und Erdmut Wizisla,
Berlin 1993, S. 80-91.
5 Bierwisch, Manfred: Strukturalismus. Ergebnisse, Methoden, Probleme, in: Kursbuch 5, 1966, S. 77-152.

fasziniert, ich vom Rationalen, von der Möglichkeit, ihr Funktionieren zu erklären. Das ist durch sehr verschiedene Stadien gegangen. Jetzt – und eigentlich schon in dem Kursbuchartikel, wenn auch noch undeutlicher – erscheint es mir im Grunde als ein naturwissenschaftliches Problem. Aber angefangen hat es eher mit dem Rationalismus Sartres, der Objektivierung von Bewußtseinsstrukturen in der Sprache. So gesehen gehört das Thema zu dem Dauerdiskurs, den wir hatten, über die Erklärbarkeit der Welt. Schon während des Studiums haben wir darüber gestritten, ob Bewußtsein an seine Inhalte gebunden ist, und grundsätzlich erkennbar, oder ob es sich dem letztlich entzieht. Natürlich sind das am Ende Fragen des Selbstverständnisses, und entsprechend heftig waren gelegentlich die Auseinandersetzungen. Johnson hat einmal darauf bestanden – er erwähnt das in dem Porträt als einen Sieg – daß wir einen Vertrag abschließen, in dem festgehalten wird, daß das Erkennbare jedenfalls nicht das Erkannte ist. Das war der ominöse Gorbatschow-Vertrag zwischen Ossian und der ›Kybernetik-Gang‹ – das waren Baumgärtner und ich – genannt nach der Menge Gorbatschow-Wodka, die bei diesem Vertrag in der Niedstraße in Friedenau verbraucht wurde.

JG: Lassen Sie mich in diesem Zusammenhang eine Frage stellen, die insbesondere die Leipziger Zeit betrifft. Es wird gelegentlich gesagt, daß vor allem die Frühschriften von Marx in dieser Zeit einen starken Einfluß auf Johnson hatten. War das damals ein Thema für Sie?

Bierwisch: Wenn es einen solchen Einfluß gegeben hat, dann war er auf eine Weise indirekt, die mit dieser Annahme nicht gemeint sein kann. Sie wissen ja, daß Johnson sich zunächst als FDJ-Funktionär die neue, und das war vor allem die antifaschistische Lehre ganz ernst zu eigen gemacht hat. Das war eine ganz ursprüngliche Antwort auf das Trauma des Nationalsozialismus. Die Konflikte, in die er dann kam, die Auseinandersetzung um die Junge Gemeinde, die Exmatrikulation, haben dieses Motiv ja nicht aufgehoben. Und zunächst auch nicht seine Einkleidung in die herrschende marxistische Form. Ich erinnere mich an eins unserer ersten Gespräche, in dem ich über die Kritische Theorie geredet habe, oder das, was wir damals davon verstanden zu haben meinten. Ich weiß längst, daß das ziemlich weit weg von der Frankfurter Schule war, von der wir ja noch wenig wußten, und daß es vor allem hieß: Was die uns hier als Marxismus verkaufen, ist längst abgetan. Aber Johnson entnahm daraus zögernd: Man kann den Marxismus auch ganz anders verstehen? Natürlich bilden sich Weltsichten nicht in *einem* Gespräch, schon gar nicht bei jemand wie Johnson. Aber die Idee mit dem jungen Marx geht einigermaßen an den Realitäten vorbei. Das ist wieder eine Logik ex post, hier nicht vom Autor, sondern den Interpretatoren. Marx, das waren zunächst einmal die offiziellen Angebote und Ausgaben. Da gab es keinen ›frühen‹ und ›späten‹ Marx. Aber für uns waren alle Relativierungen interessant. Außer Adorno war das vor allem Brecht. Und außerdem: Die Frühschriften von Marx gab es zunächst gar nicht. Zuerst gab es nur einen Band im Kröner-Verlag, also nicht in der DDR. Die berühmten blauen Bände der Marx-Engels Werke waren ja eine Sache eigentlich erst der sechziger Jahre.

JG: Die *Grundrisse der Kritik der politischen Ökonomie* sind ja, glaube ich, sogar als letztes erschienen. Marx war also in gewissem Sinn als schwer zugänglich anzusehen, oder?

Bierwisch: Von heute aus muß man das wohl so sagen, obwohl mir das damals so nicht bewußt war. Die Ausgaben der »Klassiker« mit Marx, Engels, Lenin und Stalin auf dem Einband überfluteten uns ja überall. Aber authentisches Marx-Studium war da gar nicht gemeint.

JG: Als Johnson nach dem Studium ohne feste Anstellung dann noch drei Jahre in der DDR überstanden hat, da entstanden diese frühen Übersetzungen, der *Israel Potter* und das *Nibelungenlied*. Das ist ja dann unter Ihrem Namen gelaufen ...

HH: Ist jene Stelle korrekt, an der Johnson in den *Begleitumständen* schreibt, daß ein anderer die Arbeit weitergegeben hätte und den Lohn dafür?

Bierwisch: Sie fragen, ob die Auskunft in den *Begleitumständen* korrekt ist, und ich war versucht, zu sagen, solche Sachen sind bei ihm allemal korrekt. Ihre Frage bringt mich darauf, daß man das wohl vorsichtiger sagen muß. Die *Begleitumstände* enthalten zu viele, zu schwierige, zu deutlich an seine Sicht gebundene Feststellungen, als daß man sie umstandslos als neutrale, objektive Befunde nehmen dürfte. Die *Begleitumstände* sind ein Bekenntnisbuch über die Umstände einer Produktion, nicht ein Protokoll. Nach dieser Anmerkung, die ich hier nicht weiter begründen kann, will ich aber sagen, die Stelle, nach der Sie fragen, ist korrekt, und vielleicht sollte ich das kurz erzählen, weil es eigentlich schon eine kleine in sich geschlossene Geschichte ist, die so in den *Begleitumständen* nicht vorkommen konnte. Ich habe kurz vor Abschluß des Studiums mit dem Reclam-Verlag in Leipzig einen Vertrag über das *Nibelungenlied* gemacht, weil ich damals nicht absah, was ich nach dem Studium für Arbeitsmöglichkeiten haben würde. Zwei Anläufe, die ich unternommen hatte, hatten sich zerschlagen. Der Verlag wollte eine neuhochdeutsche Prosafassung herausbringen, und ich dachte, so viel Mittelhochdeutsch muß ich am Ende eines Germanistikstudiums können, daß ich so etwas machen kann und habe den Vertrag unterschrieben. Dann konnte ich aber unmittelbar nach Studienabschluß an der Akademie anfangen, in der Arbeitsgruppe, in der ich im Grunde, von den Verwerfungen in der Akademie einmal abgesehen, bis zum Ende der Akademie gearbeitet habe. So war mir der Übersetzungsauftrag unversehens eine Belastung, denn ich konnte und sollte nun eine Dissertation schreiben. Andererseits konnte Johnson nach dem Studium keine Stelle finden, schon gar nicht in dem sensiblen Bereich, der ihn interessierte. Er schlug sich also mit verschiedenen Honorararbeiten durch, mit Verlagsgutachten und der von Ihnen erwähnten Melville-Übersetzung. Wir fanden also, daß wir beide einen Schritt weiterkommen, wenn wir die Nibelungenübersetzung gemeinsam machen. Ich habe mit dem Verlag darüber gesprochen, die waren einverstanden, nur wollten sie den Vertrag nicht ändern; aber das war uns gleichgültig. Die Arbeit ging dann so vor sich, daß Johnson einen Übersetzungsentwurf machte, den ich anschließend durchgearbeitet habe, weil ich gewissermaßen als philologisch verantwortlich galt – ich hatte ältere Germanistik belegt, Johnson nicht. Anschließend haben wir aus den Übersetzungsvarianten gemeinsam die Endfassung hergestellt. Unser Anteil läßt sich wirklich nicht auseinanderfitzen. Rein quantitativ hat er wohl zwei Drittel der Arbeit gemacht, aber das ist ein zu schematischer Gesichtspunkt.

Das Nibelungenlied ist ja ein oft aufgeschwemmtes, im Schlußteil recht blutrünstiges Gedicht, darüber haben wir uns gelegentlich in Kommentaren mokiert. Nach dem großen Gemetzel am Schluß, in dem Hagen von Dietrich von Bern besiegt wird, läßt Johnson Hagens Rede mit dem Satz enden: »Ich bin immerhin von einem Mercedes 600 überfahren worden«. Das haben wir aus Spaß so stehen lassen. Die Lektorin war beleidigt.

JG: Sie hat das als Falle empfunden?

Bierwisch: Es war gar nicht so gemeint. Wir hatten ja noch Korrektur zu lesen. Wie auch immer. Als der Band schließlich erscheinen sollte, waren inzwischen die *Mutmassungen* erschienen, das Ergebnis der eigentlichen

Arbeit Johnsons, und er war nach Westberlin »umgezogen«, wie er immer betont hat. Natürlich war er damit für den Reclam-Verlag nach den damaligen Verhältnissen zur Unperson geworden. Die Frage war nun, ob das Buch eingestampft wird oder mit falschen Angaben erscheint. Da habe ich dann einen Kompromiß ausgehandelt, der das Äußerste war, was der Verlag riskieren zu können meinte. Ein Übersetzer wurde gar nicht genannt. Johnson hatte sich aber ausbedungen, ein Nachwort zu schreiben. Das hätte er zeichnen sollen, zusätzlich zur Angabe der Übersetzer. Es war aber allen klar, daß das nun nicht ging, und da ein Nachwort nicht ohne Verfasser erscheinen kann, haben wir verabredet, daß es mit meinem Namen gezeichnet wird. Und so ist es dann etwa 25 Jahre geblieben.

JG: In der 8. Auflage steht sein Name drin, endlich.

Bierwisch: Ja, das war die Zeit, in der der Bann allmählich gebrochen war. Er hat es nicht mehr erlebt.

TS: War das eine Konzession? Denn der Verlag war ja nicht konsequent. Es heißt jetzt – ich habe hier die zehnte Auflage von 1989 – »Hochdeutsche Prosafassung von Manfred Bierwisch und Uwe Johnson«, aber »Nachwort von Manfred Bierwisch«.

Bierwisch: Der Verlag hat sich dazu vor der Wende entschlossen, und Sie wissen, daß es da zwar gewisse, aber doch enge Spielräume gab, und den Verlag der Lüge über acht Auflagen zu überführen, das war ihm kaum zuzumuten. Ich wurde übrigens gar nicht gefragt, und mit Johnson war es ohnehin nicht mehr zu besprechen. Aber die Art, in der es anfänglich gelaufen ist, die war gemeinsam verabredet. Es war auch Johnson lieber, daß das Buch ohne seinen Namen als daß es gar nicht erschien. Das weitere hätte ich zu verantworten.

JG: Wir sind in der Zeit etwas hin und hergesprungen – könnten Sie die Chronologie Ihrer Verbindung einmal in etwa nachzeichnen? Johnson sagt: Bis 1961, das waren zwei sehr schöne Jahre, weil er in Westberlin und Sie im Ostteil der Stadt lebten, und er meinte, das müsse so weitergehen. Dann kam der Mauerbau. Welcher Zeitraum verging, bis Sie ihn wiedersahen?

Bierwisch: Die zwei Jahre zwischen seinem Umzug und dem Mauerbau, die schlossen ganz intensiv auch Baumgärtner ein. Ich sagte schon, wir arbeiteten damals beide an der Akademie der Wissenschaften, er an der Goethe-Ausgabe, ich in der Grammatik. Und wir haben Johnson regelmäßig in seiner Atelierwohnung in Friedenau besucht, abwechselnd oder gemeinsam. Das war übrigens keineswegs immer ganz friedlich, der Gorbatschow-Vertrag sollte wirklichen Streit schlichten. Aber es war eine wunderbare, eine faszinierende Zeit. Daß die Zeit enden würde, haben wir nicht wahrhaben wollen, aber doch befürchtet, die Zeichen waren ja deutlich genug, zumal in Berlin. Und wie so viele – vielleicht die meisten – in dieser Zeit haben wir uns natürlich auch die Frage gestellt: Gehen oder bleiben? Johnson hat meine Entscheidung zu bleiben als Loyalität interpretiert – die Staatsmacht war über meine Loyalität anderer Meinung, das bekam ich nachdrücklich zu spüren – aber ein wesentlicher Grund war, daß ich eine wirklich interessante Arbeitsmöglichkeit hatte. Die Gruppe, in der ich arbeitete, war zu der Zeit ziemlich einzigartig in Deutschland, übrigens mehr als ich damals wußte. Mit dem 13. August sah dann alles anders aus, in Berlin war Belagerungszustand, so empfanden wir das. Baumgärtners sind noch 1961, in der bedrückendsten Phase, auf äußerst riskante Art mit falschen Pässen ausgereist. Westberliner Bekannte haben dieses gefährliche Unterfangen mit hohem eigenen Risiko ermöglicht. Natürlich haben wir das gemeinsam besprochen; daß ich nicht mitgegangen bin, hatte mehrere Gründe. Ich hatte, wie gesagt, ein interessantes Arbeitsfeld, eine Gruppe, in der ich eigentlich gern war, dann hatte ich meine Eltern in Leipzig, die ich sobald nicht wiedersehen würde, vor allem aber holte mich das Erlebnis meiner ersten Verhaftung ein. Der Gang durch die Grenzkontrollen war ja ein Sprung ohne Netz. Ich wollte nicht noch einmal in den Knast. Nach Baumgärtners Flucht kam ich mir dann sehr verwaist vor. Wir waren, und sind es noch, auf eine ziemlich ungewöhnliche Weise aufeinander eingestimmt. Nicht nur, weil wir damals täglich zusammen waren. Baumgärtner hat drei Jahre später die erste Professur für moderne Linguistik in der Bundesrepublik übernommen, an der Universität Stuttgart.

Die Umstände, die Atmosphäre nach dem Mauerbau, die besetzte Innenstadt sind eine ziemlich schlimme Erinnerung für die, die betroffen waren. Die Helfer, die Baumgärtners Flucht ermöglicht haben, sind uns in der folgenden Zeit enge gemeinsame Freunde geworden, wir haben uns oft gesehen. Vieles von ihren Erfahrungen ist in die Erzählung *Eine Kneipe geht verloren* und in die *Zwei Ansichten* eingegangen.

Die Passierschein-Verhandlungen brachten dann erste, verkrampfte Schritte zur neuen Normalität, das ist heute in seiner Absurdität kaum

mehr zu verstehen. Westberliner waren zuerst ausgeschlossen, also legten
sich Scharen von Westberlinern Scheinwohnsitze in Westdeutschland
zu. Auch Johnson. 1965 konnte er mich das erste Mal besuchen in
Lichtenberg. Das ging eine Weile gut, dann wurde ihm, wie immer bei
solchen Maßnahmen, ohne Begründung, die Einreise wieder verweigert.
Wieder waren wir auf Briefe angewiesen. Dann hat, auf Vermittlung des
Suhrkamp-Verlages, Helene Weigel eine Sondererlaubnis erwirkt. Johnson
hatte die Edition des *Me Ti* von Brecht übernommen und mußte also im
Brecht-Archiv arbeiten. Einer der Gründe für diese Arbeit war tatsächlich die damit verbundene Genehmigung zum Betreten der DDR.
Übrigens hatten wir uns noch vor seinem ersten Besuch einmal in Leipzig
gesehen, Johnson war da als Messegast eingereist – dafür bestanden ja zu
jeder Zeit Ausnahmeregelungen. Nun also konnte wieder ein Gipfeltreffen stattfinden, Béla und James kamen nach Berlin, nur Baumgärtner
durfte den Versuch nicht wagen.

HH: Johnson beschreibt in dem Jake-Text den ersten Abend des Wieder-
sehens, das Vergewissern nach Jahren, die dazwischen lagen, ziemlich
genau. Ich vermute, daß dieses Vergewissern für ihn ziemlich wichtig
war und möchte darum fragen, wie der Abend in Ihrer Erinnerung
erhalten ist? Oder vielleicht ist er gar nicht erhalten, dann erübrigt sich die
Frage.

Bierwisch: Anlässe zur Vergewisserung, zu dieser Mischung aus Erwartung von Bestätigung und Veränderung, die gibt es ja immer wieder. Ich
bin nicht so sicher, ob dabei dieselben Gelegenheiten in Erinnerung sind
oder im Vordergrund stehen. Natürlich war der Mauerbau ein Einschnitt
besonderer Art, der mehr verändert hat als andere Zwischenzeiten. Wir
waren nun wirklich in getrennten Welten. Übrigens war Johnson im
Sommer 1961 in New York. Das erste, was wir damals voneinander
gehört haben, war ein Telephonat ein oder zwei Tage nach dem
Mauerbau. Es war ihm erstaunlicherweise gelungen, zu Baumgärtner
durchzukommen – ich hatte damals kein Telephon –; Johnson rief also
aus Amerika an und sagte: »Ich höre, bei Euch herrscht Terror.« Auf so
etwas mußte man bei ihm gefaßt sein. Und dazu gehört auch, daß er
immer überzeugt schien, daß alles überwacht wird. Auch er selber. Er war
immer der Meinung, daß die Geheimpolizei alles kontrolliert, aber
zugleich bestand er darauf, sich so zu verhalten, als wäre das nicht so. Auf
diese Weise habe ich später fast schizophrene Telephonate mit ihm
geführt. Übrigens hatte er in einer Weise recht, die wir damals nicht

ahnten. Eine ganze Reihe der Gespräche, die wir bei seinen Besuchen geführt haben, sind, wie ich inzwischen weiß, von der Staatssicherheit abgehört und protokolliert worden. In meiner Wohnung war über mehrere Jahre ›operative Technik‹ installiert. Das gehörte zum operativen Vorgang »Forum« und hing mit meiner Verbindung zu Havemann, Biermann und Bunge zusammen. Aber das ist eine andere Geschichte, die ich jetzt nicht erzählen wollte. Jedenfalls gibt es, gab es damals schon, die Dossiers, die wir nicht vermutet haben, auch er nicht, wie die Texte erkennen lassen. Aber zurück zu den Wiederbegegnungen, den Vergewisserungen. Ich finde die Beschreibung schön und zutreffend, mir ist in diesem Sinn besonders das Wiedersehen in Leipzig in Erinnerung, wo wir uns aus Anlaß der Messe bei Béla getroffen und buchstäblich in den Armen gelegen haben. Wir hatten, sozusagen, überlebt. Sein erster Besuch in Lichtenberg war dann schon fast das Anknüpfen an die Begegnungen der zwei schönen Berliner Jahre und der Beginn einer ziemlich langen, wenn auch, wie schon gesagt, nicht ungestörten Folge von Besuchen.

TS: Was hat es mit den von ihm selber angedeuteten illegalen oder mit falschen Papieren vorgenommenen Grenzübertritten 1965 auf sich?

Bierwisch: Es war einfach die Folge der absurden Passierscheinregelungen, die ich schon erwähnt habe. Johnson hat damals, wie viele andere Westberliner auch, seinen Wohnsitz zum Schein nach Westdeutschland verlegt und auf Befragen an der Grenze angegeben, er habe sich von seiner Frau getrennt. Das waren, buchstäblich genommen, illegale Einreisen, alle wußten das, niemand, auch nicht die Grenzorgane, hat die Erklärungen geglaubt, aber die DDR-Behörden hatten ihr Diktat durchgesetzt. Meine Schwester, die seit 1951 in Westberlin lebt, hat es übrigens genauso gemacht. Es war eine merkwürdig deformierte Form von Normalität. Die Regeln wurden ja auch immer wieder verändert, es gab ungeschriebene, aber jedem bewußte Amnestiezeiten für Republikflucht, so daß später sogar nach dem Mauerbau Weggegangene wieder nach Ostberlin kommen konnten.
    Die lange Reihe von Begegnungen, die wir dann hatten, bis zu seinem Umzug nach Sheerness, unter den zwar reglementierten, aber eben doch bestehenden Möglichkeiten, sind in meiner Erinnerung beinahe eine Fortsetzung der ersten Berliner Jahre, nur haben wir uns nun aus politischen Gründen ausschließlich im Ostteil der Stadt gesehen, so wie vorher ausschließlich im Westteil. Er brachte dann gelegentlich neue

Freunde mit. Schon früh, wie gesagt, war Enzensberger da, dann oft auch ohne Johnson, Ingeborg Bachmann kam mit, mit Max Frisch haben wir eine große Wanderung am Müggelsee gemacht, und dann immer die Polizeistunde: 24 Uhr mußte die Grenze passiert sein.

Es gab auch immer wieder Anlaß zu neuen Vergewisserungen. In den zwei Jahren, in denen er in New York war, haben wir uns natürlich nicht gesehen. Ich hatte in dieser Zeit meine Frau kennengelernt, die voller Erwartung auf Johnson war, und er mußte sich auf eine neue Person im Freundeskreis einstellen. Man mußte da immer auf ganz unerwartete Vorgänge gefaßt sein: Johnson war von schwer vorhersehbarer Eigenwilligkeit.

JG: Wie verhielt es sich eigentlich über die Jahre mit der Freundschaft des Leipziger Kreises insgesamt? Johnson schreibt ja irgendwo auch, es sei ein großes Glück, wenn man sich aufeinander verlassen kann, wenn man sich Menschen mitteilt, die einen verstehen. Meistens machen wir die Erfahrung, daß Beziehungen irgendwann zerbrechen, wenn die Ehepartner nicht dazu passen oder ein Charakterzug hervortritt, den man so vorher nicht wahrgenommen hat. Hat er nach wie vor Kontakte zu allen drei in der DDR gebliebenen Freunden unterhalten, standen die miteinander in Verbindung, suchte er sie einzeln auf?

Bierwisch: Die Freundschaft, die da in Leipzig gewachsen war, gehörte natürlich zunächst einmal zu den Erfahrungen, die junge Menschen miteinander machen. In dieser Zeit prägen sich Haltungen und Grundauffassungen aus, das ist später kaum wiederholbar. Zu diesem wichtigen Grundmuster kamen sicher die Wirkungen der politischen Umstände hinzu, ich habe das anzudeuten versucht. Und dann waren es eben die besonderen Individualitäten, die Bedeutung, die wir unserem Verhältnis zueinander gegeben haben. Das alles macht die Dauerhaftigkeit der Beziehungen aus. Béla hat, noch während des Studiums, einmal unter ziemlich viel Alkohol den exemplarischen Satz geprägt (Béla war immer gut für bedeutende Sprüche): »Was wäre, wenn wir uns nicht hätten!« Der Satz kam dann immer mal wieder vor, und ich bin sicher, daß dieser Hintergrund viel dazu beigetragen hat, daß ich diesen verunglückten, verdorbenen Sozialismus ziemlich unbeschädigt überstanden habe. Natürlich sind die Begegnungen im Laufe der Zeit seltener geworden, nicht nur wegen der innerdeutschen Grenze, auch aus ganz natürlichen Gründen: Die räumliche Trennung, berufliche Verpflichtungen, neue Bezugsfelder. Aber in Kontakt geblieben sind wir immer, mehr oder weniger häufig, nach Gelegenheit und Temperament. Béla habe ich öfter gesehen, in Berlin und Leipzig. Baumgärtners allerdings habe ich erst nach fünfzehn Jahren wiedergesehen, in Budapest. Ungarn war damals sozusagen neutraler Boden. Das war eins der großen Feste des Lebens. Sie kannten bis dahin ja nicht einmal meine Frau.

Johnson ist einigemale in Leipzig gewesen, auch nach dem erwähnten Messebesuch, aber meist haben wir uns in Berlin getroffen. Ich sagte schon, daß es sogar einige ›Gipfeltreffen‹ gab: Béla und Menzhausen kamen, um Ossian zu sehen.

Ich sollte hier auch sagen, daß das keine Schönwetterfreundschaft war. Es gab Konflikte und Zerwürfnisse verschiedener Art. Johnson war ein unbedingter, aber auch ein schwieriger Freund, und die Alkohol-probleme, die er zunehmend hatte, konnten das an die Grenze des Verkraftbaren steigern. Ich will dazu nichts weiter sagen, aber es gehörte auch dazu.

JG: Eine Frage von vielleicht marginaler Bedeutung: In dem Porträt folgt auf die Insider-Anspielung auf Ezra Pounds Wäscheliste das Stichwort Kunersdorf/Kunovice. Muß man dem Stichwort Bedeutung beimessen?

Bierwisch: Das ist eine Anekdote mit einem für mich allerdings bedeut-samen Hintergrund. Der sozialistische Normalzustand war, daß ein DDR-Bürger nicht in den Westen, aber doch, mit einem entsprechen-den Erlaubnisschein, in die sozialistischen Länder reisen durften. 1968 wurde mir diese Erlaubnis plötzlich verwehrt, und es gehörte zur gesetzlichen Regelung, daß dafür keine Gründe angegeben werden mußten. Für vier Jahre war ich dann von allen Auslandsreisen ausge-schlossen, eine ziemlich frustrierende Situation, ich wußte ja nicht einmal, wofür ich diesmal bestraft wurde. Im Winter 1972/73 wurden dann die Visa oder Passierscheine für Polen, später auch für die ČSSR abgeschafft. Da wollte ich wissen, ob das auch für mich galt. Ich bin also zum Bahnhof gegangen und habe gefragt, was die erste Station hinter Frankfurt/Oder ist. Ich habe eine Fahrkarte genau dorthin verlangt und bin mit meinem Freund Ewald Lang nach Kunovice gefahren, und das ging. Wir haben auf dem Bahnhof eine Zigarette geraucht und einen Kaffee getrunken und sind mit dem nächsten Zug zurückgefahren. Johnson aber hatte mich wieder einmal erwischt: Ich hatte meinen kleinen Triumph in Kunovice gehabt, ohne zu wissen, daß dies der Ort der Schlacht von Kunersdorf war. Ich wollte nur die Grenze überqueren, das war alles.

JG: Also war nicht nur er einer, der es immer ganz genau wissen wollte, sondern Sie offenbar auch.

Bierwisch: Das läßt sich in diesem Fall kaum vergleichen. Was ich genau wissen wollte, war, ob ich reisen durfte. Johnsons Motive für die Art von Genauigkeit, auf die Sie anspielen, waren sehr anderer Art. Genau das besagt die Kunersdorf/Kunovice-Episode. Es war nicht die einzige dieser Art. Johnson hat sich über solche Dinge gern mokiert. Wir hatten dafür ein Stichwort, das hieß Bhagavadīgtā, aber das will ich jetzt nicht erklären.

HH: Weil gerade die Insider-Anspielung auf Ezra Pound erwähnt wurde: Im *Wasserzeichen der Poesie* ist von Ihnen eine Syntax-Analyse eines Ezra-Pound-Gedichtes abgedruckt.[6] Von wem stammt die Idee, ausgerechnet diesen Text in das *Wasserzeichen* aufzunehmen?

Bierwisch: Die stammt vom Herausgeber des Bandes.

HH: Das ist also sozusagen ein Anhang zu dem früheren Kontakt zu Enzensberger?

Bierwisch: Anhang ist nicht der richtige Ausdruck für unser Verhältnis. Ich bekam eines Tages einen Brief, der deutete das Vorhaben an, und fragte, ob man da auch eine Syntax-Analyse aufnehmen könnte. Enzensberger kannte ziemlich gut, was ich linguistisch trieb. Ich entwarf also einige Strukturdiagramme und schrieb ein paar Erläuterungen dazu. »Großartig«, schrieb Magnus, »genau das hatte ich mir vorgestellt.« Besonders gefiel uns, daß bei der Syntax-Analyse die Ambiguität des Textes ganz klar zum Vorschein kommt.

HH: Dürfen wir noch nach der von Johnson erwähnten Geschichte mit der Canterbury-Cathedral fragen?

Bierwisch: Das ist auch eine Bhagavadīgtā-Geschichte. Ich war 1980 zu einer Vortragsrundreise im Vereinigten Königreich – inzwischen war ich reisemündig geworden –, und es ließ sich einrichten, zwei oder drei Tage für einen Besuch in Sheerness abzuzweigen. Außerdem war Johnson

---

6 In: Das Wasserzeichen der Poesie oder Die Kunst und das Vergnügen, Gedichte zu lesen. In Hundertvierundsechzig Spielarten vorgestellt von Andreas Thalmayr, Berlin 1987, S. 320f.

auch nach London gekommen. Das war die Zeit, als er an den *Begleit-umständen* schrieb und überhaupt diese schlimme Phase seiner Biographie zu verarbeiten versuchte. Wir haben eine ausgedehnte Fahrt durch die Grafschaft Kent gemacht, und auf der Route lag auch die Kathedrale von Canterbury. Das ist britische Gotik, eine Art Doppelbau, die Mittelachse hat einen merkwürdigen Knick. Ich habe mit Hilfe meiner kunsthistorischen Erinnerungen aus dem Studium Spekulationen über die Entstehung dieser Unregelmäßigkeiten angestellt und gemeint, irgendwie müssen da zwei Teile zusammengefügt worden sein. Hinterher haben wir den Führer gelesen, und die Hälfte meiner Spekulationen war glatt falsch. Einiges stimmte schon, die Vermutungen über Baugeschichte und Resultat waren nicht ganz abwegig, aber wie immer in solchen Fällen hat er sich amüsiert über vermeintliches Fachwissen, das genauerem Hinsehen nicht standhält.

JG: Lassen Sie mich in der Zeit noch einmal zurückspringen und nach den Umständen seines ›Umzugs‹ nach Westberlin fragen, den wir ganz übergangen haben. Er schreibt in den *Begleitumständen*, daß ihn Freunde dazu gedrängt hätten.

Bierwisch: Das war so, wie er es beschreibt. Er hatte uns das Buch während der Entstehung vorgelesen, wir wußten, daß es bei Suhrkamp erscheinen sollte, und er hatte sich in den Kopf gesetzt, in der DDR zu bleiben. Er hatte bereits ein Pseudonym für die Veröffentlichung festgelegt.

JG: Ich habe in Sulzbach-Rosenberg in Höllerers Archiv gesehen, daß ein Schriftsteller Joachim Catt den *Akzenten* zum Vorabdruck empfohlen wird.

Bierwisch: Der Name, der dann dem Schriftsteller Joe Hinterhand mitgegeben wird. Aber das ist bekannt. Wir hatten also ein Problem, das uns alle ganz unmittelbar betraf. Es gab dann ein Gipfeltreffen, bei dem wir besorgt und dringlich die denkbaren Konsequenzen besprochen haben. »Wenn die Staatssicherheit nur annähernd so ist, wie du sie beschreibst, dann kannst du nicht hierbleiben«, diese Überlegung hatte ihn überzeugt, er hat seinem Text auch hier vertraut. Die Entscheidung war schwer, aber der Umzug selbst war wirklich undramatisch, eine S-Bahn-Fahrt in eine Wohnung in Dahlem. Und es konnte ja noch dies und jenes hinterher gebracht werden. Als wir merkten, daß die Veröffentlichung in der DDR nicht den Skandal auslöste, den wir befürchteten, haben wir aufgehört, unsere Besuche bei ihm sorgfältig abzuschirmen. Wir haben Bücher mitgenommen, ich habe dann sogar einen Abguß der Barlach-Skulptur *Die Ruhenden*, den er einmal in Leipzig hatte kaufen können, in eine Decke gewickelt und mit der S-Bahn nach Westberlin gebracht, allerdings mit etwas flauem Gefühl, denn die Erklärung, daß ich Westberlin nur durchqueren und eigentlich nach Potsdam will, wäre der Grenzpolizei nicht sehr glaubhaft erschienen. Aber der Böttcher-Guß war ihm wichtig, und da mußte das halt sein. Das gehört auch zu den zwei glücklichen Berliner Jahren.

HH: Sie haben zu Beginn die Spitznamen der Leipziger Zeit schon eingeführt. Sie unterschrieben damals Ihre Briefe gelegentlich als »Jakopp«. Nun trägt aber Johnsons zweiter Roman gerade diesen Namen im Titel.

Bierwisch: Diese Namen hatten ihr streng unlogisches Eigenleben. Béla war ja auf Schönberg zum Beispiel viel mehr fixiert als auf Bartók, aber Arnold hätte er nicht heißen können. Der Jakob der *Mutmassungen* hat mit meinem Namen wirklich nichts zu tun. Natürlich sind alle Personen Johnsons aus persönlichen Erfahrungen und verschiedenen Ingredienzien zusammengesetzt, wie bei jedem ernstzunehmenden Autor. Manches davon kann ich lokalisieren. Und sofern man solche Züge an Jakob ausmachen kann, haben sie für mich eher Eigenschaften eines Selbstporträts, wie auch schon Dietrich Erichson in *Ingrid Babendererde*. Mit mir jedenfalls hat Jakob nichts zu tun, außer eben dieser Namens-Äquivokation. Wenn schon, dann habe ich gewisse Züge von Jonas zu verantworten, aber auch nur gewisse Züge. Wir hatten zum Beispiel eine Verabredung, die ich dann aus verschiedenen Gründen nicht einlösen konnte. Er stellte sich vor, daß dieser Essay, den er dem Jonas zugeschrieben hat, in dem Buch zitiert werden sollte. Er wollte gewissermaßen ein Modell, das in den Text hineinmontiert werden könnte. Das war für ihn auch so ein Moment von Zusammenarbeit, und er war enttäuscht, daß daraus nichts geworden ist. Später, als das Buch erschienen war, und wir die deutsche Ausgabe von Kolakowskys Essays *Der Mensch ohne Alternative* in die Hand bekamen, hat er mir gesagt, so etwas hätte er sich vorgestellt.

JG: Wie kommt eigentlich jemand, der zwischen Leipzig und Güstrow pendelt, bei den damaligen Verkehrsverhältnissen, auch wenn er an den *Mutmassungen* arbeitet und also gezielt recherchiert, auch wenn er zweitens, dank dem Beruf seiner Mutter, Freifahrscheine benutzt, die Gegenwart seines Romans aber viel weiter im Süden, in einem Eisenbahnknotenpunkt, spielen läßt; wie also kommt jemand auf diese tote Ecke, den Klützer Winkel, so dicht an der Grenze zu Westdeutschland, um dort sein Jerichow anzusiedeln. Das Gebiet ist sehr schwer zugänglich schon von Rostock aus, auch noch ab Wismar; von Güstrow aus aber hätte das damals eine Tagesreise bedeutet; man wäre aufgefallen.

Bierwisch: Ich weiß es nicht. Das ist eine Frage, die hätte man ihm selbst stellen müssen. Und er hätte womöglich gesagt, weil Cresspahl dort lebt.

JG: Hinterher war das ja ideal gelegen, weil erst die Engländer kommen und danach die Russen, und durch die Nachbarschaft war auch Cresspahls Verbindung zu Lübeck motiviert. Aber all das spielte in den *Mutmassungen* ja noch keine Rolle, es gibt auch keine Anzeichen dafür, daß er diesen Strang von vornherein weiterführen wollte.

Bierwisch: Hat er ja auch nicht. Jedenfalls nicht so bald. Aber er hat seine Personen immer präsent gehabt, er verfolgte ihr Leben, auch wenn sie nicht zum Arbeitsgegenstand gehörten. Nicht nur, daß die Niebuhrs und D.E. und Ingrid in den *Jahrestagen* wieder auftauchen. Er hat auch zwischendurch immer gewußt, wo und wie sie sich befanden. So hat er mir eines Tages unversehens Karschs Schwierigkeiten mit seiner Redaktion erläutert, und er hat mich mehrfach nach meinem Verhältnis zu Cresspahl befragt.

RG: Im Zusammenhang mit Johnsons Detailgenauigkeit möchte ich auf die *Zwei Ansichten* kommen. Wir haben uns letztens im Seminar damit beschäftigt. Vieles von diesen Verhältnissen ist für uns ja Vorgeschichte, aber mir schien es so – die andern wollten es nicht so ganz bestätigen – daß das Atmosphärische der Ostberliner Ansicht irgendwie nicht ganz stimmt. Hat er da Gewährsleute gehabt, oder haben Sie ihn beraten? Wie war das? Ein Beispiel: In Bezug auf das Krankenhaus in Buch – oder wo immer es gewesen sein mag – ist immer vom »Kombinat« die Rede. Oder ein anderes Beispiel: Daß die Mutter der Krankenschwester D. aus der Wohnung gesetzt wurde, weil anderthalb Zimmer für sie zu viel gewesen wären, war es nicht eher umgekehrt? Ist das authentisch?

Bierwisch: Atmosphärisches läßt sich nicht so leicht beweisen. Ich meine jedenfalls, daß die Ostberliner Ansicht in dieser Hinsicht stimmt. Ich

weiß nicht, in welche Richtung Ihre Zweifel gehen. Ich habe vorhin die
desolate Stimmung nach dem Mauerbau anzudeuten versucht. Falls es das
ist, das ist keinesfalls falsch gezeichnet. Darin konnte ich ihn übrigens
nicht beraten, aber er brauchte das auch nicht: Er lebte ja in der Stadt und
mit den Menschen, die den Osten kannten. Was aber Fakten und Details
betrifft, so steht in seinen Büchern nichts, was nicht recherchiert ist. Die
Beschreibung einer Uniform der Jahrhundertwende, die muß eben
stimmen. Und wenn jemand aus der Wohnung gesetzt wird, dann ist das
vorgekommen. Diese Art von Zuverlässigkeit gehörte zum handwerkli-
chen Ehrgeiz, den er ganz ernst nahm. Autoren, die etwas schrieben, was
sich bei genauerem Hinsehen als unzutreffend erwies, hat er verachtet.
Da fiel vieles aus der DDR-Literatur für ihn einfach durch, weil das
gepfuscht war. Ich kann Ihnen den Beispielfall für die Exmittierung aus
der Wohnung nicht nennen, aber daß das nicht ungeschützt erfunden ist,
steht außer Frage. Eingriffe in die Privatsphäre, in das Recht auf die
Wohnung, gehörten damals durchaus zum Umgang der Staatsmacht mit
ihren Bürgern. Und das Sachwissen über die Art, wie ein Krankenhaus
geführt wurde, hat er sorgfältig zusammengetragen. Ich weiß in diesem
Fall genau, von wem, nämlich von meiner damaligen Freundin, die
Krankengymnastin war und in mehreren Berliner Krankenhäusern ein-
und ausging. Da bekam man von ihm detaillierte Fragen und Bitten um
Expertisen. Für den Flugplatz in Jerichow etwa, den die Nazis da angelegt
haben, hat er sich von einem Offizier der Nato-Luftsicherungskräfte
genau spezifizieren lassen, wie und wo so ein Flugplatz anzulegen
gewesen wäre. Auch die mögliche Realität mußte faktisch korrekt sein.
Selbstverständlich also die Kliniken in Berlin. Gewiß auch ein Titel von
der Art das »Kombinat«. Aber da ist Vorsicht geboten. Er hat auch
verfremdend-verdeutlichende Benennungen benutzt: Natürlich hat es
den Titel »der Sachwalter« offiziell nicht gegeben, den hatten wir uns
erfunden.

RG: Im *Dritten Buch über Achim* ist das ja Methode.

Bierwisch: Ja. Aber wo technische Ausdrücke als solche benutzt werden,
da stimmen sie dann auch. Und der Fluchtverlauf ist bis ins Detail hinein
authentisch. Man kann da gewissermaßen im Nachhinein nachlesen, wie
die Fluchthelfer damals gearbeitet haben.

GH: Die Details gehen da ja auch ins Persönliche. Das bringt mich auf
eine Frage zur Kommunikationsform, zum Umgang dieses Uwe Johnson

im Kreis seiner Freunde oder zumindest guten Bekannten, mit denen er zusammen war. Wenn man den Auslegern von Johnsons Werken glauben darf und einigen Aussagen seiner Freunde, dann hat Johnson – ich sage das jetzt einmal provokativ – Situationen der Intimität ausgebeutet für seine Literatur. Situationen der Intimität auszubeuten, ist aber ein Widerspruch.

Bierwisch: Auf diesem Widerspruch beruht aber in einem nicht-trivialen Sinn alle ernstzunehmende Literatur. Es geht ja um die Objektivierung, die Gestalt wirklicher Erfahrung. Alle glaubwürdigen Autoren sind darauf angewiesen. Allerdings: Ausbeutung ist dafür die denkbar schlechteste Bezeichnung.

GH: Wie auch immer – wie fühlt man sich da, als Stoff für literarische Anlässe? Ich kann mir nicht vorstellen, mit so jemandem befreundet zu sein.

Bierwisch: Hier sind wir, glaube ich, bei einem gravierenden Mißverständnis. Mit dem nicht-trivialen Sinn, in dem persönliche Erfahrung in objektiver Gestalt auftaucht, wollte ich zunächst einmal den Bereich der ›Schlüsselromane‹ ausschließen, die Art von Literatur, bei der es um die Identifizierung der Vorbilder geht, bis hin zu Rechtsstreitigkeiten, wie etwa im Fall des *Mephisto* von Klaus Mann. Auch das ist übrigens vielfach eine Sache der Interpreten, nicht der Autoren. Diese Art von Entschlüsselung oder Enthüllung betrifft gerade nicht die faszinierende Spannung, die ich mit dem nicht-trivialen Widerspruch gemeint habe.

GH: Bei Johnson ist aber doch vieles sehr wiedererkennbar gewesen für die betroffenen Personen.

Bierwisch: Wenn ich das bestätige, muß ich mich gleichzeitig gegen die Fehldeutung wehren, die damit vielfach verbunden ist. Ich erinnere an Johnsons etwas süffisante Erwiderung in den *Begleitumständen* auf die Identifizierung von Achim mit Gustav Adolf Schur. Achim ist eben nicht Täve Schur, wie ja leicht zu zeigen ist. Übrigens ginge es dabei nicht einmal um die Ausbeutung von Intimität. Johnson hat Gustav Adolf Schur nie getroffen. Aber das ist auch nicht der Kern der Sache. Der Versuch, bestimmte Personen für literarische Figuren, ihre Bewandtnisse für erzählte Zusammenhänge haftbar zu machen, geht grundsätzlich in die falsche Richtung. Interpretatoren unterliegen dieser Versuchung nur zu gerne. Ich glaube kaum, daß Johnsons Freunde dafür in Anspruch genommen werden können. Ich wäre jedenfalls gründlich mißverstanden, wenn das, was ich hier oder anderswo gesagt habe, so verstanden würde. Natürlich gibt es zahlreiche Details, Elemente von Figuren oder Ereignisse, die ich genau lokalisieren kann. Der Laden in der Hainstraße, wo Karsch seine Schreibmaschine gekauft hat, den habe ich gekannt. Die Szene, in der Jakob und Cresspahl einen Pflaumenbaum absägen, habe ich mit ihrem ›Vorbild‹ in Beziehung gesetzt,[7] und die Umstände der Flucht der Krankenschwester D. sind, wie schon gesagt, realer Erfahrung entnommen. Beispiele dieser Art lassen sich, naturgemäß, beliebig vermehren. Interessant ist daran, wie Strukturen der Erfahrung in literarische Gestalt verwandelt werden, aber nicht die Enthüllung von Privatem. Wer Johnson, oder auch Frisch oder wen auch immer aus der Schlüssellochperspektive liest, hat ihn gründlich verfehlt. Auch wenn diese Perspektive sich gelehrt und professionell gibt. Übrigens gilt das keineswegs für alle Analysen zum Werk Johnsons. Eberhard Fahlke hat sehr überzeugende Beispiele dafür gegeben, wie die literarische Gestaltung aus dem Vergleich mit ihrem Anlaß transparent gemacht werden kann. Das entspricht dem Sinn des Textes, bereichert die Perspektive.

Andererseits gilt freilich auch: Wer das Auftauchen von Requisiten, von Details, von Erfahrungen in der Literatur nicht ertragen kann, der darf mit Literaten nicht umgehen. Aber das ist in Wahrheit nicht das Problem. Das ist eine ganz normale Frage des Takts. Enzensberger hat zum Beispiel ein Gedicht gemacht, *Falsch angefangen*, das handelt von Fehlerlinguistik, ein Thema, mit dem ich mich beschäftigt habe. Der Text führt meine damalige Dienstadresse auf. Das ist eine sachliche Chiffre, die dem Charakter des Textes entspricht. Da ist keine Spur von Indiskretion.

RG: Sie haben eben Max Frisch erwähnt. Im Vergleich zu Max Frisch scheint mir Johnson doch eher zurückhaltend. Er hat sich ja immer gegen die Meinung gewehrt, es handele sich um Ableitungen aus dem persönlichen Leben; das würde die Mühe, die ihn das gekostet hat, unterschätzen. Und so weit wie Frisch, der in *Montauk* ja sehr freimütig und schonungslos über sein Verhältnis zu Frauen berichtet, ist Johnson doch nie gegangen. Man muß sich nur die *Reise nach Klagenfurt* ansehen. Im Vergleich zu *Montauk* findet sich da eine viel größere Zurückhaltung, auch in intimen Details.

7 Bierwisch, Manfred: Uwe Johnson und Leipzig. Ausschnitte einer Beziehung, in: »Wo ich her bin ...« (Anm. 4), S. 92-98.

Bierwisch: Es wäre trostlos, wenn es nur eine Art von Literatur gäbe. Aber auch wenn Frisch persönliche Erfahrung auf andere Weise literarisch gestaltet, es ist dennoch falsch, das nicht als vermittelt zu verstehen, den Aufschluß über die Privatperson als den Sinn des Textes zu nehmen. Erfahrungen in Formen, in Textgestalten zu objektivieren, das ist der Sinn der Literatur. Nur aus dieser Perspektive sind Details, auch persönliche, von Belang. Dafür aber sind sie unerläßlich.

JG: Solche Details, die Orte, auch die Vorgänge, kann man eruieren, aber, wie gesagt, eben nicht die Personen. Johnson liefert in dem Porträt-Text übrigens auch ein Gegenbeispiel, ein persönliches Detail, das er nicht benutzt hat. Ich meine die schöne, in sich geschlossene anekdotische Erzählung, wie jemand erfährt, daß er ausgegrenzt ist, einfach weil er den Gruß der Nationalsozialisten als die für ihn geläufige Grußformel nicht drauf hat. Die Episode taucht aber nirgendwo auf, in keinem seiner Bücher.

Bierwisch: Außer eben in diesem Porträt, das für ihn ja ein Text war, und zwar als Montage aus einem Brief von mir, aber in englischer Übersetzung. Da haben Sie alles beisammen. Dieses Porträt belegt den gemeinten Punkt aber noch in einer ganz anderen Weise. Hier ging es ja um eine wirkliche Person, nicht um eine erfundene Gestalt, also mußten die Details, wenn sie denn vorkamen, authentisch sein. Da war es ein Grad von Freundlichkeit, der in seinen Augen beinahe über die Grenze des vertretbaren Kompromisses hinausgehen mußte, wenn er wesentliche Teile meiner Biographie einfach unerwähnt ließ. Er wußte ja, daß ich verurteilt worden war, daß die Loyalität, die er mir, nicht ohne Mißbilligung, nachgesagt hat, höchst fragwürdig war, daß ich in allen möglichen Schwierigkeiten gesteckt hatte. Das hat unser Verhältnis von Beginn an und über alle Entwicklungen hin bestimmt. Ein Bild ohne all das war eine Konzession an die Umstände, die die Frage der ›Ausbeutung‹ fast zum umgekehrten Problem macht. Er hat sich, wegen der Konsequenzen, so wie er sie sah, eine Art von Zurückhaltung auferlegt, die ihm eigentlich nicht zur Verfügung stand.

RG: Hat er mit Ihnen darüber gesprochen, haben Sie den Text nach der Entstehung zu sehen bekommen, oder haben Sie ihn zum ersten Mal in dem Fahlke-Bändchen gelesen? Die *Boundaries* haben ihn ja damals abgelehnt.

Bierwisch: Nein, gesprochen hat er mit mir nicht darüber, das lag in der Natur der Sache, es sollte ja ein Festschriftbeitrag werden, über den man vorher nichts erfährt. Die Herausgeber bekamen aber dann doch Bedenken, sie ließen mir den Text zukommen und fragten mich nach meiner Meinung. Das weitere ist eine schwierige Geschichte, eine politische Geschichte, die ich an anderer Stelle erzählt habe und hier nicht wiederholen will.[8]

Ich war damals, 1980, der Meinung, daß ein Beitrag von Johnson in einer Festschrift, die ich ohnehin als möglichen Konfliktfall ansehen mußte – sie erschien ja ausdrücklich ohne amtliche Billigung in einem niederländischen Verlag – daß mich dieser Beitrag wieder in die Schwierigkeiten stürzen würde, denen ich gerade halbwegs entkommen war. Für Johnson war meine Folgerung daraus ein Verrat. Was das für ihn hieß, haben auch andere erfahren müssen. Es ändert an der Sache nichts, daß meine Vermutung vielleicht, wahrscheinlich sogar, falsch war. Es gehörte zu dem noch sehr unerschütterlich wirkenden Herrschaftssystem, daß es nicht kalkulierbar war. Das widersinnige Ergebnis war, daß die hochgestimmte Beschreibung einer fünfundzwanzigjährigen Freundschaft – und das war mehr als sein halbes Leben – der Anlaß für ihr ebenso zwanghaftes wie vermeidbares Ende geworden ist. Er hat dieses Ende im letzten Band der Jahrestage besiegelt in einer Form, die wahrscheinlich aus mehr als einem Grund schwer verständlich ist. Dies und der Tod haben den Bruch unumkehrbar gemacht.

JG: Sie haben ihn nach dem Zerwürfnis nicht mehr gesehen?

Bierwisch: 1982 kam er zur Beerdigung meiner Mutter nach Leipzig. Ich hatte ihm ein Telegramm nach Sheerness geschickt, das hatte er sich ausbedungen: er hatte ein sehr persönliches Verhältnis zu meiner Mutter. Er stand vor dem Friedhof in seiner schwarzen Jacke, verschlossen, abweisend. Da war keine Verständigung absehbar. Die Zwänge der verkehrten Verhältnisse hatten sich zwischen uns verselbständigt. Ich würde gerne denken, daß ihr Ende auch dieses Unglück hätte hinfällig werden lassen können. Aber das ist ein müßiger Gedanke ohne realen Bezug. Es waren 25 Jahre. Punkt.

---

8 Bierwisch, Erinnerungen (Anm. 4). Vgl. auch Fahlke, Eberhard: »Wenn man einem Freund eine Festschrift macht ...«. Zum Festschriftenbeitrag Uwe Johnsons, in: »Wo ich her bin ...« (Anm. 4), S. 68-79.

Rudolf Gerstenberg

Wie Uwe Johnson die Staatssicherheit verfolgte

Eine Absichtserklärung

»lesen
ist genausoeine aggressive handlung
wie schreibmaschinenmäßig reinhauen«
steckte mir ein bote der gauck-behörde
die es damals in der form noch nicht gab
Bert Papenfuß-Gorek

Seit seiner Gründung in den Tagen des Kalten Krieges ist das Ministerium für Staatssicherheit der Deutschen Demokratischen Republik Gegenstand der Darstellung und Kritik von – einigen wenigen – Publizisten in Westdeutschland gewesen. Vergleicht man die damaligen Publikationen mit dem, was jetzt nach und nach post festum an verifizierbarem Wissen ans Licht der Öffentlichkeit gelangt, so muß man die Leistung von Autoren wie Fricke oder Stiller in besonderem Maße würdigen.

Was also im Westen, offene Augen und Ohren vorausgesetzt, wißbar war, war im Osten vor allem spürbar. Was die einen hätten wissen können, spürten und ahnten die anderen. Und umgekehrt. Die Erfahrung der Allgegenwart des Geheimdienstes bei gleichzeitigem Verbot, sich mit diesem Phänomen in der Öffentlichkeit auseinanderzusetzen, zeitigte ganz merkwürdige, sozusagen DDR-spezifische Strategien, mit diesem verordneten Tabu umzugehen. Eine wichtige Funktion hatte dabei die kritische Literatur des Landes, und zwar schon sehr früh. Gerade unter diesem Aspekt ist aber diese Literatur bisher nicht betrachtet worden, oder wenn dies neuerdings doch geschah, so gerieten die

Autoren und ihre Bücher entweder als Opfer oder als Handlanger des Geheimdienstes in den Blick.

Einige der in Betracht kommenden Texte sind bei ihrem Erscheinen sowohl in der DDR als auch in der Bundesrepublik lediglich vom Schweigen der Kritik begleitet worden, oder die Kritik, wenn sie statthatte, überging die ›heiklen‹ Passagen, vor allem wohl mit der stillschweigenden Begründung, Schaden vom Autor abwenden zu wollen.[1] Eigentlich war es aber so, daß die offizielle Veröffentlichung, sei es als Buch, sei es in einem anderen Medium, dazu legitimierte, über ein bestimmtes ›schwieriges‹ Thema öffentlich zu reden und zu schreiben. Das funktionierte auch fast immer – mit der wesentlichen Ausnahme des Themas Staatssicherheit. Die Befugnis zum öffentlichen Diskurs, die der Zensor mit der Genehmigung der Veröffentlichung implizit erteilte, wurde in diesem Fall nicht wahrgenommen. Warum? Heiner Müllers boshaftes Diktum, daß die wesentliche Leistung der DDR-Literaturwissenschaft darin bestehe, daß sie »erkennungsdienstlich gearbeitet« habe, trifft in diesem Fall nicht einmal zu. Neben der unterschwelligen Angst vor persönlichen Konsequenzen, die zwar einerseits immer gegenwärtig war, andererseits aber das Schlimmste nicht einmal zu denken wagte,[2] neben dieser Angst muß es noch andere Gründe dafür geben, daß dieses Thema nicht aufgegriffen wurde. Alle Themen waren verhandelbar – nur die Stasi nicht, solange es sie gab. Das Geheimnis, das zu ihrem Nimbus gehörte, widerstrebte der Veröffentlichung. Dazu paßt, daß der Apparat des MfS seit den sechziger Jahren selbst als Ersatz für eine nicht existierende Öffentlichkeit, die den Austausch wahrer Informationen vorausgesetzt hätte, fungierte. Wenn man über die Stasi hätte sprechen wollen, hätte immer die Möglichkeit bestanden, daß man mit ihr spräche – ohne es zu wissen. Denn es galt als ausgemacht, daß die gesamte Gesellschaft metastasenartig mit haupt- und nebenamtlichen Mitarbeitern des MfS durchsetzt sei.[3] Auch die Angst und der Ekel vor den agents

---

1 Ironischerweise fanden die integrierten Panegyriker vom Schlage Helmut Baierls, die von den »Kundschaftern an der unsichtbaren Front« schwärmten, im Westen mehr kritische Beachtung.

2 Zu denken wäre hier an die geplante Einrichtung von Internierungslagern für den Krisenfall.

3 Nicht ausgemacht ist, ob die geheimpolizeiliche Überwachung, wie meine Formulierung vermuten läßt, eine krankhafte Deviation von den Ursprüngen oder ein quasi genetisch bedingter Geburtsfehler realisierter Ordnungsutopien ist, wie der realsozialistische Staat eine war. Große Anti-Utopien des 20. Jahrhunderts, wie Jewgenij

provocateurs verhinderte den öffentlichen Diskurs. Die Tatsache, daß ein solcher öffentlicher Diskurs nicht stattfand, verhinderte aber nicht, daß die vermeintliche Allgegenwart und Allmacht der Geheimpolizei einen wichtigen Raum in der Alltagskommunikation, und sei es nonverbal, einnahm, und damit im nichtöffentlichen kollektiven Bewußtsein. Die Veränderungen, die sich von den fünfzigern bis in die achtziger Jahre in diesem Bewußtsein vollzogen, können anhand von Texten Uwe Johnsons dargestellt werden. Es steht zu vermuten, daß dabei mitunter scheinbar paradoxe Beobachtungen zu machen sein werden.

Michel Foucault hat in *Überwachen und Strafen* (1975) gezeigt, daß es einen kulturhistorischen Prozeß der »Ökonomie der Züchtigung« mit den Stufen Marter, Bestrafung und Disziplin gibt. Der Weg führt von der brutalen körperlichen Folter sozusagen von außen nach innen, in die Körper, mit den Instrumenten der Pädagogik und Psychologie. Diese Verinnerlichung des Terrors begründet den Übergang von der Disziplinierung zur Selbstdisziplin. Eine ganz ähnliche Beobachtung macht Walter Otto Weyrauch in seinen »Untersuchungen zur Geheimen Staatspolizei während der nationalsozialistischen Herrschaft«[4] in bezug auf einen kurzen historischen Zeitraum, was die Verhörmethoden der Gestapo angeht. Analoges wird seit Anfang der sechziger Jahre von freigekommenen ehemaligen Stasi-Häftlingen berichtet. Allerdings geht es hier nicht in erster Linie um ein kulturhistorisches, sondern um ein individualpsychologisches Phänomen. Beim Verhör oder bei dem Versuch der ›Krümmung‹ (Anwerbung) müssen schließlich nicht einmal mehr die Instrumente gezeigt werden, da der Terror, das Wissen um die Möglichkeit der Strafe mit Schaden an Leib und Leben, bereits verinnerlicht ist. Dabei spielt es keine Rolle, ob diese Möglichkeit gegenwärtig und real oder längst vergangen und nur vom Hörensagen bekannt ist. Genauso, wie Verfolgungswahn nicht vor wirklicher Verfolgung schützt, ließe sich umgekehrt sagen, daß es für die psychischen Folgen des Gefühls, beobachtet und verfolgt zu werden, gleichgültig ist, ob diese Verfolgung existiert oder nicht. Auf einer noch tieferen Stufe der Interiorisierung des Terrors, wenn diese nämlich nicht mehr reflektiert werden kann, sondern nur noch im Unbewußten verhaltens- und handlungsbestimmend wirksam wird, müssen allerdings sozialpsychologische Erklärungsversuche ange-

---

Samjatins *WIR* (1921) oder, in seinem Gefolge, Aldous Huxleys *Brave New World*, Karin Boyes *Kallocain* und George Orwells *1984*, legen letzteres nahe.

4 Weyrauch, Walter Otto: Gestapo V-Leute. Tatsachen und Theorie des Geheimdienstes, Frankfurt am Main 1992. Vgl. S. 26-29.

stellt werden. (Ein geradezu klassischer Text wäre dafür Volker Brauns *Unvollendete Geschichte* aus dem Jahre 1975.)[5]

Die nach dem implosionsartigen Zusammenbruch der Deutschen Demokratischen Republik einsetzende Diskussion um die Staatssicherheit und ihre Hinterlassenschaft lebte und lebt auf beiden Seiten, die mittlerweile nicht mehr nach Himmelsrichtungen zu unterscheiden sind, von stillschweigenden Voraussetzungen, die nicht wahrer werden, wenn sie ausgesprochen sind. Es genügt, in diesem Zusammenhang an die Auseinandersetzung um Christa Wolf, den sogenannten ›deutsch-deutschen Literaturstreit‹ oder den Fall Sascha Anderson zu erinnern. In dieser Auseinandersetzung ist eine Rationalisierung des dumpfen Meinens dringend geboten. Zu diesem Zweck muß aber auch einmal die vorherrschende Fragestellung: Wie hat die Stasi die Menschen, und also auch die Schriftsteller verfolgt?, umgekehrt werden dürfen: Wie haben die Schriftsteller die Stasi verfolgt? Denn da nicht viele, oder gar die meisten, unvoreingenommen und nicht einmal ehrlich sind, wenn es um ihre damaligen Grundüberzeugungen geht, viele sich gar zu gern selbst belügen, kommt es jetzt darauf an, Elemente des damaligen Denkens zu rekonstruieren. Noch ist die Gelegenheit günstig, die historische Distanz ist gering, Zeitgenossenschaft und Betroffenheit sind, wenigstens im Osten, gegeben. Man mag einwenden, daß solcherart Betroffenheit und mangelnde Distanz gerade eine wissenschaftliche Analyse erschweren. Dagegen wäre zu sagen, daß der Versuch, persönliche Betroffenheit zu objektivieren, nur mit wissenschaftlichen Methoden gelingen kann, und daß diese Betroffenheit und die zeitgenössische Erfahrung gerade jetzt, in geringem Abstand, noch auf besondere Weise für diesen Objektivierungsversuch fruchtbar gemacht werden können. Denn schon ist zu bemerken, daß Weisen des damaligen Denkens und Verhaltens verdrängt und umgedeutet werden. Hervorragende, mitunter die einzigen Zeugnisse dieses Denkens und Verhaltens finden sich in der schönen Literatur, mit deren Hilfe quasi archäologisch ein Teil der Mentalitätengeschichte der DDR geschrieben werden könnte.

Selbstverständlich wird man so nur zeigen können, wie das Bild des Offiziers und Spitzels der Staatssicherheit beispielhaft in der schönen Literatur aussah, nicht aber, wie die psychisch-mentale Konstitution eines solchen Typus wirklich war. Zweifelhaft ist im übrigen, ob es ihn

---

5 Vgl. Vaßen, Florian: Geschichte machen und Geschichten schreiben. Gedanken zu Volker Brauns Unvollendeter Geschichte, in: Monatshefte für deutschen Unterricht, deutsche Sprache und Literatur, Vol. LXXIII, Nr. 2, 1981, S. 210f.

überhaupt gibt, wie die landläufige Meinung glauben macht, die sich zu einem Klischee verdichtet hat.[6]

Da, wie es scheint, die in Rede stehenden Schriftsteller mehr an diesem landläufigen Klischee partizipierten als daß sie es aufzubrechen versuchten, ist vor allem nach der Funktion dieses Klischees und den Ursachen dafür zu fragen. So gesehen, käme das Bild der Staatssicherheit vor allem als Zerrbild in den Blick. Die Folie, vor der dies deutlich wird, sind Texte politologischer und soziologischer Provenienz, die, neuerdings auch dokumentarischer Natur, erst nach der Auflösung des Ministeriums für Staatssicherheit möglich wurden. So wird zum Teil erklärbar, daß das Thema vor 1989 auch in der Bundesrepublik nicht behandelt wurde. Bestimmte Veröffentlichungen, wie die Karl Wilhelm Frickes, hätten dies jedoch in gewissem Maße ermöglichen können. Vollends unerklärlich ist es jedoch, daß diese Lücke bis heute klafft.[7]

Von einem »systematischen Verschweigen der Stasi-Thematik als geheimer Struktur literarischer Texte aus der DDR« (Heinz Hillmann) kann allerdings, wie das gesammelte Material zeigt, nicht gesprochen werden. Was auf die Literaturwissenschaft der DDR und der BRD gemünzt zuträfe, trifft nicht auf die Autoren zu. Dies besonders, wenn nicht der weiland in der DDR-Literaturwissenschaft gültige Begriff von DDR-Literatur zugrunde gelegt wird. Ihr galten nur solche Texte als der Literatur des Landes zugehörig, die innerhalb seiner Grenzen geschrieben und hier in einem offiziellen Verlag veröffentlicht wurden.

Hier sollen hingegen sowohl Texte mit einbezogen werden, die im Lande entstanden, aber nicht hier, sondern in der Bundesrepublik veröffentlicht wurden, als auch solche, die im Selbstverlag im Unter-

---

6 Ohnehin ist dieser Text von vornherein als Ausbruchsversuch aus einem hermeneutischen Zirkel strukturiert: Einerseits gehe ich insgeheim von meiner Kenntnis und meinem Umgang mit einer bestimmten historischen Modikfikation dieses Klischees als einer Voraussetzung meiner Untersuchung aus, andererseits ist aber die Beschreibung der verschiedenen historischen Modifikationen und einer möglichen Grundstruktur dieses Klischees gleichzeitig eins ihrer Ziele. Nichtsdestoweniger gebe ich vor, induktiv vorzugehen.

7 Vielleicht hatten aber auch die vornehmlich linken Germanisten der Bundesrepublik, die sich mit der Literatur der DDR befaßten, kein Interesse, sich dieser dunklen Seite der DDR-Wirklichkeit zuzuwenden. So ist z.B. noch eine 1991 erschienene Monographie von Gudrun Widmann, die sich »Die Darstellung der Vor- und Frühgeschichte der DDR in Uwe Johnsons Jahrestagen« zur Aufgabe gemacht hat, durch nahezu völlige Enthaltsamkeit zu diesem Thema gekennzeichnet. Vgl. dies.: Eine Art der Information, in der Form der Erzählung, Frankfurt am Main 1991.

grund erschienen oder auch von Autoren, die das Land verlassen mußten, immer aber von ihrer Erfahrung in und mit der DDR zehrten. So wird zum einen deutlich, warum ich, ähnlich wie Hans Mayer und Günter Grass, gerade Uwe Johnson als DDR-Schriftsteller par excellence betrachte, obwohl zu Lebzeiten keines seiner Bücher in der Deutschen Demokratischen Republik erscheinen konnte.

Zum anderen aber ist am Werk Johnsons quasi paradigmatisch eine Tendenz in der Behandlung dieses Themas ablesbar, die sich auch bei anderen Autoren im gesamten Prozeß der Literaturgeschichte der DDR nachvollziehen läßt. Johnson wäre also auch hierin für diese Geschichte repräsentativ.

Johnson nimmt die 1959 in den *Mutmassungen über Jakob* an dem Protagonisten Hauptmann Rohlfs exemplifizierte Sichtweise auf die Staatssicherheit zu Beginn der achtziger Jahre schrittweise zurück. War der Staatssicherheitsoffizier Rohlfs ihm 1959 noch ein sich selbst darstellender Überzeugungstäter, den man nur übelwollend als Proselytenmacher bezeichnen könnte und der keinesfalls zu brutaler physischer Gewalt oder auch nur zu psychischem Terror fähig schien, wie sie in den fünfziger Jahren für die Staatssicherheit kennzeichnend waren, mithin wenn nicht gar Sympathie, so doch auch nicht die Antipathie der mutmaßlichen Leser erheischend, so läßt er ihn 1983 im Jahre 1968 gestorben sein. Es ist ein symbolischer Tod. Was könnte er bedeuten sollen?

Gesine Cresspahls Tagtraum von der unmöglichen Heimkehr nach Mecklenburg am 20. August 1968, Last and Final, auf der vorletzten Seite der *Jahrestage*, endet nach einer vorangegangenen Aposiopese mit den Worten: »... aber Herr Rohlfs ist tot, oder auf seine Art gescheitert an der Majorsecke.«(JT, 1890)

Man stelle sich vor: Der leipziger Professor Hans Mayer schreibt Mitte der fünfziger Jahre einen Brief an den Leiter der Bezirksverwaltung des Ministeriums für Staatssicherheit mit der Bitte, einem angehenden Schriftsteller namens Uwe Johnson die Begleitung eines Staatssicherheitsoffiziers bei der Ausübung seines Dienstes zu ermöglichen, da jener Johnson einschlägige Kenntnisse für sein nächstes Buch benötige, hinzufügend, dies geschehe keinesfalls aus Sensationshascherei, sondern mit der Absicht, typische Lebenssituationen in der Deutschen Demokratischen Republik kennenzulernen.

Ebenso absurd, wie uns diese Vorstellung anmutet, so rätselhaft muß uns auch die tatsächliche Herkunft von Johnsons intimen Kenntnissen über die Arbeit des Staatssicherheitsdienstes bleiben, wie sie in den *Mutmassungen über Jakob* ausgebreitet sind.

Was Rohlfs' »Art« gewesen war, hatte Johnson Gesine in den *Mutmassungen über Jakob* erfahren lassen. Wenn er aber tatsächlich so gewesen sein sollte, dann mußte er zwangsläufig scheitern auf der Karriereleiter im Apparat der Staatssicherheit. Mit seinem Rest an Menschlichkeit mußte er untergehen in einem menschenverachtenden System. In gewissem Sinne wird damit die infolge der realen historischen Entwicklung des MfS im Bereich des Möglichen liegende Beibehaltung der früheren Sichtweise Johnsons auf paradox anmutende Weise umgekehrt. Dafür können verschiedene Gründe vermutet werden.

Erstens hat Johnson für die Arbeit am vierten Band der *Jahrestage* zahlreiche Quellen benutzt, die ihm für die Arbeit an seinem Erstling in der DDR nicht zur Verfügung standen, die teilweise damals auch noch gar nicht erschienen waren (Finn, Fricke, Jänicke u.a.).[8] Viele dieser Quellen sind in Johnsons Bibliothek im frankfurter Archiv zugänglich. Der akribische Nachweis, welche Quellen Johnson wofür benutzt hat, kann bereits jetzt zu großen Teilen geführt werden.[9]

---

8 Finn, Gerhard: Die politischen Häftlinge der Sowjetzone 1945–1958, Berlin 1958; Fricke, Karl-Wilhelm: Der Staatsicherheitsdienst. Ein Instrument der politischen Verfolgung in der sowjetischen Besatzungszone Deutschlands, Bonn/Berlin 1962; ders.: Selbstbehauptung und Widerstand in der Sowjetischen Besatzungszone Deutschlands, Bonn/Berlin 1964; ders.: Politik und Justiz in der DDR. Zur Geschichte der politischen Verfolgung 1945–1968, Köln 1979; ders.: Die DDR-Staatssicherheit. Entwicklung Strukturen Aktionsfelder, Köln 1982; Jänicke, Martin: Der dritte Weg. Die antistalinistische Opposition gegen Ulbricht seit 1953, Köln 1964; Richert, Ernst: Das zweite Deutschland. Ein Staat, der nicht sein darf, Gütersloh 1964.

9 Ein erster Versuch ist bereits unternommen worden. Vgl. Fernengel-Pflug, Birgit: Cresspahls Haftzeit im Konzentrationslager Fünfeichen und ihr realgeschichtlicher Hintergrund, in: Carsten Gansel/Bernd Neumann/Nicolai Riedel (Hg.), Internationales Uwe-Johnson-Forum. Beiträge zum Werkverständnis und Materialien zur Rezeptionsgeschichte, Band 2 (1992), Frankfurt am Main 1993, S. 185-208. Johnsons Umgang mit Texten und Dokumenten beschränkt sich jedoch nicht auf bloßes Abschreiben und Paraphrasieren, wie die Autorin nahelegt. Vgl. Fernengel-Pflug, Cresspahls Haftzeit, S. 199, wo es um den Vergleich der Tristan-Introduktion Thomas Manns mit einer Passage aus *Jahrestage 3*, S. 1287f., geht, auf deren Verwandtschaft Johnson selbst hingewiesen hat. Nicht hingewiesen hat er darauf, daß folgende Passage ein Zitat im Zitat ist: »Angetan mit ordensgeschmücktem Blouson, das weit über die bauschigen Breeches fällt, den Kopf unterm erdfarbenen Krätzchen erhoben, das Schnellfeuergewehr in Vorhalte, treibt der Armist den Häftling über die Lagerstraße voran [...]«. Dies ist die prägnante Beschreibung eines Fotos mit der Bildunterschrift: »Häftling und Wachtposten des KZ Sachsenhausen«. Es findet sich in Finn, Politische Häftlinge (Anm. 8), S. 38. Auch die nach Meinung der Verfasserin »eigenständige Einfügung Johnsons« ist ein Bildzitat. Die Vorlage findet sich ebd., S. 48, mit der Bildunterschrift: »Postenturm des KZ Sachsenhausen«. Weitere Beispiele müssen einer breiteren und genaueren Darstellung vorbehalten bleiben.

In diesen Quellen werden auch zweifellos authentische Berichte von Überläufern, von im Westen verurteilten Stasi-Spitzeln und von freigekommenen Häftlingen mitgeteilt, die übereinstimmend von körperlicher Folter und psychischem Druck nicht als Ausnahme, sondern als dem Regelfall in der Verhör- und Haftpraxis der Staatssicherheit in den fünfziger Jahren berichten. Offensichtlich widersprach das nach seinem Umzug nach Westberlin für Johnson wißbar Gewordene dem, was zuvor nur spürbar gewesen war. Er mußte sich korrigieren.

Johnson tat dies, indem er einerseits an seinen früheren Darstellungen festhielt. Der »kleine Spitzel« aus *Ingrid Babendererde* lebt weiter in dem »Zweihundertgroschenjungen«, der in den *Jahrestagen* vorgeblich um Gesines Zuneigung buhlt. Andererseits jedoch läßt Johnson 1983 Gesine ihre erste Bekanntschaft mit dem SSD als einen wirklichen »Notfall« erleben, der für sie und ihre Mitschüler vor allem die Erfahrung seelischer und körperlicher Gewalt bedeutet.

Rohlfs also ist gestorben. Gesines Peiniger aber leben weiter und bestimmen fürderhin das Antlitz der Staatssicherheit. Wie zu vermuten ist, wurde diese Überzeugung für Johnson geradezu obsessiv.

Bereits in den *Begleitumständen* (1980) hatte Johnson die Person des Hauptmann Rohlfs rückblickend als eine »Wunschvorstellung« charakterisiert und im gleichen Atemzuge seinen damaligen Umzug aus der DDR nach Westberlin mit der »Tüchtigkeit« des Staatssicherheitsdienstes begründet. Hier spricht sich eine Furcht aus, die Johnson seinerzeit so nicht kannte. Auch dafür gibt es Zeugnisse. Vielmehr scheint es Johnson anfangs noch gelungen zu sein, seine Grundüberzeugung zu leben, daß zwar alle und alles überwacht werde, man sich aber so verhalten müsse und könne, als ob dem nicht so sei. Freilich konnte das nie ganz gelingen, aber damals jedenfalls war Johnson noch zu einer schützenden distanzierenden Ironie fähig (*Brief an Kurt Hoppenrath*, 1954), die ihm in späteren Jahren mehr und mehr abhanden kam.

Hier nun gelangt der Interpret auf ein Feld, daß besonders behutsam begangen werden muß. Er hat nämlich darüber zu befinden, ob die hier bisher angeführten Gründe ausreichen und ob sie überhaupt die primären sind, die Johnsons ästhetische und politische Konsequenzen bestimmten.

Zweitens nämlich hat Uwe Johnson in den *Begleitumständen* die fast zehn Jahre während Pause zwischen dem Erscheinen des dritten und vierten Bandes der *Jahrestage* mit einer schwerwiegenden autobiographischen Irritation zu erklären versucht, deren psychische und pathologische Folgen zu einem Schreibblock geführt hätten. Er glaubte, seine Frau habe ihn schon seit Jahren, liiert mit einem Angehörigen des tschechischen

Staatssicherheitsdienstes, für das Ministerium für Staatssicherheit der DDR ausgeforscht. Elisabeth Johnson hat diese Vorwürfe immer bestritten. Ihre Glaubwürdigkeit steht der ihres ehemaligen Mannes in nichts nach.[10] Für unser Anliegen kommt es auch gar nicht darauf an, darüber zu befinden, ob Johnsons Vermutung, die sich mehr und mehr zu einer Zwangsvorstellung verdichtet zu haben scheint, zutraf oder nicht. Denn für die psychischen und künstlerischen Folgen ist es gleich, ob die Verfolgung und Ausforschung real war oder nicht.

Günter Grass hat in einem Gespräch geäußert, die *Skizze eines Verunglückten* (1982) sei der einzige Text Johnsons von dem er wünschte, er wäre nie geschrieben worden.[11] Dieser Wunsch kann sich nur auf eine psychoanalytische, autobiographisch orientierte Lesart dieses Textes beziehen. Abgesehen davon, daß die *Skizze eines Verunglückten* ein auf geradezu klassische Weise gelungener Text ist, der auch ohne die Kenntnis der biographischen Situation des Autors funktioniert, einmal abgesehen davon ist er der Versuch, die oben beschriebene Krise mit künstlerischen Mitteln zu distanzieren und zu bewältigen. In dem hohen Maße, wie dieser Versuch künstlerisch geglückt ist, ist er menschlich gescheitert.

Identifikation und Distanzierung sind Johnsons Mittel der Wahl. Mit der Wahl des Namens identifiziert er sich mit seinem Protagonisten. Joachim de Catt nennt er ihn in Anlehnung an das Pseudonym, unter dem er selbst ursprünglich die *Mutmassungen über Jakob* im Westen erscheinen lassen wollte, um in der Demokratischen Republik bleiben zu können. Auch die Grundkonstellation des von Johnson vermuteten Vertrauensbruches ist der Struktur nach erhalten geblieben – mit einem wesentlichen Unterschied, dessen Implikationen entsprechend gewürdigt werden müssen. Johnson bewerkstelligt nämlich die historische Distanzierung, indem er das Geschehen zurückversetzt in die Zeit der nationalsozialistischen Herrschaft. Kurz: er stellt eine Analogie her zwischen der Geheimen Staatspolizei des Dritten Reiches und dem Staats-

---

10 Es ist nicht meine Sache, unbestätigte Behauptungen zu kolportieren, wie es Spiegel-Stil ist. Vgl. Der Spiegel 46, 1992, Heft 2, S. 128-134, und das Dementi von Elisabeth Johnson in: Der Spiegel 46, 1992, Heft 4, S. 10. Der einzige Gewährsmann, der in dem nicht gezeichneten Spiegel-Artikel angeführt wird, ist der Trondheimer Germanist Bernd Neumann, der an einer ersten Johnson-Biographie arbeitet. Erst neuerdings hat Neumann wieder behauptet, Elisabeth Johnson habe die Vorwürfe des Spiegel unwidersprochen hingenommen. Das ist nicht wahr.

11 Grass, Günter: Distanz, heftige Nähe, Fremdwerden und Fremdbleiben. Gespräch über Uwe Johnson, in: Roland Berbig/Erdmut Wizisla (Hg.), »Wo ich her bin ...«. Uwe Johnson in der D.D.R., Berlin 1993, S. 113.

sicherheitsdienst der DDR. Walter Otto Weyrauch teilt Fälle mit, die
dem von Johnson in der *Skizze eines Verunglückten* beschriebenen gleichen. Die Rechtspraxis in den dreißiger und vierziger Jahren sah nach
Weyrauch im Deutschen Reich so aus, daß bei einer Scheidung infolge
des offenkundigen Vertrauensbruches dem Ehegatten die Schuld zuge-
wiesen wurde, der den anderen für die Gestapo ausgeforscht hatte. Diese
Tatsache war geeignet, bisherige festgefügte Urteile über die nationalsozialistische ›Rechtssprechung‹ zu revidieren. Von hier läßt sich eine
Querverbindung zu Johnsons Schicksal ziehen, die seine analogisierende
Selbststilisierung noch schärfer hervortreten läßt. In Johnsons Lese-
exemplar der *Begleitumstände* findet sich nämlich auf dem hinteren Vor-
satzblatt eine handschriftliche Eintragung, die sich auf einschlägige, die
ehelichen Rechte und Pflichten betreffende Paragraphen des Bürgerlichen Gesetzbuches bezieht. Gerade eine solche, an die Totalitarismus-
doktrin gemahnende Sichtweise hatten aber die *Mutmassungen über Jakob*
nicht zugelassen. Die *Skizze eines Verunglückten* ist neben den *Begleitumständen* der wichtigste und vielleicht beste Text, den Johnson während
seiner Jahre andauernden Schreibhemmung – was sein opus magnum
Jahrestage angeht – geschrieben hat. Die hier gewonnenen Positionen der
Sicht auf die Staatssicherheit werden für den vierten Band der *Jahrestage*
(1983) konstitutiv, indem auf vielfältige Weise strukturelle Analogien
und Kontinuitäten über die Schwelle der beiden Gesellschaftsordnungen
hinweg dargestellt werden. Zugleich geht Johnson weit über die in der
Skizze eines Verunglückten beschriebene Sichtweise hinaus. Es läßt sich die
These aufstellen und mit guten Gründen verteidigen, daß Johnson zu
Beginn der achtziger Jahre zu der Überzeugung gelangt zu sein scheint,
Überwachung und Ausforschung, gleich ob um einer ideologischen
Überzeugung oder um des Geldes Willen, seien quasi ontologische
Qualitäten moderner Gesellschaften, gleich welcher Ideologie oder
Staatsform, jenseits von Gut und Böse.[12]

Allerdings wird an dieser Stelle das Insistieren auf den, wenn auch
mitunter noch so geringen, Unterschieden wichtiger als die Beschrei-
bu ng von Ähnlichkeiten.

Mit der seit der Gründung des Ministeriums für Staatssicherheit am 8.
Februar 1950 stetig steigenden Machtfülle dieses Apparats, die sich auch
an dem wachsenden Heer hauptamtlicher und inoffizieller Mitarbeiter

---

12 Johnsons Wertschätzung für Hannah Arendt ist bekannt. Ihr Werk *Elemente und
Ursprünge totalitärer Herrschaft* (deutsch 1955) hat er aber wahrscheinlich erst sehr viel
später kennengelernt.

ablesen läßt, nahm zwar auch die Häufigkeit und die formale Vielfalt der literarischen Auseinandersetzung mit diesem Phänomen zu, nicht in gleichem Maße jedoch die Intensität. Johnsons Roman *Mutmassungen über Jakob* (1959) kann geradezu als Initialtext angesehen werden, auf den spätere Autoren sich direkt beziehen oder in dessen Kenntnis sie schreiben. Wo von dieser Kenntnis abgesehen wird, sind die künstlerischen und intellektuellen Resultate kläglich.

Gerhard Zwerenz sprach 1977 von einer »Verspätung, die im Sozialismus offensichtlich eingebaut« sei:

... daß alles ungefähr ein paar Jahrzehnte, nachdem es eigentlich fällig ist, erst akzeptiert werden kann, weil soviel bürokratischer Mist davor aufgehäuft worden ist – mit der entsprechenden Verspätung hat sich das in der Literatur der DDR jetzt tatsächlich durchgesetzt. Die kommen jetzt dort an, wo sie, wenn sie marxistisch gedacht hätten, Mitte der fünfziger Jahre schon hätten sein können. Und weil wir da damals schon waren, haben wir Prügel bezogen.[13]

Cum grano salis gilt diese Diagnose auch für Thema und Form von Christoph Heins im Jahre 1985 erschienenen Roman *Horns Ende*. Der Vorwurf, der in Zwerenz' Worten mitschwingt, trifft ihn allerdings am allerwenigsten, wie zu zeigen sein wird. Der prägende »Vorformulierer« für Heins Text war aber Uwe Johnson mit seinem 1959 bei Suhrkamp veröffentlichten Roman *Mutmassungen über Jakob*.

In Christoph Heins Roman *Horns Ende* sind die intertextuellen Bezüge zu Johnsons *Mutmassungen über Jakob* und zu den *Jahrestagen* auf der inhaltlich-thematischen wie auf der formal-strukturellen Ebene so vielfältig, daß eine bewußte Wiederaufnahme vermutet werden kann. Beide Romane spielen Mitte der fünfziger Jahre. Beide Male kommt ein Mensch unter dunklen Umständen zu Tode, beide Male hat die Geheimpolizei ihre Hand im Spiele. Während Johnsons Roman ein Gegenwartsroman im besten Wortsinne ist, stellt Hein ähnliche Ereignisse dar, die nahezu dreißig Jahre zurückliegen. Er tut dies allerdings mit den gleichen formalen Mitteln wie Johnson. Auch Heins Roman besteht aus inneren Monologen einzelner Figuren, die von Dialogpassagen unterbrochen werden, welche wiederum an Gesines Gespräche mit den Toten aus den *Jahrestagen* denken lassen. Und die von Hein geübte Praxis, diese inneren Monologe mit dem Namen des Sprechers zu überschreiben, war von Johnson bereits für die englische Übersetzung der *Mutmassungen* autorisiert worden.

13 Zwerenz, Gerhard: Vorformulierer, in: alternative 20, 1977, Heft 113, S. 83; zit. nach: Hans-Jürgen Schmitt (Hg.): Die Literatur der DDR, München 1983, S. 23.

Diese Ähnlichkeiten könnten dazu verleiten, Heins Roman als *Mutmaßungen über Horn* zu lesen. Und in der Tat scheint es in beiden Fällen so zu sein, daß jene, die verdächtigt und von der Macht und ihren Erfüllungsgehilfen, den Geheimpolizisten, bedrängt wurden, gar keine wirklichen Feinde waren. Nicht Gesine, nicht Jonas, nicht Horn – alle scheiterten sie an der mangelnden Toleranz oder Reformunfähigkeit der Gesellschaft. Der reale Sozialismus hatte viele Feinde, aber die genügten ihm nicht, und so schuf er sich selbst welche und versah sie mit dem schmückenden Beiwort feindlich-negativ. Dies ist das Bild, das sich aus der Literatur ergibt – das Mißtrauen und die Angst der Macht als Mißverständnis. In der Wirklichkeit war es wohl eher so, daß die Mächtigen des real existierenden Sozialismus nur zu Recht hatten, wenn sie Veränderungen im politischen System als existenzielle Gefährdung ihrer Macht begriffen. Die Schriftsteller lassen uns glauben, daß es gar keine wirklichen Feinde im Innern gab, sondern daß jene, die dafür gehalten wurden, in Wirklichkeit die besseren Sozialisten waren, die selbst nur zu gern Integrierte gewesen wären. Die Intellektuellen Jonas Blach und Horn wären auf je verschiedene Weise Prototypen jener Sichtweise. Während Horn an der Unfähigkeit der Gesellschaft verzweifelt, seine von der herrschenden, oktroyierten dogmatischen Norm abweichenden wissenschaftlichen, politischen und moralischen Anschauungen anzunehmen oder wenigstens zu tolerieren, gelingt dem Historiker Dallow aus Heins Roman *Der Tangospieler* Anfang der siebziger Jahre die Re-Integration, – wenn auch um den Preis zynischer Selbstverleugnung. Dallow interessiert sich nicht für die Gegenwart, und schon gar nicht für die Gegenwart in der ČSSR des Jahres 1968. Das tut aber Gesine Cresspahl, sie ging weg aus dem real existierenden Sozialismus und will doch etwas tun für die Verbesserung des Sozialismus, in diesem Prager Frühling. Dallow also, im realen Sozialismus lebend, tut nichts für den wahren Sozialismus. Immerhin, er verweigert sich den Anträgen der Staatssicherheitsbediensteten Schulze und Müller, seine wissenschaftlichen Kenntnisse und Fähigkeiten in den Dienst ihres Ministeriums zu s..ellen. Gesine hingegen verweigert sich dem Ansinnen de Rosnys nicht, der ihr andeutet, daß mit ihrem Auftrag in Prag noch ein anderer, über den nicht gesprochen werden dürfe, verknüpft werden könnte.

Auffällig ist, daß, mit Ausnahme Johnsons, fast alle Autoren die Binnenperspektive vermeiden. Dies war auch für Johnson ein Problem. Daß er sich dennoch dafür entschied, ist besonders erklärungsbedürftig. In den späteren Texten erfolgt die Sicht auf den Geheimpolizisten von außen, aus der Perspektive anderer Figuren oder unvermittelt aus der des

Autors oder Erzählers. Es ist, als wollten die Autoren eine gewisse minimale Distanz zu diesen Figuren, zu diesem Gegenstand nicht aufgeben, als scheuten, ja ekelten sie sich gleichsam davor, in sie hineinzuschlüpfen, sich in sie einzufühlen.

Mit den Jahren, in denen die Machtfülle des Staatssicherheitsapparates bei gleichzeitiger ›Humanisierung‹ seiner Methoden stetig wuchs, versuchten die Autoren zunehmend, gegen das Tabu der Darstellung dieses Phänomens in der schönen Literatur anzugehen. Aber sie taten dies, verbittert und im Bewußtsein ihrer Ohnmacht, indem sie ihre Figuren verurteilten oder nur noch ein Klischee bedienten. Möglicherweise ist dieses Phänomen mit dem Eindringen der Staatssicherheit in alle Lebensbereiche, und besonders in die Nischen der Intellektuellen, die als potentielle Dissidenten galten, erklärbar.

Die Verächtlichmachung des Geheimpolizisten in der schönen Literatur wäre dann eine Bewältigungsstrategie für die Repression, der man sich in der Realität ohnmächtig gegenübersah.

Johnson ging einen anderen Weg, auch darin Nonkonformist, der er geworden war, und darum allein.

Der Preis hieß Selbstzerstörung.

Rudolf Gerstenberg, Wenigenjenaer Platz 5, 07749 Jena

Emery Snyder

Johnson's Skizze *and Sketches of Johnson*

> Die literarische Biographie ist eine Grenzerscheinung,
> die hinter der Grenze bleibt.
>
> Kracauer

At least since Plato's seventh letter (esp. 344c), European writers have observed that written words are at the mercy of the recipient. This situation creates anxiety for those who wish to have meanings neatly pinned down, and inspires them to adopt restrictive strategies of exegesis. Such anxiety is probably due in part to the current situation in literary scholarship. In the United States, although paradigms derived from the close reading of the New Critics tend to dominate, texts are interpreted according to a huge variety of approaches, often representing the fashions reigning when the practioner passed through professional training. Given the wide range of possible interpretative strategies, critics are faced with an audience bringing astonishingly varied standards to bear on their efforts. A similar situation prevails in the Bundesrepublik, as traditional approaches like Geistesgeschichte, philology, and source studies compete with the claims of the various sociologies and the »Frankfurt School«, while numerous feminist approaches and the various French currents in structuralism, post-structuralism, and psychoanalysis make progress. Scholars critical of newer approaches, or frightened by the lack of universally agreed-upon standards and the lively competition in the market place of ideas, often turn to literary biography as a familiar genre, and biographical interpretations continue to be produced along with biographies of major authors.[1]

As early as 1930, Siegfried Kracauer pointed out that biographies were popular precisely because the ready-made shape of an individual life seemed to offer a simple yet genuine literary form in an age where individual psychology and »die Konturen des Individuums« had been rendered passé (Kracauer uses the word »aufgehoben«).[2] Yet it is not, in fact, the case that abandoning the link to an author's personal life thrusts us willy-nilly into a nihilistic world where literary values disappear altogether; it leaves us in the public domain where literary works are produced and exchanged in our culture.

Let us take the case of intertextuality. Having noticed a congruence of some sort between two works, how does one justify paying attention to it? One can assert that the congruence illustrates some sort of structure which a perfectly endowed reader has perceived due to innate abilities (Riffaterre). This leaves the burden of showing congruence entirely up to the rhetorical powers of the critic. Or one can attempt to show that writer A was reading writer B. (This tack can take the form of a oedipal psychomachia, as in Harold Bloom's elaborate theories, or of a purely factual assertion about influences.)[3] But the most sensible way is to first show how one text relies upon or responds to the other, and then use the facts of biography and history to ascertain that such a conjunction was possible. (This act is mostly negative, as when we assert that *Bahnwärter Thiel* cannot be referring to *Mutmassungen über Jakob,* although it can also be useful to show, e.g. that Johnson was closely conversant with Goethe.)[4] Here we need not recur to the writer's intentions; we must merely assume that a relationship between the two texts would have been plausible for some audience related to the work, and not go so far as to assert that the writer must have intended every reader to see the relationship. (The

1 Some critics associated with close readings also call for a biographical approach; see Alan Shelston's comments on Empson in »Biography and Criticism«, Critical Quarterly 27.1, 1985, p. 71-75.

2 Kracauer, Siegfried: Die Biographie als neubürgerliche Kunstform, in: ders., Das Ornament der Masse. Essays, Frankfurt am Main 1963, p. 75-80, esp. p. 76.

3 Not all psychologizing theories need be quite so personally based; see Julia Kristeva's Lacanian exegesis of Bakhtin in the article where she coins the word »intertextualité«: Kristeva, Julia: Le mot, le dialogue et le roman, Sémeiotike, Paris 1969, p. 143-173, esp. p. 155-158.

4 See von Matt, Peter: Liebesverrat. Die Treulosen in der Literatur, München 1989, p. 421-422. Quoted as (Matt, page).

writer's intentions should not be regarded as entirely conscious, or entirely cognitive: when we talk about Christ-symbolism in a work, we do not always assume that the author must have thought the thought »let's add some Christ-symbolism here«. Although often she will have.) Some critics justify biographical readings by insisting that »the really individual, the really personal aspects of literary art – stylistic and substantive – assert themselves and beg for commentary«.[5] Quite aside from the common rhetorical ploy here (asserting that the aspects of a text the critic wishes to stress call plaintively out from the page of their own accord), this tack mistakenly identifies the interesting qualities of individual artworks, susceptible to normal critical analysis, with quirks of personality, as if the former could be assimilated without remainder to the latter. In fact, the work passes through the public sphere on its way from author to critic.

I am not urging that history be ignored; on the contrary, the conditions of its production and distribution play an important factor in our understanding of a literary work. Modern literature since the birth of the commercial book market is certainly conceived in different relationship to the audience than books which were received largely as oral readings and circulated in manuscript among a small subculture. Even books published in the modern book market often have a double audience, as with many of the communally written salon novels of the seventeenth century (in the wake of d'Urfé's *Astrée* and the Scudéry siblings' novels): a coterie of loyal fans who can spot all the hidden allusions and a larger public which reads as uninitiates.[6] (This dual structure, as Anthony Grafton has pointed out, is common among scholarly works today, especially in the matter of what is and is not cited in the footnotes.)[7]

Nothing prevents us from seeing *Skizze eines Verunglückten,* or any other work, in this light; Johnson may have written in part as a defence or comment on his marital conduct for friends like Siegfried Unseld.[8] But he also allowed it to be published – in two different bindings – by the

5 Casagrande, Peter: Biography and Criticism, in: Studies in the Novel 19, 1987, p. 197-209, here 197.

6 See Ketelsen, Uwe-K.: Die Anonymisierung des Buchmarktes und die Inszenierung der ›Speaking Voice‹ in der erotischen Lyrik um 1700, in: Literary Culture in the Holy Roman Empire 1555–1720, ed. James A. Parente, Jr., et al., Chapel Hill 1991, p. 259-276.

7 Grafton, Anthony: The Footnote from De Thou to Ranke, paper presented at the Selby Cullom Davis Center, Princeton University, 22 January 1993.

8 Unseld, Siegfried: Uwe Johnson: »Für wenn ich tot bin«, in: Siegfried Unseld/ Eberhard Fahlke, Uwe Johnson: »Für wenn ich tot bin«, Frankfurt am Main 1991, S. 9-72 (Schriftenreihe des Uwe Johnson-Archivs 1).

Suhrkamp Verlag. In so doing, he moved it into what Habermas has called the »public sphere« (Öffentlichkeit), a characteristic feature of modern European society where books circulate in an (ideally) open market. In this situation, the author must find a way to create an audience within the mass of anonymous readers.[9]

Authors may themselves decide to move things »personal« into the public sphere; works like Max Frisch's *Tagebücher* represent another category of the modern literary field: published diaries and letters. Diaries and letters are sometimes entirely private (even encoded), sometimes explicitly literary; some authors (Lipsius, Pliny) publish their own letters, others (Gide, Thomas Mann) their diaries, often in enhanced form. These literary diaries and letters exploit the edge of the modern literary field, much as did the eighteenth-century novels which purported to be ›found‹ documents. Frisch's *Tagebuch 1946-1949* even includes drafts of a private letter (to a German), concluding with the remark »(Nicht abgeschickt)«.[10] Whatever the circumstances under which these works were composed, the collection of travel accounts, essays, and fictional fragments were Frisch's introduction to the broader German reading public when they became his first work published in the new Suhrkamp Verlag (1950). Like the »confessional« poetry of John Berryman, Allen Ginsburg, or Sharon Olds, these works (albeit in a much less revealing manner) construct a public persona of the private person and, by the act of publication, represent a voluntary incursion within the boundaries of literary, public discourse. (Cf. the recent publication of John Cheever's diaries or journalistic attempts to examine the scene of Johnson's death.)

Biographical criticism, however, seeks to explain texts occuring in the public sphere by introducing material from the private. This is quite feasible, but it cannot occur without changing the nature of both sets of materials. Of course, this effect is partly desired, since crossing boundaries provides much of the punch of ›revelatory‹ evidence. The public circulation of personal documents and statements – what Gesine Cresspahl calls *Schietkråm*[11] – turns an author from the producer of a text into the object of a biography. No ›strong reading‹ performed on a text, however

9 Cf. the texts Frisch (Frankfurt am Main, 1968) – and Johnson in Frisch, Max: Stichworte, ausgesucht von Uwe Johnson, Frankfurt am Main 1985 (1975), p. 116-123 – collected under the title »Öffentlichkeit als Partner«.

10 Frisch, Max: Drei Entwürfe eines Briefes, in: ders., Gesammelte Werke in zeitlicher Folge, 7 vols, Frankfurt am Main 1986; here: vol. 2, p. 469-475.

11 Johnson, Uwe: Begleitumstände. Frankfurter Vorlesungen, Frankfurt am Main 1980, p. 444. Quoted as (BU, page).

unlikely, operates on an author's production so high-handedly. Nor does biographical criticism really offer much certainty. It interprets the work of literature at hand by comparing it with another work of literature, the biography of an author, which it declares to be more authoritative.

Yet biography is an odd and hybrid beast. The U.S. Library of Congress classifies it among the »Ancillary Sciences of History«, and it has been associated with that literary genre since Suetonius and Xenophon. On the other hand, it has clear links to the modern novel, and the practitioners of »docu-drama« in print (roughly since Truman Capote's *In Cold Blood*) and on television continue to blur the distinctions between fictional and factual narrated lives. The reason for this is easy to see: fictional lives are able to make much more telling pronouncements about their subjects. Biographies which limit themselves to the facts which can actually be documented are forced to rely on their subjects' own interpretations of their behavior (and the interpretations offered by other interested parties) or informed speculation, often signalled by sentences in the form »Mozart must have ...«.[12] As historians have realized since the early modern period, the historian's informed judgment, choosing between alternative biased and partial accounts of an event, needs a rationale, usually provided by the historian's own notion of probability. This notion in turn is dependent on the historian's own experience and, hopefully, a sense of what is ›probable‹ (cf. Aristotle's »plausible« in the *Poetics*) that is shared by her audience. Here biography is at a distinct disadvantage compared to other forms of history.

At least since Herodotus in European culture, there has been much disagreement about the nature of the world and what is likely to happen; yet this disagreement seems like blissful concord when compared to the struggles in the field of psychology. If, as many critics like Hayden White have pointed out, historiography is not history itself, and inevitably ›distorts‹ by imposing narrative shape on the muddle of historical process, biography goes even further in rendering coherent and narratable the same mess of contradicting impulses and desires which provides the raw materials for conflict, recriminations, anguish, and years of expensive therapy in real life. The resulting text, although potentially very useful as a work of historiography illuminating the interplay of historical forces and individual actions, often provides a shaky basis for the interpretation of another, more complicated text.

12 See Cohn, Dorrit: Signposts of Fictionality, in: Poetics Today 11, 1990, p. 775-804.

Perhaps no author in post-War Germany has suffered more than Uwe Johnson at the hands of biographical criticism. His position as the »Dichter der beiden Deutschland« gave his work panache, and his quick rise to literary prominence thrust him into the center of many controversies. Johnson continually protested against this title and against attempts to make his person the center of attention, most strenuously in his Frankfurt lectures and the book *Begleitumstände* which grew out of them.[13] His lectures on poetics do center on his personal experience, but he goes out of the way in the opening pages to suggest that only his professional life will be relevant: »Das Subjekt wird hier lediglich vorkommen als das Medium der Arbeit, als das Mittel einer Produktion« (BU, 24). Johnson, in other words, despite his use of autobiographical information in his lectures, was concerned with maintaining the distinction between private and public spheres, and was content to allow readers their own interpretations once a work had passed out of his hands into theirs. Siegfried Unseld has suggested that Johnson liked living »incognito« in Sheerness precisely because it freed him from the need to take public positions on controversial matters and allowed him a private life.[14] If his wish was to keep his life free for his work and his works clear of his private life, it has certainly been thwarted since his death. R.M.'s valiant attempt to turn Johnson–criticism away from the biographical approach has not been successful.[15] Critics persistently attempt to reduce the problems his texts pose by explaining them biographically. Particularly beset by such attempts are the last works, perhaps because of the long lull between volumes three and four of *Jahrestage*. As Johnson complained (BU, 440-444), reviewers of *Jahrestage* even asserted that Gesine Cresspahl was just a convenient fiction for Johnson's autobiographical reminiscences.

The work which has suffered most, however, is the short text *Skizze eines Verunglückten,* with its account of the uxoricide writer J. Hinter-

---

13 See also BU (note 11), p. 392-396 on the title »Dichter der beiden Deutschland«.
14 Unseld (note 8), p. 54.
15 R.M., »Am liebsten wäre ich unsichtbar: Einladung, weniger in Johnsons privaten Dokumenten zu wühlen und statt dessen, sein rätselhaftes Werk zu lesen«, in: Die Zeit 30 (20. Juli 1984), p. 31. M's plea is accompanied by a new (biographical) interpretation of Johnson's later attitude towards his wife, based on the 20 July chapter of Jahrestage, but his basic point is the difficulty of interpreting biographically the works of an author so interested in Versteckspiele. M was, as far as I know, the first critic to adduce Johnson's self-composed joke obituary (in: Karl Heinz Kramberg (Hg.), Vorletzte Worte. Schriftsteller schreiben ihren eigenen Nachruf, Frankfurt am Main 1970, p. 116-124) to the events surrounding his death.

hand/Joachim de Catt.[16] Reviewers were quick to compare the novella to Johnson's own account (BU, 451f.) of how his marital difficulties had hindered the completion of *Jahrestage*.[17] *Skizze eines Verunglückten* has been called a hidden autobiography,[18] and even critics who note the importance of its intertexts insist on reading *Skizze* in the light of the end of *Begleitumstände,* even going so far as to identify Johnson, Hinterhand, and Gesine Cresspahl outright.[19]

This work, however, has always existed within a clearly intertextual framework pointing less to Johnson's own life than to the works of Max Frisch; it made its first appearance in a festschrift in Frisch's honor.[20] Peter von Matt (who raises the specter of biographical criticism in order to lay it aside)[21] has the merit of being the first to explore the links between *Skizze* and several short texts in Frisch's *Tagebuch 1966–1971:* »Skizze eines Unglücks« and »Glück.«[22] Both of these texts, like *Skizze,* involve love affairs gone badly; the similarity of the titles is obvious. »Glück« has intertextual echoes in its turn, inserting the railroad-compartment-monologist and wife-murderer Pozdnyshev from Tolstoy's *Kreutzer Sonata* (1889) into a contemporary Swiss train.

Von Matt's last two chapters provide a genuine literary reading of Johnson's text. The maxim »Wer liebt, hat Recht«, asserts von Matt,

16 Johnson, Uwe: Skizze eines Verunglückten, Frankfurt am Main 1984. Quoted as (Skizze, page).

17 In any case, those wishing to decide whether Johnson's suspicions of his wife were grounded can now grub happily in the archives of the GDR's Staatssicherheitsdienst for information.

18 Fickert, Kurt: Autobiography as Fiction. Uwe Johnson's Skizze eines Verunglückten, International Fiction Review 14, 1987, p. 63-67.

19 See Raddatz, Fritz J.: Das verratene Herz, in: Die Zeit 46 (12. Nov. 1982), Literatur p. 1; cf. Unseld (note 8), p. 17-24, who adduces Frisch's play »Biografie«, but uses citations from Skizze to describe Johnson's feelings in 1975 as he »believed he had discovered« his betrayal by his wife (p. 13), and uses the de Catt pseudonym to compare Hinterhand and Johnson, including the »Todesstrafe abzuleisten durch Ableben« (p. 25). He claims: »Geschrieben habe [Johnson] das ja alles [d.h. seine Verletzung] auf meinen Wunsch in der Skizze eines Verunglückten« (p. 31). D.G. Bond lists more examples and argues cogently against biographical readings in: Bond, D. G.: German History and German Identity. Uwe Johnson's ›Jahrestage‹, Amsterdam/Atlanta 1993, p. 178-183.

20 Johnson, Uwe: Skizze eines Verunglückten, in: Siegfried Unseld (Hg.), Begegnungen. Eine Festschrift für Max Frisch zum siebzigsten Geburtstag, Frankfurt am Main 1981, p. 69-107.

21 See Matt, 417f.

22 Frisch, Gesammelte Werke (note 10), vol. 6, p. 204-225, 237, and p. 333-340.

forms the unspoken basis of the European stories about erotic betrayal
(Matt, 21). This assertion would seem to be cast in doubt by Johnson's
novella, for Hinterhand is certainly not ›right‹ about his wife if she can
betray him for so many years, and the story seems to leave little room for
sympathizing with the wife who betrays him, presumably (at least in part)
through the claims of another love. *Skizze* is concerned precisely with
how the esthetic of love conflicts with the ethics of marriage. Von Matt
can thus portray the text as signifying »die Einsamkeit des moralischen
Subjekts in der Moderne«, contrasting Johnson's text to Goethe's
Wahlverwandtschaften, where adultery is the product of cosmic forces
rather than merely individual betrayal. Von Matt correctly opposes the
marital fanaticism of Johnson's Hinterhand to the more conventional
erotic models of Frisch's characters (Matt, 413). But in so doing, he
overstresses the singularity of Hinterhand's vision. I will extend von
Matt's observations, noting further parallels between *Skizze* and other
passages from Frisch's *Tagebücher,* providing not an all-encompassing
reading, but a suggestion of how research might proceed.

The problems of married life – as Johnson observes (BU, 25) –
dominate Frisch's œuvre, a fact which partly motivates the emphasis in
Johnson's novella. Hinterhand's concept of marriage, as the narrator
explains it, can be read as a polemic against some modern conceptions and
is hence »anachronistisch« (Skizze, 20; Matt, 413), but is also very modern
in that it is based on love. It forms a version of ›companionate marriage‹,
whose history has been much debated since the appearance of Lawrence
Stone's *The Family, Sex, and Marriage.*[23]

Von Matt is correct in comparing Hinterhand's ideas to the extreme
views of Tolstoy's Pozdnyshev: »Das ist ein fundamentalistisches Konzept
wie nur je eine Erklärung des alten Posdnyschew, aber es ist Fundamen-
talismus ganz nur für sich, ganz nur auf diesen einen Fall der eigenen
Existenz hin, und also ist es atavistisch und zugleich radikal modern, ist
singulär, abnorm, etwas entschieden Verrücktes in den Augen der
Vernünftigen, Erfahrenen, mit allen Wassern der Wissenschaft Gewa-
schenen.« (Matt, 413) But von Matt misses the point: it is also precisely
the sort of ideology of marriage against which Posdnyshev polemicizes.

---

23 Amid the huge bibliography, cf. the opposing viewpoints of Stone, The Family,
Sex and Marriage in England 1500–1800, New York 1977, and The Road to Divorce.
England 1530–1987, Oxford 1990; Laslett, Peter: The World We Have Lost. Further
Explored, London 1983, and van Duelmen, Richard: Das Haus und seine Menschen,
16.–18. Jahrhundert, vol. 1 of Kultur und Alltag in der frühen Neuzeit, München 1990.

An old man in the train prefers an old-fashioned patriarchal household, and his interlocutrix says that he fails to understand »that marriage without love is not marriage; that love alone sanctifies marriage, and that real marriage is only such as is sanctified by love«.[24] When Posdnyshev responds to this ideology in his turn, his objections are telling and practical: what happens when the partners fall out of love, if their union is not guaranteed by a divine sacrament?

The old man's version of marriage is patriarchal and sexist, representing an early-modern model, and the young woman refers to him tellingly as »a living *Domostroy*«.[25] But Posdnyshev's criticism of modern marriage is more telling; it is equally valid against both the sexes, and locates the fatal flaw in the ideology of companionate marriage: love is defined in purely personal terms, but most aspects of marriage – even without churches, there are families, children, property, and the state to consider – are social in nature. Given the transient nature of human desires, sexual passion (which modern society likes to discuss under the idealizing rubric of love) cannot provide the lasting foundation for a social institution.

This problem has been apparent since the advent of companionate marriage. One of the most elegant solutions, perhaps ironically dependent on Kant's famous contract-theory of marriage, is proposed by the stylish *Graf* in Goethe's *Wahlverwandtschaften*:

Einer von meinen Freunden, dessen gute Laune sich meist in Vorschlägen zu neuen Gesetzen hervortat, behauptete: eine jede Ehe solle nur auf fünf Jahre geschlossen werden. Es sei, sagte er, dies eine schöne ungrade heilige Zahl und ein solcher Zeitraum eben hinreichend um sich kennen zu lernen, einige Kinder heran zu bringen, sich zu entzweien und, was das schönste sei, sich wieder zu versöhnen. [...] Man vergäße, wie man in guter Gesellschaft die Stunden vergißt, daß die Zeit verfließe, und fände sich aufs angenehmste überrascht, wenn man nach verlaufenem Termin erst bermerkte, daß er schon stillschweigend verlängert sei.[26]

This solution has the advantage of recognizing the contractual element in a marriage; it treats marriage much like any other contract. In fact, with the changing attitudes toward divorce by mutual consent in late-twen-

24 Tolstoy, Leo: The Kreutzer Sonata, in: ders., The Death of Ivan Ilych and Other Stories, New York 1960, p. 163.

25 Tolstoy, Sonata (note 24), p. 160; cf. Altrussisches Hausbuch: Domostroi, Leipzig 1987.

26 Goethe, Johann Wolfgang: Die Wahlverwandtschaften, in: ders., Sämtliche Werke nach Epochen seines Schaffens, hg von Karl Richter, München 1985f., vol. 9, p. 352.

tieth-century Europe and America, something like this contractual notion of marriage has in fact come into being, and it is in this context that the texts of Frisch and Johnson must be considered. The other alternative to the problem of love and marriage is to make the contract binding but remove the element of sex and love. This is Posdnyshev's solution. A different version would stress the companionate, non-sexual aspects of conjugal love, and assert that such love would grow in an arranged marriage where no erotic passion is present in advance; this version was the most popular in early modern Europe. Posdnyshev's version relies instead on the more ascetic hope that human beings can train themselves away from sex entirely. His hope for human chastity is not at all uncommon as von Matt would like to make out (»radikalisiert bis zum Absurden«; Matt, 408).

The ambivalence of the early Christian church toward marriage is easily visible in the Pauline epistles (»If [the unmarried and the widows] cannot contain, let them marry: for it is better to marry than to burn«, 1 Cor 7:8-9, cf. 7:2), and a number of saints are considered holy partly because of their chastity in marriage (e.g. Ursula). Long before marriage became a sacrament,[27] the monastic lifestyle was promoted as more virtuous than monogamy and sex even within marriage was frowned upon.[28] The result of all this controversy has been a long tradition of literary texts about marriage, for and against different types and from various standpoints, including works from *Les XV joies de Mariage* (1470) and Albrecht von Eyb's *Ob einem manne sey zunemen ein eelichs weyb oder nicht* (1472), through *Pamela, Anna Karenina, Effi Briest,*[29] and the works of Alexandra Kollontai[30] to the writings of Bachmann and Frisch. Johnson's novella is designed to stand in this entire tradition of arguments about marriage,[31] and it thematizes the dispute about marriage by citing it literally. The citation from Kalinin – »Die Ehe ist eine politische Aufgabe« (Skizze, 21) – is countered by others (Skizze, 23, 25f., 54), most

27 See Duby, Georges: Le chevalier, la femme et le prêtre. Le mariage dans la France féodale, Paris 1981.

28 See Flandrin, Jean-Louis: »La vie sexuelle des gens maries dans l'ancienne Société. De la doctrine de l'eglise et la réalité des comportements«, Communications 35, 1982, p. 102-113; Elliott, Dyan: Spiritual Marriage. Sexual Abstinence in Medieval Wedlock, Princeton 1993.

29 Cf. »Innstetten-Syndrom«, Skizze 53.

30 It would be worthwhile looking for the provenance and significance of the misquoted »glass of water«, Skizze 23.

31 A topic he deals with elsewhere in the Cresspahls' marriage, and perhaps in Gesine's unwillingness to enter into one.

extremely with the myth of the split androgynes from Plato's *Symposium,* (complete with Stephanus numbers; Skizze, 21). This myth, by imagining perfect love as something which could only happen between two people in the whole world (as the narrator comments dourly, 21-22), provides the most personalistic and least social account of love possible, and it is precisely this notion which Hinterhand picks as his ideological basis for marriage.

    This provides a remarkable shift from the Frisch texts in *Tagebuch 1966-1971.* In »Skizze eines Unglücks«, the couple is not even married, and the enigmatic accident occurs on a sort of tryst. The same is true in »Glück«. Johnson takes these moments from Frisch and combines them with the otherwise Frischian theme of marriage. But in so doing, he also adds Frischian notions about love from the *Tagebuch 1946-1949,* passages he had included in his anthology of Frisch texts.[32] The most important of these is actually included verbatim in *Skizze,* cited by Hinterhand himself before the jury from the »jüngst erschienenes Buch von MAX FRISCH«:

Es ist bemerkenswert, daß wir gerade von dem Menschen, den wir lieben, am mindesten aussagen können, wie er sei. Wir lieben ihn einfach. Eben darin besteht ja die Liebe, das Wunderbare an der Liebe, daß sie uns in der Schwebe des Lebendigen hält, in der Bereitschaft, einem Menschen zu folgen in allen seinen möglichen Entfaltungen. Wir wissen, daß jeder Mensch, wenn man ihn liebt, sich wie verwandelt fühlt, wie entfaltet, und daß auch dem Liebenden sich alles entfaltet, das Nächste, das lange Bekannte. Die Liebe befreit es aus jeglichem Bildnis.[33]

This passage is at the heart of an important thematic domain in Frisch's work, one Johnson sums up in *Stichworte* (devoting five sections to it, including the first) as »Versuche mit Liebe«. These sections contain fragmentary citations from different works, mostly closely related to the thematics of *Skizze,* e.g. a question from the »Fragebogen« in the later diaries[34] about secrets in marriage. Of course, they do not exhaust the thematics of marriage in Frisch's works or even the diaries (cf. the sketch »Ehe nach dem Tod«,[35] about retroactive lack of belief within a marriage). But they do identify the particular Frischian themes Johnson wants to engage. The passage from which Hinterhand cites occurs in a text entitled

    32 Frisch, Stichworte (note 9).
    33 Skizze, 55; cf. Frisch, Stichworte (note 9), p. 44f. Mrs. Hinterhand, we are told, had reminded Hinterhand of this passage when blaming his picture of her for the problems in their marriage, for his decision to believe her (Skizze, 54-56).
    34 Frisch, Gesammelte Werke (note 10), vol. 6, p. 51-54.
    35 Ebd., p. 55-57.

»Du sollst dir kein Bildnis machen«.[36] Hinterhand cites from the opening paragraph; the second section has perhaps an even more important section:

Unsere Meinung, daß wir das andere kennen, ist das Ende der Liebe, jedesmal, aber Ursache und Wirkung liegen vielleicht anders, als wir anzunehmen versucht sind – nicht weil wir das andere kennen, geht unsere Liebe zu Ende, sondern umgekehrt: weil unsere Liebe zu Ende geht, weil ihre Kraft sich erschöpft hat, darum ist der Mensch fertig für uns. Er muß es sein. Wir können nicht mehr! Wir künden ihm die Bereitschaft, auf weitere Verwandlungen einzugehen. Wir verweigern ihm den Anspruch alles Lebendigen, das unfaßbar bleibt, und zugleich sind wir verwundert und enttäuscht, daß unser Verhältnis nicht mehr lebendig sei. ›Du bist nicht‹, sagt der Enttäuschte oder die Enttäuschte: ›wofür ich dich gehalten habe.‹ Und wofür hat man sich denn gehalten? Für ein Geheimnis, das der Mensch ja immerhin ist, ein erregendes Rätsel, das auszuhalten wir müde geworden sind. Man macht sich ein Bildnis. Das ist das Lieblose, der Verrat.[37]

The following passages consider the effect of prophecies and the degree to which we ourselves are the creation of others. These ideas could be related to the prophetic bourgeois idyll in *Skizze,*[38] or to the attempt to create a marriage entirely à deux, or even to the interesting question of how pictures and vision relate to the theory of eros expounded by Diotima at the end of Plato's *Symposium*. But it is more important to look at the ramifications of this passage for *Skizze*. The most important aspect is the causal flow: disappointment about another person results from a previous loss of that willingness to accept the other's changing which Frisch defines as love. The counterpart to this idea can be found in another passage from the *Tagebuch 1946-1949:*

Das Klima der Sympathie – wie sehr wir darauf angewiesen sind! Es zeigt sich, sobald uns eine Sympathie, die lang vorhanden ist, entzogen wird. Da ist es, als habe man keine Luft unter den Flügeln. Frage: Ist die Sympathie, die uns das Gefühl gibt, fliegen zu können, nichts als eine freundliche Täuscherei, eine schonende Unterlassung der Kritik, so, daß das andere Klima – dieses Klima ohne Sympathie – als das gültigere anzusehen ist,̓ das einzig gültige?[39]

This question could be posed to Hinterhand. In Frisch's texts, of course, two people are always involved; *Skizze,* on the other hand, contains few

---

36 Frisch, Gesammelte Werke (note 10), vol. 2, p. 369-371.
37 Ebd., p. 269f.; cf. Frisch, Stichworte (note 9), p. 237.
38 Skizze, 29-31; cf. Matt, 414f.
39 Frisch, Gesammelte Werke (note 10), vol. 2, p. 365 (Neujahrstag 1949); Frisch, Stichworte (note 9), p. 224.

attempts to portray the wife's point of view – notably the moment where she quotes Frisch – and these, like most of the text, are mediated by the viewpoint of Hinterhand. Hinterhand's view contaminates the narrator's voice in its use of indirect-discourse subjunctives, as Marlis Becher has shown.[40] This quasi-focalization through Hinterhand underscores the degree to which his personal vision has first been imposed on the world, and then destroyed by reality's resistance to it. The persistence of Hinterhand's attempt to live his vision might well be connected to his work as a writer, and help to explain why the destruction of his personal utopia results in the destruction of his literary »means of production«. This situation reveals the fundamental problem for a person caught in the Frischian dynamics of love: love is only possible when someone loves the other as someone unknown and undefined. Yet we ourselves are a product of the others' view of us, and need the sympathy of an other. As soon as such sympathy and trust allows us to form an image of the other, however, love has already been lost. The self is both the locus of love and its potential undoing.

Another important aspect of Frisch's ideas in the early Tagebuch, not cited in *Skizze* but anthologized by Johnson in *Stichworte* under the rubric »Eifersucht in der Liebe«, is the role of the self in jealousy: here Frisch speaks not of trust but of feelings of inferiority, of a sense that the rival is better. The function of these passages, particularly those about the impossibility of sympathizing with a betrayed husband, deserve further consideration in the interpretation of Johnson's *Skizze*. The most important point, however, is that the atomic notion of the self which von Matt sees in Hinterhand's marital aims is implicitly and explicitly undermined by Frisch's theories. Becher's analysis makes clear how much citation goes on in the novella, as if Johnson wanted to emphasize Hinterhand's dependence on social ideology and how it undermines Hinterhand's attempt to construct an entirely personal utopia within a marriage. Here again, as so often in Johnson's work, we see individual lives deformed by

40 Becher, Marlis: Der Konjunktiv der indirekten Redewiedergabe. Eine linguistische Analyse der Skizze eines Verunglückten von Uwe Johnson, Hildesheim 1989 (Germanistische Texte und Studien 30). Treating these subjunctives as pure examples of indirect-discourse, and thus as an autobiographical narration by Hinterhand himself – as does Peter Ensberg (Ensberg, Peter: Identitätsfindung und ihre Ambivalenz in Uwe Johnsons ›Skizze eines Verunglückten‹, in: C. Gansel/B. Neumann/N. Riedel (Hg.), Internationales Uwe-Johnson-Forum. Beiträge zum Werkverständnis und Materialien zur Rezeptionsgeschichte, Band 2 (1992), Frankfurt am Main 1993, p. 41-73), is perhaps overstating the matter.

the social forces of the twentieth century: they keep the couple apart and produce the ideological conflicts that define literary raison d'être and then exert their influence of the end of his marriage later (»mit einem Bürger der Feindstaaten«; Skizze, 51). Hinterhand's model of a purely personal marriage thus reflects the theme of a »moralische Schweiz« which occurs so often in Johnson's work. Hinterhand can be regarded, as he seems (through the subjunctive) to say at the text's end, as an accident victim. But Hinterhand's life and ›accidental‹ death, like those of the two victims in Frisch's »Skizze eines Unglücks«,[41] and like those of Jakob Abs himself in *Mutmassungen,* are not easy to interpret given the complexities of human interrelationships. The Frisch intertexts serve to theorize this problem, and the novella can be read as Johnson's contribution to the whole tradition of polemic about marriage.

What makes Johnson's *Skizze* particularly amusing as a target for biographical criticism is Johnson's combination of the problematic of marriage and Frisch's problematic of the picture. The themes of picture-making and love can also be found in an intertext from another author important to both Johnson and Frisch, Brecht's *Geschichten vom Herrn Keuner* (1930-57):

Wenn Herr K. einen Menschen liebte
›Was tun Sie,‹ wurde Herr K. gefragt, ›wenn Sie einen Menschen lieben?‹ ›Ich mache einen Entwurf von ihm‹, sagte Herr K., ›und sorge, daß er ihm ähnlich wird.‹ ›Wer? Der Entwurf?‹ ›Nein‹, sagte Herr K., ›der Mensch.‹[42]

The further significance of this passage for Johnson's novella, as well as the significance of the many other intertexts it flaunts, cannot be examined in detail here. One might suggest, however, that biographical critics have taken a lesson from Herr K. Thomas Bredsdorff has cogently suggested that only imperfect artworks are in need of biographical analysis. If authors have done their job well, the works should be coherent in themselves and not need the later biographical investigations of critics to help them in their job of making sense. Analyzing several poems of Sylvia Plath – a poet whose ›confessional‹ mode encourages amateur psychology on the part of literary critics – Bredsdorff notes, »The poetry exists and

41 One of the points of »Skizze (II)« [Frisch, Gesammelte Werke (note 10), vol. 6, p. 237] is surely that what von Matt calls »ein Orakel auf Tod und Leben« (Matt, 401) will be seen as an accident by the outside world.

42 Brecht, Bertolt: Gesammelte Werke in 20 Bänden, Frankfurt am Main 1967, vol. 12, p. 386. The Keuner-Geschichten were published in vol. 2 (1965) of the Suhrkamp Prosa edition, in which Johnson edited the Me-Ti fragments.

ought, where it succeeded, not to be obscured by being translated into what Plath, with all her creative powers, managed to translate it from.«[43] It is particularly ironic that this strategy should be adopted on an author whose masterwork is a novel, almost two thousand pages in length, that takes as its theme the difficulty of sucessfully narrating a human life with all of its influences, crosscurrents, and constellations. If there is any central theme to Johnson's work, from *Mutmassungen über Jakob* through the last volume of *Jahrestage* and the fragments of *Heute neunzig Jahre,* it is the difficulty of narrating an individual life in the twentieth century. The difficulty of making an accurate *Bildnis* of a person's life seems almost insurmountably difficult in the world of Johnson's novels.

The final irony about biographical readings of Johnson's works is that they negate their own motivating impulse, which was to determine a work's meaning by starting from the author. Asking what the author intended a work to mean is a sensible question, if not the very last one in literary hermeneutics (asking what the author can have assumed an audience would get out of it might be a more sensible question). But if we ask how an author intends his work to signify, it is clear that Johnson actively discouraged biographical readings of his works, from his explicit statements in the *Begleitumstände* to his continual insistence on the independent existence of his characters. When Johnson suggests leaving the author's personal life out of literary criticism, he does so with the assertion that »private Mitteilungen zur Person« are »ohnehin wenig ergiebig«. The examples he draws – Grass, Walser, Hemingway, Frisch – are concerned mostly with marriages. »Schließlich können Sie sich vorstellen, wie geknickt Max Frisch sich empfand, als einer seiner Romane bedacht wurde mit dem grundsoliden Kommentar, über das Scheitern seiner Ehe habe man doch längst Bescheid gewußt« (BU, 25). Those who draw such conclusions, implies Johnson, usually provide a picture as boring as it is unfaithful. If we assume that a literary work has something to say to its public, restricting its intertextual meaning to one text – someone's biography of the author – greatly impoverishes its meaning.

Prof. *Emery Snyder,* c/o Dept. of German Literature, 230 East Pyne Building, Princeton University, Princeton, New Jersey, 08544 U.S.A.

43 Bredsdorff, Thomas: The Biographical Pursuit. Biography as a Tool of Literary Criticism: Sylvia Plath – A Test Case, Orbis litterarum 44, 1989, p. 190-191.

Jürgen Grambow

Möglichkeiten einer intellektuellen Kritik an diesem Mecklenburg

Nuancen des Komischen in der Auseinandersetzung
mit dem Faschismus bei Uwe Johnson

> Ich habe in seinen Büchern nie etwas mit den
> Dialogen anfangen können, wie in den Nebeln
> Ossians wird da etwas ausgesprochen, das mir seltsam
> gegenstandslos erscheint, man hört die Stimmen und
> sieht den Redenden nicht.
> Fritz Rudolf Fries

Die wiederentdeckte und eine neu erstarkende Mundartliteratur reden
sich und reden uns treuherzig ein, auf Platt ließe sich nicht lügen,
Plattdeutsch sei die Sprache, die von Herzen komme. Das muß man, bei
allem Folgenden, mitdenken.

1.

Hätte Uwe Johnson (1934–1984) in einem Interview sich nicht selbst so
bezeichnet, man würde nie auf die Idee kommen, ihn einen Humoristen
zu nennen. Das Humoristische meint im Deutschen den entsagenden
oder verzeihenden Rückblick, das Bewältigen von Schwerem in Nachsicht. Fritz Reuter (1810–1874) war in der zweiten Hälfte des vorigen
Jahrhunderts nicht nur der meistgelesene Autor in Deutschland, er ist
auch der Prototyp eines Humoristen. Reuter war als Burschenschafter in
der Folge der Demagogenverfolgung zum Tode durch das Beil verurteilt
worden, das Urteil wurde in 30jährige Festungshaft gnadenhalber umge-

wandelt. Das ist ja bekannt, er wurde durch die preußischen Kasematten
von Silberberg und Glogau, Magdeburg und Graudenz geschleift und
nach sieben Jahren aus Dömitz endlich entlassen. Als Reuter als Erfolgs-
autor ins thüringische Eisenach umgezogen war, ließ er sich in einem
Brief in die Karten gucken: »Ich halte viel von unserer Vaterstadt, wenn
sie uns in dem Abendrot der Erinnerung entgegenleuchtet, wenn ich aber
alles um und in ihr in dem hellen Sonnenscheine der Gegenwart
betrachte, so, fürchte ich, wird der Poet viel prosaischer und nüchterner
darüber denken müssen als der herzensgute Direktor des Wittenberger
Gymnasiums« Hermann Schmidt, der Adressat des Eingeständnisses war.

Die gemeinsame Herkunftsprovinz, die durchgängige oder partielle
Verwendung des Mundartlichen, eine redenahe Diktion, Wohnortnahme
außerhalb des Sprachraumes, vielleicht auch die nachhaltige Wirkung,
und schließlich: Bezugnahme des Jüngeren durch Zitatanleihen beim
Älteren verführen dazu, nach Gemeinsamkeiten zwischen Fritz Reuter
und Uwe Johnson zu suchen. So hat die Amerikanerin Liselotte Davis
von der Yale University/New Haven in der Übertragung des Wortes
von der »kabbeligen See«, wie man die unruhigen kurzen Wellen der
Ostsee nennt, auf den Atlantik ein auratisches Erlebnis in Benjaminischem
Sinne gesehen; die Heimatsuche im Sprachlichen rufe »Gefühle und
Erinnerungen« herauf. Gerade auf Erinnerungen mochte Johnson sich
nicht verlassen. Nun wäre es aber auch falsch, in den mundartlichen
Einsprengseln lediglich Atmosphäreschaffendes zu sehen; Johnson hat das
Niederdeutsche überlegter und differenzierter eingesetzt.

In einer Umfrage übertrug der Schriftsteller eigene Beobachtungen
auf diese seine ihm wichtigste literarische Person Gesine Cresspahl, als er
sagte, »Niederdeutsch würde von ihr kaum öffentlich verlangt, ihr selten
angeboten«. Es sei Privatsache geworden. Wo er Plattdeutsches in seinen
Text einstreut, setzt er schon mit der Schreibweise Signale, er geht auf die
vorreutersche lautmalerische Schreibweise – optische Zungenbrecher –
zurück, ironisiert aber seinerseits die lautgetreuen Abmalereien dessen,
was man hört, durch das offene dänische å, durch Ligaturen, durch ein
nachklapperndes mitzusprechendes e (z.B. bei dir – *bi die*). Die Ver-
fremdung in der Schreibweise birgt schon ein erstes Moment des Komischen, Sprachkomödiantisches nämlich, in sich. Vorerst genug davon.

Gesine Cresspahl, die Mittelpunktfigur seines Romans *Jahrestage,* hört
gelegentlich imaginäre Stimmen. Totentanz und Totengespräche sind
ein Topos der frühen niederdeutschen Drucke, der *Lübecker Totentanz*
trägt das Entstehungsjahr 1463. Die Toten aus Jerichow, Gneez und
Rande, fiktiven Orten im Nordwesten Mecklenburgs, memorieren

Vergangenes und kommentieren Aktuelles. Sie verständigen sich untereinander und mit Gesine. Weitgehend auf Platt tun sie das. (Die Sätze
sind optisch aus dem übrigen Text durch Schriftart und Anordnung
herausgehoben.)

Bevor ich aber zum Eigentlichen komme, will ich versuchen, das
vieldimensionale vierbändige Werk zu skizzieren. Gesine Cresspahl,
1933 im Klützer Winkel geboren, aufgewachsen in Nazideutschland und
in der Sowjetischen Besatzungszone, Studium in Halle, DDR, ist 1953 in
die Bundesrepublik übergewechselt. Um sich als Fremdsprachensekretärin
einer Bank zu vervollkommnen, lebt sie zeitweilig mit ihrer Tochter
Marie in New York. Sie fährt Subway, informiert sich in der New York
Times, die sie in Anlehnung an die Voßsche Zeitung eine alte Tante
nennt, über den Krieg ihres Gastgeberlandes gegen Vietnam und über
örtliche Vorkommnisse (Robert Kennedy und Martin Luther-King
werden ermordet), sie pflegt losen Verkehr mit älteren jüdischen Immi-
granten, die vor einem Menschenalter aus Nazideutschland und Böhmen
flohen. Die Gegenwartsebene reicht vom 21. August 1967 über 365
Tage; Gesine nimmt tschechischen Sprachunterricht, weil ihre Bank
glaubt, die Zeit sei günstig für Kreditgeschäfte mit diesem sozialistischen
Land in Mitteleuropa. Sie unterrichtet ihre Tochter in abendlichen
Gesprächen und durch Kassettenpost für eine Zeit, wenn Marie auch
kompliziertere Verstrickungen verstünde, über ihre Herkunft. Sie pflegt
intimere Freundschaft zu dem umsichtigen Dietrich Erichson, D. E.,
gleichfalls einem gebürtigen Mecklenburger, Physiker im Dienst der
amerikanischen Armee.

Aus diesem Romangeflecht habe ich einen Erzählstrang separiert, die
Ehejahre Lisbeth und Heinrich Cresspahls, der Eltern Gesines.

Es geht mir also um die Spanne des Plattdeutschen bei Johnson. Als
typisch norddeutsche und speziell mecklenburgische Stammeseigen-
schaften, sofern es so etwas gibt, arbeitet Uwe Johnson Wortkargheit
heraus, eine Schweigsamkeit aus Verstimmung bis hin zu verstocktem
Schweigen, aber auch behagliche Einsilbigkeit, bei dem einer die Wünsche, Hoffnungen, Befürchtungen des anderen unausgesprochen errät.
Dem anderen Peinlichkeiten ersparen (auch die, danken zu müssen),
Gefühle verstecken. Also eincrseits Scham, der, auf der Gegenseite, Takt
entgegenkommen muß, ein Takt, der sich polterig gebärdet oder ironisch über- oder untertreibt oder sich in Umständlichkeiten flüchtet.
»Begeisterung im Gesicht« bei unverhofftem lieben Besuch, ist Frau
Erichson mit Worten ganz Ablehnung mit ihrem Nein und Nein und

Abernein. Und es gilt als norddeutsch, jemanden in gutmütigem Spott aufzuziehen, zu necken – *ökeln,* wie man auf Plattdeutsch sagt –, wodurch schon manche vorfühlende freundschaftliche Kontaktaufnahme unversehens in dauerhafte Entzweiung umschlug. »Von't Burrjacken kümm't Piesacken«, weiß Erichsons Mutter. »Herausfordern läßt sich eine Mrs. Erichson nicht, dafür hat sie ihre Sprüche.« Sich ungläubig geben, belustigt sein, geniert sein – Johnsons Mecklenburger sind vom Schlage des Autors; die dumpfige Redenot eines Jochen Nüßler charakterisiert ihm ferner stehende Figuren wie den tückischen Pächter Kleinschulte. Und den nichtssagenden aufgeregten Vielredner, auf den man in Mecklenburg auch trifft und selbstverständlich in der Mundartliteratur, den hat er nicht gestaltet. Dialoge bei Johnson sind wesentliche Mitteilungen.

Wann also Platt, und zu welchem Zweck?

In Gesines frühesten Kinderjahren ist es noch die vertraute natürliche Verkehrssprache: *»Kümmst du to mi, wenn du trüch büst?«* bittet das kleine Mädchen den Vater vor einer Reise. *»Un wenn't nu midden in de Nacht is? – Brukst mi niks mitbringen. Oewe kümmst?«*

Als Cresspahl mit seiner Schwägerin Arm in Arm promeniert und dabei »in ganz plötzlicher, nie beredeter Vertraulichkeit« wahrnimmt, daß diese patente Hilde »nicht aus Versehen Brust und Hüften spüren ließ, einigten sie sich in einem ganz unverhohlenen, vergnügten Seitenblick, und Hilde sagte übermütig, ohne jede Trauer: Dascha nu bannig schade. – Was ein nicht allns verpaßt: sagte Cresspahl.« Von den eigenen Möglichkeiten zu wissen, verführt zu übermütigem Geplänkel, die beherrschte Situation löst bei beiden Wohlbehagen aus.

Johnson kleidet Vorahnungen in Lieder und Sprüche, die aus lang zurückreichenden schlimmen geschichtlichen Erfahrungen herstammen, zugleich aber das Unabwendbare tröstend verharmlosen:

Bed, Kinning, bed.
Morgn kümmt de Swed.
Morgn kümmt de Ossenstiern.
Nimmt die hoch up sine Hürn.

oder:

Amsterdam, dei grote Stadt,
Is gebut up Pålen,
Wenn dei nu mål üm eins fallt,
Wer sall dat betålen?

Er dichtet Kinderlieder wie das der abendlichen Laternengänger im Frühherbst aber auch für seine Zwecke um:

Hamburg, Lübeck, Bre-men,
die brauchen sich nicht zu schä-men;
Jerichow is vael to lütt:
dor schitt keen Düvel, wenn he nich mütt.

Wenn der »Genosse Schriftsteller«, wie Johnson sich in dem Buch nennt, am Groundhog Day, am Tag des Murmeltiers, sich des heimischen *Voss und Haas-Kalenders* erinnert – dort wäre der 2. Februar als Lichtmeß bezeichnet –, und wenn er die entsprechende Wetterregel zitiert – »Sonnt sich der Dachs in der Lichtmeßwoche, so geht er auf vier Wochen wieder zu Loche« –, so ist damit dem Kapitel tatsächlich einmal nur Farbe gegeben, ohne alle tiefere Bedeutung.

Die Sprache der Mecklenburger ist reich an solchen Spruchweisheiten, an bildhaften Fügungen und zupackenden Formulierungen. Aber mit idiomatischen Redewendungen ganz allgemein ist das so eine Sache. Von einem abgelegenen menschenverlassenen Ort sagt man im Deutschen, dort böten sich Fuchs und Hase Gute Nacht. Dahinter steckt: Der Platz ist so aus der Welt, daß selbst Todfeinde gezwungen sind, gegeneinander Umgangsformen zu wahren. Als New York unterm Schnee stöhnt, führt einer der Vizepräsidenten, de Rosny, »westeuropäische Besucher durch zwei Stockwerke der Bank und blieb vor der Zelle der Angestellten Cresspahl stehen und sagte: Nun noch ein paar Wölfe, und wir haben es wie in ihrer Heimat! Die Angestellte Cresspahl war sitzengeblieben, da sie den Fremden nur gezeigt, nicht vorgestellt werden sollte, und hatte ihm auf das höflichste etwas vorgelogen von Füchsen, die einander bei Beidendorf eine gute Nacht wünschen, und war noch vor Mittag erholt von den Vorstellungen, die ein Vizepräsident unterhält von einem kommunistischen Land im allgemeinen, und von Mecklenburg.«

Und ihren Sprachlehrer Prof. Kreslil, pane Kreslil, den älteren Herrn, mag sie nicht mehr belehren, als der sie »eine Slawin«, »eine von den Obo-driten«, nennt: »*Von der deutschen Ostsee wollen Sie sein? da oben gibt es doch gar kein Land mehr.*« Sie kommt der törichten Ansicht spaßig, mit Shakes-peare: »*Und wie ist es mit Böhmen am Meer?*«

2.

»Die Ritterschaft«, wird in den *Jahrestagen* gesagt, »kaufte in Jerichow
Ersatzteile für ihre Maschinen, sie benutzte die Verwaltung, die Polizei,
die Rechtsanwälte, Papenbrocks Speicher, aber ihre großen Geschäfte
machte sie in Lübeck ab, ihre Kinder schickte sie auf Internate in
Preußen, den Gottesdienst hielten sie in ihren eigenen Kapellen und
begraben ließen sie sich hinter ihren Schlössern. In der Erntezeit, wenn
der Weg nach Ratzeburg oder Schwerin zu weit war, fuhren die Herren
abends zum Lübecker Hof und spielten Karten an ihrem eigenen Tisch,
gewichtige, leutselige, dröhnende Männer, die sich in ihrem Plattdeutsch
suhlten.« Daß Johnson dieses adelige Wohlbehagen nicht in launigen
Aussprüchen kundtut, beweist ein übriges Mal, daß es ihm nicht um
Stimmungsmalerei geht, nicht um Anekdotisches, um Behaglichkeit im
Sprachgebrauch nicht. Nur diese konservative Kritik des einen bürgerlichen Gutspächters, Kleinschulte, als die Nazis sich am Gefallenenmal
großtun; ihm sei es nicht bekannt, »daß diese Rotzbengel S.A. Blutzoll im
Kriege entrichteten«.

   In Fritz Reuters *Stromtid* wird ein bürgerlicher Gutsbesitzer, Pomu-
chelskopp (d.h. Dorschkopf), in den 1848er Erhebungen von den
Landarbeitern von seiner Besitzung und aus dem Dorf gejagt. An den
fühlt man sich erinnert durch den großspurig-bramsigen Papenbrock, der
seinen Hof im mecklenburgischen Binnenland aufgeben mußte und sich
nun mit Kornhandel und Geldgeschäften in Jerichow unentbehrlich
machen will. Papenbrock ist nun freilich eine der zentralen Gestalten des
Romans, aber wie Kleinschulte gehört er nicht zum eingesessenen Adel.
»Offizier gewesen. Na, Hauptmann, Ståtsch. Manchmal fiel ihm der
Bauch aus der in Schwerin geschneiderten Frontkurve; dafür waren es ja
auch Ferien. Das war bekannt, wie der die Augen auf Engsicht stellte und
im Mundwinkel die Zähne versetzte, das taten jetzt viele, mochte der
auch mehr Mark zum Dollar hinlaufen sehen. Albert. Seine Louise saß
stattlich wie er in der Kutsche, aber es war etwas Ängstliches, Jammerndes
in dem Ton, mit dem sie die beiden Mädchen ihr gegenüber unter einer
Fuchtel zu halten versuchte, die ihr nicht verliehen war. Der Soehner,
Horst, war meist mucksch, weil er auf dem Bock neben dem Kutscher zu
sitzen hatte, so widerwillig artig, das wurde wohl kein Papenbrock wie
der alte. Hilde, die älteste von den Mädchen, war ein wenig von oben
herab, wenn sie bei Tisch etwas nachforderte oder Einheimischen eine
Antwort nicht verweigern durfte; die hielt den Namen Papenbrock
offensichtlich für großartig.« Das Zitat von gerade 13 Druckzeilen enthält

eine Menge Informationen und Anspielungen, etwa die, daß Papenbrock, als Landwirt so unsolide, daß er verkaufen mußte, auch in bürgerlichen Berufen eher spekuliert als arbeitet: Verbindungen zum Dollar werden ihm nachgesagt, in Zeiten der Inflation. Und er trachtet mehr vorzustellen, als wirklich dahintersteckt: Das Offizierscorps bestand im Ersten Weltkrieg bekanntlich aus Adligen. Es wird dann auch abgeschwächt: »Na, Hauptmann«. Aber er trägt Maßgeschneidertes aus der Residenzstadt. Und hat die Kinder, Horst, den »Soehner«, sichtlich, in ihrem Willen schon gebrochen. Später soll dieser ungekrönte Herrscher von Jerichow den Gehorsam seiner Töchter selbst dann, wenn seine Weisungen gegen ihren Willen stehen, »etwas geniert« vermerken: »– Liernt 'n ümmer wat tau.«

Ausgerechnet an die jüngste Papenbrock-Tochter muß der Kunsttischler Heinrich Cresspahl geraten, der eine Werkstatt im englischen Richmond gepachtet hat und drauf und dran ist, Deutschland den Rücken zu kehren.

Papenbrock weiß, von dem läßt sich seine Lisbeth nicht abbringen, und er muß bei Cresspahls Antrittsbesuch für sich feststellen, der würde sich von ihm nicht einkaufen und nicht einspannen lassen, dem war nicht beizukommen. Selbst ein Papenbrock ist so weit Mecklenburger, daß er drohenden Peinlichkeiten durch Umständlichkeit in Gebaren und Rede vorbeugt: Papenbrock, so malt Gesine die Szene aus, »bückte sich mit seinen 63 Jahren unter den Schreibtisch, stellte die Flasche offen hin, goß ein und sagte, unverhofft in Hochdeutsch: Herr Cresspahl ..., winkte meinem über alle Worte verblüfften Vater zum Aufstehen und fing an: Herr Cresspahl, denn wollen wir also verwandt sein. Sag mir mal, was sie dir für einen Vornamen gegeben haben.«

Im Leben eines Menschen mag die Hochzeit gemeinhin einen Höhepunkt markieren; in der Literatur ähneln sich alle Hochzeiten fatal bis zur Monotonie. Lisbeth Papenbrock nun düpiert die Kleinstädter, indem sie, statt den Hochzeitszug anzuführen, das kurze Stückchen zwischen Hotel und Kirche in einem Mietwagen zurücklegt. Die Blicke der Spalierstehenden sind gerade noch höflich, ihre Worte sind es schon nicht mehr. Späße und bornierter, aber auch bösartiger Kleinstadtratsch. *»Ick kann mi nich helpen, ick finn mi hübsch: sä de Katt un speigelt sick in'n Soot. – Denn föl se rinne. – Un du hest s' stött!«* Bis jetzt war es harmlos, Schnäcke, die Zeit zu vertreiben; aber nun: *»Seid up't Liev, un kein Ier. De Kriech ist dörtein Jär rümme, un se geit na Inglant.«* Wieder Gedröhn, und eine persönliche Anspielung auf Lisbeths Zustand: *»De Myrt hett se sick in'n Blaumpott treckn mötn.«* Und dann berichtet der Erzähler auf knappstem Raum, daß

die Papenbrock-Sippe sich jeder mit jedem überworfen hat, und warum.
Lisbeth verschätzt sich in den Relationen, noch nimmt sie an, das größte
Opfer brächte sie mit der Auswanderung, nicht Cresspahl, der diese
Verwandtschaft hinnehmen muß. *»Dat dau ick föe die, Cresspahl. Föe die
dau ick dat. Oewe sühst du dat?«* Der Satz wird wiederkehren, wenn
Cresspahl, der jeder kirchlichen Zeremonie fremd gegenübersteht, seine
Lisbeth mit allen Ehren einer christlichen Beisetzung unter die Erde
bringen läßt: *»Dat dau ick föe die, Lisbeth. Föe die dau ick dat. Oewe sühst du
dat?«*

Vorerst ruht Papenbrocks Jüngste in einem Maße in sich, daß die
Jerichower Ackerbürger sie akzeptieren, trotz des Hochmuts und der
Zwielichtigkeit der zurückgezogenen Familie als Ganzes; sie sprechen
von »uns Lisbeth«. Cresspahl glaubte, ein unbeschriebenes Blatt erwählt
zu haben, vor dem Fotografen hat sie sich »mit den Händen vor dem
Bauch aufgebaut vor Stellmanns eigenartig gerafften Vorhängen. Sie
blickt vorsichtig und belustigt auf die Plattenkamera, an der Stellmann
sich windet unter seinem schwarzen Tuch, und ihre Lippen waren ein
wenig offen. [...] *Betn scheef / hett de leeve Gott leev.«* Diese Lisbeth scheint
so freimütig, wie sie naiv ist.

Der in historischem Materialismus bewanderte Autor-Erzähler und
Cresspahl, eingeschriebender Sozialdemokrat, wundern sich gleicher-
maßen in milder Ironie über das Ausmaß an Ahnungslosigkeit, das
Lisbeth dann im eigenen Hausstand offenbart. *»Gib dem Jungen* – dem
Lehrjungen – *mehr Lohn, Cresspahl.* – *Von deinem Küchengeld gib ihm,
Lisbeth, und laß es die Konkurrenz nicht wissen.* Als sie noch Papenbrock
hieß, war sie sicher gewesen. Für Gerechtigkeit hatte sie nicht einen
Begriff mitgebracht, sondern ein Empfinden. Das Empfinden, beraten
von der evangelischen Religion, ließ Unterschiede zu, allerdings nicht
krasse. Die Armut in Mecklenburg war vor ihr versteckt gewesen: in der
Verspätung der mecklenburgischen Seele, im Vertrauen der Familie
Papenbrock auf ihr Recht zu bevorzugtem Leben, in regelmäßigen
Spenden an die Kirche, in dummen Sprüchen wie dem von dem
Tüchtigen und seinem Lohn, oder dem, daß auf dem Lande noch
niemand verhungert sei. Da hatte sie sich nicht in Gefahr geglaubt. Hier
glaubte sie sich gefährdet, denn aus Cresspahls Reden hatte sie ungefähr
entnommen, daß sie beide am Rande einer Krise nur mitschwammen,
wegen des Zufalls, daß Adel und Bürgertum noch Geld aufwenden
mochten für Ausbesserung und Nachbau der Familienmöbel. [...] Es
waren also wirtschaftliche Gesetze und wirkliche Personen, von denen
ihre Lage abhing, nicht ein Schicksal. Einem Schicksal hätte sie sich

womöglich überantwortet. [...] Als sie dem Kapitalismus zum ersten Mal begegnete, hielt sie ihn für etwas Ausländisches.«

Lisbeth will ihr Kind in Deutschland zur Welt bringen, sie geht aus England zurück nach Mecklenburg. Die Feierlichkeiten werden ausgedehnt, als das Mädchen geboren ist, Haustaufe, kirchliche Taufe, der alte Papenbrock glaubt sich nun doch einmischen zu sollen. Er hat Gewerberäume aus einer Konkursmasse billig erworben für Cresspahl.

Cresspahl wartet ab, beobachtet und glaubt, er sei noch immer Herr seiner Entscheidungen und seiner Handlungen: »Er dachte, er sei entschlossen, Lisbeth und das Kind unter den Arm zu nehmen und aus dem Land zu gehen. Er dachte, er werde das tun.« So etwas denkt man nun nur in der uneingestandenen Hoffnung, der Ernstfall trete nicht ein. Johnson schließt das Kapitel lakonisch mit einem »Dann war Weihnachten«. Also wieder: Aufschub. Burgfrieden.

Cresspahl werden dann auch sehr rasch seine Grenzen bewußt gemacht. Als Cresspahl den Namen seiner Tochter ins Taufregister des Standesamtes eintragen lassen will, stürmt der Bürgermeister Dr. Erdamer an ihm vorbei, den Mann, der zum Gruß und zur Rede ansetzt, glatt übersehend. Dem bürgerlichen Politiker hatten die Faschisten nämlich so etwas wie eine Mahnwache vorm Portal aufgepflanzt. Und der die SA kommandierte, war der durch seine Gefolgschaft bei den Braunen gegen den übermächtigen eigenen Vater rebellierende Horst Papenbrock, Cresspahls Schwager. Cresspahl war in die Falle gegangen.

Als er den Hausstand in England auflösen will, sagt er, das klingt schon resignativ: »*Nu hest din Willn, Lisbeth.*« Und sie verspricht: »*Nu sast din' all Tied hem, Hinrich.*« Man hält das Paar wie füreinander geschaffen, eine »Ehe wie Leim und Lack«. Mit einem Kernmotiv, das sein gesamtes Werk durchzieht, dem der unverletzlichen Identität eines Menschen, der aber des Gegensatzes, der anderen Hälfte, bedarf, suchte Johnson der Grundüberzeugung des Schweizer Schriftstellers Max Frisch zu widersprechen, daß die Zeit Ich-Geschichten, der Ausbreitung individueller Schicksale, nicht günstig sei.

Die Jerichower haben Lisbeths ausgeprägtes Gefühl für Gerechtigkeit nicht vergessen, das sich schon in ihren Kindheitsjahren äußerte, so, wenn ein Kutscher ein Pferd schlug. Anders als Hilde, ihre Schwester, die den väterlichen Namen scheinbar für »großartig« hielt, wollte Lisbeth dem Tierquäler es *»ganz allein [...] wiesen«. – »Immer: ich; nicht: mein Vater.«* – *»Ja: aber als ob sie nicht bei sich wär.«* – *»Betn fromm wier se ja alltied.«* Fromm, das meint im Mundartlichen in seinen Nebenbedeutungen ja auch: einfältig, beschränkt. Lisbeth verändert sich mit der Zeit, sie

frömmelt tatsächlich, sie unterscheidet sich aber sichtlich von den sogenannten Deutschen Christen, die sich »eine einzige Evangelische
Reichskirche«, zugleich jedoch die Quadratur des Kreises wünschten:
»Sie wollten aber nicht, daß an ihrer Mecklenburgischen Landeskirche
etwas geändert würde oder daß sie gar verschwand.« Und im Gegensatz
zu ihrer Mutter lebt sie, wie sie betet, nach der Schrift. Manchmal ist
Lisbeth zerstreut und geistesabwesend, dann wieder verschafft sie sich
eine infantile Genugtuung, wenn sie die zentrale Losung des neuen
Staates um vier Silben verlängert in einem Singsang, bei ihren Küchenar-
beiten: »*Ein Volk, ein Reich, ein Führer, ein Theater.*« In bestimmter Hinsicht reagiert sie andererseits wieder überraschend klarsichtig, wenn sie
sich weigert, auch nur die Auftragsformulare für Tischlerarbeiten beim
Aufbau des Fliegerhorstes Mariengabe aus der Kreisstadt zu holen. Das
könne er nicht von ihr verlangen, sagt sie ihrem Mann, sie mache sich
mitschuldig. Er versteht gar nicht, wovon sie redet. Am Krieg werde sie
mitschuldig. »*Die Kasernen sind doch für den Krieg.*« – »*Lisbeth, ick kann di
nich helpen.*« – »*Könnten wir nicht … kannst du nicht rausgehen aus dem
Auftrag?*« – »*Und wovon leben wir dann, Lisbeth?*« – »*Ach, Heinrich, leben.
Aber die Schuld dabei.*« – »*Wistu nå Inglant?*« – »*Nee!*« – »*Weiß nich, was du
willst, Lisbeth.*«
    Gerade im Zusammenhang mit dem Aufbau des Fliegerhorsts zieht
Johnson alle Register komischer Gestaltung, von hinterfragendem Spott,
ob das so stimme wie behauptet, bis zu blankem Hohn. Bevor die
Aufträge so vergeben werden, muß Innungsmeister Böttcher Cresspahl
beiseite nehmen; die Militärs wollen die Gründung dem Ort zwar
schmackhaft machen, indem das ansässige Kleingewerbe vom Bau profi-
tieren kann, aber die gemeinnützige Raiffeisenbank ist eine ihnen
suspekte Gründung. Es entspinnt sich folgender Dialog: »*Ich hör, du hast
da zehntausint Mark auffe Raiffeisenkasse, Cresspahl.*« – »*Dat sechst du,
Böttcher. Ick sech dat nich.*« – »*Unt wenn das fünfzntausint sind, Cresspahl. Das
ist es nich.*« – »*Ach so.*« – »*Jå, nich. Das geht nich. Nimm das da weg und tu
das nach Wismar, nach Lübeck, wohin du willst. Ich muß das sagn könn:
Cresspahl hat höchstens achthundert bei Raiffeisen. Ich muß das mit gutn Gewissn
sagn könn.*« – »*Måkt wi, Böttcher. Schön Dank ok.*« Platt als Einverständnis,
gegen »die Oben« gerichtet, Brecht hätte derlei Absprachen unter »List
der kleinen Leute« eingereiht. Früher war bei uns verschiedentlich die
Auffassung zu hören, Ironie sei ein Zeichen der Ratlosigkeit, des Sich-
Versteckens hinter mehrdeutigen Formulierungen, ein Ausweichen, wo
es nötig wäre, einen Standpunkt zu beziehen. Die typische Haltung von
Intellektuellen. Ironie kann aber auch, zeigt Johnson, ein Abstrafen sein.

Ganz anders nämlich klingt die Passage, wo der Statthalter der Nazis am Platze, der neue Bürgermeister Friedrich Jansen, zur Übergabe von Jerichow-Süd ans Militär eine Rede hält. Jansen bemüht sich um gebildetes Hochdeutsch, oder was er darunter versteht; Johnson macht das Lächerliche dieser Anstrengungen sichtbar, so, wenn er das Wort deutsch mit oi schreibt, und unbarmherzig kommentiert er jeden der von Jansen zelebrierten Sätze und entlarvt das Ganze so als schlechte Schauspielerei: »Friedrich Jansen auf der mit Fahnen umhängten Tribüne allein wußte, warum er seinen Mund öffnete wie zum Reden, zuklappte, abermals aufriß. Dann ging ihm auf, daß Pastor Brüshaver wirklich wagte, die Glocken der Petrikirche nicht läuten zu lassen. Friedrich Jansen in seiner Wut riß sich zusammen und schleuderte ein erstes Wort aus seinem Hals. Es blieb unbekannt, denn nun zogen die Katholiken an ihrem Glockenstrang. So bemüht es klang, mehr als ein Gebimmel war es nicht, und hörte gleich wieder auf, wie erschrocken. Nach wenigen Sätzen war Friedrich Jansen blind. Er sprach von dem Glück, das die Stadt über eine eigene Garnison empfinde (getragen; fest). Wie habe man in früheren Zeiten um Soldaten betteln müssen (voll Selbstmitleid; drohend)! Nun aber mache der Führer, Wünsche vorausahnend, nein wissend, sie zum Geschenk (predigend, demütig). Als Jansen aus der Rede des Nationalpreisträgers Heinkel in Rostock zitierte, vertat er sich in seinem heiligen Schreck und gab als gegenwärtig mögliche Höchstgeschwindigkeit für Flugzeuge 900 Kilometer in der Stunde an. Heinkel hatte von 700 gesprochen. – Unt wenn nu noch ein ehrlose Feint die Waffe gegen das doitsche Vock ehebn will (mitleidig). – Denn veziehn wie keine Mine (Grand Hotel). – Gaa nich um ignoriern (Akademiker, mitten im einfachen Leben).« Die Passage schließt: »Wenn er das Wort Luftwaffe im Mund hatte, quoll ihm unerschöpflicher Speichel auf, und er hätte nicht angeben können, was er da aussprach.«

Aber zurück zu Lisbeth und Heinrich Cresspahl. Der Tischler glaubt noch immer an eine zeitweilige Verstimmung seiner jungen Frau, er redet ihr gut zu: »*Wess man werre richtich!*«, als Lisbeth schon längst auf eine endgültige Lösung ihres Problems sinnt. Das erste Mal bringt ein Fischer die Erschöpfte, die weit in die Ostsee hinausgeschwommen war, zurück, dann treibt sie ihre zweite Schwangerschaft ab und hofft, den Abortus selbst nicht zu überleben, schließlich zögert sie, als das Kind Gesine in die Regentonne fällt, etwas zu seiner Rettung zu unternehmen. Auf Cresspahls warnende Worte »*Dau dat nich noch eins, Lisbeth!*« nach dem ersten verhinderten Unglück antwortet sie hintersinnig: »*Ne, Cresspahl. Dat dau ick nich noch eins. Nich so.*« Als die Vierjährige fast ertrinkt, stößt er eine der

Drohungen aus, die man in seiner Hilflosigkeit wohl todernst meint, die
aber nicht wörtlich zu nehmen sind. *»Lisbeth ick schlå di dot.«* Darauf sie:
»Schlå mi dot Hinrich. Mi is kein Helpn mihr.«

Ein eindrucksvolles Sprachporträt bietet Johnson von dem Arzt, der
Lisbeth Cresspahl untersucht. Früher ein vor Leutseligkeit und Wohlbehagen dröhnender Mann, groß und breit von Körperwuchs, sucht Dr.
Berling nicht mehr Jerichows Wirtshäuser auf, seit die Nazis herrschen,
um dort seine Ansichten herauszutrompeten. Er trinkt abends allein, zu
Hause. In seiner Massigkeit und mit den aufgetriebenen Äderchen im
Gesicht erinnert er etwas an Barlachs »Blauen Boll«, bekanntlich einen
leutseligen mecklenburgischen Puntila. Was Berling von der im Fieber-
traum redenden Lisbeth weitergibt an Cresspahl, sind biblische Worte:
»... es soll aber der Mann entscheiden.« Berling, wörtlich: »Sie weiß da nu
nichts mehr von. Was Ein' im Fieber redet. Kein ein weiß von gar
nichts.« Das ist, in Satzintonation und doppelter Verneinung, trotz des
umgangssprachlich abgeschliffenen scheinbaren Hochdeutschs, niederdeutsch gedacht. Ein bißchen geniert er sich, in diesem Zusammenhang
von Geld zu reden, an sein Honorar erinnern zu müssen: »Immer diese
Rührseligkeit zu Weihnachten. Kerzen; Singerei! Is an viel schuld, alter
Schwede. Legen Sie das Geld man da auf den Tisch. [...] Godet Niejåhr,
Cresspahl!«

Den einen Satz muß ich noch einmal wiederholen und vollständiger
zitieren: »... es soll aber der Mann entscheiden. Wie die Bibel sagt. Er [d.h.
Cresspahl] hatte entschieden, zu Unrecht, wie sie wollte.« Johnsons
Lektion in Schuld und Sühne ist nicht auf Schuldzuweisungen aus, nicht
auf ein Konstatieren von persönlichem Versagen, hier waltet eine nahezu
klassisch zu nennende Verstrickung, jede private kleine Unehrlichkeit
oder Schwäche, ein jedes Verschweigen, Weggucken, ein jedes Sich-
Verstecken hinter Redensarten staut sich an. Noch die Bomben um-
schreibt Cresspahl, wenn er von »Schiet avlådn« spricht. Aus einer Kette
von Unterlassungen und falschen Entscheidungen wird die Voraussetzung für das, was später Mitschuld genannt werden sollte.

Das, was der Volksmund unter den Nazis die »Reichskristallnacht«
nannte, mußte in Jerichow von bescheidenem Zuschnitt bleiben. Obwohl er sich als Akademiker und Weltkriegsteilnehmer für ungefährdet
hielt, hat sich der Tierarzt Dr. Arthur Semig zum Verlassen des Landes
überreden lassen; nicht zuletzt von Cresspahl. Für den inszenierten
Volkszorn steht lediglich noch das Tuchgeschäft von Oskar Tannebaum
zur Verfügung. Johnson schreibt: »Der Vorgang erinnerte an eine Laien-
spiel-Aufführung. Gastronom Prasemann legte einen Finger auf den

Mund, und erst als es in der engen Straße fast still war, hob er die Axt und schlug damit ins Glas der Ladentür. Dann erholten sie sich in unterdrücktem Gelächter. Oskar Tannebaum machte immer noch nicht Licht. Nun schlugen sie sorgfältig die Tür in Stücke. In Jerichow waren die Zuschauer aufgeregter als in Gneez, machten Bemerkungen zu dem Schauspiel, lobten die Schläge oder bewerteten sie abschätzig. – hier geit he hen, dor geit he hen: hieß es, oder: Das kost jo kein Geld, seggt de Buer, un verprügelt sin' Jungen. Das sagte [Schneider] Pahl, für den der Jude eine ärmliche Konkurrenz gemacht hatte. Es war weniger bösartig als pädagogisch gemeint; der Jude sollte ein für alle Male erzogen werden. Als die S.A. im Geschäft Tannebaums war, entdeckten sie, daß sie die Schaufensterscheibe vergessen hatten, und warfen von innen mit Stühlen und Regalbrettern dagegen. In einem Tuchgeschäft ist nicht viel Hartes, und sie schafften es erst mit der Registrierkasse, die sich beim Fall aufs Pflaster öffnete. Da lag das Geld auf der Straße, wenige Scheine, ein bißchen Hartgeld. – Das's nicht recht: sagte eine weibliche Stimme, offenbar die einer alten Frau, bekümmert und entsetzt in einem. – Nu geit de Reis los, sä de Mus, dor löp de Katt mit ehr tau Boen: sagte Böhnhase, als Oskar Tannebaum auf die Straße gestoßen wurde. Er war auf die Knie gefallen, stand aber sogleich wieder auf. Daß paßte Demmler nicht (Hansi Demmler, Jerichow Ausbau), ihm hatte das Knien besser gefallen. Tannebaum mußte das Geld auf den Knien einsammeln und zu Friedrich Jansen tragen. Friedrich Jansen winkte Ete Helms zu sich, und Ete Helms stand Habacht vor ihm, wollte das Geld aber nicht nehmen. Jansen, hochrot im Gesicht, drohte ihm die Strafe wegen Verweigerung eines Befehls, und Ete schlug die Hacken zusammen und nahm das Geld nicht.« *Hier geit er hen, dor geit er hen* ist übrigens ein Läuschen, ein Versschwank also, von Fritz Reuter überschrieben, die in diesem Zusammenhang makabren Sprüche entstammen den Sammlungen des Volkskundlers Richard Wossidlo. Das Beispiel Ete Helms beweist, daß sich selbst ein Polizist wenigstens der aktiven Beteiligung am Pogrom entziehen kann.

Jansen dirigiert wichtigtuerisch die Feuerwehr, die aber nichts zu löschen findet, das Feuerlegen hatte die S.A. vergessen. Dafür fallen im Haus zwei ungezielte Schüsse, und durch sie wird die achtjährige Marie Sarah Tannebaum getötet. Lisbeth Cresspahl, die sich zu den Zuschauenden stellt, geht daraufhin um Jansen herum und schlägt ihm ins Gesicht. Cresspahl ist mit seiner Tochter in der Tuchmacherstadt Malchow, dem mecklenburgischen Manchester; er besucht das Grab seiner Eltern. In derselben Nacht noch geht die Tischlerei in Flammen auf, Lisbeth kommt in dem Feuer um.

3.

Gesine Cresspahl memoriert das alles nicht nur aus Gründen der Unter-
weisung in Familiengeschichte, Heimatgeschichte. Deutscher Geschichte. Die genaue Recherche, welche Möglichkeiten einem wie Cresspahl
zur Auswahl standen, erheblichen Weitblick vorausgesetzt, soll durch
Vergleich bei gegenwärtigen Entscheidungen behilflich sein, oder die
gegenwärtigen Zwangslagen und Zwickmühlen können manchmal das
Unverständliche von damals wenigstens gefühlsmäßig begeifbar machen.
Einmal, als die Gesine aus New York die imaginäre Stimme ihres Vaters
mit ihren Argumenten fast zum Verstummen gebracht hat, läßt er sich
bitter vernehmen: »*Wenn ein von' Råthus kümmt, is he nich bloß kläuker. He
is reinwech n bederen Minschen, de versteiht de annern nich mihr. Wo sittst denn
du, Gesine? Kannstu din Kriech nich seihn? Worüm geihst du nich wech, dat du
kein Schult krichst? Du kennst dat nu doch as dat iss mit de Kinner. Was secht
Marie, wenn se't markt hett?*« Das erste, was Marie von Ihrer Mutter fordert
nach all den Lektionen Familiengeschichte, ist die – sich selbst erledigen-
de – Erkundigung, ob sie »verläßlich mit niemand auf der Welt verwandt« sei außer mit ihrer Mutter; sie möchte sich ihre Verwandtschaft
aussuchen dürfen. Und zu den Versicherungen über das eigene künftige
Verhalten gibt es ein Pendant: Marie bittet, mitgenommen zu werden
nach Prag, allein ängstige sie sich immer so. »Mit dir, bei dir wäre ich ein
bißchen tapferer«, versichert sie. »Das verspreche ich.« Und ihre Mutter
erwidert trocken: »Dann versprich mal.« Wie soll die Tapferkeit für ein
Unternehmen mit ungewissem Ausgang reichen, wenn man die geringe-
re Belastung im Vertrauten nicht auszuhalten meint? Wie kann einer
ungeprüft für sich garantieren?
   Ein dritter Bezug zwischen Vergangenheits- und Gegenwartsebene
ergibt sich durch Erichsons Drängen auf Zusammenziehen, Heiraten.
Gesine sagt, sie wolle noch sehen, welchen Weg die Entwicklung in der
CSSR nähme. Wörtlich: »Wenn auch dies nicht gelingt, gäbe ich auf.«
Erichson versichert, natürlich wolle er ihr nicht als eine in ihren Hoffnungen und Grundüberzeugungen Gescheiterte Asyl bieten, so sei sein
Angebot nicht gemeint gewesen. Gesine darauf, und der Satz erinnert an
Lisbeth: »*Moetst mi naemn as ik bünn.*« Erichson will sich die Möglichkeit einer Niederlage und einer gebrochenen Gesine nicht eingestehen,
er tröstet sich schon über deren Andeutung hinweg. Mit einer plattdeutschen vorgeprägten Formel, nämlich: »Unkrut vergeit nich: so kolt is
kein Winter nich.«

Manchmal macht ein Satz, einmal sogar die Veränderung eines einzigen Buchstabens den Standpunkt des Autor-Erzählers ablesbar.

Noch als Cresspahl in England lebt, erhält er Stimmungsberichte über die Situation in Deutschland aus erster Hand, die ersten Flüchtlinge, Sozialdemokraten wie Cresspahl, stellen sich ein und bitten um Aufnahme oder Unterstützung. Nur, Cresspahl lebt in Unfrieden mit seiner Partei. Die Bittsteller bedauern. »Es hieß: Hett dei Kau den Schwanz verloren, denn markt sei ierst, wotau hei gaut is.« Als die Parteizentrale dann ins Exil gegangen ist und Cresspahl wieder in Deutschland lebt, wegen seiner Frau, kommt ein geheimer Kurier, Susemihl. Cresspahl hält dem Instrukteur den Beschluß der Sozialdemokraten vor, sämtliche Juden aus dem Vorstand auszuschließen, ein würdeloser Anbiederungsversuch bei den Braunen. »Susemihl wollte wissen, was Cresspahl neuerdings mit den Juden habe. Cresspahl hatte es neuerdings damit, daß es Scheiße sei, Opfer der Verfolgung im Stich zu lassen.« Als der Mann aus dem Apparat durchblicken läßt, Cresspahl verstehe wohl nichts von Politik, versetzt er dem überheblichen Ignoranten einen Faustschlag und wirft ihn buchstäblich vor die Tür, hinaus in das Regenwetter und auf den aufgeweichten Matschboden. Gesine, in dem memorierenden imaginären Gespräch, sagt: »Es gibt so eine überwache, schnell fließende Wut, die es gründlich anstellt mit einem Verlust, wenn etwas verloren werden soll, nicht wahr, Cresspahl.

Right you are, Gesine. Und du kennst dat nich bloß von mi. Du hest dat sülben.

Ne.

Na.«

Die Episode findet noch eine Fortsetzung mit freundlich-ironischer Schlußpointe. Cresspahl gerät bei einem Besuch unversehens in das Treffen einer Ortsgruppe. » – Wir als Genossen; sagte einer in der Diskussion, und erwischte Cresspahls Blick. – Ja du nich: sagte der Sprecher: Du nicht als Genosse, du als Cresspahl–! und Cresspahl war es recht, daß sein Streit mit der Partei zwar nicht vergessen war, aber nun doch als nicht bösartige, fast heitere Sache behandelt werden konnte. Er war ein wenig aufgezogen worden, wie das unter Freunden ging.«

Galliger klingt da schon ein Autorenkommentar auf der Gegenwartsebene, der beweist, daß ironisches Geraderücken nicht etwa – das wäre ein herablassendes Verhalten – auf die Provinz oder ihre Mundart beschränkt bleibt, sondern sich durch den Text zieht. Gesine Cresspahl entnimmt ihrer Zeitungslektüre, der Erfinder des Napalms, nun emeritierter amerikanischer Professor, »Louis Frederick Fieser, deutsch auszu-

sprechen«, verteidigt seine Entscheidung für die Annahme des Auftrags
aus dem »Nationalkomitee für Verteidigungsforschung« 1941 mit den
gleichen Argumenten wie Oppenheimer, wie alle gestellten, zur Rede
gestellten Wissenschaftler, die Verantwortung für ihre Forschungsergebnisse weit von sich wiesen oder bagatellisieren. »Was er sagt: – Man weiß
doch nicht was kommt.« Und nun Johnsons, das Gespinst aus Heuchelei
zerreißender Kommentar: »Gibt es antifaschistisches Napalm?«

4.

Uwe Johnson unterscheidet zwischen S.A., deren Vertreter im Buch alle
unterprivilegiert sind von Herkommen und sich verbessern wollen, die
Täter sind und Opfer werden, und S.S. beziehungsweise Gestapo und
Partei. Das wurde ja schon an diesem halb mitleidigen, halb verächtlichen
Einschub deutlich: Hansi Demmler, Jerichow-Ausbau.
     Einer, der sich als erster zwischen alle Stühle setzt, ist der Schlachter
Methfessel. Als er seinen Vers zu den ungereimten Sprüchen der Nazis
beisteuert, meidet ihn fortan die adelige Kundschaft, als er seine unklugen
Reden zurechtrücken will im Nachhinein, schikaniert ihn der neue
Tierarzt, der an Stelle des verzogenen Juden Dr. Arthur Semig praktiziert,
mit Umständlichkeiten bei der Fleischbeschau. Methfessel, von dem es
später heißen soll –
     Un wat wier dat für'n Kierl!
     Dat rode Gesicht, un de hellen Hår. Brömsch.
     So blond as he is de ganze S.A. nich. –,
dieser Methfessel kommt auf sechs Wochen in ein Konzentrationslager;
dort wird er so mürbe geschlagen, daß er die Lust am Leben verliert,
schwermütig fällt er später der Euthanasie zum Opfer. Im Gespräch der
Toten untereinander sieht Methfessel seine Schuld in eben diesen unge-
zügelten Redereien ohne Verantwortung. »*Nu sech doch mal so, Methfessel*«;
seine Angetraute ist noch immer neugierig. »*Kannsu schweigen, Frieda? –*
Bi'n doch din Fru. Wie ein Grab. – Denn grab dich keins.«
     Von Papenbrocks davongelaufenem Ältesten Robert, der wieder
auftaucht und sich in »Amtswalter«–, das heißt Parteiuniform, und in der
schwarzen der Geheimpolizei präsentiert, wird lakonisch gesagt: »Noch
ein Schwager.« Und an anderer Stelle: »Robert hatte in Vietsen von
Landwirtschaft nur so viel gelernt, wie es beim Ansehen der Arbeit ging.«
Anders verhält es sich mit dem willensschwachen Alexander, Hildes
Mann. Alexander Paepcke ist zum Heeresbeschaffungsamt nach Stettin

eingezogen. Er genießt es, den Sommerurlaub mit der eigenen vielköpfigen Familie und mit Schwager und Nichte (Cresspahl Vater und Tochter also) im Ostseebad Ahrenshoop an der Grenze zwischen Mecklenburg und Vorpommern verbringen zu können. Alexander Paepcke ist schon froh, den unterschwelligen Hakeleien zwischen Vor- und Hinterpommern eine Zeitlang entronnen zu sein, schon auf dem Dampfer von Ribnitz über den Saaler Bodden weiß er, hier gilt er nicht als ein »Stettiner Eckenpisser«, wie noch in Stralsund, Paepcke überhäuft alle mit Geschenken. Mit einem Brecht-Zitat – »Und was bekam des Soldaten Weib?« – verständigt Johnson sich quasi auf Zuruf mit seinen Lesern, was es damit auf sich hat, oder haben könnte. »Die Kinder waren fast verstört, daß es nun auch noch zu Alexanders Abreise Geschenke gab, und Alexander in seinem Vergnügen an ihrer Freude sagte leichthin, namentlich von dem Puppengeschirr: Hab ich aus einem Hotel mitgenommen. Das Gold war eine sehr überzeugende Farbe, und seine Tochter fragte entsetzt: geht denn das? Paepcke sagte breit und genußvoll: Jåå; wurde sich Cresspahls Blick bewußt und setzte hinzu, geniert und ganz Major der Reserve: Du dat hev ick betålt du!« Dieses sich des anderen versichernde »Du« am Redebeginn wird zum Schluß noch einmal eindringlich wiederholt; Paepcke fühlt sich durchschaut und schämt sich mit einemmal. Sein Ansehen bei diesem Schwager aber ist ihm wichtig.

Noch aufschlußreicher aber, wer was gewußt haben kann über Kriegsgeschehen, Kriegsgreuel, ist ein Gespräch bei Innungsmeister Böttcher. Sein Sohn Klaus, Ostfront, ist auf Urlaub gekommen; am Kaffeetisch sitzen neben den Eltern Cresspahl, der einst Klaus' Lehrherr war, und der von Cresspahl mitgebrachte Englischlehrer Kliefoth. Der Dialog beginnt als umständliches und unpersönliches Gerede in Andeutungen – als »Nölen, Genöle« würde man in Mundart dieses Drumherumgerede bezeichnen.

»Ick dörf gar nicks vertelln. De scheitn mi dot.
Min leewe Klaus. Wie sind dine Öllern, dat is Kliefoth, dat is Cresspahl. –
Naems mi dat nich oewel.
Man los, Böttcher. As in de Schaul.
Jå. Jå. Wir warn da so Kraftfahrer, ein halbes Hundert, und sollten 180 schwere Belgier im Fußmarsch von Bialystok nach Smolensk bringen, zur Pferdesammelstelle. 20 Kilometer am Tag. Nachts haben wir die Pferde in Ställe getrieben, auch in Wohnhäuser. Die waren den Biestern zu eng, da wollten die Kraftfahrer nicht mit rein. Die Pferde hatten Angst, schlugen zu ohne hinzusehen. Und ich der Öberste. Schietspael.
Klaas.«

Der *Öberste*, darauf ist er stolz, und diese Genugtuung, sich selbst in zweifelhafter Situation hervorzutun, soll das folgende *Schietspael* herunterspielen. In dem Wort *Klaas* stecken uneingestanden Zweifel, ein Nichternstnehmen; für Cresspahl ist der junge Mann in Uniform immer noch das »Kläuschen« in Jungvolksmontur und in seinem »widerlich weltbefahrenen« Gehabe, ein junger Mann, nicht vollständig erwachsen geworden. Ein Klaas ist im Niederdeutschen aber auch ein ungeschickter Kerl.

»*Die S.S.?*« wird gefragt.

»*Dat is nu so, Herr Kliefoth. Verhaßt is die S.S. nich, schlagen tun die sich wohl auch bis zum letzten Mann, muß Ein' wohl sagen. Aber Nazi sind sie, und sollen die zuerst Blut lassen. Das macht uns gar nichts aus, bei Feindannäherung habe ich auch schon paar Lastwagen quer über die Straße gestellt, angesteckt, und denn mit ein' geklauten Schild vonne Feldgendarmerie überm Tarnmantel die SS-Division Totenkopf auf die Russen zu geleitet.*

Hast dich abgesetzt, Klaas.

Sonst säß ich nicht hier!

Hestu richtig måkt.

Na –.

Fang an, min Jung.

Ich bin doch nu verwundet gewesen.

Oh Gott ja, Klaas.

Ne-i doch. Das war im Lazarett in Schaulen, da hab ich aus ein' Fenster gesehen. Da war was eingezäunt, Baracken und so Reste von der Stadt. Zivilgefangene hielten die da drin. So Lumpen am Leib.

Was hat die S.S. mit denen gemacht?

Nicks, Mudding. Nich, als ich hingesehen hab.

Und denn?

Ja Vadding da mocht ein Mensch doch nich hinsehen!

Jå-so.

Na sühst du't.

Segg uns dat man.

Nu in Smolensk wurden wir gleich kaserniert, Ausgangssperre. Ich als Charge, ich fühlt mich nich gemeint. Ging mit ein' Freund vor die Stadt –

Klaus!

Wir haben auch gar nicht gefunden was wir suchten. Wir haben in einem Gehölz am Stadtrand einen Haufen Leichen gefunden. Mannshoch. So, bis zur Schulter. Aufgestapelt, wie zum Verbrennen.

Partisanen, Saboteure.

Kinder, Herr Kliefoth?

Nee, Klaus.

Kinder, und Frauen, als ob sie von der Arbeit gekommen wären. Vom Einkaufen.

Hast du ein Bild, Klaus?«

Nun, wo das Geplänkel vorbei ist, wurde unter der Hand aus dem Klaas ein Klaus.

»Beim Fotografieren waren wir gerade, da kamen die Greifer, Feldgendarmerie, brachten uns zur S.S. Sollten gleich erschossen werden.

Wie kannst du dich so in Gefahr begeben, Klaus!

Die Gefahr war ja schon da, als wir kamen. Na. Zackig melden, Marschpapiere. Mußten wir schwören.

Was, min Jung.

Daß wir es nicht gesehen haben! Daß es das nich gibt, Mudding.

Kann nich sein.

Nich?

Wie können sie dich denn auf Urlaub lassen? kannst doch alles erzählen.

Der Urlaub is doch die Prämie. Für das Schwören.

Glœwen Se dat, Herr Kliefoth?

Die S.S. macht das.

Heer nicht?

Heer!

Klaus muß so was nich machen?

Nein.

Das kann ich auch nicht glauben.

Hett mi ock nicks hulpn.

Kinder?

Kinder.

Aber das sind doch Deutsche, die S.S.

Das sind sie.

Ganz zivile Kinder?«

Vorher hatte Klaus Böttchers Mutter noch eine Flasche Klaren auf den Tisch gestellt, um ihrem Sohn, der sich zierte, sich aber auch das Unbewältigte offenkundig von der Seele reden wollte, die Zunge zu lösen. Sie hatte diese Geste – Schnapsflasche auf den Kaffeetisch – erklärt mit dem Satz: »Wenn'ck nich schlapn kann, will'ck weiten, worüm.« Nun, wo sie Gewißheit hat, stellt sie diese unsinnige Frage nach *ganz zivilen Kindern.*

Als Marie irgendwann einmal, ein bißchen unkindlich, fragt, ob es nicht immer heiße, die Deutschen hätten nichts gewußt von den Konzentrationslagern, antwortete Gesine mit einem einzigen Satz, in

verächtlich abwinkendem Sarkasmus: »Vielleicht die, die den Lübecker
Generalanzeiger nicht lasen.« Das Wissen war so verbreitet, gibt sie zu
verstehen, daß man täglich Spuren und Fingerzeige hätte entdecken
können.

5.

Man könnte, was ich an einigen Beispielen versucht habe ablesbar zu
machen, systematisch ordnen und aufschlüsseln. Dann würde sichtbar,
Johnson beherrscht alle Formen des Komischen vom Unterhaltsamen
über den freundlichen Spott bis zur vernichtenden satirischen Über-
zeichnung. Aber ich halte nichts von so einer Rubrizierung. Und die
komische Sicht ist nicht auf die mecklenburgischen Passagen beschränkt,
wenn Mecklenburg auch, nach Fontane, die »komische Figur« in
Deutschland, vielleicht sogar in Europa darstellt. So findet sich eine
umwerfend komische Szene in ernster Situation, beim Vorrücken der
Russen, die diesmal aber nicht auf Kosten der erdbraun gekleideten
Gestalten auf den Panjewagen geht, wie sonst verbreitet, sondern viel-
mehr auf die des Schleusenwärters Martin Nibuhr, eines Schwagers von
Cresspahls Schwester. Dieser Martin Nibuhr übersieht die Eile der
Soldaten auf der Flucht vor den Russen. Ignoriert ihre Absicht, die
Schleusenanlagen zu sprengen. Von ihm wird gesagt, er könnte »seinen
Gästen die mecklenburgischen Höhenlagen aufzeichnen«. Völlig die
Situation verkennend, fordert er sie auf: »*Sagen Sie ruhig Baege. Wenn das
auch mecklenburgische Baege sünd. Es sünd Baege!*«
    Was aber die »Stimmen« angeht, die Gesine von den Toten als, oft
sophistische, Ratschläge vernimmt, so sind alle die Sprüche, die der
mecklenburgische Volkskundler Richard Wossidlo gesammelt hat, die
man aber auch bei dem Vorpommer Professor Haase aufzusuchen hätte,
Ausdruck von Ratlosigkeit oder von Versuchen, sich über nicht be-
herrschbare Situationen hinwegzutrösten oder hinwegzuschwindeln.
Reuter ist allgegenwärtig, von seinem Wahlspruch »*Wenn Einer daun deit,
wat hei deit, / Denn kann hei nich mihr daun, as hei deit*«, über die Namen
Kägebein, Kliefoth, Dr. Berling, selbst Louise, »Lowising«, die alle in
Reuters Werken oder Reuters Leben eine Rolle spielten. Kreisleiter
Swantenius will den Gymnasiallehrer Kliefoth für die Partei gewinnen,
die Mitglieder seien alle bloß »Schurrmurr«. Das ist das Zusammen-
gekratzte, Übriggebliebene, Schund. Reuter hat ältere Sachen unter dem
Titel als Buch herausgebracht. Auch Brinckman, ein anderer plattdeut-

scher Dichter, der in Güstrow als Realschullehrer unterrichtete und der Namenspatron von Johnsons Oberschule ist, hat in der *Jahrestagen* Spuren hinterlassen. Brinckman, wie Reuter wegen burschenschaftlicher Aktivitäten gerichtlich belangt, wanderte nach Amerika aus, wo er einige Jahre als Sekretär eines Schriftstellers, Bryan (1794–1878), arbeitete. In Güstrow wurde er seiner Sprachkenntnisse und seines, bei großer Bescheidenheit, noblen Gebarens wegen »der Engländer« tituliert, und ebenso nennen die Jerichower hinter seinem Rücken Cresspahl. »Respekt för't Hus, das war so eine rostocksche Geschichte, nichts für Jerichow«, befinden sie. Damit zitiert Johnson Brinckman direkt, wenn auch natürlich ungenannt. »Respekt för't Hus« verlangte der Kapitän Pött, der von seinem Neffen »Kasper-Ohm« (Ohm: Onkel) genannt wurde, von Jedermann. Ernst Barlach, der sich einen niederdeutschen Bildhauer nannte, kommt unverkleidet in den *Jahrestagen* vor: Sein Tod und die Umstände seiner Beisetzung 1939 werden mitgeteilt und kommentiert. Neckverse und Liedzeilen, Kinderreime und die Übernahme literarischer Topoi ließen sich bei einiger Geduld also sicherlich bis ins letzte verifizieren. Selbst bei der Wahl Richmonds könnte von Flotos bekannteste Oper *Martha oder Der Markt zu Richmond* die Namensfindung beeinflußt haben. Aber es kommt nicht darauf an, woher Johnson was übernahm, sondern was er damit anstellte und bewirkte. In der eingangs erwähnten Umfrage räumt er Friedrich Schult, als Dichter und Holzschneider eigenständig, bedeutend aber als Nachlaßverwalter Barlachs, Platz für eine Absage an das Plattdeutsche ein; im Leben der Völker habe »alles seine Zeit«, und mit dem Niederdeutschen sei es bergab gegangen, als es als Verkehrssprache des mittelalterlichen Handelsbundes ausgedient habe. Schult ist sozusagen Johnsons Kronzeuge. Johnsons Konsequenzen aus Schults Verdikt sehen so aus: »Erst zerfiel der große Bund« – die Hanse –, »nach und nach die kleinere Gemeinschaften«. In Johnsons Roman sind selbst kleinste Gemeinschaften, die eines Ehebundes, durch die Zeitläufte gefährdet.

6.

Kurt Batt hatte einen grundsätzlichen Unterschied zwischen Reuter und allen seinen Nachtretern, die im Provinziellen verharrten, herausgearbeitet, in Reuters Werk erscheine »das Regionale nicht als Zufluchtstätte, sondern als natürliche Lebensform; seine Figuren leben noch mit ungebrochener Selbstverständlichkeit in der Provinz«, und der Blick des

Schriftstellers sei »stets auf die sozialen, nicht aber auf die ›stammestüm-
lichen‹ Besonderheiten« gerichtet gewesen.

Inzwischen ist die soziale Determination eines Figurennetzes und
Konfliktgefüges zur fraglosen Selbstverständlichkeit geworden, der
Nachweis, daß das nicht alles sein kann, macht das Besondere einer
literarischen Botschaft zu nicht geringem Teil aus. Wie sonst wären die
deutschen Irrationalismen zu erklären.

Uwe Johnsons Konzept unterscheidet sich von dem Fritz Reuters
graduell, indem die Region nicht nur der – verlassene – Lebensrahmen,
das aufzugebene Stück Heimat ist, er fragt nach den Gründen für diesen
Zustand. Er unterzieht gerade die, um beim Wort zu bleiben, Stammes-
eigentümlichkeiten einer intellektuellen Kritik. Die intellektuelle Ironie
trifft sich mit einer mentalitären Reaktion, dem norddeutschen Bedürfnis
nach Abstand. Was aber den Humor dieses untypischen Humoristen
Uwe Johnson angeht: Ich habe lange darüber nachgedacht, ob man, so
wie man Fritz Reuters episodisch loses Erzählen als an Dickens, Scott und
Thackery geschult bezeichnet hat, vielleicht den bösen Humor eines
Swift vergleichsweise heranziehen sollte, denn satirisch ist Johnsons
Dichtung ja nicht, oder nur in Ausnahmen. Das zutreffende Wort fand
ich in der *Sinn und Form,* in einem Interview, das mit Heiner Müller und
der Regisseurin Ruth Berghaus geführt wurde. Müller stellt einer Ironie
aus Gründen der Distanz, die er für Thomas Mann konstatiert, »ein
ironisches Pathos im Umgang mit der bürgerlichen Gesellschaft« gegenüber, die »Gleichzeitigkeit von Melodram und Hohn und Pathos«,
»Ironie voller Trauer«, weil man selbst Teil eines Prozesses ist, den man
durchschauen, aber nicht beeinflussen, schon gar nicht aufhalten kann.
Heiner Müller spricht von der »Einsicht in die Abgründigkeit von Politik
und Geschichte«. Alle diese Definitionsversuche zielen auf die Oper eines
Alban Berg, auf den Brecht des *Brotladens.* Sie wirken gleichwohl wie auf
die *Jahrestage* zugeschnitten.

(Sept. 1989)

Dr. *Jürgen Grambow,* Liskowstr. 14, 18059 Rostock

Christoph Brecht

»*You could say it was done with mirrors*«[1]

Erzählen und Erzähltes in Uwe Johnsons *Jahrestagen*

I. Wahlverwandtschaften

Über »Machart, Wirkung und Bedeutung« der *Jahrestage* ist auch zehn Jahre nach Vollendung des Romans noch wenig Brauchbares gesagt. Kein Wunder also, daß hier erst recht noch »verlockende Stellen [...] übrig« sind – so »die folgende«, deren Relevanz für die Lektüre der *Jahrestage* freilich erst ein zweiter Blick erkennen läßt. Zunächst scheint Johnson nämlich allein dem Interesse einer didaktischen Ironie zu folgen, wenn er in den *Begleitumständen* als überhaupt erstes Zitat »aus der bereits geschriebenen Literatur«[2] eine Stelle aus Goethes *Wahlverwandtschaften* heranzieht. Wie ein philosophisches Detektivspiel betreibt der unverhofft zum Literaturdozenten avancierte Autor die Auslegung fremder Texte und rekonstruiert aus den von Goethe überlieferten Indizien akribisch den ›Fall Otto‹. Die Umstände beim Ertrinken des Kindes, das zeigt sich rasch, sind dubios. Verantwortlich zu machen ist weniger Ottilie, als in letzter Instanz ihr Erzähler. Denn dieser verfolgt unbekümmert um die logischen Schwächen seiner Fabel eigene Interessen; in seiner »Entschlossenheit, an dieser Stelle einen Eingriff des Schicksals herbeizuführen«, läßt er alles Kontingente »notwendig« und »unaus-

---

1 Vgl. Johnson, Uwe: Jahrestage. Aus dem Leben von Gesine Cresspahl, 4 Bde., Frankfurt am Main 1970–1983, S. 1281. Zitate aus den *Jahrestagen* werden im folgenden in runden Klammern im Text nachgewiesen.
2 Johnson, Uwe: Begleitumstände. Frankfurter Vorlesungen, Frankfurt am Main 1980, S. 14.

weichlich« erscheinen und affirmiert solche Gewaltsamkeit im Schlußtableau seines Buches noch einmal mit einem lakonischen »So«. Damit hat der »Regisseur und Autor« am Ende zwar ›Frieden‹ hergestellt, aber um den Preis des Todes der Figuren. Und der ›freundliche Augenblick‹ des Schlußsatzes, erkauft mit einer rigoros auktorialen Schicksalsregie, verspricht den Umgebrachten eine Zukunft allenfalls für den jüngsten Tag.[3] *So* kann, so darf es in den *Jahrestagen* also nicht hergehen. Hier werden die Lebensläufe der Figuren an »wirtschaftliche Gesetze und wirkliche Personen« zurückgebunden. Auch das kann tödlich ausgehen: »Einem Schicksal« hätte sich Lisbeth Cresspahl »womöglich überantwortet« (142), ihre unabweisbare Verstrickung in die Vorbereitung des Krieges kann sie nicht ertragen.

Wenn die Grenzen zwischen romanhaften und wirklichen Katastrophen so klar markiert sind, dann sollte befremden, daß Uwe Johnson sich zur Demonstration seines Unbehagens am Romancier alter Schule ausgerechnet die Episode von Ottiliens verhängnisvoller Kahnfahrt mit Kind und Buch vornimmt – immerhin eine literarische *Wassertonnengeschichte* ersten Ranges. Und um so verblüffender, daß Johnson seine Lektüre der *Wahlverwandtschaften* diskret, aber unverkennbar mit einem Kommentar zu jener in den *Jahrestagen* zentralen Szene überblendet. »Es ist vor allem das starrsinnige Festhalten der Kindeshüterin an dem Buch, das auf den Unfall zuführt«, ermittelt der Detektiv: ein überraschendes Ergebnis, auf Basis recht schwacher Indizien. – Weswegen, wird gefolgert, das Buch ein »eminent verdienstliches« gewesen sein dürfte, »jeden Falles bewahrenswerter als ein kindliches Leben«; wenn keine Goethesche Erstausgabe, was dann sonst als – »eine Bibel«. Doch: »Ganz verkehrt geraten!«[4] jedenfalls was Ottiliens Lektüre in den *Wahlverwandtschaften* angeht. Dafür aber eine überaus akkurate Diagnose des Falles Lisbeth Cresspahl. Lisbeths Existenz steht durchgängig unter dem lebensfeindlichen Diktat der Bibelsprüche. Und so wäre es für sie »von allen Opfern das größte« (618) und ihr nur allzu willkommen, das Leben ihres Kindes dahingeben zu können.

---

3 Ebd., S. 17f. Johnson stützt sich auf ein verschwiegenes Goethe-Zitat, das von Sulpiz Boisserée überliefert wurde: »Er [Goethe] legte Gewicht darauf, wie rasch und unaufhaltsam er die Katastrophe herbeigeführt« (Goethe, Johann Wolfgang: Sämtliche Werke [Münchner Ausgabe] Bd. 9, München 1987, S. 1218).

4 Johnson, Begleitumstände (Anm. 2), S. 16. – Der Leser der *Wahlverwandtschaften* hat freilich schon zuvor erfahren, was Johnson jetzt (S. 17) nachträgt: daß Ottilie einen empfindsamen Liebesroman liest.

Lisbeths starrsinniges Vertrauen in die Verdienstlichkeit des Opfers hat sein erhabenes Vorbild also am Text von Gott-Vater und -Sohn.[5] Doch eine christologische Interpretation der *Wassertonnengeschichte,* so nahe sie liegt, käme über den Verweis auf Lisbeths sattsam bekannte religiöse Hysterie nicht hinaus, fände sie nicht irritierend einen Widerhalt an der Ottilie der *Wahlverwandtschaften.* Denn diese wird unter massivem Einsatz christlicher Symbolik zu einer – allerdings zweifelhaften – Replik der Gottesmutter stilisiert, so gut wie das Kind in ihren Armen zum profanen Heiland.[6] Und immerhin zieht auch Ottilie sich schließlich in ein Schweigen zurück, in dem unbemerkt bleibt, daß sie langsam Hungers stirbt – während Lisbeth nicht nur sich selbst diätetischen Bußübungen unterzieht, sondern auch ihre Tochter hungern läßt (692-694); bis sie am Ende doch sich selbst hingibt, in der Nachfolge eines ermordeten Kindes, das typologisch deutlich genug *Marie Tannebaum* heißt (724). Im Bezug auf solche Vor-Bilder wird Lisbeth Cresspahl den Vorgaben einer vermeintlich realistischen Psychologie, über die die Bewohner Jerichows nicht weniger verfügen als in New York Tochter und Enkelkind, für einen Augenblick entzogen. Die erzählte Figur steht plötzlich in einer eminent widersprüchlichen Konstellation, in der die Rollen der Geschlechter, die von Eltern und Kindern, Opfern und Tätern – von diesen Prätexten her – beliebig vertauschbar erscheinen. Das macht das Ominöse der *Wassertonnengeschichte* aus: »Wie erstarrt« habe Lisbeth bei Gesines Rettung zugesehen, wird berichtet, und der Text beruft sich in seinen Anführungszeichen scheinbar auf Heinrich Cresspahl. Der mochte zwar nach dem Krieg »nicht genau erzählen« (618); aber immerhin kann er wohl dennoch aus Goethes Roman zitieren, wo mehrfach von dem »erstarrte[n]«, nämlich toten Kind die Rede ist.[7]

So drängt sich die Frage auf, ob Lisbeth Cresspahl nicht doch unter der Hand zur Agentin eines *Schicksals* geworden ist, eines eminent literarischen dazu. Denn auch andere diskrete Querverweise stützen die Vermutung, Goethes *Wahlverwandtschaften* seien als einer der *Begleitumstände*

5 Die im letzten Moment (durch Gott-Vater) verhinderte Opferung des Kindes hat ihre – in der Tradition längst typologisch vermittelte – Parallele in Abrahams Bereitschaft, seinen Sohn Isaak zu opfern (vgl. Gen 22).

6 Vgl. Wiethölter, Waltraud: Legenden. Zur Mythologie von Goethes ›Wahlverwandtschaften‹, in: Deutsche Vierteljahrsschrift für Literaturwissenschaft und Geistesgeschichte (DVjs) 56, 1982, S. 1-64. Kind und Buch sind traditionelle Prädikate in der Marien-Ikonologie (vgl. S. 22).

7 Vgl. Goethe, Johann Wolfgang: Die Wahlverwandtschaften 1. Band: Text (Akademie-Ausgabe), Berlin 1963, S. 251, vgl. S. 253.

der *Jahrestage* in Anschlag zu bringen. Da ist etwa an die von de Rosny
hübsch verlogen eingerichtete »altitalienische Weihnachtsszene« zu erinnern, die als Bestechnungsgeschenk für Marie gedacht ist (462) und in
Goethes Roman eine vergleichbar fragwürdige Inszenierung zum Gegenstück hat.[8] Oder an die Leichen der Typhustoten, die Gesine nach
Kriegsende in Jerichow vorfindet: wie zur Auferstehung bestellt, aber aus
dem »Wartezimmer«, einer Kapelle, nicht abgeholt. Im Zentrum des
Arrangements erblickt das Kind ein bedeutsam illuminiertes Liebespaar
nach dem Muster einer verkehrten ›Pieta‹, das Mädchen in den Schoß
eines Jünglings gebettet. Es fällt schwer, an den beiden im Tod nur um des
gelungenen Effektes willen Vereinten nicht die Revokation des (in den
Begleitumständen skeptisch kommentierten) Friedens-Versprechens zu
erkennen, wie es die *Wahlverwandtschaften* beschließt: »So ruhen die Liebenden neben einander. Friede schwebt über ihrer Stätte.«[9] Die »arran-
gierte Szene« (1119) ist innerhalb der Jerichow-Geschichte als makabrer
Gruß an eine Besatzungsmacht motiviert, die selbst noch Toten ein
Heimatrecht verweigert. »Sie sahen plaziert aus« (1118), findet freilich
auch Gesine und reagiert damit auf die Künstlichkeit der Inszenierung
und den allseitigen Mißbrauch des Todes: *So nicht!* Aber das ist nicht alles.
Denn immerhin läßt der Erzähler zu, daß die »frühe Sonne« (1118) als
traditionelles Auferstehungszeichen dem Tableau ein ›spotlight‹ aufsetzt
und ihm, damit erst, seinen entschieden artifiziellen Charakter verleiht.
Zufälle dieser Sorte gehören aber in jene Art Literatur, in der um einiger

---

8 Vgl. ebd., S. 188-191. Daß Gesines Tochter den Namen ›Marie‹ trägt, macht sie
natürlich anfällig für Manipulationen unter dem ›Tannebaum‹. – Den ›tableaux vivants‹,
die in Goethes Roman veranstaltet werden, wäre vielleicht jenes vorweihnachtliche
»Kunstwerk« beizustellen, in dem die *New York Times* zur Weihnachtszeit die Armut
ästhetisiert; es »zeigt eine ärmlich gekleidete Frau, die ein kleines Kind auf dem Arm hält«
(434). Bei den wirklich Armen hängt dafür an der Wand »ein Bildnis der Mutter Gottes,
aus einer Zeitung geschnitten« (437) – bestimmt nicht aus der *New York Times,* die es (wie
die Romanciers) bei diskreten Repliken beläßt: »Gedenkt der Bedürftigen!« (434).

9 Vgl. Johnson, Begleitumstände (Anm. 2), S. 17f. Entsprechende Illuminationseffekte
bei Goethe, Wahlverwandtschaften (Anm. 7), S. 154f., 247, 283. Eine im Wortsinn
kryptische Anspielung auf die nachmalige Grabkapelle Eduards und Ottiliens (vgl. S.
152f.) stellt möglicherweise das »Tonnengewölbe« des »Bahnhof Grand Central« dar, »in
dessen Höhe der Sternenhimmel abgebildet ist wie eingeritzt«; zumal die anschließende
»Fahrt [...] über die Strecke zwischen den Friedhöfen gehen [wird], zu einem Gelände,
wo Gebüsch und Rasen einen Park zu machen suchen« (1887). Der die Kirche
umgebende Friedhof wird in den *Wahlverwandtschaften* bekanntlich gleich zu Anfang dem
nahen Park anverwandelt (vgl. dort, S. 16).

Augenblicke und schöner Sätze willen großes Theater aufgeführt werden darf.[10]

Nun war ohnehin zu vermuten, daß Uwe Johnson in den *Begleitumständen* (wie auch sonst) seine Zitate nicht absichtslos wählt. Und wegen einzelner, gut versteckter Anspielungen werden die *Jahrestage* nicht zur Kontrafaktur der *Wahlverwandtschaften*. Dennoch gerät man hier an einen Modus des Sprechens, der in der Johnson-Forschung noch wenig Beachtung gefunden hat.[11] Auffällig ist ja zunächst einmal, wie unsystematisch die Referenzen auf Goethe in den Generationen der Familiengeschichte und den Erzähleben des Romans verstreut erscheinen. Ein konsistenter Subtext zur Erzähloberfläche stellt sich nicht her. Gerade dieser Modus eines bloß andeutenden Sprechens sticht jedoch deutlich von der Präzision und Genauigkeit ab, mit der der Text sein Erzählen ansonsten auf seine Voraussetzungen transparent macht. »Die Tante Times sichert sich mit Zitaten ab. / Zitate beweisen die Zuverlässigkeit im Weitersagen« (229), heißt es an anderer Stelle mit unverkennbarer Reserve. Gesine besteht demgegenüber auf ihrem Anspruch, für sich selbst zu sprechen. Und auch der Roman will sich einer nur scheinbar objektiven Zuverlässigkeit seiner Rede nicht schuldig machen. In den *Begleitumständen* werden prinzipielle Vorbehalte abermals sehr deutlich: Der Schluß von Hemingways *A Farewell to Arms* ist mißraten, weil der Autor als »Regisseur« sich fahrlässig »einsperren ließ in das Zitat aus dem sechzehnten Jahrhundert, das der Geschichte als Motto voransteht«. Dieses Zitat nämlich wird, letzten Endes, für Hemingways Catherine zur »Ursache ihres Todes«.[12] Die Individualität der Figur, wie sie sich in einem von Johnson zuvor in extenso zitierten Dialog geltend macht und gegen das Befremden der Leser (das heißt, gegen alle bloß empirische Wahrscheinlichkeit) behauptet, wird dabei mit einer schon an Goethe störend aufgefallenen Bequemlichkeit auktorialer Plazierung und Inszenierung fallengelassen – nur damit die Konsequenz eines abstrakten Konzeptes über die Evidenz des Materials triumphieren kann. Ein solches Verfahren darf aus guten Gründen gleichermaßen den Namen des ›Schicksals‹ wie den des ›Zitates‹ tragen.

---

10 Vgl. Johnson, Begleitumstände (Anm. 2), S. 18.

11 Die ›Wahlverwandtschaften‹ wären noch zu vergeben, wollte jemand dem eher kuriosen Versuch von Lothar Rubow folgen, je einen ›Johnson‹- mit einem ›Goethe‹-Text kurzzuschließen (Motiv- und Strukturanalogien im Werk Johnsons und Goethes, Diss. Düsseldorf 1976).

12 Johnson, Begleitumstände (Anm. 2), S. 23.

Diese Art (respektvoller) Kollegenschelte versieht eine Vorlesung über *Begleitumstände* der Romanproduktion mit der angemessenen Ouvertüre. Der Fiktionscharakter der Texte wird unterlaufen und ein Eigenrecht des Erzählten gegenüber seinem Erzähler geltend gemacht. Auch das ist, kein Zweifel, ein Spiel mit der Fiktion, das den Rahmen des Fiktionalen nicht sprengt. Doch können auf diese Weise gegen den Kanon *bereits geschriebener Literatur* Perspektiven aufgerufen werden, die im Schreiben nicht realisiert oder verworfen wurden. An der selbsterteilten Lizenz der Literatur, sich eines wohlorganisierten Systems von ›Zufällen‹ zu bedienen, wird die Kontingenz des als faktisch Gesetzten sichtbar gemacht. Die Analogie zum komplexen Erzählarrangement der *Jahrestage* ist evident: Dort wird nicht allein auf dem Recht der Figuren bestanden, das Erzählen ihrer Geschichte mitzubestimmen, sondern das Erzählen wird auch prinzipiell von der Lizenz der Erzählten abhängig gemacht. Diese Konstruktion ist offenkundig paradox. Denn auch die Rückbindung des Erzählens ans Erzählte ist Teil der Fiktion. Und sie wird am Ende doch wieder von einem Erzähler ins Werk gesetzt, der, um zu erzählen, bestimmte Zufälle vor anderen präferieren muß. Dennoch läßt sich schon hier absehen, daß Johnson einen qualitativ anderen Modus von Fiktionalität anstrebt – einen, der nicht vom Zitat des Notwendigen lebt und sich der Notwendigkeit von Zitaten nicht unterwirft. Bei dem Versuch, dies durchzuführen, entsteht ein performativer Widerspruch, der für die Konstruktion der *Jahrestage* geradezu zum Drehpunkt wird.

Was allerdings die *Begleitumstände* betrifft, ist dieser Widerspruch durchaus bewußt gesetzt. Einer zumindest für die Moderne eigentümlichen Präsention von Autorschaft wird die Befremdlichkeit genommen, indem der prekäre Status der Autorrolle in Texten der Tradition aufgewiesen wird. Sobald – angeblich – »die Katze aus dem Sack« ist,[13] wird denn auch die Maske des ein wenig naiven, gut handwerklich denkenden Literatur-Profis durch die andere eines sich Erinnernden (Autobiographen) ersetzt, der sein Gedächtnis höchst strategisch einzusetzen weiß. – Was die *Jahrestage* angeht, so warten auch sie mit Zitaten und Selbstzitaten schon auf ihren ersten Seiten auf und machen damit zumindest das eine deutlich: Hier ist ein Erzähler an der Arbeit, der in seinem Affekt gegen das Romanhafte nicht vergißt, daß sein Text unhintergehbar fiktionalen Charakter hat.[14] Mit dem Nachweis von Zitaten und Anspielungen ist für

---

13 Ebd.
14 Vgl. Fries, Ulrich: Uwe Johnsons »Jahrestage«. Erzählstruktur und Politische Subjektivität, Göttingen 1990, S. 22, 41-43.

das Verständnis der *Jahrestage* darum so lange nichts gewonnen, wie der spezifische Modus von Literarizität nicht begriffen wird, den Johnson seinem Roman verleiht. An dieser Aufgabe versuchen sich die folgenden Überlegungen. Sie stehen dabei vor derselben Schwierigkeit wie jede Analyse der *Jahrestage;* sie sind konfrontiert mit der verführerischen Komplexität eines hochartifiziellen Erzählarrangements und mit dem nicht weniger verführerischen Schein von Naivität, in dem sich der Erzähler – und der Autor als Kommentator – dieses Arrangements bedient. Von beidem darf man sich nicht irritieren lassen. Denn gerade dort, wo scheinbar das Erzählen als *Sache* des Romans verhandelt wird, geht es tatsächlich darum, das Erzählte (das *Sache* ist) möglichst gründlich zu verbergen.

II. Arsch an Arsch

Längst noch nicht angemessen ist gewürdigt worden, wie der Autor Uwe Johnson seine *Jahrestage* in der literarischen Öffentlichkeit zu plazieren verstand. Dabei gibt es in der deutschsprachigen Gegenwartsliteratur kaum eine vergleichbar kühn durchgeführte Selbstdarstellung von Autorschaft. Unermüdlich hat sich der Verfasser zu Vorträgen, Interviews und Gesprächen bitten lassen, um dem Publikum, aller Kunstfertigkeit der Fragenden trotzend, fast gebetsmühlenhaft eine äußerst verblüffende Lesart seines Romans vorzutragen. Schließlich hat er dieser Lesart in den *Begleitumständen* die gewissermaßen kanonische Gestalt eines Ko-Textes zum Roman verliehen. Beim wohlkalkulierten Ausstoß funkelnder Paradoxa und gewaltsamer Provokationen geschulter Leserhirne wird konsequent *ein* Zweck verfolgt, nämlich: nur ganz bestimmte Aspekte der *Jahrestage* zur Diskussion zu stellen. Ob diese Strategie den Erfolg des Romans beförderte, mag man bezweifeln. Aber wenn Uwe Johnson mit alledem der Erkenntnis der *Jahrestage* einen diskursiven Rahmen vorschreiben wollte, war die Wirkung durchschlagend. Der Autor konnte Forschung und Kritik freilich nur deshalb so nachhaltig vexieren, weil er in seiner öffentlichen Rolle eine Erzählstrategie der *Jahrestage* gewissermaßen fortschrieb. Er brauchte nur die Verwechslung zu fördern, er halte seinen Roman für eine Funktion der Realität, während er sich als vermeintlich authentischer Sprecher de facto zu einer Funktion seiner Fiktion machte – und schon hatte er mit einem klassischen Mittel der Erzählironie den Grundstein gelegt für eine ›Mythologie‹ der *Jahrestage,* bei der auf die Vorliebe professioneller Leser für dergleichen Geschichten gerechnet war. Wie gründlich dieses Experiment gelungen ist, zeigt sich am hartnäckigen Fortbestehen des Vorurteils, die Form der *Jahrestage* verdanke sich einigen Verschrobenheiten ihres Verfassers – während dessen Idiosynkrasien doch nur eine genau veranschlagte Funktion seines Erzählens sind.

Das zu zeigen ist nur darum der Mühe wert, weil der vermeintlich autoritative Kommentar nur allzu häufig den Text des Romans über-lagert, wenn nicht ersetzt. Doch woran legitimiert sich überhaupt die Autorität, etwa der *Begleitumstände?* Man braucht die ätiologische Nar-ration nur genau zu lesen, in der der Autor die Genese seines (damals noch unvollendeten) Romans beschreibt: Wieder ist der Schriftsteller als Handwerker zugange, nimmt er die Wirklichkeit seiner Figuren ernst, muß ihnen darum einen nicht nur fiktionalen, sondern quasi ontologischen Status verleihen. Daraus folgt, daß er sich von den Erzählten – vor allem natürlich von der Zentralfigur Gesine – die formale Anlage seines Textes vorschreiben lassen muß. Nun, wenn es sich so verhält, dann spricht auch hier der *Genosse Schriftsteller,* eine Figur der *Jahrestage* und als Vertrags-partner Teil ihrer Basisfiktion. Wobei doch auffallen muß, daß der Roman selbst das Verhältnis von Erzähler und erzählter Figur mit unverkennbarer Diskretion behandelt, während die *Begleitumstände* für die Fiktion einer gedoppelten Erzählinstanz den um so wortreicheren Gründungsmythos liefern. Und äußerst verdächtig sticht ins Auge, daß in ihm ausgerechnet jener hochliterarische *Zufall* ins Mittel tritt, den der Autor früher im Text so unmißverständlich verworfen hatte.

Eine »Person wird gesucht« – und sie wird gefunden. Es kann kaum verwundern, daß der Autor »der einzige [...] auf der ganzen 42. Straße« ist, der seiner Figur begegnen kann. Zumal sich das ganze »ungefähr unterhalb der Rückfront der Public Library«[15] zuträgt, wo die Gesuchte zwar gegen die Wahrscheinlichkeit ihres fiktiven Alltags, aber ganz gemäß der Logik ihres Erfundenseins »zu tun gehabt« hat.[16] Wo einem Dichter so viel Gutes widerfährt, kann er kaum umhin, zu einem Bücherwesen auch ein Buch zu machen: Völlig ungeniert bedient sich der Erzähler der *Begleitumstände* aus dem Repertoire jener Topoi, mit denen von jeher die ›Poiesis‹ von Literatur als Geschehen einer von höherer Stelle veranlaßten Inspiration ausgewiesen wird.[17] Ausführlich

15 Johnson, Begleitumstände (Anm. 2), S. 406f.
16 Ebd., S. 411.
17 Die Trivialisierung antiker Schemata im Laufe des 19. Jahrhunderts und deren mehr oder weniger ironisches Überleben in der Literatur der Moderne ist erst in Ansätzen

genug wird die zermürbende Fron im New Yorker Angestellten-Milieu geschildert. Dann endlich kommt, in Buchform, das *Ende* dieser *Dienst-fahrt* in Sicht. Die Lektüre eines fremden Textes ruft dem Dichter seine eigene ›Berufung‹ wieder ins Bewußtsein. Sie stiftet eine Phase schöpfe-rischer Latenz, während der sich das sonst frei zugängliche Büro unver-sehens in eine abgeschiedene Dichterklause verwandelt. Erste Entwürfe entstehen.[18] Aber noch fehlt der zündende Funke, die Verwandlung vager Vorstellungsbilder in die schöpferische Idee. Dazu bedarf es der Autorisierung ›von oben‹; was wäre ein Poet ohne den *Kuß der Muse?* Höchste Zeit also für Gesine, aus der Bibliothek in ihr literarisches Leben zu treten. Sie braucht sich dabei mit ihrem präsumptiven Autor nicht näher einzulassen: Zwar verfügen die Musen als Töchter der Mnemosyne über ein umfassendes Wissen von allem Geschehenen, und sie stellen dieses Wissen den poetisch Begeisterten exklusiv zur Verfügung. Doch in ihrer Weiblichkeit sind sie vergleichsweise schwach konturiert, überdies von ihrem Mentor Apoll zu einem Leben in Keuschheit vermahnt. So genügt es, daß Gesine jenem Manne sich zeigt, der qua Beruf(ung) mehr zu sehen imstande ist als gewöhnliche Passanten und andere Sterbliche. Hauptsache, ein Buch wird geschrieben – und so geschieht es ja auch; der Rest, vielleicht, ist Handwerk.

Gewiß: Wie alle ätiologischen Erzählungen hat das nicht ohne Ironie zitierte Mythologem den Status einer nachträglichen Legitimation. Nie-mand wird Gesine Cresspahl als *eine* der antiken Musen identifizieren können. Doch in ihrer Funktion als Medium des Erzählten stammt die Hauptfigur der *Jahrestage* nichtsdestoweniger aus dem Geschlecht der Mnemosyne. Gesine ist personale Garantin der Vollständigkeit und Wahrhaftigkeit der Geschichte – auch wenn nüchterne Vertragsverhältnisse

---

erforscht. Vgl. zum folgenden Blamberger, Günter: Das Geheimnis des Schöpferischen oder: Ingenium est ineffabile? Studien zur Literaturgeschichte der Kreativität zwischen Goethezeit und Moderne, Stuttgart 1991; Barmeyer, Eike: Die Musen, München 1968; Curtius, Ernst Robert: Die Musen, in: Europäische Literatur und Lateinisches Mittelal-ter, Bern/München, [4]1963, S. 235-252.

18 Johnson, Begleitumstände (Anm. 2), S. 404f. – Die *Jahrestage* werden mit dem ironischen Querverweis gewiß nicht in die Nachfolge Bölls gestellt. Wenn man Johnsons gern zitierte Äußerung über den repräsentativen Charakter Böllschen Erzählens genau liest, wird man feststellen, daß da nicht von einem ›Vorbild‹ die Rede ist, sondern von einem Derivat älterer ›Schicksals‹-Literatur: eine Person und ihre Geschichte wird erfunden, um »dann tatsächlich doch wieder geopfert[!]« zu werden. Die Fiktion erreicht dabei nur, daß es dem Leser »leid tut, daß sie geopfert wird« (Durzak, Manfred: Gespräche über den Roman, Formbestimmungen und Analyse, Frankfurt am Main 1976, S. 436). Lisbeth Cresspahl läßt grüßen.

den ekstatischen *furor poeticus* abgelöst haben. Erzähltechnisch jedenfalls ist Gesine das Gedächtnis des Romans; nicht etwa dessen Erzählerin. Das ermöglicht, ihre personale Kompetenz bis aufs äußerste zu strapazieren, ihr effektiv mediale Fähigkeiten zu verleihen (vgl. 1539–1541) und die Grenzen auch des informiertesten individuellen Bewußtseins immer wieder so rücksichtslos zu überschreiten, daß der Fall Cresspahl vielleicht doch weniger parapsychologisch oder psychoanalytisch, als vielmehr mythologisch traktiert werden sollte. Und Gesines personales Bewußtsein artikuliert sich nicht etwa als Widerstand gegen die Kompetenz des Erzählers, sondern es dient dieser Kompetenz als Instrument. Wenn dabei verschiedene, je wechselnde Einschränkungen vorgenommen werden, so dient das einer Perspektivierung und medialen Brechung des Berichteten, an der sich erst recht die Souveränität einer auktorialen Instanz bemerkbar macht, frei über die Darstellung der von ihr gesetzten Fiktion zu verfügen.[19] Der von Johnson vielfach bekundete Respekt vor der Personalität der durch ihn erzählten Figuren beruht zwar, wie sich zeigen wird, durchaus nicht auf leerer Rede. Erzähltechnisch aber liegt dabei eine rhetorische Figur vor, nicht mehr als eine Konzession. Wie in der folgenden Episode der *Jahrestage* sind alle Kompetenz- und Machtfragen schon vorweg entschieden.

Da steht ein Polizist und fragt zwei Angestellte aus, einen Weißen, einen Farbigen. Beide sitzen auf einer Bank, die zu kurz ist für zwei, unbequem Arsch an Arsch. Der Neger blickt nicht auf, läßt den Weißen antworten. Erst nach ausdrücklicher Aufforderung bestätigt er die Aussage, den Blick gegen den Boden: Ja, so war es wohl, kann man sagen, Mister, Sir. (1522)

19 Ein Blick in die Johnson-Forschung kann nur staunen machen, wie weitgehend das vom Autor stimulierte Vergnügen am Spiel mit erzähltechnischer Begrifflichkeit (die ja allemal nur heuristischen, nicht ontologischen Status hat) den Blick auf das romankonstitutive Fiktionalitäts-Problem verstellt hat. Ulrich Fries weist dagegen in eindringlichen Analysen hoffentlich ein für allemal auf, wie die auktoriale Erzählinstanz der *Jahrestage* die vielbeschworene personale Selbständigkeit der Hauptfigur wieder und wieder zu opfern bereit ist, um die abstrakte Konsequenz des Erzählkonzeptes durchzusetzen. Erkennbar sucht Fries den Kompromiß mit den von Johnson bekundeten Intentionen, wenn er vorschlägt, »der gesamte Text [sei] dem Bewußtsein Gesines kompatibel, [...] ihm in der gegebenen Form aber nicht entsprungen«, also von Gesine immerhin »autorisiert«; Fries, »Jahrestage« (Anm. 14), S. 58, vgl. Johnson, Begleitumstände (Anm. 2), S. 443: Gesine sei, »nach allem, was [der Verfasser] tun kann, anwesend«. – Daß die *Jahrestage* gleichwohl, durch die Form ihrer Darstellung, die Möglichkeiten der erzählten Figur Gesine prinzipiell überfordern (vgl. Fries, S. 104), daß also ein prinzipiell auktoriales Arrangement vorliegt, zeigen Fries' folgende Kapitel in aller wünschenswerten Deutlichkeit (vgl. vor allem ebd., den Exkurs S. 115–126).

Deutlicher könnte nicht vorgeführt werden, daß der Akt der Autorisierung – *Ja, so war es* – noch keine Authentizität oder gar Individualität der Rede stiftet. Was *man sagen kann,* könnte (und müßte) auch anders gesagt werden. Die Präsenz der Reflektorfigur Gesine im Erzählen der *Jahrestage* ist von vergleichbar formaler Art. Im Roman ist nicht Platz genug für zwei souveräne Sprecher, und da der Erzähler sozusagen nicht nur die größere Klappe, sondern auch den dickeren Hintern hat, entsteht der geschriebene Text gewissermaßen hinter Gesines Rücken.[20] So ist die vermeintliche Konkurrenz zweier Erzähler nur Spiegelfechterei. Aber dennoch bleibt die Souveränität des Erzählens nicht ohne Einschränkung. Man bedenke, nur die Zwangs-Situation des polizeilichen Verhörs hält den Weißen und den Neger in ihrer ungemütlichen Nähe fest. Und das Erzählprojekt *Jahrestage,* so die These des folgenden, ist fundiert in strukturellen Prämissen, die jenseits der aufwendig inszenierten Erzählsituation aufzusuchen sind. Erst aus ihnen erklärt sich an Johnsons Roman die spezifische Form seiner Darstellung.

III. Fischsalat

Die Instanz, vor der sich ein Erzähler verantworten muß, ist seine Geschichte selbst. Das kann man jedenfalls an der nur scheinbar naiven Technik des Lesens lernen, wie der Erzähler der *Begleitumstände* sie am Beispiel Goethes und Hemingways demonstriert. Vor allem hat der literarische Handwerker seine Fabel in Ordnung zu halten, und dabei unterliegt er dem Anspruch auf eine gewisse altmodische Redlichkeit; sie verbietet ihm, seine Absichten gewaltsam am Erzählten durchzusetzen, aus Zufällen schöne Sätze und aus Zitaten schlechte Schlüsse herzustellen. Das ist, beiläufig, kein Problem der Erzählsituation, sondern eines der Fiktionalität.[21] Nun fällt an den *Jahrestagen* zunächst einmal auf, daß von

20 Die ›Muse‹ ist nur der ›Neger‹ des Autors. Das ist mehr als ein Gag, verweist auf ein strukturelles Problem der *Jahrestage*. Um enzyklopädisch zu registrieren, was Menschen daran hindert, sich als Individuen zu verwirklichen, muß der Roman seiner Hauptfigur das individuelle Lebensrecht beschneiden, wenn nicht bestreiten; vgl. Fries, »Jahrestage« (Anm. 14), S. 127-142.

21 Das auszusprechen ist gerade im Falle der *Jahrestage* notwendig, weil nicht selbstverständlich. Goldene Worte: »Nun hat man sich in der Romantheorie fast ausschließlich darauf konzentriert, die Transformation der Fabel durch die Selektivität des Erzählens zu untersuchen und entsprechend viel Literatur zur Erzählperspektive produziert. Der Zusammenhang mit der Organisation der Geschichte selbst wurde dabei

einer Fabel im strengen Sinne nicht die Rede sein kann. ›New York‹ und ›Jerichow‹ stellen zwei unterschiedlich organisierte Erzählräume dar. Sie berühren sich, aber sie durchdringen sich nicht gegenseitig. Denn beider Differenz ist nur scheinbar die von Gegenwart und Vergangenheit. Genau besehen liegen zwei Narrationen vor, die durch eine je eigene temporale Struktur konstituiert sind. In ›New York‹ folgt die Zeit gemächlich dem *ordo naturalis,* ein Tag dem nächsten, ein Notat dem anderen. Dieser abstrakte Schematismus läßt eine Romanfabel im traditionellen Sinn nicht zustandekommen. Eine solche läßt sich dagegen dem hochselektiven *ordo artificialis* von ›Jerichow‹ bequem unterlegen; deswegen gilt es meist als ohne weiteres ausgemacht, daß hier ›realistisch‹ erzählt wird (das darf man wohl einen ironischen Effekt nennen). Eine Koexistenz beider temporalen Modi in *einem* Erzähltext ist freilich im Grunde unmöglich, es sei denn, sie sollten sich gegenseitig und damit die Funktion Temporalität überhaupt aufheben. Dafür gibt es keinen Anhaltspunkt. Es scheint aber so, als trete eine permanente Reflexion auf die Erzählsituation des Romans als vermittelnde Instanz ein.

Gesines Lebensproblem in New York, wird statuiert, sei das Erzählen von Jerichow. Das klingt um so einleuchtender, je mehr Aufwand um die Behauptung getrieben wird, eine Erzählerin sei unentwegt beschäftigt, das *Problem* ihrer Herkunft zu bearbeiten. Ist auf diese Weise ein Begründungszusammenhang zwischen den beiden Narrationen erst einmal hergestellt, dann kommt die Frage gar nicht mehr auf, ob ›New York‹ tatsächlich ein Produkt von ›Jerichow‹ ist. Es scheint absurd, zu bezweifeln, daß dieses die Vergangenheit von jenem, daß Gesine in beiden Erzählungen dieselbe ist. Das ist aber de facto nicht mehr als ein mit viel Erzähltechnik unterfüttertes Postulat, und alle Erzähltechnik kann die Differenz in der Struktur der beiden Fabeln nicht aufheben. Der kalendarische Dezisionismus, der dem Buch seine Form in 367 Eintragungen verleiht,[22] läßt die Geschichte der Familie Cresspahl völlig unberührt. Er ermöglicht lediglich, im Fortschreiten der Tage des Jahres, so etwas wie eine *Enzyklopädie New York* zu entfalten, deren konstruktiver,

nie gesehen« (Schwanitz, Dietrich: Systemtheorie und Literatur. Ein neues Paradigma, Opladen 1990, S. 187f.). Schwanitz' Überlegungen zur »Selbstreferentialität des Erzählens« (S. 152-216), auf die im folgenden dankbar zurückgegriffen wird, lassen die Erzählproblematik der *Jahrestage* gewissermaßen ex negativo hervortreten.

22 Allerdings darf man Johnsons Beteuerungen wohl mißtrauen, auch noch die Koinzidenz des fiktiven mit dem realen 20. August 1968 sei dem Walten des wirklichen und nicht etwa des romanhaften Zufalls zu verdanken; vgl. Johnson, Begleitumstände (Anm. 2), S. 426.

mitunter leicht soziologisch-zwanghafter Charakter sich dem Leser auf-
drängt. Neben diesem enzyklopädischen läuft das historische Erzählen
von ›Jerichow‹ her.[23] Häufig genug hat man denn auch, mehr mit
Intuition als mit Einsicht, die beiden Erzählungen separiert und den im
Ansatz anscheinend modernen, aber ein wenig aufdringlichen ›New
York‹-Essay gegen den in seiner realistischen Genauigkeit verdienst-
lichen, ästhetisch eben darum obsoleten ›Jerichow‹-Roman ausgespielt.
Das Problem der *Jahrestage* jedoch liegt, selbstredend, im Modus von
beider Koexistenz.

Heikel wird es also dort, wo beide Erzählungen zusammentreffen
sollen. Das geschieht im personalen Bewußtsein der Gesine Cresspahl,
wie es dem Roman vorausgesetzt ist. Nichts scheint darum konsequenter, als daß Gesine in Selbstreflexionen, in ihren Gesprächen mit Toten,
ihren Auseinandersetzungen mit dem *Genossen Schriftsteller* und – vorzugsweise – in Diskussionen mit der Tochter Marie sich unablässig an
Problemen des Erinnerns abarbeitet. Dabei wird an nichts gespart, was
modernem Erzählen gut und teuer ist. Seltsam unergiebig bleiben jedoch
alle Versuche, über poetologische Reflexionen, die sich als ›Schlüssel-
stellen‹ geradezu anbieten, die Struktur des Romans zu begreifen – ja
überhaupt nur verständlich zu machen, wieso das Erzählen der *Jahrestage*
technisch so kompliziert ausfallen mußte. Denn hat der Erzähler einmal
Verfügungsgewalt über Gesines Bewußtsein erlangt und vertraglich die
Lizenz erhalten, sich seiner als des Gedächtnisses seines Buches zu
bedienen, trägt es nicht mehr viel ein, die Unzuverlässigkeit dieses
Mediums zu beklagen. »Das Depot des Gedächtnisses ist auf Reproduktion nicht angelegt« (63), erfährt man dennoch, und mit *Gustaffsons
Fischsalat* (64) verbeugt sich Gesine vor Marcel Prousts *Madeleine* – und
damit vor dem Emblem literarischen Erinnerns im Diskurs der Moderne.
Aber wenn ihr die *Wassertonnengeschichte* für diesen Moment auch entgleitet
– eine *Geschichte* käme gar nicht zustande, könnte Gesine später nicht im
Zusammenhang davon erzählen. Und wenn der Text an Hinweisen auf
die Fragwürdigkeit einer personalen Erinnerungsinstanz auch nicht spart,
so trifft, was für Gesines Bewußtsein gilt, doch nicht den Roman im
ganzen.

Das liegt auf der Hand: Dürfte der Erzähler Gesines Gedächtnis-
Speicher nicht nach Belieben ausschöpfen, könnte er nimmermehr das

---

23 Zur ›historischen‹ bzw. ›literarischen‹ Modalität des ›Jerichow‹-Erzählens vgl.
Albrink, Veronika: »hier wird nicht gedichtet«? Zum Verhältnis von Historiographie und
Fiktion in Uwe Johnsons ›Jahrestagen‹, in diesem Band, S. 161-189.

vereinbarte Jahr des Erzählens mit der Chronologie von ›Jerichow‹ koordinieren. Die Textur des Romans müßte insgesamt aussehen wie die des ersten, undatierten Abschnitts.[24] Beide Narrationen würden sich vermischen und wären dann nicht mehr unterschieden, sondern, dem Gang der poetologischen Statements folgend, Momente eines paradigmatischen *Bewußtseinsromans*. Entsprechendes geschieht jedoch nur dort, wo in der kalendarischen Folge der *days of a year* einzelne Daten als *anniversaries* erzählerisch ›begangen‹ werden. Unversehens wird das ansonsten transparente Medium Gesine durch Reflexe eines spontanen Erinnerns eingetrübt. Die Logik der historischen Narration läßt sich davon aber nicht irre machen; was sich im Eingedenken verwischt, wird an anderer, der Chronologie nach passender, Stelle auf angemessene Weise berichtet.[25] Johnson selbst hat übrigens allen Versuchen hartnäckig und gegen den Schein der Evidenz widersprochen, an den *Jahrestagen* eine Gegenwarts- von einer Vergangenheits-Handlung zu unterscheiden und beider Verhältnis als komplementäres, dialektisches oder anderweitig rationelles zu bestimmen.[26] Schon gar nicht ist Gesines Bewußtsein, soweit es Erzählmedium ist, psychologisch zu denken. Viel eher wäre es topisch, als Raum einer spezifischen Mnemotechnik zu entwerfen, die dem Erzähler erlaubt, fallweise die kalendarische mit der historischen Narration zu kontaminieren. So können Denkbilder aufgerufen werden, die nicht durch logische, psychologische oder genetische Ableitung bestimmt sind.[27]

---

24 Dieser Romananfang erweist womöglich dem modernen Erzählen auch motivisch eine Reverenz, indem er auf einen von dessen klassischen Texten verweist: Virginia Woolf's ›The Waves‹.

25 Vgl. Fries, »Jahrestage« (Anm. 14), S. 77-95.

26 »Wenn [der Leser] einen Kontrast empfindet, so tut mir das leid. Es passiert ja für diese Personen alles zusammen. [...] Aber es kommt doch keine Parallelschaltung vor. Das ist eine Funktion des Gedächtnisses« (Johnson, Uwe: Gespräch mit Heinz Oesterle, 19. August 1983, in: Nicolai Riedel [Hg.], Internationales Uwe-Johnson-Forum. Beiträge zum Werkverständnis und Materialien zur Rezeptionsgeschichte. Band 1 (1989), Frankfurt am Main 1990, S. 153, 155).

27 Im Zusammenhang einer solchen nicht-psychologischen Konzeption von Gedächtnis, die in einer eigenen Untersuchung entfaltet werden müßte, wäre auch das für den Roman sehr bedeutsame Problem der ›Wiederholung‹ zu diskutieren. Wiederholung erscheint zwar einerseits für das Leben fatal und dem Tod konnotiert (vgl. 120f.), andererseits ist das Erzählen des Romans, wie sich noch zeigen wird, auf Techniken der Wiederholung angewiesen. Leider fehlt Roberta T. Hye, wie schon der Titel ihrer Arbeit andeutet, jedes Gespür für die Komplexität des Romans (Uwe Johnsons ›Jahrestage‹. Die Gegenwart als variierende Wiederholung der Vergangenheit, Bern/Frankfurt/Las Vegas 1978).

Damit werden Korrespondenz-Effekte ermöglicht, deren erzählerische Modalität einige Rätsel aufgibt. An solchen Korrespondenzen haben die beiden Narrationen jedoch nicht ihre jeweilige Struktur; sie kommen vielmehr nur zustande, solange beider Autonomie gewahrt bleibt. Daß sie gewahrt bleiben kann, ist das erstaunliche an den *Jahrestagen*. Und um dies zu begreifen, scheint eine ›technische‹ Analyse im Sinne der *Begleitumstände* angeraten. Sie führt zu einem eindeutigen Befund: Die *Jahrestage* lösen das Problem des Romanschlusses auf andere Weise als die Romane Goethes oder Hemingways, oder – da deren Lösungen verworfen wurden – sie lösen überhaupt erst dieses Problem. Der kalendarische Schematismus erledigt das auf eine zwar rigide, nichtsdestoweniger höchst konsequente Weise. Das Erzählen ist am Ende, wenn das Jahr vorüber ist. Bei entsprechender Disposition braucht das angeblich erinnernde Erzählen den Moment nicht einzuholen, in dem es erinnert wird. Und seine Zukunft endet für den Roman am 20. August 1968. So bräuchten die *Jahrestage* prinzipiell überhaupt keinen Schluß. Die Vertragsdauer läuft ab, das personale Medium Gesine (für das vergangene Jahr unsterblich) verschwindet, der Text hört auf. Nichts weiter.[28]

Daran wird der grundsätzliche und durchgängige Nicht-›Realismus‹ der *Jahrestage* evident. Mancher Leser fühlt sich vom gemächlichen Gang der Mecklenburger Dinge an den epischen Tonfall des 19. Jahrhunderts erinnert; er sitzt der List eines Erzählers auf, der es durchgängig versteht, die Implikationen seines Diskurses zu verbergen. Denn die *Jahrestage* verweigern schlicht und einfach jenen Kunstgriff, der aus Geschichten realistische Romane macht. Sie blockieren den selbstreferentiellen *Dreh,* mit dem sich Erzählen durch sich selbst begründen läßt; das heißt, sie verzichten darauf, im Erzählten das Erzählte zu erzählen. Im Gegenteil werden alle verfügbaren Mittel aufgeboten, die Erzählungen des Romans vor sich selbst abzuschirmen, wird ihnen das Eigenrecht einer geradezu vorliterarischen Materialität belassen. – Das ist eine, zugegeben, freche These zu einem Roman, der an ›Erinnern‹ und ›Erzählen‹ seine bevorzugten Themen hat. Die Pointe liegt freilich darin, daß diese Thematik als solche nicht strukturbildend wird, und daß sie dennoch mehr ist als nur Alibi. Sie wird jedoch streng funktional eingesetzt und dient dem Unterfangen, das Erzählte vor den Versuchungen der Reflexivität zu bewahren. Dabei ›erinnern‹ sich die *Jahrestage* dankbar der erzähltechni-

---

28 Das ist gewalttätig. Darum verlangt auch, anders als bei einem Roman mit ›Schluß‹, jeder Leser zu wissen, was nach dem letzten Satz passieren wird. Alle Spekulationen sind freilich im Wortsinn aussichtslos.

schen Errungenschaften des modernen Romans. Die von ihm entwickelten Instrumente reflexiver Selbstbearbeitung der Fiktion werden gewissermaßen stellvertretend für jene Reflexion eingesetzt, die nicht stattfinden
darf. Im Grunde vollzieht sich hier, professionelle Leser haben darauf stets
mit großem Unbehagen reagiert, eine Perversion der literarischen Moderne. Deren Verfahren müssen in den *Jahrestagen* dafür herhalten, die
konstitutiven Annahmen des ästhetischen Modernismus zu dementieren.
In diesem Geiste umspielt der Roman unverdrossen die Topoi der *Krise;*
mit großer Geduld entwirft er für Gesine Proklamationen einer fragwür-
digen Subjektivität, bedrängt von schwachem Gedächtnis, geschlagen
mit zweifelhafter Identität. Seine erhabene Referenz hat dieses Spiel an
Prousts *mémoire involontaire,* einen etwas trivialeren Gewährsmann an
Max Frisch und seinem *Ich stelle mir vor* (12).

Es gibt jedoch kein Anzeichen, daß der Roman jene Implikationen
der von ihm zitierten Vorbilder zu teilen bereit wäre, die Texten der
klassischen Moderne meist wie epistemologische Kategorien unterlegt
werden. In seinen Narrationen nimmt er keine Rücksicht auf die *Krise des
Subjekts*[29] oder die nicht weniger häufig beschworene *Krise der Sprache.*
Jedenfalls verhandelt er diese Konstituenten modernen Bewußtseins
nicht in jenem Paradigma, dem sie – in Form neuer literarischer Verfahren – einst entsprungen waren: In den *Jahrestagen* gibt es keine *Krise des
Erzählens.*[30] Dennoch werden deren Spielmarken zitiert, um jenem

---

29 Man braucht sich nur zu vergegenwärtigen, mit welch unerhört ambivalenter
Bedeutung der Komplex ›Kindheit‹ in dieser Art Moderne befrachtet wird, dann einen
Blick auf das Kind Marie in seiner selbstidentischen Agilität zu werfen, und man erkennt,
daß Johnsons Roman mit krisenhafter Identität nicht groß befaßt ist. Entsprechendes gilt,
konsequenterweise, auch für das Kind, das Gesine war – jedenfalls dort, wo von diesem
Kind erzählt wird. Gründe hätte sie dabei ausreichend, sich eine Identitätskrise zu
gönnen. – Wenn man dem Erzähler der *Begleitumstände* trauen darf, ist es dem Autor
schon in seinen ersten Notizen ein Anliegen, den Eindruck »zu vermeiden [...] hier wolle
jemand lediglich in seine Kindheit zurück«; Johnson, Begleitumstände (Anm. 2), S. 406.
30 Der Vorwurf des Anti-Modernismus läßt sich gegen Johnson nur erheben, wenn
der Begriff literarischer Moderne mit Schlagworten der zeitgenössischen Kulturkritik
identifiziert wird. Dann hat ein aufrechter Moderner gefälligst seine Identitäts-, Sprach-
und Erzählkrise zu haben. Macht sich jemand andere Probleme, ist er für unser
Jahrhundert viel zu gesund. Die hier vorgeschlagene Lesart geht dagegen auf die
Beschreibung von Funktionen und Verfahren aus – literarische Symptome der großen
Krise werden als Begleiteffekte verstanden, die dort entstehen, wo neue Möglichkeiten
der Darstellung (von Subjekt, Sprache, Erzählung) eingeführt werden. Ist das einmal
geschehen und die Moderne ›klassisch‹ geworden, und das war lange vor Max Frisch der
Fall, dann stehen die so entwickelten Verfahren zu allgemeinem Gebrauch zur Verfü-

Rückfall ins 19. Jahrhundert zu entgehen, der dem Roman gern vor-
wurfsvoll unterstellt wird. Überall dort also, wo das Erzählmedium
Gesine sich des anscheinend kohärenten Erzählten als ihrer Geschichte
vergewissern könnte – wo sie reflexiv verfahren müßte, um den Zirkel
realistischen Erzählens zu schließen, werden Zitate extremer Selbstre-
flexivität – nämlich moderner Bewußtseinskrise – als freilich nur rhetorische Figuren plaziert. Der Erzähler läßt sich davon nicht weiter stören.
Und der Leser reagiert entnervt: Wer die klassische Moderne schätzt,
verwahrt sich gegen den Mißbrauch von deren heiligsten Gütern; wer
alle Voraussetzungen für ein realistisches Erzählen schon versammelt
sieht, wird einem Diskurs permanenter Selbstverstümmelung konfrontiert. Indem die *Jahrestage* unentwegt Wechsel auf das Erzählproblem
ausstellen, die sie am Identitätsproblem nicht einzulösen bereit sind,
eignet dem Roman ein Moment struktureller Ironie.[31] Der Erzähler hütet
sich freilich, diese Ironie explizit zu machen. Ihm liegt viel daran, die
erzählstrategische Funktion des Arrangements geheimzuhalten, und er
nimmt auch logische Inkonsistenzen in Kauf, wenn er damit sein
Erzählen von der Pflicht zur Selbstbegründung entlasten kann.

IV. Was machen die Chinesen?

Hinter dem Rücken des sogenannten Erzählproblems und seiner Agentin
Gesine bewegt sich gelassen und in enormer Zähigkeit die Textur der
Narrationen. Das derart beruhigte Erzählen hat an der doppelten Fabel
kein Telos[32] – das macht die *Jahrestage* als ein problematisches, aber sehr
wohl radikales (und, wenn einem daran liegt: *modernes*) Erzählexperiment
erkennbar. Die Konsequenzen für den Diskurs der Darstellung liegen in

gung. In der *Jahrestagen* werden sie ebenso funktional genutzt wie Techniken der
Historiographie oder des literarischen Realismus.
31 Der kritischen Analyse des Subjekt-Problems bei Fries, »Jahrestage« (Anm. 14), S.
127-142, ist also im wesentlichen zuzustimmen. Zwar ist zu bezweifeln, daß – in letzter
Instanz – »die Anlage des Romans als wesentlich subjektiv strukturiert sich erweist«, aber
nicht genug ist die Paradoxie zu unterstreichen, die darin liegt, »daß die agierenden
Subjekte einer im emphatischen Sinne Subjektivität gerade entbehren« (ebd., S. 138; vgl.
auch S. 89).
32 Die Familiengeschichte der Cresspahls stellt im Kontext von Uwe Johnsons
Œuvre viel eher die ›Vorgeschichte‹ der *Mutmassungen über Jakob* dar, als die der New
Yorker Enzyklopädie von 1967/68. Was aus Gesines Leben zwischen 1956 und 1967
berichtet wird, hat in den *Jahrestagen* eigentlich extraterritorialen Status; vgl. Fries,
»Jahrestage« (Anm. 14), S. 78f.

der New Yorker Enzyklopädie so offen zutage, wie sie in der Mecklenburger Historie versteckt sind. Hermeneutischem Sinn-Begehren sind
jedoch auch im einzelnen allerlei Fallen gestellt und mancherlei Enttäu-
schungen vorbereitet. Eine der auffälligsten Leistungen des Romans liegt
in der Streichung des Unbewußten:[33] Was sich als Familiengeschichte
verheißungsvoll ankündigt und sich in einer aussichtsreichen Konstellation religiöser Paranoia und enger Vater-Tochter-Bindung formiert, will
an Gesine nicht recht die Konsistenz von ›Komplexen‹ gewinnen.
Jedenfalls ist die Erzähldynamik der *Jahrestage* nicht nach dem Schema
von *Verdrängung* und aufklärender *Analyse* begreiflich zu machen – was
sich doch nahelegte, bedingte hier ein Vergangenes das Aktuelle. Überdies
bewahrt der Text, ein Roman ohne Unterleib, ein provozierendes
Schweigen vor der Sexualität.[34] Das kann man, nach Belieben, als Ver-
drängungsleistung des Autors auslegen, oder als Ergebnis einer Diskretion, die ihre Emphase auf andere Momente legt (vgl. etwa 1891). Der
Erzähler, das bleibt festzuhalten, kann und muß auf den Reflexionsme-
chanismus eines Unbewußten verzichten; darin liegt in der Tat eine für
den Roman konstitutive Zurückhaltung gegenüber dem Individuellen
der erzählten Figuren.[35]

Als gravierendere Konsequenz aus dem Darstellungsprinzip der *Jahrestage*
ist eine rigide Selbstbeschränkung bei der Ausarbeitung interner Zei-
chensysteme hervorzuheben. Wohl fehlt es nicht an bedeutsam klingen-
den Signalen. Doch was sich einer ersten Lektüre als symbolisch auf-
drängt, erweist sich nach und nach als tautologisch, als Effekt eines
seriellen Operierens mit Stereotypen. Nirgends wird das deutlicher als an
der ›Optik‹ des Romans. Geradezu inflationär bedient sich der Erzähler

33 Wer annimmt, hier sei jemand ›auf der Suche nach der verlorenen Identität‹, der
wird natürlich an Gesine auch ein »Unbewußtes« finden (vgl. Gerlach, Ingeborg: Auf der
Suche nach der verlorenen Identität. Studien zu Uwe Johnsons ›Jahrestagen‹, König-
stein/Ts. 1980, S. 69-77). – Die genannten Phänomene machen in der Tat im Roman
der klassischen Moderne den Effekt des Unbewußten; in ihrer Transposition in die
Jahrestage werden sie aber als die primär erzähltechnischen Instrumente erst recht
erkennbar, als die sie von jeher fungiert haben.
34 Als sozusagen lebensweltliche Erscheinung muß die Sache mit dem »geschlecht-
lichen Verkehr der Menschen« [!] (437) und Tiere natürlich hin und wieder Erwähnung
finden, weil sie zu New York (›rape‹) wie zu Jerichow (Landwirtschaft), zur Ehe wie zur
Kindererziehung gehört. Aber bei Lisbeth ist es doch wohl Krankheitssymptom, daß sie's
nicht, bei Gesine erzählerische Staffage, daß sie's tut. Auf einen anderen, nicht psychologischen Modus erotisch besetzten Sprechens wird unten hingewiesen.
35 Zur Erzählfunktion der Verdrängung für die Konstitution des modernen Romans vgl. Schwanitz, Systemtheorie (Anm. 21), S. 176f.

aus dem Wortfeld des Sehens, des Nicht-Sehens und des Übersehens, benutzt er Metaphern der Transparenz wie solche der Blendung. Der stete Wechsel von Hellsichtigkeit und Blindheit könnte Signatur sein, beispielsweise für Heinrich Cresspahl und sein politisch zweideutiges Verhalten. Doch ist die ›Diagnose‹ universell: Eigentlich stolpern alle Figuren der *Jahrestage* mehr oder weniger blind durch ihr Leben. Das ist Kennzeichen der erzählten ›Welt‹ überhaupt und begründet kein differentielles System interner Oppositionen.[36] Was wie ein Symbol ›aussieht‹, ist darum nicht mehr als ein episches Epitheton. Unverkennbar gilt das für die Charakteristik der Figuren. Sie werden – vorzugsweise mit einem Hinweis auf ihre Augen – weniger beschrieben, als stereotyp eingeführt. Oft finden auch die Lippen Erwähnung: Sie stehen, kein Zweifel, für Reden und Schweigen, Tradition, Weitersagen und Erzählen von Geschichte, so wie Augen für die Wahrnehmung, Blendung für die Verdrängung der Wirklichkeit. Das festzuhalten ist freilich banal – eine Tautologie. Indem der Roman die Funktionen von Blick und Rede beständig thematisiert, schweigt er gerade über deren Problematik. Er verrätselt das vielbeschworene Erkenntnis- und Wahrhaftigkeitsproblem ins psychologische, ohne eine Auflösung anzubieten. Gleichermaßen muß auch die »Katze Erinnerung« (670) ein ums andre Mal stoisch durch ein Fenster glotzen, das – man bekommt es gesagt – *Erinnerung* heißt.[37]

In den *Jahrestagen* herrscht die Bedeutung, das Signifikat. Jener Typus von Signifikanten, mit dem *Erzählen* seit dem 19. Jahrhundert operiert, kommt jedenfalls nicht zum Zug. Der Effekt ist ambivalent: Eben weil der Text so vieles eindeutig benennt, bleibt der Sinn des Erzählens opak. »Man würde ihre Biographie allegorisch nennen wollen, wüßte man denn, wofür das Leben Gesines einstehen soll«[38] – genauer läßt sich das Dilemma kaum formulieren. Denn Gesine steht für nichts anderes ein als für die Kontingenz ihrer Biographie. Und damit für eine vom Erzählen

36 Der Versuch einer hermeneutischen Auslegung, in dem den Figuren Hellsichtigkeit als Zeichen der Selbständigkeit zugesprochen wird, muß bezeichnenderweise das dadurch entstehende Problem der allgemeinen Verblendung wieder auf die vom Erzähler vorgeschobene Psychologie des unzuverlässigen Gedächtnisses verschieben. Vgl. Mecklenburg, Norbert: Erzählte Provinz. Regionalismus und Moderne im Roman, Königstein/Ts. 1982, S. 184f.

37 Jedenfalls handelt es sich nicht um ein ›Symbol‹ im Sinne realistischen Erzählens. Das wird, eher nebenbei, sehr deutlich bei Neumann, Bernd: ›Heimweh ist eine schlimme Tugend‹. Über Uwe Johnsons Gedächtnis-Roman ›Jahrestage. Aus dem Leben von Gesine Cresspahl‹, von seinem vierten Band her gesehen, in: Michael Bengel (Hg.), Johnsons ›Jahrestage‹, Frankfurt am Main 1985, S. 263-280.

38 Fries, »Jahrestage« (Anm. 14), S. 138.

nicht beschädigte Kontingenz des Erzählten. Darin erfüllt sich der repräsentative Anspruch der *Jahrestage*.

Mit der Inkorporation von Faktischem scheint freilich eine problematische Verwandtschaft der *Jahrestage*-Konzeption zum Genre des *historischen Romans* indiziert. Das täuscht; aber auf instruktive Weise.[39] Der historische Roman des 19. Jahrhunderts erkennt in der Weltgeschichte eine Darstellung der Wahrheit, die erfreulicherweise an sich schon zur Form eines Romans gefunden hat. Wenn er Geschichten erfindet, die sich nahtlos ins historisch Gegebene einpassen, dann soll damit ein außerfiktionaler, historisch tatsächlicher Sinn für die Literatur erschlichen werden. Das setzt die Affirmation des Faktischen als des Notwendigen voraus. Der Form nach geht es darum, die Fiktion von der Verantwortung für die Konstruktion der Fabel zu entlasten. Die Strategie zielt auf die Tilgung von Kontingenz: Es ist ja (fast) alles wirklich so passiert. Will sich aber die Fiktion nicht von vornherein für überflüssig erklären, so muß sie dennoch einen nur ihr eigenen Anspruch auf Repräsentanz behaupten: den, im Erfinden *besser zu erzählen*. Dieser Anspruch läßt sich historisch nicht decken, und darin liegt die Aporie des Genres. Historische Romane erzählen darum vorzugsweise von der Unmöglichkeit, den historischen mit dem poetischen Zufall so übereinzubringen, daß *eine* Wahrheit entstünde. Der historische Roman der Moderne macht aus diesen Widersprüchen vollends seine Tugend und ist weithin damit ausgelastet, einerseits die Fiktion an der Kontingenz der Fakten zu diskriminieren, zum anderen den historischen Diskurs selbst als fiktional zu entlarven. Daraus entsteht eine Form literarischer Geschichtskritik, die – wie der moderne Roman überhaupt – wesentlich erzählperspektivisch verfährt: Es gibt gar keine Geschichte, also keine Notwendigkeit, keinen Zufall.[40]

Ganz anders die *Jahrestage*. Wie im Rückgriff auf die (Uwe Johnson wohlvertraute) aristotelische Unterscheidung von Poesie und Historiographie restituiert der Roman das Problem des Zufalls auf der Ebene der Fabel. Hebt sich allerdings für den antiken Philosophen die logische Kohärenz poetischer Erfindung rühmlich von der unhintergehbaren

---

39 Zum folgenden: Geppert, Hans Vilmar: Der ›andere‹ historische Roman, Tübingen 1976; Müller, Harro: Geschichte zwischen Kairos und Katastrophe, Frankfurt am Main 1988.
40 Daneben gibt es selbstverständlich auch im 20. Jahrhundert Romane die Fülle, die es sich in den Widersprüchen zwischen historischem und fiktionalem Diskurs bequem machen. Meist dicke Bücher; aus gutem Grund verkaufen sie sich besser als die *Jahrestage*.

Kontingenz des historisch Faktischen ab, so meldet sich in den *Jahrestagen* ein entschiedenes Mißtrauen gegenüber der Fähigkeit von Historie wie Poesie an, das Besondere als solches darzustellen.[41] Die fiktionale Strategie dieses Romans zielt auf Kontingenzbewahrung, das heißt, auf Kontingenzerzeugung. Mit ihr tritt der Erzähler gegen jenen historisch-ästhetischen Komplex an, wie er im ›Roman der Geschichtsphilosopie‹ vorliegt.[42] – Mit großer Vorsicht ließe sich sagen, eine solche Form der Darstellung sei für Johnsons Roman die einzige Möglichkeit, vom Individuellen zu sprechen. Zu dessen angemessener Präsentation zu kommen ist zweifellos das Hauptanliegen der *Jahrestage*.[43] Vorsicht ist dennoch geboten, weil der Roman sich der vertrauten Mittel, Subjektivität literarisch zu kodieren, nicht bedienen will. Das heißt: Er exerziert an seinem Erzählmedium Gesine zwar alle Kniebeugen und Liegestütze des in die Krise geratenen souveränen Subjektes. Aber Gesine führt diese Übungen sozusagen stellvertretend für einen Erzähler auf, der sich solcher Anstrengung verweigert. Er hat anderes zu tun. Denn es bleibt allen Kunstgriffen zum Trotz ein im Prinzip paradoxes Unterfangen, *Kontingenz* literarisch *repräsentieren* zu wollen. Die Frage bleibt offen, ob die *Jahrestage* jenen Ort überhaupt erreichen können, an dem das Individuelle im Zufall erkennbar (und artikulierbar) wird.

Der Roman repräsentiert, wenn nicht das Individuelle, so doch sein schlechtes Gewissen vor der Frage nach dessen Darstellbarkeit, indem er die *New York Times liest*. Diese fast tägliche Lektüre, die ja keineswegs durchgängig vom Bewußtsein Gesines oder dem Diskurs des Erzählers gefiltert wird, hat gewiß vielfältige Funktionen. Vor allem aber arbeitet die *Times* als eine Art Kontingenz-Generator: *all the news that's fit to print*.

41 Vgl. Aristoteles: Poetik, Neuntes Kapitel, 1451a-1451b. Zum Problemzusammenhang, wie er sich in der Poetologie Uwe Johnsons darstellt, vgl. Albrink, »hier wird nicht gedichtet«? (Anm. 23), S. 178-180.

42 Das geht nur, indem erzählt wird – und nicht, indem sich das Erzählen reflexiv selbst für unmöglich erklärt. Darum schließen die *Jahrestage* nicht an den modernen Geschichtsroman an, sondern funktionalisieren, nur scheinbar anachronistisch, historiographische Verfahren der Antike für ihren eigenwilligen Diskurs. Vgl. Albrink, »hier wird nicht gedichtet«? (Anm. 23).

43 Die Verwandtschaft zu den Bemühungen um eine ›Geschichte von unten‹, wie sie in den 1970er Jahren reüssierte, bleibt oberflächlich. In den *Jahrestagen* geht es nicht um einen Wechsel der Perspektive, sondern um andere Erzählverfahren; es soll auch nicht – wie in der ›oral history‹ – die authentische Stimme sonst sprachloser Geschichts-Subjekte vernehmbar werden. Im Gegenteil: Die Erzählung fällt auch dort nicht aus ihrem homogenen Duktus, wo sie wirkliche oder erlebte Reden von Figuren zitiert – nirgends ist sie ›auktorialer‹ als hier.

Die Ideologie, die dahintersteckt, wird nicht verkannt, und so kann keine Rede davon sein, daß die Zeitung den Figuren ersetzte, was ihnen an ›authentischer‹ Erfahrung abgeht, oder daß sie innerhalb der Fiktion dokumentierte, was ›wirklich‹ in der Welt Sache ist. Faszinierend ist der Anspruch gleichwohl, und sei es in einem »blinde[n] Spiegel« (515) *alles* Mitteilbare auch auszusprechen. Dieser Formalität der *Times* hat die Formalität des *Jahrestage*-Erzählens erst einmal standzuhalten. Als ein Aggregat Text gewordener Zufälle ist der Zeitungsjahrgang 1967/68 durchaus eine andere Version des Romans. In dem jedoch, was sie verschweigt, stellt die *New York Times* zugleich den Antitypus der *Jahrestage*. Das zum Druck Gekommene verweist auf das nicht Gemeldete und nicht Berichtete. Aber auch die Form der Nachricht impliziert ein Verschweigen; durch die Transposition in den Text des Romans wird dieses nicht Gesagte konkret. Auf denkbar lakonische Weise etwa im Referat der Todesmeldungen aus Vietnam: Die fortlaufende Denotation von Zahlen, Namen und Adressen bildet einen großen Nekrolog. Keine Form der Nachricht ist zynischer als die der *Liste;* indem die *Jahrestage* diese Form zitieren, machen sie deutlich, daß ihr Erinnern alle nicht erzählten Geschichten und alle nicht gekannten Opfer mit einschließt. Zugleich lassen sie so erkennen, daß die entschiedene Ungerechtigkeit nicht verdrängt wird, die im repräsentierenden Verfahren eines jeden Erzählens liegt.

Diese Ungerechtigkeit, der das Selektionsverfahren der *Times* noch einiges voraus hat, ist nicht dadurch aufzuheben, daß die *Jahrestage* allerlei Nachrichten aus der Zeitung ausschneiden und sie zum Teil ihrer Enzyklopädie machen. Daß im Roman ein zweifelhafter Umgang mit Sprache gepflegt wird, tritt dadurch eher noch schärfer hervor. Repräsentierendes Erzählen legitimiert sich nur dadurch, daß die fingierten Mitteilungen *aus dem Leben von Gesine Cresspahl* ihrer Form nach – und gegen die Form der Nachricht – die Stelle aller möglichen Geschichten vertreten: Darum die doppelte Fabel der *Jahrestage* und als ihr Medium eine Figur, die wahrhafte Individualität selbst nicht gewinnen kann, weil ihr ein Übermaß an Allgemeinem aufgelastet wird. Die repräsentative Leistung auch dieser Anordnung wird jedoch nicht überschätzt. »Was machen die Chinesen?« (18). Man stolpert mehrfach über diese Frage, und man wird bis zum Ende mit gelegentlichen Nachrichten über das Reich der Mitte und seine Bewohner versorgt (vgl. 1845). Die Frage, von der *Times* so menschenfeindlich falsch gestellt, wird dabei natürlich nicht beantwortet. Was in China geschieht, kann die vielstrapazierte Gesine nicht auch noch bekümmern. Das ist einzusehen. Und doch ist hier etwas verschwiegen worden, weil es der Historie wie der Enzyklopädie inkommensurabel blieb. So verweist der Roman ironisch auf die Selektivität des in ihm Aufbewahrten und auf den problematischen Modus seiner Repräsentanz, indem er Fälle einer (für ihn) effektiv reinen Kontingenz vom anderen Ende der Welt herbeizitiert. Dabei ist es um die Sache im Grunde so befremdlich ernst wie um Johnsons Erzählen überhaupt. *Was machen die Chinesen?* – eigentlich wäre es von entscheidender Bedeutung, davon zu berichten.

V. Teach me the trick

»You could say it was done with mirrors«; das bedeutet, wie Gesine nachschlägt, »mit einem Trick getan« (1281). Also ›mit Spiegeln‹? Gewiß, auch der Erzähler der *Jahrestage* kommt bei aller Redlichkeit seiner Absichten ohne Tricks und doppelten Boden nicht aus. Aber was man, uneigentlich, behaupten könnte, stimmt im eigentlichen Sinne nicht. Ihren Trickreichtum müssen die *Jahrestage* genau dort beweisen, wo sie vertraute Techniken erzählerischer Spiegelung ausschalten. Und Gesine Cresspahl als doppelte Hauptfigur und Erzählmedium des Textes ist eine zu diesem Zweck erfundene Trickvorrichtung. »Can you teach me the trick, Miss C.?« (9) – Antwort auf diese Frage ist der Roman selbst. (Sie kann.) – Wenn aber in ›Jerichow‹ nicht ›New York‹ produziert wird, dann kann das amerikanische Exil auch nicht jener Ort sein, an dem einige Jahrzehnte deutscher Geschichte als Lebensgeschichte begriffen und von Subjekten angeeignet werden könnten. Das wäre, zugestanden, ein wahrhaft hybrider Anspruch. Aber darunter ginge es, erzähllogisch, nicht ab, hätte Uwe Johnson tatsächlich, wie meist angenommen, die fiktive Biographie oder gar die Autobiographie der Gesine Cresspahl geschrieben.

Da es aber nicht so ist, bleiben alle Interpreten hilflos, die dem Roman *ein* Geschichtsbild abverlangen. Müßte Gesine in New York bilanzieren, was ihr Leben war, die Verluste wären enorm.[44] Fatalismus ist den *Jah-*

---

44 Der Erzähler gönnt sich die Pointe, sein Medium einem Polygraphen-Test zu unterziehen und Gesine vermittels einer Technologie der Wahrheitsfindung Fragen nach zentralen Problemen des Romans vorzulegen. Wird Gesines Rede derart dem biblischen Gebot des ›Ja ja, nein nein‹ unterworfen, fallen ihre Antworten auf instruktive Weise überraschend aus: »Ihre Kindheit war unbeschwert. – Ja. – Nicht immer unbeschwert. – Ja. [...] Empfinden Sie Schuld gegen lebende Personen? – Nein. – Gegen verstorbene Personen? – Ja. – Mehr als fünf? – Nein. – Fünf. – Nein. – Drei. – Ja. [...] Sie haben auf

restagen dennoch nicht zu unterstellen; aber auch keine begründete Hoffnung. Daß Prag als Zukunft aus dem Roman eskamotiert wird, ist erzähllogisch Voraussetzung dafür, daß die Frage nach dem Verhältnis des Vergangenen zur (immer fortlaufenden) Gegenwart grundsätzlich offengehalten und damit erst in aller Schärfe gestellt werden kann. Was oben als Denkbild bezeichnet wurde, hat allerdings weder dialektischen noch allegorischen Charakter;[45] es entsteht aus einem überaus beweglichen Gefüge von Korrespondenzen in diskreten Details. Die Topik von Gesine Cresspahls Gedächtnis liefert Anlässe, die beiden Erzählerdiskurse zu kontaminieren, ohne daß das Detail in seinem jeweiligen Kontext symbolische Relevanz annähme; gleichrangig steht es vielmehr neben zahllosen anderen, die scheinbar bezuglos bleiben. Dies ist, als Inkonsequenz einer nur gelegentlichen Motivierung, oft kritisch moniert worden. Das Okkasionelle hat jedoch prinzipiellen Rang. Denn die Korrespondenz, jeweils, der Sache nach zu bewerten, sie ins Verhältnis zu setzen, bleibt dem Leser überlassen: Gleichungen werden nicht aufgemacht (die USA sind nicht Deutschland, die Neger nicht die Juden, Vietnam ist nicht Auschwitz usf.). Die Geschichte wiederholt sich nicht, sie schreitet auch nicht fort, sie geht einfach weiter.[46] Das haben Geschichten so an sich: Die *Jahrestage* demonstrieren es, indem sie sich dem Dezisionismus des Kalenders unterwerfen, ohne der Versuchung zum historischen Relativismus nachzugeben. Mit Gesine wird vielmehr eine Figur erfunden, die aus dem Widerstand gegen das Vergessen auf rigorose, *unmögliche* Art eine Lebensweise macht. Liegt darin ein Appell, wie in der *Enzyklopädie New*

---

der Flucht Verluste erlitten. – ... Nein. – Sie bedauern diese Verluste. – Nein.« (1519-1521). Das ist so etwas wie die Kürzestfassung der *Jahrestage* und könnte, nach der ganzen, wohlvertrauten Konstellation (Verhörsituation, klinische Umgebung, Wahrheits- und Erinnerungsgebot) Initialmoment eines ›Erinnerungsromans‹ im Gefolge der klassischen Moderne sein. Diesen Roman hat Johnson aber aus guten Gründen nicht geschrieben. Gesine, die gar nicht aufhören will, ihrem Interviewer zu antworten (1521), hätte ein solcher Roman vielleicht gefallen.

45 Es läge, zugegeben, eine eigene Poesie darin, wenn die Koinzidenz der Themen der *Jahrestage* mit den Themen der Philosophie Walter Benjamins sich auch in vergleichbaren Verfahren der Darstellung niederschlüge. Das Verhältnis zum Material ist hier und dort aber ein je vollkommen anderes; das ließe sich schlaglichtartig am Verhältnis zu Proust aufweisen. Auch Benjamin ist Vertreter jener Moderne, deren Prämissen Johnson aufkündigt.

46 Wo die Korrespondenz zur Koinzidenz wird, wenn etwa Pius Pagenkopf und D.E. in den beiden Erzählungen fast simultan ›abstürzen‹, ist es um die Logik des Erzählens nicht mehr ganz geheuer; man sieht, auf einmal geht es entschieden romanhaft zu.

York und der *Familiengeschichte Cresspahl* je ein Exemplum liegt, so *kann* der Roman jedoch selbst nicht aussprechen, wofür er damit einsteht.[47]

Das Korrespondenz-Prinzip leistet für die Romantextur dasselbe, was für die Gesamtstruktur – stricte *pro forma* – die Verankerung des Erzählens in der Personalität Gesines garantiert. Beide Verfahren stehen an Stelle selbstreflexiver Techniken epischer Integration. Das darf dann nicht mehr so verstanden werden, als solle »die naturalistische Detail-Genauigkeit [...] die realistische ›Wahrheit‹ des Ganzen gewährleisten«, und dies sei »das Haupt-Prinzip der ›Jahrestage‹«.[48] Allenfalls ist es, in etwa, umgekehrt: Die Struktur des Romans ermöglicht eine anders nicht zu gewinnende Genauigkeit im einzelnen. Neumanns Konfrontation des Enzensbergerschen *Brief[es] aus New York* mit dem angeblich »auf Totalität ausgehende[n] Zitat-Realismus« der *Jahrestage,* gedacht als erhellende Bosheit, illustriert sehr schön, wie radikal Johnsons Erzählen die Spielregeln einer längst normierten Modernität verletzt. An Enzensbergers »Kurz-Satire« wird gerühmt, daß sie »die Realität in deren scheinbar zufälligsten Splittern aufsucht und kenntlich macht«. Zwar sind die *Jahrestage,* die Neumann im Vergleich »eher rückschrittlich«[49] findet, zum einen darum nicht kurz, weil sie zum anderen eher einen Roman als eine Satire darstellen. Der Hase liegt aber dort im Pfeffer, wo Neumann als Kriterium gelungener Repräsentation ganz unbefangen jenen *scheinbaren,* in Wahrheit aber literarisch wohlkalkulierten *Zufall* ins Feld führt, der die Welt in *Splitter* fallen läßt, um an ihnen dann *die Realität* zu versinnbildlichen. Was nach diesem Rezept als kulturkritisches Feuilleton verfertigt

47 Es geht, das sollte klar geworden sein, nicht darum, die *Jahrestage* zu enthistorisieren und zu entpolitisieren. Wahrung der Diskretion als Darstellungsprinzip setzt freilich, darin überaus hoffnungsvoll, einen entsprechend mündigen Leser voraus.

48 Neumann, Bernd: Utopie und Mimesis. Zum Verhältnis von Ästhetik, Gesellschaftsphilosophie und Politik in den Romanen Uwe Johnsons, Königstein/Ts. 1978, S. 294f. Träfe die These zu, dann wäre der Roman in einer überaus biedermeierlichen Liebe zu den Realien befangen und ästhetisch schon durch die raffinierten Techniken interner Fiktions-Beglaubigung im ›literarischen Realismus‹ überholt worden. – Leider ist jedoch, wo vom Realismus der *Jahrestage* die Rede ist, selten literarhistorisches Bewußtsein im Spiel. Anders bei Norbert Mecklenburg, der denn auch zu diskutablen Qualifikationen des Johnsonschen Erzählens kommt. Dennoch sind Formeln wie die vom »erkenntniskritisch aufgeklärten literarischen Realismus« [Mecklenburg, Erzählte Provinz (Anm. 36), S. 202] oder typologische Kataloge, die die vorgebliche »Komplexität des Erzählkosmos der ›Jahrestage‹« fast mimetisch beschwören(ders.: Die grünen Inseln. Zur Kritik des literarischen Heimatkomplexes, München 1986, S. 142), Kompromißangebote aus unverkennbarer Verlegenheit und weit von jener definitorischen Präzision entfernt, die Mecklenburgs Analysen sonst auszeichnet.

49 Neumann, Utopie (Anm. 48), S. 295.

wird, liest sich vielleicht modern und fortschrittlich. Solche Repräsentation
des Ganzen durch seine signifikanten Teile gelingt aber nur im
ungebrochenen Vertrauen auf die Fähigkeit der Poesie zu symbolischer
Vergegenwärtigung. Daß das Reale als Zentralsignifikat existiert, und
daß es repräsentierbar ist, steht gar nicht erst zur Debatte.[50] Auf diese eher
rückschrittliche Prämisse lassen sich die *Jahrestage* freilich nicht ein. Die
Kritik an Johnsons vorgeblichem Totalitäts-Anspruch resultiert wohl
eher aus der Enttäuschung darüber, daß über ein rundes Jahr und fast
zweitausend Seiten – zwei kaum widerlegbare Totalitätssignale! – ein
solcher Anspruch weder erhoben noch eingelöst wird. Von einem *Zitat-
Realismus* zu sprechen wäre durchaus korrekt, verstünde man darunter
nicht pejorativ einen Mangel an ästhetischer Integration vermeintlich
authentischen Materials, sondern den überaus vermittelten Modus, in
dem die *Jahrestage* referentielle Effekte erzeugen.

Bei alledem ist nicht zu übersehen, daß es Johnson nicht gelingt, sein
Konzept rigoros durchzuhalten. Gravierend werden die Probleme dort,
wo es dem Ende zugeht. Das war zu erwarten: Der Roman konnte nur
begonnen werden, weil das Problem des Schlusses auf abstrakt formelle
Weise schon gelöst war. Im vierten Band der *Jahrestage* wird die Rech-
nung präsentiert. Einen echten Schluß darf es nicht geben, und das ist
offensichtlich schwer auszuhalten, in ›New York‹ so gut wie in ›Jerichow‹.
So macht sich ein entschiedenes Bedürfnis geltend, abzuschließen, die
Fiktion zu komplettieren, das historisch Erzählte dem Initialdatum seines
Erzählens anzunähern, ein Telos wenigstens im Augenblick eines schönen letzten Satzes zu fingieren. – Schon vorher freilich wird die episodische
Textur porös, zeigt eine Tendenz zur Anekdote und bildet Binnen-
strukturen von fast novellistischer Konsistenz aus.[51] Dieser Befund verweist ex negativo noch einmal auf den Widerspruch, der durch die
formale Anbindung des Erzählens an Gesines Bewußtsein und Gedächtnis hervorgetrieben wird. Das Arrangement funktioniert am besten,

    50 Es versteht sich am Rande, daß hier nicht von Enzensbergers Text, sondern von
Neumanns Deutung die Rede ist – und von dieser auch nur, weil sie auf engstem Raum
jene Kriterien ›kenntlich macht‹, von denen fast durchweg Kritiker wie Apologeten der
Jahrestage ausgehen.
    51 In der Konstruktion der Fabel wird dabei auf das alte Mittel der ›Intrige‹
zurückgegriffen. Das verleiht der Auseinandersetzung Gesines und ihrer Freunde mit den
Repressionen der sozialistischen Staatsmacht einen heiteren Zug spielerischer Selbstbehauptung, wie er im zähen Widerstand der Jerichower gegen das nationalsozialistische
Regime nicht zugelassen war. Solche Intriganz infiziert schließlich, nach D.E.'s Tod,
auch noch ›New York‹: Anitas Telegramme, die Erichsons Namen rücksichtslos
verballhornen, gehören gewiß zum Befremdlichsten an den *Jahrestagen*.

solange aus einer Vergangenheit berichtet wird, die Gesine selbst nicht erlebt oder in der sie – als *das Kind, das sie war* – nicht aktiv gehandelt hat. »Aus den bürgerlichen Zeiten ist ihr erzählt worden, das war mehr vergangen als dies, ließ sich abkürzen. Nun, fast mit einem Mal, ist sie selbst dabei [...].«[52] Was biographischem Erzählen die schönsten Aussichten böte, konfrontiert die *Jahrestage* mit der Fatalität, Erzählen und Erzähltes nun doch in ein temporales Verhältnis, in eine gemeinsame Zeit zu bringen. Die novellistische Tendenz wirkt dem entgegen, indem sie diskrete Erzähleinheiten erzeugt: »Oberschule, Liebschaften, Flüchtlingslager, Westen, Westen, Westen«.[53] Die Reserve gegen das Romanhafte läßt sich im ganzen nur behaupten, wenn im einzelnen die Überformung durch eine Art Idyllik in Kauf genommen wird; dadurch entstehende Schwächen fallen aber nur darum so deutlich ins Auge, weil der Erzähler sich die Distanz zum Roman alter Schule bis zum Ende bewahrt.

VI. Finessen bei der Errechnung des Solls

Ein wohlbegründeter antiliterarischer Affekt verleiht den *Jahrestagen* ihre Literarizität. Das scheint paradox. Jedoch ist im Erzählen dieses Romans nicht schlechterdings gegen die Möglichkeit literarischer Repräsentation opponiert, sondern lediglich gegen einige von deren Konventionen; allerdings gegen für das gängige Verständnis moderner Romane konstitutive. Daß in den *Jahrestagen* der Anspruch auf einen Modus spezifisch literarischen Bedeutens dennoch nicht preisgegeben ist, erweist sich nicht zuletzt im Dialog mit *schon geschriebener Literatur*. Da wird ein Gespräch geführt, das sich weder vom Diskurs des Erzählers determinieren noch in Zitate einsperren läßt. Angesichts ständig wechselnder und vielfach kontaminierter Neben-Sinne und Prätexte steht zu vermuten, daß der Johnson-Philologie hinter den Kulissen des Erzählproblems ihre schönsten Entdeckungen erst noch bevorstehen. Sie wird sich dann der Tendenz des Erzählens zu konfrontieren haben, das Erzählte immer wieder in Tableaus zum Stillstand zu bringen, die mit vielfacher Konnotation und heterogenen ›Wahlverwandtschaften‹ überschrieben sind: Die vom Roman gern geübte Praxis, imaginäre so gut wie realiter auffindbare

---

52 Johnson, Uwe: Brief an Siegfried Unseld, 21. September 1973, in: Bengel, Johnsons ›Jahrestage‹ (Anm. 37), S. 94f., hier: S. 94.
53 Ebd. S. 95. Das ist hübsch gesagt. Denn war es dem Roman bis etwa Kriegsende nicht gelungen, gerade so zu erzählen: Jerichow, Jerichow, Jerichow?

Photographien zu beschreiben, vertritt exemplarisch diese Tendenz und steht durchaus nicht für ein Bemühen um ›dokumentarische‹ Authentizität.

Daß jedenfalls die *Wassertonnengeschichte* mit der Vieldeutigkeit ihrer Konstellation in den *Jahrestagen* keineswegs die Ausnahme bildet, sei abschließend exemplarisch belegt. Die Episode von Heinrich Cresspahls Heimkehr aus russischer Lagerhaft ist als Gelenkstelle der Romanhandlung leicht zu erkennen. Gesines Vater, der bis dahin unbeschadet alles überstanden hatte, was die Geschichte für ihn bereithielt, ist hier nicht mehr »heil durchgekommen« (1515). Er wird in den *Jahrestagen* von nun an ein rentnerhaftes Schattendasein führen. Anders Gesine. Während seiner Abwesenheit war der Vater in ihrem Leben geradezu erdrükkend präsent gewesen. Jetzt, wo er wieder da ist, wird sie endlich *selbst dabei* sein. Der an dem Mädchen wahrnehmbare »Umschlag von einem verdüsterten in ein offenes, ja zutrauliches Wesen« (1528) ist fast skandalös zu nennen und geht jedenfalls über alle Jerichower Hausmacherpsychologie. So wird im Roman ein Tausch der Rollen, wenn nicht der Machtverhältnisse vollzogen, den der Erzähler nicht weiter motiviert. Er nimmt sich heraus, von einer Konstellation ohne weiteres in die andere zu ›springen‹. Dennoch bleibt hier (wie überhaupt im Erzählen der *Jahrestage*) keine ›Leerstelle‹ – denn *an Stelle* einer Explikation steht die beinahe sprachlose Szene der Begegnung von Vater und Tochter.

Aus ihr ist nur eine einzige Wechselrede überliefert: »Du hest nicht rohrt, Cresspahl. / Wenn'ck mann harr hett rohren künnt, Gesine« (1516). Keine Tränen, kein Glück, nicht einmal Erleichterung – was sich auf Johnny Schlegels Hof abspielt, ist von eminenter Trostlosigkeit. Heinrich Cresspahl nackt im Holztrog, seine Tochter vor ihm stehend; kein Wiederfinden, kaum ein Wiedererkennen. Gesine trifft auf einen »Fremden mit der Stimme ihres Vaters«, und sie, »das Cresspahlsche Kind« hat nur den inständigen Wunsch, Johnny »werde sie nicht allein lassen mit diesem Menschen«. Ist Gesine schließlich doch mit dem »nackten Mann« konfrontiert, dessen Zuber freilich mit Frühstücksbrettern züchtig abgedeckt ist, schämt sie »sich in Grund und Boden; sie hätte [anders als der Vater] fast geweint« (1515). »Ick hev di wat mitbröcht«, bringt Cresspahl hilflos an. Erst später kann man sich zusammenreimen, daß es sich um den »hölzernen Aktenkoffer« mit Geheimfach handelt, den Gesine als Schultasche benutzt (1529).[54] In ihrer

---

54 Im Erzählen der *Jahrestage* besteht ein unverkennbarer metonymischer Zusammenhang zwischen Särgen, Koffern und den Holzkisten, wie sie Heinrich Cresspahl mit Vorliebe verfertigt. Dem wäre einmal gesondert nachzugehen. Vom oben Gesagten her

Sprachlosigkeit ist die Episode gleichwohl höchst beredt. Die Stereotypen und Epitheta des *Jahrestage*-Erzählens sind fast vollständig versammelt.
Der Vater wird kenntlich an seiner indifferenten Optik, »wegen des
blanken Blicks aus einer Entfernung, die nicht abzuschätzen ist«. Gesine
andererseits weiß »nicht wo die Augen lassen« (1515) und verfällt dann,
wie fast abzusehen, in einen Zustand partieller Blindheit: »Jedermann mit
Augen im Kopf, wenn auch kaum ein Mädchen wie Cresspahls Tochter,
konnte im Dunkeln erfassen, daß sie ihren Vater kaputt zurückbekom-
men hatte, reinweg krank« (1516). Wenn sich das Sprichwort an der
Tochter nicht bewährt, sind die Gründe dafür nicht im psychologischen
zu suchen. Eher müßte man sagen, daß die Tochter in dem nackten
Mann nicht auf ihren Vater trifft, sondern auf einen anderen.

Wenn schon zu Anfang der Badeszene mitgeteilt wird, »die Katzen
waren vernünftig genug, den Ort dieses Schauspiels zu meiden« (1519),
so liegt darin nicht allein der Hinweis auf eine Art von Amnesie, auf die
Abwesenheit des Gedächtnisses als Gesines allererster Begabung. Sondern auch ein Indiz für das sorgfältige Arrangement, das der Episode
zugrundeliegt. Sie ist schon hier als ein Gegenstück zur *Wassertonnengeschichte* gekennzeichnet, in dem die Positionen von Vater und Tochter
vertauscht sind.[55] Wenn aber Cresspahl in dieser *Wiederholung* der alten
Geschichte der Rettung bedarf, dann versagt Gesine an ihrer Aufgabe; die
Wahrheit, der sich das Mädchen konfrontiert sieht, ist wohl, daß der
Vater nicht mehr zu retten ist. Denn betrachtet man das *Schauspiel* im
Zusammenhang, so stößt man überall auf die sinistre Anzeige, daß
Heinrich Cresspahls Heimkehr keine Heimkehr ist, sondern vielmehr
eine Todesart. Man muß Johnny Schlegels allegorische Rede von der
»langen Reise«, die Cresspahl nun hinter sich habe, vielleicht nicht sofort
auf ihren Prätext vom Lebensweg beziehen, aber Entsprechendes drängt
sich auf, sobald Cresspahl selbst die Glocken von Klütz ins Gespräch
bringt und »stracks persönlich« nimmt, daß die immer noch »seggn [...],

---

liegt nahe, eine Beziehung zum Köfferchen Ottiliens in den *Wahlverwandtschaften*
herzustellen. Auch die bei Goethe angelegte Verknüpfung des Koffer-Motivs mit dem
Pandora-Mythos [vgl. Wiethölter, Legenden (Anm. 6), S. 29f.] scheint in Johnsons
Roman aktualisiert. Immerhin ist auch die Wassertonne eine Art Büchse, mit einem von
Cresspahl verfertigten Deckel, der nicht abgehoben werden darf (617). »Lisbeths Box«
(1267) ist ›Pandora's Box‹ (vgl. Panofsky, Erwin und Dora: Die Büchse der Pandora.
Bedeutungswandel eines mythischen Symbols, Frankfurt am Main 1992).

55 Auch eines jener ›lebensgefährlichen‹ Bücher ist wieder mit von der Partie. Zwar
keine ›Bibel‹; doch der Verfasser, Johnny Schlegel, wird es später immerhin für einen
»Roman« ausgeben (1515).

wat se seggn«, nämlich – zitiert der Erzähler – »Schår ist, wåhr is, / dat de Lierjung dot is« (1511). Und ist Cresspahl auch ein ausgewachsener Meister, so gilt doch der Satz, der als eine seiner letzten Äußerungen überliefert wird: »Bi't Starben sünt wi all Meisters und Lihrjungs« (1871).

So heißt es von Cresspahl in seiner Wanne denn auch, daß es an dem sein mochte, »daß Cresspahl für die letzten zweieinhalb Jahre den Lehrjungen abgegeben hatte, unter falscher Anklage, nunmehr unten in einem Teich befindlich«, aber anders als der Lehrjunge der Legende »ohne Aussicht auf Wiederherstellung durch einen Herrn Gott« (1511). Das ist deutlich genug – aber durchaus nicht klar.[56] Jedenfalls liest sich die Episode bald wie eine Enzyklopädie möglicher Todes- und Bestattungsarten: Da ist Axel Ohrs glückloses Bemühen, Cresspahls komplette Kleidung, »eine Männerunterhose, eine Art Leibchen, sowie Filzstiefel und einen schwarzen Gummimantel zu verbrennen« oder doch lieber zu vergraben (1512). Da ist Schlegels Hinweis auf Jan Masaryks Prager Fenstersprung mit der doppeldeutigen Frage, »ob Cresspahl jemand wisse, der bei uns aus dem Fenster springen wolle, wenigstens in Mecklenburg« (1514). Und da ist Gesines bei aller Blindheit doch genaue Wahrnehmung: »Sie hatten ihn kahl geschoren, die nachwachsenden Stoppeln sahen schmutzig aus. Der Kopf zwischen Bottichrand und Brett schien abgeschnitten, auch weil die Arme verborgen waren« (1515). – Der Geköpfte in der Badewanne und das Kind: Auch dieses Tableau überblendet keineswegs eine ›realistische‹ Beschreibung mit ›symbolischer‹ Bedeutung. Daß es um den Tod geht, wird klar genug benannt, insofern verdoppelt der Hintersinn nur das offen Gesagte. Was darüber hinausschießt, entsteht durch eine typologische Beziehung, die sich zwischen Cresspahl und anderen Opfern der Geschichte hervordrängt.

Der Vater, nicht nur ein Widerständler, sondern auch ein Mitwisser des Nationalsozialismus, wird präsentiert wie eine der Figuren von jenem Foto aus Bergen-Belsen, das in Gesine einen Schock fürs Leben auslöst (232). Das Gesicht der Lagerhaft, deutscher oder russischer, wird erkennbar an der, sozusagen, physiognomischen Tautologie. Um sie gruppieren sich die Todes- oder vielmehr Mordarten, an ihr werden die Opfer sichtbar – ertränkt, verscharrt, geköpft, verbrannt, ohne Aussicht auf Wiederherstellung. Aber zugleich führt das Tableau, nicht weniger

---

56 Ist Cresspahl vom Herrn nicht angenommen, sondern verworfen, dann erklärt sich vielleicht der seinen Kleidern entweichende (höllische [?]) Gestank (1511f.) und die aus der Haftzeit resultierende Gehbehinderung (vgl. 1525). Nur, was schließen wir daraus?

deutlich, weitere, schreiend dissonante Konnotationen mit. Ein heim-
kehrender Held, als ein Toter, in der Badewanne – da liegt die Erinnerung an Agamemnon zumindest nicht fern, der nach der Rückkehr aus
Troja von seiner Gattin im Bade mit einem sackartigen Hemd gefesselt
und zugleich geblendet wird, um dann von ihrem Liebhaber erstochen zu
werden. Gesine nimmt es, anscheinend, anders wahr, nämlich so, daß
hier einem Mädchen der Kopf eines Mannes gleichsam auf dem
Frühstücksbrett serviert wird: Zwangsläufig stellt sich ein Bezug zu
Salome und Johannes her. Und schließlich hat der Tod in der Wanne
auch seinen prominenten historischen Prätext – nicht weit entfernt vom
ersten modernen Großversuch in der Kunst des Kopfabschneidens – an
der Ermordung Jean Paul Marats durch Charlotte Corday. Und dieser
Text ist berühmt vor allem als Bild: in der Darstellung, die David vom
toten Marat gegeben hat.[57]

So findet man die Toten der Lager, das Scheitern der französischen als
der Mutter aller Revolutionen und ein enormes Maß erotisch besetzter
Aggressivität in wenigen Sätzen derart eng verknüpft, daß die Festlegung
auf eine bestimmt Lesart dem Text Gewalt antun müßte. Unverkennbar
jedoch ist der Zusammenhang all dieser Perspektiven mit tragenden
Konstellationen des Romans, mit seinem politischen Anliegen und mit
seiner Konzeption als Familiengeschichte. Innerhalb der Erzähldynamik
der Jerichow-Fabel ist es nicht übertrieben, von einem im Tableau
vollzogenen Vatermord zu sprechen, durch den Gesine eine prekäre
Selbständigkeit erwirbt. Prekär darum, weil auf den Männern an Gesines
Seite ein Fluch liegt, der selbst fast mythisch scheinen könnte: Jakob, Pius
Pagenkopf, D. E. – sie alle fahren zeitig in die Grube, während Gesine als
das Gedächtnis des imaginären Jerichow und als Komplizin seiner Toten
überlebt. Sie alle fallen freilich, wie immer in der *Literatur,* nicht einem
anonymen *Schicksal* zum Opfer, sondern der Regie eines unerbittlichen
Erzählers und der Mythologie seines Romans: »Frag du Axel Ohr nach
den Finessen bei der Errechnung des Solls!« (1514). Damit gerechnet
werden kann wie in den *Jahrestagen,* um des Erzählten willen, müssen alle
Beziehungen abgeschnitten werden, an denen sich ›New York‹ und
›Jerichow‹ identisch setzen ließen. Allein die Katze Erinnerung, Gesines
alter ego, ist von vornherein nur Kopf. Sie kann nicht mehr enthauptet
werden (1106).

57 Die Parallele wird vor allem dadurch frappant, daß auch Marats Badewanne mit
einem Holzbrett abgedeckt ist.

Das ist nur konsequent, aber es ist nicht alles. An jenen Stellen, an denen ein symbolisierendes Erzählen seine Konsistenz durch Entfaltung eines internen Zeichensystems sichern müßte, vexieren die *Jahrestage* das hermeneutische Begehren, indem sie Konstellationen widersprüchlicher intertextueller Referenzen erzeugen: So geschieht auch die »Erblindung« des Lesers »durch Wiederholung« (521), durch eine Wiederholung freilich, die zum tautologischen Diskurs des Erzählers querschießt mit Verweisen auf jene ›imaginäre‹ *Public Library,* der auch Gesine entsprungen ist. – D.E., dem es schlecht bekommt, Gesine zu lieben (und der im Grunde von Anfang an Marie begehrt, weil man ein Bücherwesen und eine Erzählfunktion wohl nicht begehren kann) – D.E. liefert schon früh eine Art Nekrolog auf jene Gesine Cresspahl, die im Roman immer abwesend bleibt. Sein Brief wird oft mit freudiger Zustimmung zitiert, weil er scheinbar eine Art Schlüssel zu Gesines Charakter bietet: die Beziehung zu »wirkliche[n] Sachen«, die »rundum belebte Vergangenheit«, das greifbare »Leben« an Stelle der »Worte«, die Fähigkeit, »was immer« man sagt, nicht »schon im Aussprechen Zitat« werden zu lassen ... (817). – Das alles ist Gesine freilich nicht. Sie kann im ›Gegenwärtigen‹ wie im ›Vergangenen‹ als *sie selbst* nie wahrhaft anwesend sein; als Medium des Erzählens bleibt sie im Erzählten heimatlos. Weniger D.E.'s sentimentalische Beschwörung des Unmittelbaren, als die *Jahrestage* in ihrer durchgehend vermittelten Form halten bewußt, daß auch in ihrem Fall das *Geschriebene* beim *Leben* im Soll steht. Und daß es anders besser wäre.

Dr. *Christoph Brecht,* Seminar für Deutsche Philologie der Universität Göttingen, Humboldtallee 13, 37073 Göttingen

Dietrich Spaeth

Jahrestag mit Vexierbild
oder
Warum Marjorie rote Wangen bekam

Eine Lesart zur Eintragung »5. November, 1967 Sonntag« in
Uwe Johnsons *Jahrestage*

> Es gilt darum als gefährlich, dem Mann der Feder
> seine Gunst zu versagen. Denn ob er gleich ein armer
> Schlucker sein mag, er verfügt über die Gewalt des
> Worts, und niemand weiß, wie er sich ihrer bedienen
> wird.
> Emil Staiger

Was soll man von einem Text, einem Stück Prosa, genauer: von einem
Romanausschnitt halten, der auf mehr als drei Seiten unter hohem
poetischen Aufwand vorgibt, eine neue Romanfigur plastisch und eindringlich vorzustellen: Aussehen, Verhalten, Eigenarten, äußerst merkwürdige darunter, auch die näheren Umstände ihres Auftretens, daß aber
als allererste wie auch als letzte Kennzeichnung ihre Nicht-Existenz dem
darob etwas verdatterten Leser so auffällig unter die Nase gehalten wird,
daß er meint, mit einem Phantom der Negation konfrontiert worden zu
sein.

An die Frau, die sich in Luft auflöste, ist hier nicht zu denken, da wir
uns nicht in der Gattung des Krimis aufhalten, noch in der saiänsfikschen,
obwohl es nicht weit zu Orson Welles wäre, denn wir befinden uns in
Manhattan, an der Ecke der 97. Straße/Riverside Drive im ersten Band

von Uwe Johnsons Hauptwerk *Jahrestage,* auf Seite 263.[1] Es ist der »5. November, 1967 Sonntag« (263), ein freier Tag für die Protagonistin, Gesine Cresspahl, an dem sie doch Muße hätte, ausgiebig ihrer Zeitungslektüre nachzugehen und ihrer Tochter Marie die Familiengeschichte weiterzuerzählen. Aber die Eintragung für diesen Tag versagt jeden Hinweis auf den Fortgang der Jerichow-Geschichte und hält von der Lektüre der Sonntagsausgabe der *New York Times* auch nur einen ganz kurzen und vergleichsweise belanglosen Kommentar fest. Statt dessen lesen wir:

Wir sind den Broadway hinuntergegangen von uns bis zur 79. Straße und zurück durch den Riverside Park, die Uferpromenade und die Straße, und Marjorie schien nirgends.
Sie heißt nicht Marjorie. Wir wissen ihren Namen nicht. Wir kennen sie nicht. Sie ist uns zugekommen im vergangenen Winter, ein Mädchen, das an der 97. Straße auf den Bus 5 wartete. Es war ein Tag mit ätzendem Wind, kalt genug das Warten eindringlich und inständig zu machen. Sie stand nicht krumm und im Unglück der Kälte zusammengezogen; sie machte aus dem Frieren eine sorgfältige und zierliche Pantomime. Es sah aus, als fröre sie aus Kameradschaft. Wir gaben ihr nur ganz wenig Worte, und schon vertraute sie uns an: sie sei froh, dies Wetter nicht versäumt zu haben. Sie sagte es als eine Wahrheit, und da es ihre Wahrheit war, kam sie nicht zudringlich heraus. So zutraulich ist sie.
So anmutig kann sie leben. Das Wort schön, für sie ist es übriggeblieben. Sie kann unter wuchtigen Capes verbergen, daß sie schon sechzehn Jahre lang richtig gewachsen ist, sehr schlank, noch nicht schmächtig, auf langen Beinen die auch die Blicke weiblicher Passanten auf sich ziehen. Es ist ihr Gesicht. Ihr Gesicht ist eine Auskunft über sie, die nie enttäuscht, nie zurückgenommen werden muß. Sie hat blasse, durchscheinende Haut (eine Farbstufe unter Rosa), dazu trägt sie schwarzbraunes wolkiges Haar bis über die Schulterblätter, sie hat Brauen aus winzigen Einzelheiten und schwere dunkle Augen; das sind ihre Mittel. Wir sehen ihr auf den Mund, weil er jung ist, wir sehen ihr auf die Lippen wegen ihres ganz bewußten, absichtlichen Lächelns. Es ist ernst, es ist überlegt. Es bedeutet etwas, es ist verständlich. Es ist freundlich. Was andere zu den Festen geschenkt kriegen, davon kann sie leben, aus dem Vollen.
Sie sieht uns an, sie strahlt. Sie redet mit ihren schwarzen Augen, und wir glauben ihr. Es ist nicht erfindlich, warum sie glücklich sein sollte, uns zu sehen; wir nehmen es hin ohne Widerrede in Gedanken. Noch wenn sie den Riverside Drive herunterkommt inmitten ihrer redseligen und lachlustigen Freundinnen, sie hat einen einzelnen, eigens für uns abgetrennten Blick abzugeben, der sagt, als

---

1 Johnson, Uwe: *Jahrestage.* Aus dem Leben von Gesine Cresspahl, Bd. 1–4, Frankfurt am Main 1970–1983. Zitate sind im folgenden durch Seitenangaben in runden Klammern angegeben.

hätte sie insgeheim neben unserem Ohr gesprochen: Es tut mir wohl, euch zu
sehen. Es ist nicht einmal unbehaglich. Da ist kein Zweifel. Sie verhängt ihre
Wahrheit über uns. Sie kann noch nur ausdrücken, was sie ist. Sie hat eine Art,
sich uns zuzuwenden, aufmerksam, heiter, fast ergeben vor Teilnehmen, in einer
schön aus Schultern und Nacken laufenden Bewegung, deren Abbild im Gefühl
abgemalt wird wie eine Berührung. Sie umfaßt uns mit ihrem Blick jedes Mal, als
erkennte sie uns, nicht nur ihr Bild von uns, auch was wir wären. Und wir
glauben ihr. Wir verdächtigen nicht ihre Aufrichtigkeit. Mit ihr läßt Freundlichkeit sich tauschen, als sei sie noch ein Wert. Am Anfang dachten wir, sie ist nicht
amerikanisch.

– Sie ist die Tochter von einem General: sagt Marie.
– Das ist sie nicht. Sag das nicht.
– Doch. Generalquartiermeister, Generalmusik...

Sie spricht ein genaues, vielwortiges Amerikanisch, fast ohne Jargon, nur mit der
Spur eines mittelwestlichen Akzents. Sie ist auf die Sprache nicht angewiesen, sie
kann sich deutlich machen ohne dies fehlerhafte Mittel; auch dies benutzt sie
nicht fahrlässig.

Wann immer wir sie sehen, sie hat etwas Neues, sich darzustellen. Sie kommt uns
mit einem großen Hut mit breiter Krempe, sie wünscht ihn gewürdigt, sie will
uns einen Spaß machen. Die Knöpfe mit den Aufforderungen an die übrige
Menschheit trägt sie auch (Holt unsere Jungen nach Hause! Unterstütze die
Polizei: Schmiere deinen Freund und Helfer!), aber an der Hutkrone, an der
Handtasche. Ihre Haare, einmal hängt sie sie auf mit vier Zoll Schleife, dann
genügt ihr ein Schnipsband, beim nächsten Mal hat sie fünfzig Gramm Nadeln in
Verschränkungen verbaut. Wie an einem Tag nur lila Strümpfe, kann sie am
anderen nur kupfergrüne tragen, keine andere Farbe wäre richtig gewesen. Sie
betritt den Broadway in einem Kleid, mit dem ihre Großmutter zu Anfang des
Jahrhunderts in Scarborough an der See war (nicht in Scarborough), eine
wallende geraffte Geschichte von einem Kleid; sie hat eine frische Mode
getroffen, jedoch ohne Absicht. Es ist das echte Kleid aus dem echten Schrank
ihrer wirklichen Großmutter. Sie sagt es.

Sie stieg in den Bus 5, in dem wir saßen. Sie war entzückt. Wir verließen den Bus
wie sie an der 87. Straße. Sie fand es ausgezeichnet. Wir gingen gemeinsam in die
87. Straße hinein. Sie wußte sich vor Befriedigung nicht zu lassen. Wir erklärten
ihr unser Ziel. Sie erklärte uns ihr Ziel. Mehr hatte sie für diesen Tag gar nicht
erwarten können, als daß wir nun auch noch Freunde in der selben Straße haben.
Plötzlich blieb sie stehen und rief einen Namen empor an den siebzehn
Stockwerken, schmetternd und siegesgewiß, glücklich über die Kraft in ihrem
Hals, winkte uns hinterher mit ihrem ganzen langen Arm, rief den Namen ihrer
Freundin, winkte, hob ihr strahlendes Gesicht gegen den Himmel.

In unserem Viertel erschrecken wir bloß noch aus Gewohnheit, wenn Einer
hinterrücks uns auf die Schulter klopft. Denn wenn es in einem Doppelschlag
getan wird, mit ganz leichten, geraden Fingern, ist sie es. Ihr Gesicht wird nicht

von der Grimasse zerkerbt, es ist locker aufgefaltet in der Erwartung der kommenden Freude. – Hei: sagt sie, und sie könnte noch dem verstocktesten Ausländer begreiflich machen: Es ist eine Begrüßung. Es ist eine von den vernünftigsten, natürlichsten, glaubwürdigsten Sorten der Begrüßung. Sie zeigt es dir, damit du es lernst.

Jemand aus den Märchen von tausendundeiner Nacht.

Wenn die Schule sie müde gemacht hat, erscheinen auf ihren Wangen zwei umfängliche Flecken, eindeutig rot, Zeichen von Gefahr.

In diesem Winter stand sie an der Ecke des Broadway mit der 96. Straße, wo der eiseskalte Wind vom Hudson ohne Sperre den Berg hinaufschlagen kann, und schnupperte in das Wetter, ihr zartes verletztliches Profil vergeßlich erhoben, und sie sagte, verschmitzt und geheimnisvoll: Nun ist es vorbei. Mit ihrem Gesicht, noch mit ihren Halssehnen kann sie eine Empfindung unversehrt und kenntlich übermitteln und sich aussprechen außerhalb der Wörter in einer Sprache, die als verloren gilt. Insgesamt hatte sie geäußert: Da mag noch Eis gehen, da mag noch Schnee kommen, die neue Jahreszeit ist in der Luft und wird da wachsen. Die Erde hat sich erinnert. Bedenken Sie, Mrs. Cresspahl. Bedenken Sie diesen Geruch.

Sie kennt von uns nicht den Namen. Wir kennen von ihr nicht den Namen. Sie will von uns nichts. Wir können von ihr nichts wollen. Es ist ohne Zweck.

Wenn jemals, Mrs. Cresspahl, die Stadt New York Ihnen Schaden oder Leides getan hat, bin ich beauftragt, Ihnen zu sagen: Es sollte nicht sein. Es ist geschehen durch ein Versehen. Es tut uns leid, und ich werde Sie trösten.

Heute war sie nirgends zu sehen.

Der Befund, daß hier augenscheinlich eine Episode im Romangeschehen, eine epische Abschweifung, vorliegt, benennt die Sache, läßt aber die Fragen nach ihrer Funktion im Zusammenhang des Ganzen und nach ihrer möglichen Bedeutung unbeantwortet. Spekulationen über eine ironisierende Allegorisierung typisch amerikanischer Verhaltensweisen, eine mögliche Reverenz gegenüber einer Seh-Bekanntschaft vielleicht, über einen Versuch, die Schilderung der Johnson so faszinierenden Stadt mit mehr Farbe zu versehen, als ihm die Anlage seines Buches sonst erlaubte, oder der Rückgriff auf Johnsons Fabulierlust wären nicht zu widerlegen, blieben jedoch angesichts des Umfangs und der Ausgestaltung dieser Stelle zu allgemein und unterschätzten vor allem die noch die geringste Kleinigkeit bedenkende Konstitutionsarbeit des Schriftstellers.

Da hilft dem Weiterkommen nur geduldiges Fragen, so warum Gesine an diesem arbeitsfreien Tag nicht die Jerichow-Geschichte weitererzählt, ja, ob überhaupt sie es ist, die hier redet, ob und wie diese Episode mit den übrigen verknüpft ist, und weiter hilft dann sorgfältiges

Beobachten der vielen Anschlägigkeiten der Sprache und der kuriosen inhaltlichen Details. Jedes Verstummen der vorgeblichen Erzählerin Gesine Cresspahl ist, in die Sprache der Romanstruktur übersetzt, höchst beredt. Es tritt z.B. ein, wenn sie bei der Bearbeitung der Familiengeschichte an eine Begebenheit gelangt, die sich ihrem Begreifen(wollen) entzieht, für das sich Sprache nicht einstellt.[2] Wovon Gesine an jenem Sonntag nicht erzählen kann, das ist der – im Grunde schon gefaßte, wenn auch noch nicht öffentlich vollzogene – Entschluß ihres Vaters, im März 1933 (!) gegen sein Wissen und gegen seine Überzeugung wieder nach Nazideutschland zurückzukehren, statt mit Frau und gerade geborener Tochter ein Leben in England fortzuführen. Noch dem Toten verzeiht Gesine, sonst ganz ein Vaterkind, diesen Schritt nicht, der Teilhabe am Krieg und am Holocaust bedeutet und die Schicksale der Familienmitglieder prägt.[3] Beide Ereignisse, besonders aber der Völkermord an den Juden, liegen dem Trauma zugrunde, das den moralisch-politischen Rigorismus der Heldin erklärt.

Zu erzählen ist, bezeichnend genug, Gesines Taufe, für deren Darstellung von der Vorbereitung bis zur Durchführung die Handlung geradezu zerdehnt werden muß, nämlich vom 29. 10. bis zum 19. 11. Das schafft Raum für einen der thematischen Hauptstränge des Romans, den Komplex Juden, Antisemitismus, deutsche Schuld, der sowohl vor als auch nach der Eintragung für den 5. November fast schon überdeutlich herausgearbeitet wird, und zwar auf beiden Handlungsebenen.

Ebenfalls auf beiden Handlungsebenen und mit gleichem Gewicht erscheint in der ersten und zweiten Novemberwoche ein anderes zentrales Motiv; zentral, weil es für Inhalt und Struktur beider Handlungen und für die Psychologie der Hauptperson entscheidende Bedeutung besitzt, das des Todes. Zu erzählen sind Tod und Begräbnis von Heinrich Cresspahls Mutter, zudem stehen zwei Jahrestage bevor: der des Selbstmordes der eigenen Mutter 1938, aufs engste verknüpft mit dem Thema Gewissen, Schuld, Judenverfolgung, und der des Todes von Jakob, des Vaters ihrer Tochter, 1956. Momente der eigenen Lebensgeschichte Gesines treffen an diesem potentiellen Erzähltag auf den Prozeß ihrer

2 Ich stütze mich in diesem Abschnitt auf die Untersuchungen von Ulrich Fries, dem das Verdienst gebührt, die Beziehungen und wechselseitigen Spiegelungen der Gegenwarts- und Vergangenheitshandlung sowie beider Verhältnis zur Roman- und Erzählstruktur bündig erklärt zu haben. Fries, Ulrich: Uwe Johnsons »Jahrestage«. Erzählstruktur und Politische Subjektivität, Göttingen 1990, hier insbes. Kap. III, »Tod und Struktur«.
3 Z.B. JT, 230 u. 246.

Entstehung und wirken retardierend auf das Fortschreiten der Erzählung
ein.

Wenn es also der Protagonistin unmöglich ist weiterzuerzählen,
weicht sie dann etwa aus auf die weniger verfängliche New Yorker
Gegenwart, indem sie das Mädchen Marjorie aus dem Viertel schildert,
mit dem sie ja eine Bekanntschaft unterhält, wie es später (541) heißt? Die
sympathischen Züge der jungen Frau und die zustimmende Betrachtung
könnten durchaus dafür sprechen, wenn nicht deren Auftreten einge-
rahmt, das Dargestellte merkwürdig zurückgenommen wäre durch diese
nachdrücklichen Verneinungen. Und wenn es der Genosse Schriftsteller
wäre, der hier statt ihrer spricht? Er tritt ja gelegentlich auf, um die
Bedingungen seines Auftrags, ein Jahr aus ihrem Leben aufzuschreiben,
mit ihr zu diskutieren. Der wäre aber immerhin an das fiktive Abkommen
mit seiner Hauptperson gebunden und müßte sich wenigstens pro forma
innerhalb dessen Grenzen halten (wenngleich er sich tatsächlich oft über
die Schulter dem Leser zuwendet und ihm zuzwinkert, damit der auch
merkt, wer wirklich das Sagen hat). Am Sonntag, dem 5. 11., wird
jedoch, so hört es sich an, mit einer ganz anderen Entscheidungsbefugnis
gesprochen. Jemand, und wer anders als der Autor selbst kann gedacht
werden, führt eine Romanfigur in die Gegenwartshandlung ein, läßt sie
in der fiktionalen Wirklichkeit (er)scheinen und einige Bewegungen
ausführen, verweigert ihr aber eingangs wie ausgangs Namen und sogar
Bekanntschaft mit ›uns‹. Gleichzeitig wird auf einer übergeordneten
Kommunikationsebene über die Einsetzung einer Existenz verfügt,
werden die Namen gewußt und verteilt, so daß eine Marjorie sich
durchaus an eine Mrs. Cresspahl wenden kann – doch wohl ohne deren
Hören und Wissen – und damit ohne Folgen.

Was der Autor auch immer mit seinem Ausflug in den eigenen
Roman beabsichtigt haben mag, er vergißt keineswegs, wo er sich
befindet. Es sind die Kulissen der Oberen Westseite, seine und seiner
Gestalten Wohngegend. Und auch das Muster des Geflechts, das die
Alltags- und Erzählpartikel der Handlungen in der Abfolge der Tage
zusammenhält, ist klar erkennbar.

Das Motiv der Wahrheit, ihrer Formen und ihrer Gültigkeit, durch-
zieht den ganzen Roman. Erst am 1. November hatte Gesine eine ernste
Auseinandersetzung mit ihrer Tochter darüber. Daß auch Marjorie »eine
Wahrheit« hat, erinnert an den Streit.[4] Weiter ist vom amerikanischen

4 Den übrigens auch Gesine nicht vergessen hat. Das Stichwort »Wahrheit« allein
nötigt ihr heute einen Kommentar zu der *New York Times* vom Tage ab.

Begrüßungslächeln, mit dem Gesine so ihre Schwierigkeiten hat (865), die Rede: »damit du es lernst.« Ein anderes Markenzeichen Marjories ist, daß sie sich verständlich machen kann ohne das »fehlerhafte Mittel« der Sprache – in der Romanhandlung scheitert die Ehe der Cresspahls u.a. am Unvermögen beider, sich einander mitteilen zu können.[5]

Und noch die Formel der Namensverweigerung dient der Verknüpfung: in der vorletzten Novemberwoche werden die Cresspahls ein schwarzes Mädchen treffen, wovon Gesine erzählt: »Ich wußte ihren Namen nicht.« (344) Es handelt sich um eine Mitschülerin Maries, die eine Zeitlang bei den Cresspahls leben wird. Selbstverständlich hat sie große Schwierigkeiten, sich den Mittelklassenormen der bürgerlichen Familie anzupassen: »Sie war nicht zutraulich, lange nicht vertraulich mit der Weißen Frau« (770), und sie muß sich erst sicher fühlen: »Dann konnte sie Marie ansehen auf was sie ist, nicht was sie hat.« (770) Zutrauen, Vertrauen und das Vermögen, andere richtig einzuschätzen, sind in der Wirklichkeit anstrengende Arbeit, Ergebnisse von Lernprozessen.

Ein anderes Mal liest man anläßlich Gesines Teilnahme am jour fixe einer prominenten Landsmännin über die Gastgeberin: »Wer aber die Gräfin Seydlitz ist, wissen wir nicht.« (873) Eingeladen sein, nicht das erste Mal, und die Gastgeberin nicht kennen! Ihre Absurdität verliert diese Aussage erst, wenn man sie nicht als von Gesine oder ihrem Genossen Schriftsteller gesprochen auffaßt, sondern dem Romanautor Herrn Uwe Johnson zuschreibt, der selbstverständlich nichts von einer nicht-existenten Person wissen kann. Von dem Urbild einer Gräfin Seydlitz, der in seiner New Yorker Nachbarschaft lebenden und mit ihm bekannten Hannah Arendt wüßte er in einem lebensgeschichtlichen Bezugsrahmen durchaus etwas zu sagen, wie andererseits Gesine & Co. nicht ohne Information über die Gräfin zu denken sind. Aber sie haben in dem zitierten Satz genauso wenig das Wort wie am 5. November. Beide Stellen – und ähnliche –[6] verweisen aufeinander und stets auch

---

5 Z.B. JT, 148f., 25ff., 282, 399, 416.
6 Im Schlußband der *Jahrestage* (1636-1642) benutzt der Autor Johnson Gesine, um einen Handel mit Manfred Bierwisch auszutragen. Auch hier arbeitet er mit nur wenigen Eingeweihten verständlichen Anspielungen und Zitaten als seinem Beitrag für eine Festschrift für den Studienfreund, auch hier findet sich, wenngleich in anderer Funktion, die Formel der Namensverweigerung. Vgl. Johnson, Uwe: Twenty-five years with Jake, a.k.a. Bierwisch, in: Eberhard Fahlke (Hg.), Uwe Johnson. Portraits und Erinnerungen, Frankfurt am Main 1988, S. 95-108, und Bierwisch, Manfred: Erinnerungen Uwe

zurück auf das »Ich stelle mir vor« (12)[7] am Anfang des Romans, wo dessen Erzählsituation entwickelt wird.

Schließlich deutet sich schon jetzt an, daß Marjories unangestrengte, absichtslose, schöne Existenz, die ihren vollkommenen Ausdruck findet »in einer schön aus Schultern und Nacken laufenden Bewegung, deren Abbild im Gefühl abgemalt wird wie eine Berührung«, als Kontrast zum Leben Gesines gesehen werden könnte. Daß Gesines Erinnerung weiß: »... und Jakob nahm mir den zerstochenen Fuß hoch wie einem jungen Pferd, und die Bewegung lief mir durch den Leib nach oben ohne einen Schmerz« (1018), markiert bei aller Ähnlichkeit die Differenz: kein bloßes Abbild, sondern wirkliche schicksalhafte Berührung, nicht gewöhnlicher Ausdruck schicksallosen Wesens, sondern der besondere Augenblick eines gelebten Lebens.

Hatte sich die Betrachtung bisher auf die strukturelle Einbindung des Textes, auf seine inhaltliche Verknüpfung und auf die Erzählinstanz gerichtet, so ist er nunmehr selbst auf seine Eigentümlichkeiten zu prüfen. Dem ersten Blick öffnet er sich jedoch noch nicht ohne weiteres für eine allgemeine Charakterisierung; Schwierigkeiten sind eingebaut.

Zum einen kann der Leser, wenn ihm Marjorie als vermeintliche fiktive Figur nahe gebracht wird, nicht vergessen, daß ihr gleich zu Beginn Namen und Bekanntschaft bestritten worden sind. Zum anderen ist zwar zur Darstellung ihrer Erscheinung ein eindrucksvolles poetisches Instrumentarium aufgeboten, voller Formulierungen des Preisens und Bewunderns; Aussagen über Eigenschaften oder ihr Wesen dagegen leiten sich vorwiegend aus Beobachtungen des Äußeren ab, werden lediglich behauptet und mit rhetorischen Mitteln wie Wiederholungen, Redundanzen, Übertreibungen erzeugt und nicht durch bedeutungsvolle Handlungen zur Erscheinung gebracht.

Daß Leben wohl kaum gemeint sein kann, wird auch an der zunehmenden Ironisierung deutlich, die spätestens seit dem absurden Dialogfragment nicht mehr zu überhören ist. Absurd ist der Dialog, weil einer ihrer Partner, die fiktive Person Marie, sich auf einem Kommunikationsniveau bewegt, das ihr nicht zukommt, denn als ihr Gegenüber ist eigentlich nur der Autor denkbar, der allein über Marjorie Bescheid weiß und den Spekulationen des Kindes so entschieden widersprechen kann.

Johnson betreffend, in: Raimund Fellinger (Hg.), Über Uwe Johnson, Frankfurt am Main 1992, S. 286-295.

7 Vgl. Fries (Anm. 2), S. 40-43 und Spaeth, Dietrich: Ich stelle mir vor. Eine Leerstelle in Uwe Johnsons Roman »Jahrestage«, in: die horen 35, 1990, Heft 159, S. 151-160.

Für die Mutter wären ähnlich dezidierte Äußerungen wenig wahrscheinlich. Zudem ist der Inhalt des Gesprächs in keiner Weise mit den restlichen Textinformationen zu vermitteln. So dunkel noch bleibt, was Johnson im Sinn hat, deutlich ist, daß für die Marjorie-Episode die Regeln der fiktiven Romanwelt außer Kraft gesetzt sind.

Hatte die Darstellung bereits vor dem Dialog den Eindruck von etwas Vollkommenem, etwas zu Schönem und Gutem, als daß es eine Entsprechung in dem finden könnte, was sonst für die Wirklichkeit des Romans und seiner Figuren steht, so wirken jetzt die übergenauen Angaben zu Hut, Frisur, Strumpffarben und Marjories neuen Kleidern von der britischen Großmutter um gerade die Kleinigkeit überdreht, die die Rede ins Uneigentliche hinüberspielt. In der folgenden Einstellung wird dann schon dem Leser die Zumutung abverlangt, sich vorzustellen, jemand kündige in einer Straße Manhattans den Freunden seine Ankunft dadurch an, daß er an der Fassade eines Hochhauses emporbrülle.

In der Schlußszene endlich »stimmt« nichts mehr außer der Ortsangabe und der erinnerten Möglichkeit, an dem genannten Ort Frostwind empfindlich spüren zu können. Die Behauptung, daß Marjorie eine sprachlich ziemlich differenzierte Botschaft ohne Worte auszudrücken vermag, ist unglaubwürdig. Der Inhalt dieser Botschaft dagegen: Es muß doch Frühling werden! steht in seiner kaum zu unterbietenden Plattheit in einem krassen Mißverständnis zu dem rhetorischen Aufwand der Form. Das aber ist Persiflage, eines der Stilmittel satirischen Schreibens. Zudem ist die Beschwörung des Winters an diesem Tag geradezu realitätswidrig. Denn obzwar in der Romanhandlung die vierte Jahreszeit kalendarisch begonnen hat, fand als Wetter vorerst nur Regen statt (258). Nach flüchtigen Schneeflocken am 8. November (275) werden erst zwei Wochen später (311) noch milde Formen winterlichen Wetters in der Stadt New York erwähnt. Selbst das Barometer läßt Johnson bedeuten: diese Marjorie lebt in einer anderen Welt als der Maries und Gesines.

Nun wird diese merkwürdige Figur noch an drei weiteren Stellen des Romans erwähnt. Am 22. Januar besucht Mrs. Cresspahl die Sauna und kommt in eine Unterhaltung über das Thema Vergewaltigung, über Würgegriffe und Messer und den Überfall einer ganzen Männergruppe. Die Frauen[8] sind sich einig über ihre Schutzlosigkeit und wissen keine

---

8 Die meisten sind ihr unbekannt, aber sie unterhält mit »einem Mädchen namens Marjorie eine Bekanntschaft« (541). Diese Aussage widerspricht der hier vorgetragenen Lesart. Begnügt man sich aber als Erklärung der inkommensurablen Marjorie mit der schönen, manchmal spaßigen Schilderung einer sympathischen Seh-Bekanntschaft aus

wirksame Verteidigung – bis auf die ebenfalls anwesende Marjorie, die vormacht, was sie im Ernstfall täte, »indem sie unter dem strömenden Wasser nackt und fröhlich antritt wie ein Tambourmädchen bei der Parade, mit genußvoll hochfahrendem Knie«. (543) Abgesehen von den Aussichten einer solchen Aktion mit einem Messer an der Kehle oder in der Gewalt von drei Tätern, sehen wir hier Marjorie zum erstenmal handeln, antizipierend nur, aber in einer wahrscheinlichen Alltagssituation, und schon in dieser bloß gedachten Wirklichkeit paßt die Märchengestalt sich jener an, wird wie sie und verliert die unantastbare Wohlgeratenheit, die am 5. 11. so betont wird.

Ein Blick auf die so auffällig plazierten Zeitbestimmungen soll diese Beobachtungen abschließen. Die Angaben zu Anfang[9] und am Schluß beziehen sich auf die Gegenwartshandlung des Jahrestags fünfter November und grenzen durch die Negation Marjorie davon aus (da doch ihre gepriesene Einfühlsamkeit, ihr Verständnis und die Fähigkeit des Trostspendens gerade »heute« so gebraucht worden wären).

»... uns zugekommen im vergangenen Winter«, d.h. 1966/67, ergibt für unsere Fragestellung zunächst nichts. Aber »In diesem Winter« fällt aus der erzählten Zeit heraus, weil, wie oben gezeigt, heuer von einem Winter noch nicht gesprochen werden kann. Demnach gehört diese Zeitangabe der Erzählzeit des Autors Johnson an, der im Januar 1968 mit der Niederschrift seines Romans begonnen hat und sich hier das Wort nimmt in einer Sache, die mit seinen Personen unmittelbar nichts zu tun hat. Daß es zu dieser Sache ein »Sesam, öffne dich« gibt, legt er selbst mit seinem Hinweis auf jenen Kreis exotischer Märchen nahe. Es ist die erste so befremdlich klingende Aussage über das Mädchen: »Marjorie schien nirgends«, was sich liest wie ein Zitat aus dem Mörike-Gedicht »Auf eine Lampe«, dessen Schlußvers lautet: »Was aber schön ist, selig scheint es in ihm selbst.«[10]

An diesem Gedicht demonstrierte der große Germanist Emil Staiger in einem Vortrag 1950 seine Methode des Interpretierens. Über unterschiedliche Auffassungen des Prädikats im letzten Vers entwickelte sich

---

dem Viertel, dann bleiben ungleich mehr Fragen und Widersprüche – eben die, deren Klärung versucht wird.

9 Ein Temporaladverb an dieser Stelle wäre ein Pleonasmus gewesen, da der zeitliche Bezug offenkundig ist. Ähnlich: JT, 477 u. 13.

10 Auffällig neben diesem Gebrauch von »scheinen« ist vor allem »kupfergrün«, daneben treten noch »zierlich«, »schön«, »ernst«, »echt«, »aufhängen« und »leicht« auf, wie eine Durchsicht zeigen kann:

eine Diskussion mit anderen Gelehrten, u.a. mit Heidegger.[11] Es ging um die Bedeutung von »scheint«, das Staiger mehr im Sinne von lucet, Heidegger seinerseits als videtur las. Indem Johnson sowohl schreibt »Sie strahlt« als auch »war sie nirgends zu sehen«, zeigt er sich an dem Streit über die Lesarten uninteressiert. Es geht ihm auch überhaupt nicht um die Interpretation des Gedichts. Genau wie die Anspielung auf die unter Literaturfreunden berühmte Diskussion benutzt er es lediglich als Signal, das auf deren Urheber deuten soll.

Ihm »zugekommen im vergangenen Winter« war Emil Staiger, als dieser am 17. 12. 1966 den Literaturpreis der Stadt Zürich entgegennahm und sich mit einer Rede bedankte, die die *Neue Zürcher Zeitung* drei Tage später abdruckte. In dieser Rede vollführte er einen Rundschlag gegen alles, was zeitgenössische Literatur hieß, nur rhetorisch auf seinem Niveau, gedanklich nicht über dem Stand der Zänkereien um den Naturalismus 1890, ahistorisch, bar des Verständnisses für das soziokulturelle Umfeld der heutigen Schriftsteller, ohne Begreifen der moralischen Situation des Schreibens nach Auschwitz, kurz, ein Muster konservativer Denunziation. Beschreibung, Anklage, Verurteilung sind alles eins und erfolgen pauschal. Namen werden nicht genannt; die ganze nihilistische Vereinigung ist gemeint. Man weiß, wie es weiterging: Staigers Studienfreund Max Frisch wehrte sich als erster – der Züricher Literaturstreit war ausgebrochen:[12] ein Jahr lang Polemiken, Austausch von Meinungen und edlen Gesinnungen und dazwischen die eine oder andere scharfsinnige Analyse.

Probierend auf Johnson angewandt, erweisen sich die Staigerschen Invektiven als so tollpatschig daneben, daß es beinahe schon ans Groteske grenzt. Danach soll es in den neueren Romanen »wimmeln von

Noch unverrückt, o schöne Lampe, schmückest du
An leichten Ketten zierlich aufgehangen hier,
Die Decke des nun fast vergeßnen Lustgemachs.
Auf deiner weißen Marmorschale, deren Rand
Der Efeukranz von goldengrünem Erz umflicht,
Schlingt fröhlich eine Kinderschar den Ringelreihn.
Wie reizend alles! lachend, und ein sanfter Geist
Des Ernstes doch ergossen um die ganze Form –
Ein Kunstgebild der echten Art. Wer achtet sein?
Was aber schön ist, selig scheint es in ihm selbst.

11 Staiger, Emil: Die Kunst der Interpretation, in: Ders., Die Kunst der Interpretation, München 1971, S. 7-28 und Staiger, Emil: Ein Briefwechsel mit Martin Heidegger, in: ebd. S. 28-42.
12 Vgl. Sprache im technischen Zeitalter, 1967, Heft 22, S. 83-206.

Psychopathen, von gemeingefährlichen Existenzen, von Scheußlichkeiten großen Stils und ausgeklügelten Perfidien.«[13] Aber in den meisten Fällen seien Erschütterung, Grauen vor der Bedrohung der menschlichen Gemeinschaft, Zeugnisse »von einem doch irgendwie um das Ganze bekümmerten Ernst«[14] nicht zu spüren. Von Dichtern, »deren Lebensberuf es ist, im Scheußlichen und Gemeinen zu wühlen«,[15] werde das Böse zum Gegenstand gewählt nicht, damit es ein »wohlgeratenes, höheres Dasein«[16] evoziere, sondern um seiner Interessantheit willen. »Adel und Güte«[17] fehlten der heutigen Dichtung, Gesinnung wird ihr abgesprochen: »der Wille zu einer möglichen, auf den Fundamenten der Sittlichkeit gegründeten Menschengesellschaft«.[18] Staiger vermißt »Würde und Anstand, [...] Hochsinn eines selbstlos tätigen Mannes, einer Mutter, die Tag für Tag im stillen wirkt, das Wagnis einer großen Liebe oder die stumme Treue von Freunden«[19] als Themen der Literatur. Auf dieses konturlose, weil jeder analytischen Schärfe ermangelnde Geschimpfe argumentativ einzugehen lohnte sich vermutlich für einen Johnson nicht.[20]

Als die ihm gemäße Weise der Auseinandersetzung wählte er die Literatursatire, die er aus einer bei Staiger gefundenen bildlichen Wendung entwickelt: »[...] bedrängte Menschen, denen der Wind um die Ohren saust, [...] solche Menschen [...] haben Verständnis für ein männliches, aus tiefer Not gesungenes Kirchenlied, für ein Beispiel von Mut und Geduld, das ihnen in weltlicher Dichtung begegnen mag, für einen Spruch, der eine bange Erfahrung in sich schließt und meistert.«[21] Unschwer erkennen wir Marjorie im ätzenden Wind, ihre Mutbezeugung unter der Dusche und selbstverständlich den Spruch »des Trostes, den der Wohllaut [...] dem schwer Bedrängten spendet«.[22]

Ein anderes Bild geht nur mittelbar auf Staiger zurück, der behauptet, daß der öffentliche Beifall für die zeitgenössische Literatur weniger mit

13 Staiger, Emil: Literatur und Öffentlichkeit, in: ebd. S. 93.
14 Ebd.
15 Ebd., S. 94.
16 Ebd., S. 93.
17 Ebd., S. 95.
18 Ebd., S. 94.
19 Ebd., S. 95.
20 Aufschluß über den Anlaß, überhaupt auf Staiger einzugehen, ist sicher demnächst von dem findigen Johnson-Biographen Bernd Neumann zu erwarten.
21 Staiger (Anm. 13), S. 95.
22 Ebd., S. 91.

der Literatur selbst als mit der Angst, für unmodern gehalten zu werden, zu tun habe. Max Frisch überschrieb dann seine Entgegnung mit: »Endlich darf man es wieder sagen«,[23] dreht also das Argument um und ordnet damit Staigers Attacke kulturpolitisch ein. In unserem Text heißt es über Marjories neue Kleider ironisch: »Sie hat eine frische Mode getroffen, jedoch ohne Absicht.« Die Echtheit des Schmuckstücks wird hervorgehoben, Zweifel angemeldet über den Ort, an dem es vorgeführt wurde. Scarborough paßte wohl doch nicht ganz, vielleicht, weil es die Labour Party ist, die häufig dort ihre Parteitage abhält, vielleicht, weil eine der Brontë-Schwestern, Anne, dort begraben liegt.[24]

Im Zentrum der Ausführungen Staigers steht neben der Schmähung der Modernen der positive Gegenentwurf des Dichters, wie er sein soll und – nach Staiger – auch immer war: Verbreiter von Schönheit und Lebenshilfe, der sich nicht »des Mißbrauchs der gefährlichen Gabe des Wortes schuldig«[25] macht, der sich bewährt »im Erfinden vorbildlicher Gestalten«.[26] Unbeeindruckt von den zufälligen gesellschaftlichen Gegebenheiten seiner Epoche vermag er es, »einer künftigen Wirklichkeit das Gepräge des eigenen souveränen Geistes zu geben«.[27] »Wieder gilt, daß der Mensch sich seine gültige Wirklichkeit selbst erschafft.«[28] Schließlich »wirkt jedes Bild, das sich ein menschlicher Geist vom Menschen macht, auch wieder auf den Menschen zurück. Vertrauende Liebe fördert, was Vertrauenswürdiges in ihm wohnt.«[29] Wo diese Gesinnung vorwaltet, die Aufgabe erkannt, das Verantwortungsbewußtsein geschärft ist, da wird der Dichter zum Schöpfer, »prometheisch, von leibhaftig wandelnden Menschen«.[30]

Hier haben wir das Geheimnis Marjorie, die, Johnson hat sich offensichtlich die Staiger-Lektüre zu Herzen genommen, nach diesem Rezept erschaffen wurde. Der Schöpferakt, die sorgfältig künstliche Konstruktion, mit der ihr Auftritt eingeleitet wird, ihr scheinbar merkwürdiges Verhalten und nicht zuletzt die erlesene Sprache finden ihre

---

23 Frisch, Max: Endlich darf man es wieder sagen, in: Sprache im technischen Zeitalter, 1967, Heft 22, S. 104–109.
24 Die Romane der drei schreibenden Schwestern hatten ihrerzeit ungemein anstößig gewirkt.
25 Staiger (Anm. 13), S. 93.
26 Ebd., S. 96.
27 Ebd.
28 Ebd.
29 Ebd., S. 95.
30 Ebd., S. 96.

Erklärung, wenn man sie als Replik auf Staigers Polemik liest. Deren Schlüsselworte: schön, das Schöne, Sprache, das Wort, Ernst und Heiterkeit werden alle von Johnson eingesetzt; der Schluß der Dankrede, eine Beschwörung von Mozarts Kunst, »Musik« ist das allerletzte Wort, dient im Nonsens-Dialog als zusätzlicher Hinweis auf den Verfasser. Am häufigsten kommt bei Staiger der Begriff »Wahrheit« vor, abwehrend[31] dann, wenn er als Schutzbehauptung der Modernen zitiert wird, mit der sie vermeintlich die Lizenz für die Darstellung des Gemeinen erlangen; positiv in den Formeln vom »Guten, Wahren, Schönen«[32] oder von »Gerechtigkeit, Wahrheit, Maß«.[33] Die Anerkennung dieser Dreieinigkeit soll gewährleisten, daß das ewig gültige Bild vom Menschen nicht verloren gehe, daß »auch in unserer [...] so erstaunlich veränderten Welt, unter anderen Voraussetzungen und also in veränderter Gestalt, das Urmaß auferstehe, nach dem der Mensch geschaffen ist und das allein die Dauer einer menschenwürdigen Gemeinschaft sichert.«[34]

Als Befund ergibt sich aus alldem, daß Staiger verbindliche Normen postuliert, wonach Dichtung exemplarische Gestalten hervorzubringen, Beiträge zu einem zeitlos-gültigen Menschenbild zu leisten habe, an dem die Großen von Sophokles bis Dostojewski gearbeitet haben. Indem sie die von Menschen in ihrem Alltag erfahrene Realität transzendiere, öffne sie diese auf ein höheres Dasein hin, aus dem Trost und Hilfe zu gewinnen seien. Durch die Kraft des Worts würden dichterisch gestaltete und an ewigen Werten orientierte Ansichten der Welt und des Menschen entworfen, die formend auf die Rezipienten zurückwirkten.

Dafür, daß Johnson gezielt darauf Bezug nimmt, spricht, angefangen mit der sorgfältigen epischen Integration dieser Episode in den Zusammenhang des Romans, viel, m.E. sehr viel. Mit zwei (Halb-)Zitaten, »scheinen« und »Musik« und seiner Verwendung der Schlüsselbegriffe Staigers, legt er eine Spur, sparsam, aber hinreichend deutlich; schließlich gibt es in dem oben angeführten Brief Gesines an J.B., soweit ich sehe, auch nur zwei Zitate, »Ginster« (1641) und »blue as blue can be« (1641), die auf Bierwisch als den eigentlichen Adressaten zeigen.

Zu den ihm konträren Auffassungen und vor allem als Antwort auf Staigers Polemik ›dichtet‹ er eine Vorbildfigur, modelliert möglicherwei-

---

31 Ebd., S. 94f.: »Sie sagen, sie seien wahr, sie zögen die unbarmherzige Wahrheit der schönen tröstlichen Täuschung vor. Und siehe da, man glaubt es ihnen.«
32 Ebd., S. 93.
33 Ebd., S. 92.
34 Ebd., S. 96.

se nach einer flüchtigen Bekannten aus der Nachbarschaft, und läßt sie Schönheit, Anmut, Freundlichkeit und Wahrheit verkörpern. Sie und die mit ihr gemeinte Kunstauffassung gibt er seinem Spott preis: sozusagen verdeckt durch die implizierte Gegenüberstellung mit den stets mitzudenkenden Personen des Romans, eher gutmütig durch einige Übertreibungen, bloßstellend aber als an der Bushaltestelle frierendes Beispiel von Mut und Geduld, als nutzlose Trostspenderin und als Verkünderin platter ewiger Wahrheiten. Wie es aussieht, dürfte Johnson weniger als Staiger an die sinnstiftende Funktion von Literatur geglaubt haben.

In den Partien, da er weder Spott noch Ironie walten läßt, ist eine sehr raffinierte Vorgehensweise zu beobachten. Wenn nämlich Marjorie sein Kommentar zu Staigers Idealvorstellung einer zeitlos-gültigen Menschendarstellung ist, dann setzt er diese Figur, indem er von fast jeder geschichtlichen und gesellschaftlichen Realität abstrahiert, seinen betont irdischen Auffassungen über Literatur aus; mit dem Resultat, daß ein Schein des Schönen erzeugt, Verbindlichkeit aber getilgt wird. Als ›gedichtete‹ Existenz ist sie angenehm, wohltuend, nimmt ein für ihre Weise zu sein – als Trostspenderin und Nothelferin für die Menschen in Johnsons Romanwirklichkeit ist sie wirkungslos bis zur Lächerlichkeit. Auch die von Staiger angerufenen Normen verkörpert sie glaubwürdig – jedenfalls für die Dauer, die ihr Schöpfer ihr einräumt, in dem Bereich, in dem sie irrlichtern darf.

Die Mittel, mit denen Johnson das kommentiert, wurden bereits genannt. Er nimmt Staiger wörtlich, und, indem er an einigen Stellen ausführt, was dieser behauptet, führt er ihn vor. Da ist weiter die Ironisierung, auch als ironische Anspielung und Spiel mit Wendungen, und zuletzt die kontrastierende Verweisung auf Personen und Verhältnisse des eigenen Romans, in dem eine ganz andere Weltsicht entfaltet wird. Noch einmal sei in diesem Zusammenhang an das Kind Francine erinnert. Ungelenk, scheu, vorsichtig, mißtrauisch, so sieht sie Gesine, vielleicht auch traurig, in allem das Gegenteil Marjories. Ihre Lebensumstände entstehen Strich für Strich in einer Aneinanderreihung naiv klingender Aussagen Maries, die man sich als Antworten auf (nicht abgedruckte) Fragen der Mutter denken muß. Es ist das soziologisch genaue Bild eines Aufwachsens in Harlem, deckungsgleich mit »sogenannten wissenschaftlichen Theorien«,[35] aber nicht darin aufgehend,

35 Ebd.

sondern lebendige dichterische Schöpfung, die sogar vor den scharfen unter den Kriterien Staigers bestehen könnte, eine der bewegendsten Stellen des Buches.

So dient zwar das Werkzeug der Literatursatire der Demontage des bombastischen Gehabes, die inhaltliche Dürftigkeit der Streitrede wurde hingegen mit den Mitteln der Dichtung bloßgestellt.

Eine Frage allerdings ist noch offen und der Klärung bedürftig: Wie gelangten denn die roten Flecken auf Marjories Wangen? Auch hier bleibt eine gründliche Interpretation die Antwort nicht schuldig. Zweifelsfrei: Sie kam gerade aus einer Lektion bei Professor Staiger.

Dietrich Spaeth, Bahnweg 15, 27607 Langen

Thomas Schmidt

»*Es ist unser Haus, Marie.*«

Zur Doppelbedeutung des Romantitels *Jahrestage*[1]

I.

Marie Cresspahl schenkt ihrer Mutter Gesine am Neujahrstag des Jahres 1968 das Modell des Hauses, in dem diese im mecklenburgischen Jerichow aufgewachsen ist. Seltsamerweise beharrt Marie ausdrücklich darauf, das Geschenk nicht – wie wohl zu erwarten gewesen wäre – zu Weihnachten zu übergeben: »[...] sie hat gesagt: Es ist nicht zu Weihnachten. Es ist zu Neujahr.« (JT, 442)[2] Diese Verschiebung ist umso auffälliger, als Marie sichtlich auf der zeremoniellen Durchführung des Weihnachtsfestes besteht: »Auch die ›Bescherung‹ am 24. abends hat Marie bald auf den amerikanischen Termin verlegt [...]. Dazu braucht man einen Strumpf, der an den Kamin zu hängen ist. [...] Es ist sodann die Aufgabe eines Individuums namens Saint Nicholas, alias Santa Claus, alias Santa, den Strumpf in der Nacht mit Geschenken aufzufüllen. [...] Für Marie muß das so abgewickelt werden, weil sie es für eine vorgeschriebene Zeremonie hält.« (JT, 500f.) Sollte diese Verschiebung lediglich Zeichen sein für die Launenhaftigkeit eines Kindes?

---

1 Dieser Text ist Bestandteil einer größeren Arbeit über den Roman als *Beitrag zum Problem des kulturellen Gedächtnisses,* in der die hier nur angerissenen Probleme ausführlich behandelt werden.

2 Die Abkürzung JT bezieht sich auf: Johnson, Uwe: Jahrestage. Aus dem Leben von Gesine Cresspahl, Bd. 1-4, Frankfurt am Main 1988.

Der Titel des Romans, *Jahrestage*, legt gleichwohl nahe, in dieser Verschiebung eine Schlüsselstelle des Romangeschehens zu vermuten. Denn neben seiner quantitativen Komponente, der Bezeichnung aller Tage eines Jahres in ihrer chronologischen Abfolge, hat der Begriff Jahrestage ebenso eine qualitative: er meint auch die jährlich wiederkehrenden Fest- und Gedenktage.[3] In der geschilderten Episode wird nun das Ritual eines dieser Jahrestage, nämlich des Weihnachtsfestes, genau beschrieben, ja geradezu eingefordert – und dann doch verschoben.

Diese evidente Differenz soll zum Anlaß und Ausgangspunkt genommen werden, exemplarisch über die Konsequenzen der Doppelbedeutung des Romantitels nachzudenken. Die sich an die Interpretation anschließenden kursorischen Überlegungen werden dabei die zusätzliche Sinn-Dimension des Romans zu skizzieren versuchen, wie sie aus diesem Ansatz resultiert. Es sei vorweggenommen, daß sich im folgenden die Generalthemen des Romans, Schuld, Erinnerung und Gedächtnis, Erfahrung und Erzählen, in ganz unerwarteter Weise miteinander verknüpft zeigen.

II.

Johnson selbst hat auf die Doppelbedeutung des Romantitels nicht nur in einem Brief an seine Übersetzerin Leila Vennewitz hingewiesen:[4] »What my title ›Jahrestage‹ tries to convey is that every present day keeps, by way of memory, days or one day in the past; in this sense the 365 days in the book are a technicality.«[5] Diese Doppelbedeutung ist in der Literatur zum Roman zwar aufgegriffen,[6] aber bisher nicht konsequent und in vollem

3 Im folgenden wird der Begriff Jahrestage ausschließlich in dieser Bedeutung verwendet.

4 Vgl. auch: »I wanted to suggest that each day of the present is an anniversary of something in the past [...].« McCullogh, David: Eye on Books, in: Book-of-the-Month-Club 1975, Nr. 7, S. 7. Zit. nach Fahlke, Eberhard: »Ach, Sie sind ein Deutscher?« Uwe Johnson im Gespräch, in: Ders. (Hg.), »Ich überlege mir die Geschichte ...«. Uwe Johnson im Gespräch, Frankfurt am Main 1988, S. 7-48, hier: S. 29.

5 Auskünfte für eine Übersetzerin. Zum Briefwechsel zwischen Uwe Johnson und Leila Vennewitz. Bearbeitet von Eberhard Fahlke und Jeremy Gaines, in: Fahlke (Hg.), »Ich überlege mir die Geschichte ...« (Anm. 4), S. 325.

6 Vgl. u.a.: Golisch, Stephanie: Zeitstruktur und Geschichtsbegriff in Uwe Johnsons Roman-Tetralogie »Jahrestage«, Hannover 1986, S. 63 (Magisterarbeit); Mecklenburg, Norbert: Großstadtmontage und Provinzchronik: Die epische ›Aufhebung‹ des regionalen Romans in Uwe Johnsons »Jahrestage«, in: Ders., Erzählte Provinz. Regionalismus und Moderne im Roman, Königstein/Ts. 1982, S. 182.

Umfange verfolgt worden. Neben Eberhard Fahlke, der u.a. die Koinzidenz des Geburtstages Gesines (3.3.33) und des Todestages ihres Vaters (18.8.) mit Verhaftungs- und Todestag von Ernst Thälmann aufdeckte[7] und über Johnsons Arbeit mit den vom *Voß- und Haas-Kalender* angebotenen Jahrestagen Auskunft gab,[8] nahm sich bisher Ulrich Fries am nachhaltigsten dieses Problems an: »Der Doppelbedeutung des Wortes ›Jahrestag‹ als Tag eines Jahres und als Wiederholungsdatum entsprechen – durch den Untertitel auf die Person Gesines bezogen – eine diachrone und eine synchrone Struktur. Die Ereignisse, die sozusagen von beiden Strukturen erfaßt werden, müßten von daher einen zentralen Stellenwert im Leben der Protagonistin haben. Sie müßten zudem Wesentliches aussagen über die subjektive Seite des Verhältnisses von Vergangenheit und Gegenwart.«[9] Fries führt anhand dieser Hypothese vor, wie genau die entsprechenden Tageskapitel gearbeitet sind.[10] Wesentlich und festzuhalten ist dabei, daß neben der Nennung des Jahrestages im Text (Todestag von Lisbeth) auch sein Verschweigen (Todestage von Cresspahl und Jakob) möglich ist. Dieses Verschweigen geht jedoch einher mit einer thematisch und motivisch vermittelten Anwesenheit des jeweiligen Jahrestages, der – nur scheinbar verschwiegen – Inhalt und Struktur der entsprechenden Tageseintragung bestimmt.

Da die Eintragung vom 1.1.1968 selbst keine Hinweise auf einen solchen Feiertag gibt, wäre anhand des Analyseergebnisses von Fries zu fragen, ob die Suche nach verschwiegenen Bezügen zur Familiengeschichte der Hauptfiguren Aufklärung über die Verschiebung des Hausgeschenkes geben kann. Ein Nachschlagen im fiktiven Familienkalender der Cresspahls und der Papenbrocks, der sich v.a. durch die Handlungen der *Mutmassungen über Jakob* und der *Jahrestage* konstituiert, gibt leider keinerlei Anhaltspunkte, die sich als Begründung für die Differenz von Fest und Ritual anführen ließen.

Gleichwohl bleibt der beschrittene Weg, die Doppelbedeutung des Titels zum Ausgangspunkt zu nehmen, weiterhin begehbar, wenn die Interpretation den vom Romantitel aufgespannten Erwartungsrahmen in Gänze einbezieht. Danach können Ereignisse der Vergangenheit, die von der synchronen Ebene ebenfalls erfaßt werden, sowohl ausschließlich

---

7 Fahlke, »Ach, Sie sind ein Deutscher?« (Anm. 4), S. 28f.

8 Fahlke, Eberhard: Heimat als geistige Landschaft. Uwe Johnson und Mecklenburg, in: Börsenblatt für den deutschen Buchhandel 159, 1992, Heft 34, S. 168, Sp. 1.

9 Fries, Ulrich: Uwe Johnsons »Jahrestage«. Erzählstruktur und Politische Subjektivität, Göttingen 1990 (Palaestra 290), S. 78.

10 Vgl. dazu: ebd., Kapitel III: Tod und Struktur; darin v.a. S. 80ff. und 91ff.

privaten Charakters sein, z.B. – wie von Fries vorgeführt – die Jahrestage der Familie (Todestage, Geburtstage usw.), als auch den Anlaß für *öffentliche* Jahrestage abgeben.[11]

Öffentliche Jahrestage sind im Roman nun auf zweierlei Weise manifest: zum einen in der Überschrift des entsprechenden Tageskapitels und zum anderen durch ihre Nennung in der Eintragung selbst. Diese Jahrestage entstammen verschiedenen Kalendarien; so z.B. dem christlichen (Karfreitag, Weihnachten) und dem jüdischen Kalender (Rosch Ha-Scha'nah, Yom Kippur, Sukkoth usw.) und auch dem der amerikanischen Geschichte und Kultur (Tag der Kriegsveteranen, Kolumbustag usw.). So wie Fries für die privaten Jahrestage im Roman feststellte, daß diese »Wesentliches aussagen über die subjektive Seite des Verhältnisses von Vergangenheit und Gegenwart« und damit auf die individuelle Identität reflektieren, gilt für die öffentlichen, daß sie Wesentliches aussagen über die *kollektive* Seite des als »Verhältnis von Gegenwart und Vergangenheit« formulierten Erinnerungsvorganges. In bezug auf die Romanstruktur heißt das, daß neben den privaten auch die öffentlichen Jahrestage für das an den jeweiligen Tagen Erzählte einen Bedeutungsrahmen bilden können und daß das individuell-private Erinnern dadurch um ein kollektiv-öffentliches Moment erweitert wird. Allgemeiner ausgedrückt, geht es um die Ausweitung des erzählperspektivisch vorgeprägten Interpretationsansatzes durch die komplexen Sinnzusammenhänge, in denen die Tage eines Jahres innerhalb der verschiedenen politischen, kulturellen, historischen oder ethnischen Kalendarien stehen.

Auf der Ebene öffentlicher Jahrestage ist der hier zur Debatte stehende 1. Januar selbstverständlich der Neujahrstag. Auf ihn verweist Marie schon drei Wochen zuvor, als sie die Geschenkverschiebung ankündigt; er wird in der Tageseintragung genannt (vgl. JT, 538); und er ist durch den die Makrostruktur des Romans bestimmenden bürgerlich-gregorianischen Kalender jenseits aller anderen kulturellen, historischen usw. Kalendarien von vornherein als Feiertag ausgewiesen. Nur, hilft das hier weiter? Begründet sein Inhalt das verschobene Hausgeschenk? Sicher, Neujahr markiert einen festlich begangenen Neuanfang, der, öffentlichen Charakters, auch privat gefeiert wird. In Familie und Bekanntenkreis beglückwünscht man sich ebenso wie auf staatlichen Neujahrsempfängen. Geschenke allerdings sind heute weder hier noch da üblich, obwohl es historisch die Tradition des Neujahrsgeschenkes gab:

---

11 Eine systematische Darstellung privater und öffentlicher Jahrestage erfolgt in der in Anm. 1 erwähnten Arbeit.

Im Zuge der Vorverlegung des Jahresanfanges vom 1. März auf den 1. Januar aus staatlich-repräsentativen Gründen (Ämterwechsel) war im vorchristlichen Rom ein Schenken zum Jahresanfang üblich, dem jedoch infolge der Christianisierung als unchristlich mit Buße und Fasten begegnet wurde: »Jene mögen Neujahrsgeschenke machen, ihr sollt Almosen geben« (Augustin).[12] Trotzdem hielt sich diese Tradition bis zum Beginn der Neuzeit. Im Gegensatz zum Weihnachtsfest, zu dem der sozial Höhergestellte dem Niederen schenkte, wurden bis zum Beginn der Neuzeit Höhergestellten Geschenke dargebracht.[13] Wollte man allerdings in dem Hausgeschenk einen Reflex dieser Tradition sehen, etwa in der Vermittlung von Öffentlichem und Privatem durch die Übertragung der gesellschaftlichen auf die Familienhierarchie, ließen sich nur über halsbrecherische Konstruktionen, die in den »kulturellen Codes«[14] des Romans keine Entsprechung finden, Zusammenhänge und Interpretationsansätze aufbauen. Zudem würde somit der Akt des Schenkens gegenüber dem Geschenk, das im Text sichtlich im Mittelpunkt steht, favorisiert; die Form wäre alles, der Inhalt nichts. Dieser Weg ist eine Sackgasse. Eine Beziehung zwischen der Haus-Episode und dem Neujahrstag des bürgerlich-gregorianischen Kalenders verweigert der Text.

Ein Gleiches läßt sich für den Neujahrstag in der russischen Kultur sagen, womit der Schritt von der manifesten zu einer vermuteten latenten – oder emphatischer: *kryptischen* – Präsenz eines öffentlichen Jahrestages gegangen wäre, den Fries auf der Ebene privater Jahrestage vorgezeichnet hat.[15] Das an diesem Tag begangene Jolka-Fest, das von Zar Peter I. in der Kombination verschiedener Elemente (Baum, Feuerwerk, Geschenke) nach westlichem Vorbild eingeführt wurde, kennt zwar Geschenke bis heute, wohingegen zu Weihnachten nichts geschenkt wird; diese Korrelation wäre als Interpretament freilich ebenso konstruiert, wollte man sie nicht zum Anlaß nehmen, an dieser Stelle über die auch den Roman

---

12 Zit. nach Bieritz, Karl-Heinrich: Das Kirchenjahr. Feste, Gedenk- und Feiertage in Geschichte und Gegenwart, Berlin 1986, S. 194.

13 Vgl. von Gynz-Rekowski, Georg: Der Festkreis des Jahres, Berlin 1985, S. 67.

14 Barthes, Roland: S/Z, Frankfurt am Main 1987, S. 24.

15 Die Wahl dieses Weges wird auch dadurch legitimiert, daß Johnson als ein Autor gelten kann, der schon in anderen Texten ganz bewußt und ganz genau Sinnzusammenhänge in der Struktur verankerte. So hat Bernd Neumann in den *Mutmassungen über Jakob* eine kryptische Zeit- und Bedeutungsebene ausgemacht. Wesentliche Ereignisse der Romanfabel sind dort ohne Referenzsignale zeitlich parallel zum Geschehen in Budapest während des Aufstandes 1956 gestaltet. Vgl. Neumann, Bernd (Hg.): Uwe Johnson. Mutmassungen über Jakob. Erläuterungen und Dokumente, Stuttgart 1989, S. 58-61.

bestimmenden Themen der Dominanz bestimmter Kulturformen, der kulturellen Anpassung und Differenz usw. zu reflektieren. Eine solche Überlegung fände jedoch im Geschehen der diskutierten Eintragung keinen Halt und würde den Text ebenso verlassen wie die Suche nach weiteren Schenktraditionen zu Neujahr, etwa im romanischen Sprachgebiet, und deren Zuordnungsversuch.

Da die Eintragung am 1. Januar selbst keine Hinweise auf andere Feste gibt, sollen unter dem Aspekt einer möglichen kryptischen Präsenz als letztes die Kalendarien befragt werden, die der Roman selbst offeriert. Die historisch-politischen Kalender der USA und Deutschlands bieten ebenso wie der Festkreis des christlichen Jahres keine Anhaltspunkte, wohl aber der *jüdische* Kalender: Innerhalb des jüdischen Kalenders fällt der 1. Januar 1968 auf den 30. Kislev des jüdischen Jahres 5728. Der 30. Kislev ist einer der acht Tage, an denen die Juden das Chanukah-Fest feiern, und zu diesem Fest wird tatsächlich geschenkt, allerdings den Kindern – und zwar an *jedem* Tag. Nun schenkt in der geschilderten Episode zwar das Kind der Mutter, der Akt des Schenkens, also die Form, steht hier jedoch nicht autonom, da das jüdische Thema eines der Generalthemen des Romans und in dessen kulturellem Code verankert ist. Ob dieses romaninterne Angebot zu einer Lösung des dargestellten Problems führen kann, sollen zwei Fragen beantworten: 1. Gibt es im Roman explizite Hinweise darauf, daß die Juden an diesem Tag das Chanukah-Fest feiern? Und 2. gibt es einen Zusammenhang zwischen dem Inhalt des jüdischen Festes und der Hausepisode?

III.

Die erste Frage, ob der Romantext darauf hinweist, daß die Juden am 1. Januar das Chanukah-Fest feiern, läßt sich eindeutig bejahen. In der Tageseintragung des 23.12. wird das Chanukah-Fest avisiert: »In einem mehr technischen Sinne hätte sie [Marie, T.S.] wohl Lust, mit ihren jüdischen Freundinnen Chanukah zu feiern. [...] Maries Fest ist am Dienstagmorgen unwiderruflich zu Ende [...], aber das ihrer Freundinnen Pamela und Rebecca hat *am Dienstagabend erst seinen Anfang und an jedem seiner acht Tage bekommen die Kinder etwas geschenkt!*« (JT, 501, Hervorhebung T.S.) Sowohl Beginn als auch Dauer des Chanukah-Festes werden also im Roman benannt.[16] Obwohl danach explizit nichts mehr dazu ver-

---

16 Ebenso sind auch alle anderen wichtigen jüdischen Feste (Rosch Ha-Scha'nah,

merkt wird, hebt der Romantext hier eindeutig hervor, daß die jüdischen Freunde der Cresspahls zwischen dem Abend des 26.12. (25. Kislev) und dem Abend des 3.1. (2. Tewet) ihr Fest feiern.[17] Schon ob dieser Feststellung zeichnet sich eine Zuordnungsmöglichkeit des Hausgeschenkes ab, denn Gesine fällt gerade am ersten Tag des Chanukah-Festes das »›Geheimnis‹, das sie [Marie, T.S.] mir für Neujahr angekündigt hat« (JT, 520), ein.

Die Vermutung einer kryptischen Präsenz eines Jahrestages am 1. Januar findet sich also bestätigt. Bisher hat sich jedoch lediglich eine formale Ähnlichkeitsbeziehung, die des Schenkens, eingestellt, die am Text selbst verifizierbar ist; sie wird nachdrücklich angeboten: »und an jedem seiner acht Tage bekommen die Kinder etwas geschenkt«. – Es ist also für die Interpretation nicht wesentlich, daß auch diese Tradition ein assimilatorischer Reflex des Weihnachtsfestes ist.[18] – Diese Verbindung von Tageseintragung und Jahrestag gibt aber keine schlüssige Begründung für die ausdrückliche Verschiebung des Geschenkes. Nach dieser Begründung suchend, soll die Antwort auf die oben gestellte zweite Frage nach den inhaltlichen Beziehungen zwischen der Hausepisode und dem jüdischen Fest mit Hilfe einer sukzessiven Interpretation der Tageseintragung des 1. Januar gegeben werden:

Die Übergabe des Hausmodells ist geradezu inszeniert. Fast der gesamte Tag wird davon eingenommen. – Ein auf der New Yorker Gegenwartsebene des Romans untypischer und damit signifikanter Vorgang. – Indem Gesine die wenigen Momente rekapituliert, in denen sie

---

Yom Kippur, Sukkoth, Purim, Passah) und deren Dauer in knappen Passagen im Roman präsent. Eine genaue philologische Untersuchung dieser Abschnitte und ihrer Quellen aus der *New York Times,* die an anderer Stelle vorgeführt werden wird (siehe Anm. 1), hat ergeben, daß sich über diese kurzen Passagen das jüdische Jahr als *kryptische Zeitebene* im Roman installiert. D.h., auch wenn die jeweilige Tageseintragung nicht manifest auf das jüdische Fest rekurriert, ist dieses latent anwesend.

17 In der Ankündigung des Festes im Roman steht der Satz: »Sie [Marie, T.S.] hat sich ausführlich unterrichten lassen, daß dies Fest gefeiert wird vom 25. Tag des Monats Kislev bis zum 2. Adar [...]« (JT, 501). Das ist ein Fehler. Chanukah wird nicht bis zum 2. Adar gefeiert, sondern bis zum 2. Tewet; Adar folgt erst zwei Monate später. Gesine Cresspahl verläßt sich augenscheinlich auf die Information ihrer Tochter, obwohl sie weiß, daß Marie das Fest »in einem mehr technischen Sinne« interessiert. Das Problem einer kulturellen Differenz, deren Überwindung durch Marie Gesine zu einer Bedingung der Schuldtilgung der Familie zu machen scheint, drückt sich u.a. in diesem Datierungsfehler aus.

18 Vgl. Baumann, Arnulf H. (Hg.): Was jeder vom Judentum wissen muß, Gütersloh 1983, S. 76.

Maries Vorbereitungen wahrnahm, wird zu Anfang noch einmal der geheimnisvolle Charakter des Geschenkes ausdrücklich betont:

> Dann jedoch will Marie ihr Geschenk an mich loswerden, die Aufmerksamkeit zu Neujahr. Ich kenne es nicht. Mehr als sechs Wochen hat sie ihr Zimmer zu einem Sperrgebiet gemacht, sich nur verraten mit Sägegeräuschen, mit Hämmern, Bohren, wovon sie viel hinter Plattenmusik versteckte. Anfang Dezember sah ich sie aus einer der hunderter Seitenstraßen auf den Broadway kommen, Latten und Bretter mit ausgesägten Löchern unter dem Arm; womöglich ist es ein Geschenk aus Holz. Es werde ein Wunsch sein, von dem ich nichts wisse. D.E., am frühen Morgen und Feiertag schon gekleidet wie für seine Restaurants und Konferenzen, lehnt als behaglicher Zuschauer am Fenster, die Arme verschränkt, und spricht von seinen Zeiten. Zu seinen Zeiten sei bei den Laubsägearbeiten der Kinder gelegentlich eine Korridorampel herausgekommen.
>
> *Und nimm dich in acht, Gesine. Sie ist ängstlich.*
> *Wenn Marie ängstlich ist, sollte ich es noch eher sein.* (JT, 538, Hervorhebung im Text)

Von Freude auf das Geschenk der Tochter ist nichts zu spüren, wohl aber von Angst. Marie hat das unter einem weißen Tuch verborgene Geschenk augenfällig, nämlich »zwischen den Flügeltüren« (ebd.) ihres Zimmers, in der Wohnung placiert. Diese Szenerie erinnert an die Einweihung von Denkmälern: das Feierliche, das weiße Tuch, die zu erwartende Enthüllung. Doch noch bevor das Geschenk enthüllt wird, steigert der Text auf nahezu dramatische Weise die Bedrohlichkeit des unter dem Tuch Verborgenen. Diese Dramatik kommt stilistisch kaum, wohl aber in der Spannung zwischen feierlicher Inszenierung der Geschenkübergabe und Gesines Angst vor der Enthüllung zu ihrem Ausdruck:

Gesines erste Assoziation, als sie des Verhüllten ansichtig wird, betrifft dessen Größe: es »ist so groß wie ein Hund, größer als der Chow-Chow, der unter Dr. Berlings Schreibtisch wohnte. Aber ein weißes Tuch wird auf Totes gelegt, auf Abgetanes, auf was nicht wiederkommt.« (ebd.) Der textuell nicht vorbereitete Größenvergleich mit dem Hund Dr. Berlings mutet seltsam an. Dr. Berling war der Jerichower Arzt, von dessen Anwesenheit im Cresspahlschen Hause während des Weihnachtsfestes 1936 Gesine eine Woche zuvor, am 25.12., erzählt. Nachdem Lisbeth eine Fehlgeburt hatte und ins Krankenhaus eingeliefert wurde, berichtet gerade Berling Heinrich Cresspahl »von Lisbeths fiebrigen Reden« (JT, 511). Sie »hatte gehofft, mit dem zweiten Kind auch das eigene Leben zu verlieren, um zu entkommen aus der Schuld« (ebd.). Der Bericht Berlings

ist innerhalb des Romans der Kristallisationskern der Schuldthematik: auf
zwei Seiten findet sich 29mal das Wort *Schuld*.

Der Vergleich mit dem Hund des Jerichower Arztes stellt das Geschenk *zum einen* schon vor dessen Enthüllung in das Themenfeld des
Erinnerns. Daß Gesine sich ›unbewußt‹ vor einem über den Hund
metaphorisch assoziierbaren Lebendigen wehren will, obwohl sie selbst
zuvor unter dem Tuch »ein Geschenk aus Holz« (JT, 538) vermutete,
zeigt einmal mehr ihre problematische psychische Disposition. Diese
realisiert sich in einer »rundum belebte[n] Vergangenheit« (JT, 817) und
läßt sichtlich eine bedrohende Erinnerung in jeder nur möglichen
Situation einbrechen. – Es geht hier allerdings nicht darum, die psychische Disposition Gesines herauszustellen, sondern um Kriterien, mit
denen im Text gearbeitet wird, um Bedeutung zu produzieren. – Durch
die Assoziation, die Dr. Berling über die Größe seines Hundes in die
Inszenierung hereinholt und damit den Schuldkomplex aufruft, wird
zum anderen Gesines Reaktion auf die Hausenthüllung prädisponiert.
Gesine identifiziert das Geschenk sofort und zeigt damit dessen ›Lebendigkeit‹: »Es ist unser Haus, Marie.« (JT, 538) Dieses Haus ist das Symbol
einer traumatisierten Vergangenheit. Es konstituiert im Themenspiel des
Romans das Schuldtrauma Gesines, dessen Genese sich anhand der
folgenden Kausalkette beschreiben läßt: Inzwischen in England lebend,
will Lisbeth Cresspahl ihr Kind, das später den Namen Gesine erhält,
1933 in Deutschland gebären; ihr Mann Heinrich Cresspahl reist ihr zur
Geburt nach; Schwiegervater Papenbrock will Cresspahl binden, indem
er seiner Enkelin Gesine ein Haus schenkt, das Cresspahl verwalten soll;
Cresspahl akzeptiert, fährt nach England zurück, löst seine Werkstatt dort
auf und kommt, obwohl »die deutsche Reichsregierung« ihm »für den
Fall seiner Rückkehr im Mai 1933« eine Reihe von »Vorschläge[n]« (JT,
352) macht, die Schlimmstes befürchten lassen, ganz nach Deutschland;
Gesine wächst dadurch in Hitlers Deutschland auf und fühlt sich mitschuldig an den Verbrechen ihrer Nation an den Juden.[19] Diese Kon-
notierung des Hauses ist nach der Enthüllung augenblicklich präsent: »Es
ist das Haus, das Albert Papenbrock im Frühjahr 1933 seiner Enkelin
überschrieb, damit Heinrich Cresspahl tat, wie Lisbeth wollte, und
zurückkam aus England nach Jerichow.« (JT, 538)[20]

---

19 Die Rückkehr der Cresspahls ins faschistische Deutschland bestimmt auch das
Erzählen während der anderen kryptisch anwesenden jüdischen Feste.
20 Barbara Basting, die jüngst versucht hat, dem Stellenwert des Hauses für Gesines
Schuldtrauma nachzuspüren, geht dabei m.E. zu ungenau vor. Vgl. Basting, Barbara:

Aber dieses Haus ist nicht nur mit Schuld besetzt. Als Gesine an Jakobs Todestag, dem 8.11., das erste Mal in ihrem Erzählen auf das Haus zu sprechen kommt, sagt sie: »Jetzt bin ich zu Hause.« (JT, 274) In diesem Haus hat Gesine ihre Kindheit erlebt: hier fiel sie in die Regentonne; hier verbrannte sich ihre Mutter; hier lernte sie Jakob kennen; hier wartete sie auf die Rückkehr ihres Vaters aus Fünfeichen. In der Erinnerung ist das bedrohende Haus ebenso Heimat: *Heimat der Erinnerung*. Diese Heimat ist gefährdet und doch steht Gesine mit der Genauigkeit, mit der sie anhand des Modells am 1. Januar die Räumlichkeiten beschreibt, dafür ein.[21]

Bevor die Interpretationsergebnisse der Geschenkübergabe zu dem an diesem Tag gefeierten jüdischen Fest ins Verhältnis gesetzt werden, sollen sie noch einmal genannt sein: 1. assoziiert der inszenierte Enthüllungsakt die Einweihung von Denkmälern; 2. ist schon vor der Enthüllung das Themenfeld des Erinnerns metaphorisch und motivisch in der Textstruktur anwesend; und 3. ist das Haus ambivalent konnotiert: es ist sowohl Heimat der Erinnerung als auch Symbol für Gesines Schuldkomplex.

Nun zum Verhältnis beider Ereignisse: Der einweihungsähnliche Vorgang an diesem Tag wird durch den Namen des jüdischen Festes erst einmal benannt: Chanukah heißt auf deutsch *Einweihung*. Das Chanukah-Fest feiert die Wiedereinweihung des zweiten Tempels. Nach einem Jahrhunderte währenden Kampf des Judentums um seine kollektive und kulturelle Identität sollte ihm 167 v.u.Z. durch den syrischen König Antiochus IV. Epiphanes der Todesstoß gegeben werden: »Der Tempel

---

Verwandtschaft der Schuld, in: du. Die Zeitschrift der Kultur, 1992, Heft 10, S. 58-61. Vgl. dazu in diesem Band die Rezension des Verf.: Auf dem Weg zum Klassiker?

21 Diese Ambivalenz, daß das Haus in einem sowohl Heimat als auch Trauma bedeutet, repräsentiert das problematische Erinnern Gesines. Wohl ist das Haus auch Heimat, aber auf jene Heimat, die nach Blochs Diktum in die Kindheit scheint, kann sich Gesine nicht berufen. Ihr Erinnern ist nicht nur aus der Sicht konstruktivistischer Gedächtnistheorien problematisiert, sondern auch aus psychopathologischer. Das Trauma Gesine Cresspahls zeichnet sich dadurch aus, daß in der (re)konstruierten Erinnerung erlebte und gelebte Kindheit auseinanderfallen. Eigentlich handlungsermöglichende Erfahrungen der Kindheit werden erinnernd als falsch reflektiert, weil sie den Holocaust und die KZs ausblendeten. Der Schock des nach dem Kriege erfahrenen Holocaust bestimmt das ständig präsente, dem Erzählen Gesines sozusagen vorausgehende und damit strukturbildende Schuldgefühl, das jedes Erinnern an die Jahre vor 1945 in Frage stellt. Dieses Infragestellen findet seinen Ausdruck in der Motivkette »das Kind, das ich war« (JT, 8, 17, 32, 270, 489, 1008, 1017, 1048, 1474). Im Erinnerungsprozeß produziert Gesine eine Erfahrung, die die Kindheitserfahrung in Frage stellt: »Es war nicht so.« (JT, 956).

wird dem Zeus geweiht, den Juden jede religiöse Übung untersagt.«[22]
Doch die Juden erhoben sich und vertrieben unter Judas Makkabäus die
Syrer. Damit waren Jerusalem und der Tempel gerettet; »der Sieg der
Makkabäer, der die anhaltende Autonomie, die geistige Unabhängigkeit
des Judentums gesichert hat, blieb trotz großer Widerstände bis zum
heutigen Tag bewahrt«.[23] Anlaß des Festes ist also nicht die ursprüngliche
Weihung nach dessen Erbauung im Jahre 516 v.u.Z., sondern die
erkämpfte neue Weihung. Um die Bedeutung dieses Festes erfassen zu
können, bedarf es einiger Worte zum zweiten Tempel. Der nach der
babylonischen Gefangenschaft wiedererrichtete Tempel, der zweite genannt, galt – wie der erste – als die religiöse und »nationale Heimstätte«[24]
der Juden. Und noch heute ist die nach der Zerstörung des zweiten
Tempels stehengebliebene Stützmauer als sogenannte Klagemauer eines
der wichtigsten religiösen Zentren des Judentums, das zugleich an die
einstmalige Heimstätte erinnert und selbst Ort religiöser Heimat ist. In
der Wiedereinweihung des Tempels feiern die Juden also auch dessen
Symbolik: er steht für eine wiedererrungene und in den Zeiten grausamer
Verfolgung in der Diaspora erhalten gebliebene kulturelle Identität.

In ähnlicher Weise, wie für die Juden der Tempel die Heimat ihrer
Erinnerung ist und war, ist es das Haus für Gesine. Auch ihr ›Tempel‹ ist
verloren. Er ist nicht gerade einem anderen Gotte geweiht, aber sie ist
von seiner ›Nutzung‹ ausgeschlossen. Ihr Wohnortwechsel nach Westdeutschland und später in die USA machen ihn für sie politgeographisch
unerreichbar, und die Gefährdung der eigenen Kindheitserinnerung
erschwert den mnemologischen Zugang beträchtlich. In symbolischer
Form wird dieser ›Tempel‹ ihr durch Maries Geschenk wiedergegeben.
Nun wäre es reichlich überzogen, Maries Hausbau als Kultursieg zu
bezeichnen und sie mit Judas Makkabäus zu vergleichen; trotzdem
scheint an dieser Stelle der Anlaß des jüdischen Festes durch. Das
Miniaturhaus repräsentiert nämlich ein Resultat von Gesines Erzählen:
»Es soll nicht dein Haus sein! es ist nur, was ich verstanden habe« (JT,
538), sagt Marie. – Ein existierendes Foto zeigt das Haus lediglich von
außen, wobei »Walnußbäume die Fassade verdecken und die halbe Tür«
(JT, 539). – Durch den Bau des Hauses meldet Marie zurück, inwieweit
sie Gesines Erzählungen aufgenommen hat. Für die Tochter verdichtet

---

22 De Vries, S.Ph.: Jüdische Riten und Symbole, Reinbek bei Hamburg 1990,
S. 113.
23 Ebd., S. 114.
24 Ebd., S. 111.

sich das Gehörte sichtlich in dem Haus, das sie richtig als einen zentralen
Ort des Erinnerns erkennt. Gleichzeitig macht sich Marie mit dem
Modell selbst den Raum der erinnerten Welt zu eigen:

> – [...] So steht es [das Haus, T.S.] in Jerichow, und wird dein Erbe sein.
> – Das will ich nicht. Ich wollte nur einmal versuchen, was das denn wäre, wovon
> du erzählst. Wie das aussieht. (JT, 540)

Gesines erinnerndes Erzählen kann vor diesem Hintergrund als *Tradierung*
gelten.[25] Gesine Cresspahl ist mit ihrer Tochter in einen ihr fremden
kulturellen Raum, in New York, placiert. Die Kontakte zur die eigene
Biographie bestimmenden Gruppe, der Familie, sind abgebrochen: ihr
Vater Heinrich Cresspahl, ihre Mutter, ihre Ziehmutter und der Vater
ihrer Tochter, Jakob Abs, sind tot. Der Raum ihrer Herkunft, Mecklenburg, ist ihr aus politischen Gründen versperrt.[26] Der fremde (mul-
ti)kulturelle Raum New York forciert mit seinen verschiedenen kulturellen Gruppen unter diesen Vorzeichen eine Krise der kulturellen
Identität. Die Erfahrungen der Cresspahlschen Familie drohen in der
Fremde verlorenzugehen, ihr Generationengedächtnis ist gefährdet, denn
»wenn die Träger, die es verkörperten, gestorben sind, weicht es einem
neuen Gedächtnis. Dieser allen durch persönlich verbürgte und kom-
munizierte Erfahrung gebildete Erinnerungsraum entspricht biblisch den
3-4 Generationen«.[27] Für den dargestellten Zusammenhang hat das insofern Bedeutung, als Marie das letzte Glied der Familie ist: »Das Kind, die
zwei letzten Augen Cresspahls, als Hinterbliebene.« (JT, 118) Auch ob
ihrer Abgehobenheit von alltagssprachlichen Kommunikationssituationen
und einer daraus folgenden relativen Geformtheit, die sich im Erzählver-
trag (vgl. JT, 151), in der Hinzuziehung des Tonbandes und im South
Ferry-Ritual ausdrückt, können die Gespräche und das Erzählen Gesines

---

25 Freilich ist die Verschiebung des Schenkens auf der Ebene eines romanimmanenten
Realismus nicht so begründbar. Marie handelt nicht mit dem Hintergedanken an die
Polysemie ihres Geschenkes. Eher scheint hier die glaubwürdige Spontaneität des Kindes
für die Stiftung von Sinnzusammenhängen genutzt zu werden. Damit wäre Marie einmal
mehr als funktionales Element im Text ausgewiesen, jedoch – außer vielleicht handwerklich
– nicht überfordert. Als agierender Figur im Roman wird ihr die Bedeutungsproduktion
nicht aufgeladen, diese ist in der Textstruktur verankert.
26 Diese Interpretation der Rahmenbedingungen der Fiktion des Romans fußt auf
Maurice Halbwachs' Begriff des *kollektiven Gedächtnisses,* in: Ders.: Das kollektive Gedächtnis, Frankfurt am Main 1985.
27 Assmann, Jan: Das kulturelle Gedächtnis. Schrift, Erinnerung und politische
Identität in frühen Hochkulturen, München 1992, S. 50.

als intendierte Tradierungsbewegung begriffen werden. Maries Hausbau ist in einem weitgefaßten Sinne zwar kein ›Sieg‹, aber doch ein Behaupten des Eigenen gegen das Fremde und Garant dafür, daß auch die folgenden Erzählungen ihrer Mutter auf fruchtbaren Boden fallen und erfahrungsstiftend wirken können.[28]

Es hat sich also gezeigt, daß die Verschiebung des Hausgeschenkes von Weihnachten auf Neujahr von sinnstiftender Relevanz ist und daß »in ihm [...] einige der wichtigsten Fäden des Romans«[29] zusammenlaufen, wie Barbara Basting richtig vermutete. Das jüdische Fest generiert einen latenten *Referenztext,* auf den sich die in der Tageseintragung manifesten Ereignisse beziehen. Durch die kryptische Präsenz des jüdischen Chanukah-Festes werden das Hausmodell und seine Übergabe mit zusätzlicher Bedeutung aufgeladen. Auf der bisherigen Darstellung aufbauend, sollen nun einige der hier ausgewickelten Fäden noch einmal aufgenommen und zu einem Netz interpretatorischer Konsequenzen verknüpft werden.

IV.

Zu Beginn der Untersuchung wurden Jahrestage als Gedenk- und Feiertage prinzipiell in private und öffentliche unterteilt, wobei für private Jahrestage gelten kann, daß sie einen Teil der individuellen Seite des Erinnerungsvorgangs erfassen. Danach sollte für die öffentlichen gelten, daß diese Wesentliches über die kollektive Seite des »Verhältnisses von Gegenwart und Vergangenheit«[30] aussagen. Die individuelle Seite des Erinnerns wird im Roman mehrfach explizit und erzählperspektivisch eingebunden reflektiert.[31] Diese Reflexionen sollen hier als das *explizite Gedächtniskonzept* des Romans bezeichnet werden. Die kollektive Seite des Erinnerns stellt dagegen auf der Ebene der manifesten Textinhalte eine Leerstelle dar. Basierend auf dieser Untersuchung läßt sich vermu-

---

28 Damit wäre auch die funktional eingeengte Interpretation erweitert, die Marie v.a. als »model reader«, d.h. als eine erzählmethodisch-rezeptionsästhetische Instanz des Textes, faßt; so in: Gottfried-Hirsch, Marianne: Confrontation of Cultures: Perception and Communication in the Novels of Henry James, Uwe Johnson und Michael Butor, Providence 1975, S. 316; Pokay, Peter: Vergangenheit und Gegenwart in Uwe Johnsons »Jahrestage«, Salzburg 1983, S. 326; Fries, »Jahrestage« (Anm. 9), S. 54ff.

29 Basting, Verwandtschaft (Anm. 20), S. 58, Sp. 2.

30 Vgl. Anm. 9.

31 Vgl. JT, 62-65; 124f.; 143f.; 150f.; 226-235; 240; 339; 347; 387f.; 519; 670f.; 787; 817f.; 906; 937; 1331; 1341f.; 1489-1496; 1538-1541; 1677; 1828; 1856-1857.

ten, daß über die öffentlichen Jahrestage ein *implizites Gedächtniskonzept* des Romans zu isolieren ist. Vor dem Hintergrund der Korrelationen zwischen Hausepisode und Chanukah-Fest soll versucht werden, dieses Konzept zu skizzieren:

Als jährlich wiederkehrendes Fest läßt sich Chanukah – wie die anderen jüdischen Feste auch – als Ausdrucksform eines *kulturellen Gedächtnisses* benennen. In der hier verwendeten Definition von Jan Assmann erfaßt dieser Begriff »den jeder Gesellschaft und jeder Epoche eigentümlichen Bestand an Wiedergebrauchs-Texten, -Bildern und -Riten [...], in deren ›Pflege‹ sie ihr Selbstbild stabilisiert und vermittelt, ein kollektiv geteiltes Wissen vorzugsweise [...] über die Vergangenheit, auf das eine Gruppe ihr Bewußtsein von Einheit und Eigenart stützt«.[32] Das kulturelle Gedächtnis bestimmt demnach die kollektive Identität seiner Träger[33] und umgreift »alles Wissen, das im spezifischen Interaktionsrahmen einer Gesellschaft Handeln und Erleben steuert und von Generation zu Generation zur wiederholten Einübung und Einweisung ansteht«.[34] Die Relevanz des kulturellen Gedächtnisses der Juden läßt sich daraus ableiten, daß die Erinnerungskultur bei ihnen »eine neue Form gewonnen« hat und daß ihnen »in der Geschichte der Erinnerungskultur« ein ähnlicher Platz einzuräumen ist »wie den Griechen für die Gedächtniskunst [...]. Israel hat sich als Volk unter dem Imperativ ›Bewahre und Gedenke!‹ konstituiert und kontinuiert.«[35] Erinnern ist für die Juden ein absolutes Gebot. »In jeder einzelnen Generation ist ein Mensch verpflichtet, sich selbst so zu betrachten, als ob er aus Ägypten gezogen sei.«[36] Vergessen bedeutet nicht nur Abfall von Gott, sondern auch Rückkehr in die Sklaverei. Erinnern sichert die Identität als auserwähltes Volk, das Überleben in der Diaspora und damit die Erlösung.

Zwar geht es in dieser kursorischen Darstellung nur um eine Skizze des theoretischen Problems; es muß hier jedoch wenigstens konstatiert werden, daß diese Beschreibung des jüdischen Gruppengedächtnisses *idealtypischen* Charakter trägt. Mit der Haskala, der säkularisierenden jüdischen Aufklärung, also mit dem Ende des 18. Jahrhunderts, hat auch die Zerfallszeit des kollektiven Gedächtnisses der Juden begonnen, deren

32 Assmann, Jan: Kollektives Gedächtnis und kulturelle Identität. in: Jan Assmann/ Tonio Hölscher (Hg.), Kultur und Gedächtnis, Frankfurt am Main 1988, S. 15.

33 Vgl. Assmann, Das kulturelle Gedächtnis (Anm. 27), S. 57.

34 Assmann, Kollektives Gedächtnis und kulturelle Identität (Anm. 32), S. 9.

35 Assmann, Das kulturelle Gedächtnis (Anm. 27), S. 30.

36 Mischna Pesachim 10,5. Zit. nach Yerushalmi, Yosef Hayim: Zachor: Erinnere Dich! Jüdische Geschichte und jüdisches Gedächtnis, Berlin 1988, S. 57.

Auswirkungen sich in der Heterogenität des modernen Judentums repräsentieren.[37] Nichtsdestoweniger zeigt sich die Besonderheit und Lebendigkeit des jüdischen kulturellen Gedächtnisses und der sie tragenden kollektiven Mnemotechniken darin, daß die Juden als Volk trotz grausamster Verfolgungen über mehr als zwei Jahrtausende überlebt haben.

Durch den Referenztext des jüdischen Chanukah-Festes wird das Haus für Gesine Cresspahl – wie gezeigt – als eine Art *Gedächtnisort* illuminiert. Anscheinend findet also auch die individuelle Seite des Erinnerns im impliziten Gedächtniskonzept des Romans ihren Niederschlag. Die Schwierigkeit individuellen Erinnerns wird demnach nicht nur explizit ausgebreitet, wie es am prägnantesten im ersten Erinnerungsexkurs des Romans geschieht (vgl. JT, 63f.), sondern sie wird ausgesprochen subtil erzählerisch vorgeführt, wie auch die folgende Passage zeigt. Neben der ambivalenten Besetzung hat das Haus nämlich auch eine korrektive Funktion im Erinnerungsgeschehen:

– Ging wirklich vom Kind eine Tür nur auf Cresspahls Büro?
– Du hast von einer anderen nicht gesprochen.

Dann war es Cresspahl, der in der Nacht zum Kind ging. Ohne Marie hätte ich es vergessen. (JT, 539)

Maries Wahrnehmung des Erzählten mündet in die sinnliche Konkretheit des Miniaturhauses, das wiederum auf Gesine zurückwirkt. Das vergegenständlichte Resultat des erinnernden Erzählens ist genauer als die individuelle Erinnerung selbst und kann diese somit korrigieren. Die Vergegenständlichung des Erinnerns im Haus ist dessen bildhafte Exteriorisierung. Das Haus wird zur Stütze des Gedächtnisses. Durch diese Funktion des Hauses als Mnemotop[38] – oder eben Gedächtnisort – wird ein ganzer Theoriekomplex aufgerufen, der hier ebenfalls nur kurz angerissen werden kann:

Sowohl die antike ars memorativa[39] als auch Halbwachs' Theorie vom kollektiven Gedächtnis[40] sehen im Raum eine entscheidende Gedächt-

---

37 Vgl. ebd., S. 100.
38 Assmann, Das kulturelle Gedächtnis (Anm. 27), S. 60.
39 Vgl. Yates, Frances: Gedächtnis und Erinnern. Mnemonik von Aristoteles bis Shakespeare, Weinheim 1991, S. 12-16.
40 Vgl. Halbwachs, Gedächtnis (Anm. 26), S. 127-163 (Kapitel: Das kollektive Gedächtnis und der Raum).

nisstütze. Die antike Gedächtniskunst memorierte, so Frances Yates, mit Hilfe einer Technik, »bei der dem Gedächtnis ›Orte‹ und ›Bilder‹ eingeprägt werden«.[41] Pierre Nora, der Yates' Begriff des Gedächtnisortes übernommen hat, aber problematisiert und weiter faßt, behauptet, daß dieser sich einer »Entritualisierung unserer Welt«[42] verdanke. Gedächtnisorte wie Archive, Jahrestage, Feiern, Verträge entspringen, so Nora, »dem Gefühl, daß es kein spontanes Gedächtnis gibt«. Die »Verteidigung eines Gedächtnisses, das sich in privilegierte und eifersüchtig bewachte Heimstätten geflüchtet hat«, bringe zum Vorschein, daß die Konstruktion von Gedächtnisorten nicht nötig wäre, wenn das, was sie verteidigen, nicht bedroht wäre. »Lebte man die in ihnen eingeschlossenen Erinnerungen wirklich, so wären sie unnütz.«[43] So wird auch der Gedächtnisort Cresspahl-Haus für das Erinnern im Roman weiter gebraucht: »Dann werde ich auch den Dachboden ausbauen. Für das, was nun kommt.« (JT, 540)[44]

Da das Gruppengedächtnis der Juden in seiner Latenz im Roman lediglich idealtypisch zu fassen ist – es wird gar nicht oder nur sehr verhalten problematisiert (vgl. JT, 982) –, kontrastiert es in erster Linie die immer wieder auf ihre Tragfähigkeit befragte Erinnerung Gesines. Während im vorgeführten Fall das jüdische Fest als kollektives Ereignis mit einem hohen Grad an Verbindlichkeit Vergangenheit reaktualisiert und damit kollektive Identität stiftet, bemüht sich Gesine Cresspahl sichtlich darum, ihrer Erinnerung habhaft zu werden, um so die persönliche Geschichtserfahrung ihrer Familie und damit ihre eigene Identität und die ihrer Tochter zu sichern; so existieren neben dem Haus noch eine Reihe anderer Gedächtnisstützen: das Tonband, die Zeitungen, die Fotos. In der Kontrastierung des komplizierten Erinnerungs- und Erzählprozesses Gesines mit der jahrtausendealten Aktivierung des jüdischen

---

41 Yates, Gedächtnis und Erinnern (Anm. 39), S. 5.
42 Nora, Pierre: Zwischen Geschichte und Gedächtnis, Berlin 1990, S. 17.
43 Ebd.
44 Damit relativiert sich auch Barbara Bastings Urteil über die Hausepisode, die sie dem Feld der Geschichte und nicht dem des Gedächtnisses zuordnet: Der Hausbau karikiert angeblich das Strukturprinzip des Romans, »weil Marie im Grunde etwas Unmögliches tut: die Geschichte zu einem (be)greifbaren Gegenstand machen, sie verdinglichen, wo doch, wie der Roman ständig neu demonstriert, Geschichte nur als subjektive, partiale, dazu oft noch affektbesetzte Konstruktion besteht, die sich ihrem Ideal, die Wahrheit zu überliefern, bestenfalls annähern kann«. Basting, Verwandtschaft (Anm. 20), S. 58, Sp. 2.

Gruppengedächtnisses[45] veranschaulicht sich die wohl weitreichendste
theoretische Formulierung, in der das implizite Gedächtniskonzept des
Romans zu fassen ist: Hier berühren sich zwei Erinnerungskulturen, die
in der Menschheitsgeschichte unter typisierendem Gesichtspunkt aufeinander folgten und deren Differenz sich als eine Verschiebung »vom
Historischen zum Psychologischen, vom Sozialen zum Individuellen,
vom Übertragbaren zum Subjektiven, von der Wiederholung zur Wie-
dererinnerung«[46] beschreiben läßt, um Pierre Noras Worte zu verwen-
den; »[...] der Gedächtniszwang lastet auf dem Individuum und auf ihm
allein, drängend und zugleich unbestimmt; auf dessen persönlicher
Beziehung zur eigenen Vergangenheit beruht seine mögliche Wieder-
belebung. Die Atomisierung eines allgemeinen Gedächtnisses in Privat-
gedächtnisse gibt dem Gesetz des Erinnerns eine intensive Kraft inneren
Zwanges. Sie verpflichtet jeden, sich zu erinnern, und macht aus der
Wiedergewinnung einer Zugehörigkeit das Prinzip und das Geheimnis
der Identität. [...] Je weniger das Gedächtnis kollektiv gelebt wird, um so
mehr braucht es einzelne Menschen, die sich selbst zu Gedächtnis-
menschen machen.«[47]

V.

»Ist die Problematisierung der Memoria [...] bloße Absichtserklärung, die
nicht konstitutiv in den Text eingeht?«,[48] fragte vor zehn Jahren Peter
Pokay in einer der ersten ausführlichen Arbeiten über die bis dahin
erschienenen ersten drei Bände der *Jahrestage*. Geantwortet werden muß
wohl mit nein. Zwar ist es eine erzähltheoretische Schwierigkeit des
Romans, einerseits die Memoria in bestimmten Eintragungen radikal zu
problematisieren, andererseits aber große Blöcke erinnernd geradezu
konventionell zu erzählen.[49] Die Problematisierung der Memoria, die
neben dem Erinnern selbst auch die Bereiche des Erzählens und des
Erfahrens erfaßt, scheint gleichwohl in einem latenten Text dem Roman

---

45 Das wird besonders deutlich durch die Erwähnung der Jahreszahl des jüdischen
Jahres zu Rosch Ha-Scha'nah, 5728 (vgl. JT, 141), die die Differenz zu den Bemühungen
Gesines, etwas aus den letzten *vierzig* Jahre erinnernd zu erzählen, zeigt.
46 Nora, Gedächtnis und Geschichte (Anm. 42), S. 22.
47 Ebd., S. 22f.
48 Pokay, Vergangenheit und Gegenwart (Anm. 28), S. 266.
49 Vgl. ebd., S. 228 u. 232.

eingeschrieben, so wie Johnson es selbst für »neuartige Romane« gefordert hat: »Das Problem von Form und Inhalt darf nicht mehr sichtbar sein. Die Geschichte muß sich die Form auf den Leib gezogen haben. Die Form hat lediglich die Aufgabe, die Geschichte unbeschädigt zur Welt zu bringen. Sie darf vom Inhalt nicht mehr ablösbar sein.«[50]

Ein Interpretationsversuch der *Jahrestage,* wie er hier vorgeführt wurde, hat freilich auch eine andere Seite von geradezu erschreckender Dimension. Johnsons Statement, jeder Tag der Gegenwart sei ein Jahrestag des Vergangenen, würde nach sich ziehen, manifeste und latente Bedeutungszuordnungen eines jeden Tages innerhalb des Sinnzusammenhangs des Romans aufzudecken und damit anzunehmen, daß jeder erzählte Tag derart zugeordnet ist oder zugeordnet werden kann.[51] Ein schwer vorstellbares Unternehmen.

Der Interpretationsrahmen für die Hausepisode wurde somit etwas weiter abgesteckt und die Suche nach Lösungsmöglichkeiten ausführlicher vorgeführt, um zugleich Ansätze zu einem Paradigma zu skizzieren, das die möglichen Jahrestage des Romans zu erfassen vermag.

Thomas Schmidt, Kunitzer Str. 15, 07749 Jena

50 Johnson, Uwe: Vorschläge zur Prüfung eines Romans, in: Reiner Gerlach/ Matthias Richter, Uwe Johnson. Frankfurt am Main 1984, S. 33f.
51 Ein weiteres Beispiel dafür bietet: Fahlke, Heimat (Anm. 8), S. 175, Sp. 2.

Veronica Albrink

»hier wird nicht gedichtet«?

Zum Verhältnis von Historiographie und Fiktion in Uwe
Johnsons *Jahrestagen*

Das aufgeschriebene Jahr der Gesine Cresspahl ist historisch aufgeladen
vom ersten bis zum letzten Tag. Während in der Sekundärliteratur die
Zeitgeschichte als Erzählobjekt unbestritten ist, wird die Bedeutung der
Erzählebenen unterschiedlich gewichtet. Einige geben den globalen
Verhältnissen der sechziger Jahre, die innerhalb der New York-Passagen
verarbeitet werden, den Vorrang, andere sehen in der Mecklenburg-
Erzählung der dreißiger und vierziger Jahre den Schwerpunkt des Romans. Unabhängig davon bleibt festzuhalten, daß Johnsons *Jahrestage* zu
den wenigen Werken der deutschen Nachkriegsliteratur gehört, in
denen die Nazizeit detailliert und mit sozialgeschichtlichem Blick ins
Rampenlicht gestellt wird. Minutiös ist das Kleinstadtleben des mecklenburgischen Jerichow, seiner Umgebung und seiner Bewohner, vom
Beginn der nationalsozialistischen Herrschaft bis in die 50er Jahre hinein
rekonstruiert. Wenn es im Folgenden um das Wie und Warum der
Johnsonschen Geschichtsschreibung geht, so beziehen sich die Fragen auf
diesen Erzählstrang der *Jahrestage*. Die trotz fließender Übergänge und
gegenseitiger Verwobenheit zu unterscheidenden, weil formal eigen-
ständigen, räumlich, zeitlich und personell differenzierten Erzählstränge
des Romans erlauben einen ausschließenden Blick auf die mecklenburgische Geschichtswelt als einen der beiden hauptsächlichen Geschehens-
und Zeiträume.[1]

1 Vgl. dazu detailliert Fries, Ulrich: Uwe Johnsons »Jahrestage«. Erzählstruktur und
Politische Subjektivität, Göttingen 1990 (Palaestra 290), S. 78ff., 96f., 101ff.

Vom geschichtswissenschaftlichen Standpunkt aus sind es weniger die inhaltlichen Bezüge der historisch-biographischen Mecklenburg-Erzählung als vielmehr ihre Machart, auf die sich das Augenmerk richtet. Schon ein erster Blick in die literaturwissenschaftliche Sekundärliteratur und ein zweiter in die Johnsonschen Selbstzeugnisse zeigt, daß dieser Gedanke nicht abwegig ist. Kritikern wie Neumann erscheint Johnsons Art zu erzählen »altväterlich« oder »nostalgisch«,[2] andere erwähnen »archaische« oder »epische« Eigenheiten.[3] Die in den *Jahrestagen* praktizierte Erzählweise strapaziere die Gattungsgrenzen des Romans nicht nur durch die hervorstechenden dokumentarischen und empirischen Züge;[4] laut Ter-Nedden, der aus den Entwicklungen der modernen poetischen Praxis eine poetologische Norm ableiten will, bietet sie außerdem eine problematische Verknüpfung von historisch-biographischen Romanformen des 19. Jahrhunderts und Abstraktions- und Reflexionsformen des modernen Romans. Einerseits wird Johnson ein eklatanter Mangel an Modernität bescheinigt, andererseits das Johnsonsche Registrieren und Informieren verteidigt.[5] Die vom vermeintlichen Antagonismus von Historie und Poesie ausgehende Reduktion von Geschichtsschreibung auf eine »objektive« Darstellung des Empirisch-Faktischen ist aber so unhaltbar wie der oberflächliche Vorwurf, Johnson vernachlässige die »poetische Wahrheit« zugunsten von historischer Pedanterie und politischer Aufklärung.[6]

2 Neumann, Bernd: Utopie und Mimesis. Zum Verhältnis von Ästhetik, Gesellschaftsphilosophie und Politik in den Romanen Uwe Johnsons, Kronberg/Ts. 1978, S. 304, 297.

3 Vgl. Fries, »Jahrestage« (Anm. 1), S. 54f. In Anlehnung an Genette wird im Zusammenhang mit der Erzählerrolle in den *Jahrestagen* auf die Odyssee hingewiesen. S.a. S. 86: Der Tod Cresspahls als »archaisches Moment des Erzählens«. Mecklenburg, Norbert: Erzählte Provinz. Regionalismus und Moderne im Roman, Königstein/Ts. 1982, S. 180-220, bes. 202f.

4 Ter-Nedden, Gisbert: Allegorie und Geschichte. Zeit- und Sozialkritik als Formproblem des deutschen Romans der Gegenwart, in: W. Kuttenkeuler, Poesie und Politik, Stuttgart 1973, S. 155-183; dazu auch: Fries, »Jahrestage« (Anm. 1), S. 109ff. mit Bewertung des tatsächlichen dokumentarischen Gehalts.

5 Affirmativ: Fahlke, Eberhard: Erinnerung umgesetzt in Wissen. Spurensuche im Uwe Johnson-Archiv, in: Siegfried Unseld/Eberhard Fahlke: Uwe Johnson. »Für wenn ich tot bin«, Frankfurt am Main 1991 (Schriften des Uwe Johnson-Archivs 1), S. 73-142, bes. S. 75f., 92, 100ff.; Unseld, Siegfried: Uwe Johnson. »Für wenn ich tot bin«, in: ebd., S. 9-72, bes. S. 64. Differenzierend: Gerlach, Ingeborg: Auf der Suche nach der verlorenen Identität. Studien zu Uwe Johnsons »Jahrestagen«, Königstein/Ts. 1980, S. 6ff., 123.

6 Der Streit um die »Wahrheit« in erforschter und erzählter Geschichte besteht, seitdem geschichtlich konkrete Inhalte literarisch verarbeitet werden. Dazu Dahlke, Hans: Geschichtsroman und Literaturkritik im Exil, Berlin/Weimar 1976, S. 295-310.

Die folgenden Überlegungen knüpfen an die hier nur grob umrissene Diskussion über das Verhältnis von Geschichte und Literatur in den *Jahrestagen* an. Grundsätzlich geht es darum, wie Johnson einen konkreten Zeitraum der deutschen Vergangenheit mit einer fiktiven lokalen und biographischen Geschichte verknüpft, die allgemeine Geschichte also im fiktionalen Rahmen räumlich und personell zuschneidet. Dieses umfassende Thema wird allerdings nur unter einem bestimmten Aspekt beleuchtet: Es wird überprüft, ob die Art der Geschichtsdarstellung in der Mecklenburg-Erzählung Affinitäten zu traditionellen Erzählweisen der Historiographie aufweist. Zunächst ist es notwendig, allgemeine Grundzüge des historischen Erzählens und ihre Verbindung zu den *Jahrestagen* zu erläutern. Anhand der Gegenüberstellung von Textstellen aus dem Roman mit Zitaten bekannter antiker Geschichtsschreiber sollen anschließend die Berührungspunkte beider Formen der Geschichtsvermittlung aufgezeigt werden. Die Gegenprobe zu den textanalytisch gewonnenen Ergebnissen basiert auf der Hinzuziehung prägnanter Johnsonscher Äußerungen zum eigenen poetologischen Standpunkt und zu den *Jahrestagen*. Den Schluß bildet die Frage nach dem Zweck und Nutzen der spezifischen Verfahrensweise Johnsons.

I.

Häufig wird der Begriff der »Chronik« zur erzähltechnischen Charakterisierung der *Jahrestage* verwendet.[7] Der Versuch Norbert Mecklenburgs, diese Bezeichnung in ihrer Bedeutung für die *Jahrestage* zu erfassen und zu beschreiben, ist allerdings bislang der einzige geblieben. Mecklenburg differenziert zwischen den Erzählweisen der Chronik und des Tagebuchs und begründet ihre jeweilige kompositorische Funktion. Die Jerichow-Erzählung trage einen Chronikcharakter, weil im Unterschied zum New York-Tagebuch das Erzählobjekt, die Ereignisgeschichte, im Vordergrund stehe und das Erzählen der Vergangenheit von Jahr zu Jahr vorrücke. Die Kontrastierung von Tagebuch und Chronik verdeutliche den Unterschied der erzählten Zeit der beiden Erzählstränge. In der »Vergangenheitserzählung« werde ein Zeitraum, der z.T. bis ins 19. Jahrhundert zurückreicht, auf Jahresschritte komprimiert nacherzählt. Das Prinzip gebündelten historischen Erzählens wird Mecklenburgs Ansicht nach aber relativiert durch die dialogisch-situative Einbettung

7 Vgl. z.B. Neumann, Utopie (Anm. 2), S. 290.

des Erzählens, Vor- und Rückgriffe, Raffungen und Ausweitungen, Lücken, Einschübe, Exkurse, Digressionen verschiedenster Art. Das heißt, der Eindruck einer historiographischen Darstellung wird durch literarische Kunstgriffe aufgefangen.[8]

Mecklenburg konzentriert sich auf die Struktur des gesamten Romans, insbesondere auf das Ineinandergreifen der beiden Erzählstränge und -zeiten. Seine Verwendung des Chronikbegriffs zur Bezeichnung des Mecklenburg-Komplexes ist deskriptiv und geschieht ohne genauere Reflektion der Merkmale des Begriffsgegenstandes. Im Zuge einer analytischen Untersuchung nur der Jerichow-Handlung unter dem Aspekt der Chronik als einer Form der Geschichtsschreibung wäre Mecklenburg aufgefallen, daß nicht die Tatsache einer von Jahr zu Jahr fortschreitenden Geschichts-Erzählung entscheidendes Charakteristikum einer Chronik ist.[9] Denn dieses formale Merkmal gilt in erster Linie für die historische Gattung der Annalen. Auch die bei historiographischen Arbeiten häufig vorausgesetzte formale und inhaltliche Strenge ist für Chroniken keineswegs entscheidend. Die Bezeichnung einer historischen Erzählung als Chronik wird von der Intention des Autors und dem beschriebenen Gegenstand abgeleitet, nicht von ihrer Form. Der Chronist sucht einen umfangreichen Stoff möglichst vom Ursprung bis zur Gegenwart unter einem bestimmten Leitgedanken zu erfassen und mitzuteilen. Seine spezifische Fragestellung gibt der Chronik ihr jeweiliges Gepräge. Für die *Jahrestage* könnte man also annehmen, daß Gesine eine Chronik ihrer Heimat unter der leitenden Fragestellung: »Wo komme ich her?« erstellt und dabei ausgeht von ihrem eigenen familiären Ursprung.

Ebensogut könnte man die Jerichow-Erzählung aber auch als Lebensgeschichte Cresspahls und Gesines auffassen, die, ähnlich den Lebensgeschichten des Plutarch, nüchterne Information, farbige Schilderung und Urteil verbindet. Dabei wird die Vorstellung vom Lebensweg des beschriebenen Menschen an einzelnen wichtigen Lebensstationen und alltäglichen Ereignissen profiliert. Weil Plutarch die Geschichte der Poesie zuordnete, konzentrierten sich seine politischen Biographien nicht auf die politische Bedeutung des Einzelnen, sondern sollten möglichst realistisch und gemütsbewegend seinen individuellen Charakter

---

8 Vgl. Mecklenburg, Provinz (Anm. 3), S. 189.

9 Vgl. Engels, Odilo: Geschichte, Mittelalter, in: Geschichtliche Grundbegriffe (GG). Historisches Lexikon zur politischen und sozialen Sprache in Deutschland, hg. v. O. Brunner/W. Conze/R. Koselleck, Bd. 2, Stuttgart 1975, S. 610–624, bes. 612f.

veranschaulichen.[10] Daß es bei der Schilderung eines Menschenlebens im Kontext und Wechselspiel mit der allgemeinen Geschichte nicht auf Heldentaten ankommt, begründete Plutarch damit, daß »oft [...] ein geringfügiger Vorgang, ein Wort oder ein Scherz ein bezeichnenderes Licht auf einen Charakter (wirft) als Schlachten mit Tausenden von Toten«.[11] Wie bei Plutarch, so ist auch in den *Jahrestagen* die individuelle Lebensgeschichte mit dem Lebensalltag und der Ereignisgeschichte aufs engste verknüpft.

Aus dem Gesagten ergibt sich, daß eine eindeutige und verbindliche Klassifizierung der Geschichtsdarstellung in den *Jahrestagen* als Chronik nach geschichtswissenschaftlichen Maßstäben nicht möglich ist. Bei der erzählten Geschichte Jerichows lassen sich sowohl Verbindungen zu chronistischen wie auch zu antiken biographischen Arbeiten erkennen. Dies liegt zum einen darin begründet, daß die geschichtswissenschaftlichen Gattungsbestimmungen nicht normativ gelten, da in der praktischen Arbeit fließende Übergänge und Merkmalsverknüpfungen bei den Gattungen auftreten. Weder die frühe Historiographie noch die post festum eingeführte moderne Gattungs-Klassifikation weisen formal und inhaltlich verbindliche Kriterien für die verschiedenen Textsorten auf.[12] Der zweite Grund dafür, daß die Mecklenburg-Erzählung in den *Jahrestagen* nicht definitiv als Chronik, Vita o.ä. zu bezeichnen ist, ergibt sich aus dem Text selbst. Es handelt sich um einen fiktiven Roman, dessen Gesamtkonstruktion das schematische Kopieren einer historischen Erzählform ausschließt.

Obwohl also die Bezeichnung der Geschichtserzählung in den *Jahrestagen* als Chronik sachlich diskutabel ist, weist sie in die richtige Richtung. Denn im Mecklenburg-Handlungsstrang wird eine Erzähltechnik eingesetzt, die auch der »narrativen Geschichtsschreibung«, zu der die Chroniken gehören, eignet.[13] Der Begriff der narrativen Geschichtsschreibung wird hier als Oberbegriff für alle Formen der antiken, mittelalterlichen und neuzeitlichen erzählenden Geschichtsschreibung

10 Vgl. Preller, Hugo: Geschichte der Historiographie unseres Kulturkreises, Bd. 1, Aalen 1967, S. 301-303.

11 Hug, Wolfgang: Erzählende Quellen. Grundmuster narrativer Geschichtsschreibung in Antike und Mittelalter, in: S. Quandt/H. Süssmuth (Hg.), Historisches Erzählen. Formen und Funktionen, Göttingen 1982, S. 94.

12 Vgl. Meier, Christian: Geschichte, Antike, in: GG, S. 595-610; bes. Engels, Mittelalter (Anm. 9), S. 612ff.

13 Grundlegend: Hug, Geschichtsschreibung (Anm. 11), S. 77-104.

verstanden.[14] Das historische Erzählen kennzeichnet eine deutlich hervortretende Personalität und Subjektivität; historische Handlungen werden aus der Sichtweise von Betroffenen erzählt, handeln von Personen (-kreisen) und sind für ebensolche geschrieben. Die antiken Anfänge der Geschichtsschreibung zeigen diese Form der Geschichtsvermittlung.

Historische Erzählungen, wie etwa Mythen, Sagen, Lieder, Familienerzählungen, Annalen, Chroniken, Biographien, Memoiren, Autobiographien etc. werden als Quellenmaterial von der Geschichtswissenschaft der Quellengruppe der »Tradition« zugeordnet.[15] Das einschlägige Kriterium dieser Quellengruppe besteht darin, daß die ihr zugerechneten Quellen absichtlich Zeugnis von historischen Begebenheiten ablegen. Die Nachrichten werden durch menschliche Auffassung gefiltert und zum Zweck historischer Unterrichtung der Mit- und Nachwelt überliefert. Das historische Geschehen wird im Hinblick auf die Erwartungshaltung der Rezipienten geschildert, der Berichterstatter wertet und wählt aus. Die Beurteilung, die Auslese des Nachrichtenstoffes, Disproportionalitäten, rhetorische Figuren und eine ausgefeilte Stilistik färben die Darstellung und beeinflussen die Rezeption der Geschichte. So werden z.B. Textstücke aus anderen Quellen übernommen, sofern sie in das eigene Konzept passen.[16] Analogien von zeitlich auseinanderliegenden Ereignissen und die Profilierung von bestimmten Personen mit bestimmten Eigenschaften, also die Typenbildung, sind üblich. Von der »epischen Gelassenheit« und »Unparteilichkeit«, die Bernd Neumann als charakteristisch für Chroniken annimmt und bei der Johnsonschen »Chronik« kritisiert, kann also unter Berücksichtigung der Tatsache, daß es sich dabei um eine Form der erzählenden Geschichtsschreibung handelt, keine Rede sein.[17] Grundsätzlich ist festzustellen, daß die »Vergangenheitserzählung« Gesines nicht eigentlich den mittelalterlichen, heilsgeschichtlich ausgerichteten Chroniken oder christlich idealisierenden Viten ähnelt, sondern in erster Linie Gemeinsamkeiten mit deren historiographischen Vorläufern, den antiken Geschichtswerken aufweist. Dies

---

14 Der Begriff ist hier sehr weit gefaßt. Vgl. zu den terminologischen Fragen Quandt, Siegfried/Süssmuth, Hans: Zur Einführung, in: Dies., Historisches Erzählen (Anm. 11), S. 5-10. Weiterführend: Quandt, Siegfried: Die historische Erzählung in der Perspektive prozeßorientierter Geschichtsdidaktik, in: ebd. S. 10-29.

15 Einführend: v. Brandt, Ahasver: Werkzeug des Historikers. Eine Einführung in die Historischen Hilfswissenschaften. Stuttgart 1985, S. 48ff.

16 Howald, Ernst: Vom Geist antiker Geschichtsschreibung. Sieben Monographien, München/Berlin 1944, S. 203ff.

17 Zit.: Neumann, Utopie (Anm. 2), S. 293.

ist nicht formal begründet, denn die mittelalterlichen Geschichtserzähler übernahmen die durch die griechische und römische Geschichtsschreibung bereits eingeführten Verfahrensweisen, wie etwa die Gliederung der Darstellung nach dem Kalender. Den wesentlichen, hier relevanten Unterschied zwischen beiden Historiographien markiert die den Arbeiten zugrundeliegende Geschichtsauffassung. Gesines Bericht über die Geschichte Jerichows hat nichts mit dem theologischen und teleologischen mittelalterlichen Geschichtsbild, aber viel mit den profanen Erzählwerken der Antike gemein.[18]

Zu den Grundzügen antiker Geschichtsschreibung zählt die Intention, Erinnerung zu bewahren oder zu erneuern, um so eine historisch begründete Identität – für einzelne Menschen, soziale Schichten oder für ein ganzes Volk – zu stiften. Im einzelnen liegt der Akzent darauf, ein Hör- und Lesepublikum zu unterhalten, zu bilden, es aufzuklären oder zu warnen. Der historische Erzähler berichtet entweder aufgrund eigener Anschauung oder stützt sich auf Zeugen und Überlieferungen.[19] Diese empirische Ausrichtung und der Wahrheitsanspruch verbieten ihm jedoch nicht, sich persönlich zu engagieren und dezidiert Stellung zu nehmen. Die Mehrzahl der antiken Historiographen ist politisch äußerst engagiert. Die Erzählmuster der einzelnen Geschichtsschreiber sind individuell unterschiedlich, ähnlich der Darstellungsweise in der poetischen Literatur. Kurzgeschichten, szenische Geschichten und Ereignisberichte stehen neben Analysen von historischen Sachverhalten. Die Arbeiten erscheinen als Biographien und Memoiren oder können als historische Essays, politische Plädoyers oder feuilletonistische Zeit- und Kulturkritiken gelesen werden. Die Komposition ergibt sich aus der Intention und der erkenntnisleitenden Absicht des jeweiligen Autors. An der Art, wie historische Ereignisse oder Zusammenhänge mitgeteilt werden, ist zu erkennen, ob und wie die Autoren die strukturellen Bedingungen des Handelns in der geschichtlichen Entwicklung einschätzten. Thukydides, dem Begründer der sogenannten pragmatischen Geschichtsschreibung, war nicht an kurzweiliger Unterhaltung, sondern an realistischer Aufklärung gelegen. Die didaktische Zwecksetzung beruhte auf der Annahme, daß es dem Einzelnen möglich sei, Entwicklungen zu beeinflussen. Seine Geschichte des Peleponnesischen Krieges ist

---

18 Vgl. Meier, Antike (Anm. 12), S. 608–610; Hug, Geschichtsschreibung (Anm. 11), S. 95ff.; Engels, Mittelalter (Anm. 9), S. 616ff.
19 Bes. Engels, Mittelalter (Anm. 9), S. 610–612.

mit Ausnahme der Reden faktengetreu, trocken, vergleichsweise neutral und klar.[20]

Typisch für antike Geschichtsschreiber ist die Kombination erzählender Passagen mit der scheinbar authentischen Wiedergabe von Reden und Briefen. Die Aufzeichnung dieses »urkundlichen« Materials basiert jedoch zum überwiegenden Teil auf der Erfindungsgabe des Autors. So sind gerade bei dem wegen seiner rhetorisch äußerst kunstvollen Reden berühmten Thukydides die Ansprachen frei erfunden: »Was die Reden angeht [...] war es für mich, soweit ich sie selbst mitangehört habe, wie für meine Berichterstatter unmöglich, ihren genauen Wortlaut festzuhalten. Darum habe ich einen jeden reden lassen, was nach meiner Ansicht im jeweilig gegebenen Moment das Passendste war.«[21] Gelegentlich wurden nicht nur die Reden, sondern auch die Redner erfunden.[22]

Die inhaltliche Freizügigkeit und formale Perfektion, die den Umgang mit originärem bzw. vermeintlichem Quellenmaterial kennzeichnet, belegt die Nähe zur poetischen Praxis.[23] Die Reden enthalten essentielle politische, moralische oder allgemein anthropologische Mitteilungen der Verfasser. Sie suggerieren Authentizität, wo die ›wirkliche‹ Geschichte der Mitteilungsabsicht ihrer ›Chronisten‹ untergeordnet wurde. Allerdings ist die Erdichtung von Quellen nicht unumschränkt. Denn die hier angeführten antiken Geschichtsschreiber werden vor allem wegen der Gewissenhaftigkeit, mit der sie geographische, ethnographische oder militärisch-strategische Fakten überliefern, als die klassischen Vorläufer der modernen Geschichtswissenschaft betrachtet.[24] Sie sind von Bedeutung, weil sie das Erklärungsbedürfnis und die kritische Grundhaltung der ionischen Naturwissenschaft zweckmäßig auf die Erforschung von Umwelt und Geschichte übertrugen. Seit Thukydides trat die möglichst getreue Darstellung der äußeren Verhältnisse und die Charakterisierung der Figuren durch ihre psychologisch und rational nachvollziehbaren Handlungen an die Stelle göttlicher Schicksalsmacht.[25] Die Geschichte wurde diesseitig verankert, die realen Bedingungen des politischen Lebens, wie

20 Vgl. Preller, Geschichte (Anm. 10), S. 125-131.
21 Jacoby, Felix: Griechische Geschichtsschreibung, in: Herbert Bloch (Hg.), Felix Jacoby. Abhandlungen zur griechischen Geschichtsschreibung, Leiden 1956, S. 89. Die Reden Thukydides sind nachweislich fiktional.
22 Dazu: Howald, Geist (Anm. 16), S. 39, 48f.
23 Vgl. auch Meier, Antike (Anm. 12), S. 599ff.; Engels, Mittelalter (Anm. 9), S. 620ff.
24 Vgl. Jacoby, Geschichtsschreibung (Anm. 21), S. 79 u. 81, 89; Howald, Geist (Anm. 16), S. 70ff.
25 Vgl. Jacoby, Geschichtsschreibung (Anm. 21), S. 91.

Volkszahl, Volkscharakter, Geld, Bodenschätze, Handelsinteressen, politische und militärische Machtmittel wurden als Geschichtsfaktoren benannt. Konnten Sachverhalte nicht gänzlich geklärt werden, erscheinen sie als Erfahrung des Widerspruchs, als Bericht kontroverser Meinungen oder als provokante Hypothese.[26]

Dabei war wissenschaftliche Exaktheit im Hinblick auf die chronologische Ordnung von sekundärer Bedeutung. Die Darstellungen folgen zwar einer chronologischen Orientierung, zuverlässig im Sinne der Wiedergabe eines wirklichkeitsgetreuen Zeitrasters sind sie jedoch nicht immer;[27] Ereignisse werden zuweilen auch arrangiert, verschoben oder einfach falsch eingeordnet. Die zeitliche Gliederung kann auch von Ereignissen (Herodot) und Personen (Plutarch) abhängig sein. Annalisten, wie Thukydides, Livius oder Tacitus, orientieren sich an der kalendarischen Zeitrechnung.[28] Obwohl der annalistische Aufbau Gleichförmigkeit erfordert, liegt bei den Annalisten der Schwerpunkt auf einzelnen, typischen Ereignissen und den damit verbundenen Personen als Repräsentanten der historischen Entwicklung. Vor dem Hintergrund der strengen Annalistik heben sich Figuren und Ereignisse deutlicher ab und erhalten einen exemplarischen Charakter. Auch die *Jahrestage* sind geschrieben, als folgten sie dem Kalender 365 Tage lang.[29] Dem Leser allerdings bleibt die Aneinanderreihung einzelner Anekdoten, Gespräche, Personen im Gedächtnis.

Ein weiteres formales Merkmal der antiken Geschichtsschreiber ist das episodenhafte Erzählen in Exkursen. Unbestrittener Meister dieser Erzähltechnik ist Herodot, dessen Arbeit keine linear und zielbewußt verlaufende Haupthandlung verfolgt, sondern aus der geschickten Verkettung von Exkursen besteht.[30] Da Herodot kein annalistisches Organisationsprinzip wählte, fehlt dem Erzählen ein feststehender Rahmen. Zwischen dem auf Zeugenaussagen beruhenden Empirismus Herodots und seinen volkstümlichen, z.T. frei erfundenen Erzählungen besteht ein

---

26 Dies gilt allerdings noch nicht für Herodot, auf den Thukydides aufbaut.
27 Vgl. Preller, Geschichte (Anm. 10), S. 259ff., 269f., 282ff., 300f.; Howald, Geist (Anm. 16), S. 119, 163-192, 200-214.
28 Howald, Geist (Anm. 16), S. 50f., 84, 151f., 200.
29 Vgl. auch: Johnson, Uwe: Vorschläge zur Prüfung eines Romans, in: Eberhard Lämmert u.a., Romantheorie. Dokumentation ihrer Geschichte in Deutschland seit 1880, S. 398-405, hier: 405:»Wir benutzen in unserem Denken die zeitliche Folge, aber auch andere Methoden.«
30 Vgl. Howald, Geist (Anm. 16), S. 11-45; Jacoby, Geschichtsschreibung (Anm. 21), S. 81; Meier, Antike (Anm. 12), S. 596, 602.

deutliches Spannungsverhältnis. Die Exkurse, die von allen Geschichtsschreibern als Erzählmittel eingesetzt wurden, dienten dazu, verschiedene thematische Felder einzubinden oder, wie bei Thukydides, durch die
anekdotische Abwechslung den Gesamtfluß des nüchternen Berichtes
aufzulockern.[31] Die Wirkung eines abgeschlossenen Ganzen konnte so
kaum erzielt werden. Unter literaturwissenschaftlichen Gesichtspunkten
wäre die Exkurstechnik als Montageverfahren zu beschreiben. Die
Sammlung und Aneinanderfügung der verschiedenen Geschichten,
Biographien, Urkundenzitate, Berichte, Reden ist der Konstruktion, die
in den *Jahrestagen* zum Vorschein kommt, vergleichbar. Die »Fragmen-
tierung und netzartige Neuverflechtung der erzählten Welt«, von Norbert Mecklenburg als Auflockerung der traditionellen Gattungsgrenzen
in den *Jahrestagen* gewertet,[32] könnte durchaus auch für die Historien
Herodots gelten.

Für die meisten antiken Geschichtsschreiber waren Kriege Anlaß zur
Abfassung ihrer Werke, wobei nicht unbedingt die militärischen und
politischen Gegebenheiten im Vordergrund standen. Herodot benutzte
die Perserkriege als chronologisches Gerüst für seine Geschichten aus
dem Leben derer, die an der umkämpften kleinasiatischen Küste lebten.
Er war der erste, der versuchte, die Geschichte eines Volkes zu überlie-
fern, an die sich Mitlebende noch erinnern konnten. Als besondere
Merkmale der Geschichtsschreibung des Thukydides sind zwar die
zeitgenössische Aktualität und die politisch-militärische Ausrichtung zu
sehen, denn der Athener nahm seinen Stoff aus der unmittelbaren
Gegenwart des peleponnesischen Krieges, den er selbst erlebte. Aber
Thukydides diente der Krieg nicht zur Verherrlichung des eigenen
Volkes, wie es bei einigen römischen Geschichtsschreibern der Fall war.
Herodot und Thukydides nutzten die Kriege als Ausnahmezustände; der
eine, um menschliche Heldentaten der Griechen *und* Barbaren zu ver-
ewigen, der andere zur Beschreibung politischen Machtstrebens am
Beispiel der Expansionsbestrebungen Athens. Der Krieg bot sich an, weil
er als Ausnahmezustand vom Einzelnen ein besonderes Maß an politischem Handeln und Verhalten erforderte. In den *Jahrestagen* Johnsons spielt
dies ebenfalls eine Rolle. Ein maßgeblicher Unterschied besteht allerdings darin, daß die Protagonistin Gesine keine politisch verantwortliche
Stelle bekleidet und Helden in der Erzählung nicht vorgesehen sind.[33]

---

31 Vgl. Howald, Geist (Anm. 16), S. 52ff.
32 Mecklenburg, Provinz (Anm. 3), S. 201.
33 Vgl. Preller, Geschichte (Anm. 10), S. 117-127.

II.

Gesines Bericht fußt – so will es die Fiktion – zu weiten Teilen auf eigenen Erfahrungen. Wie Cäsar im Bellum Gallicum berichtet sie von sich in der dritten Person, schlicht, unter Verzicht auf dramatische Spannungselemente. Die Erinnerungen erscheinen zufällig wie Notizen in einem Tagebuch, bilden aber bei Cäsar[34] wie bei Gesine zugleich einen Rechenschaftsbericht über die Gedanken und Beweggründe ihrer Handlungen. Beiden Verfasser gilt der Bericht als eine »Auftragsarbeit«; seine Glaubwürdigkeit und Authentizität war für Cäsar aus politischen und ist für Gesine aus persönlichen Gründen von großer Bedeutung. Deshalb stilisieren beide Verfasser den Text zum Ereignisprotokoll, obwohl sie bereits den Ausgang der Geschichte kennen.[35] Die Glaubwürdigkeit ist für jede Form historischer Erzählung essentiell. Sie hängt nicht nur von der faktischen Stimmigkeit der mitgeteilten Ereignisse ab, sondern wird auch von der Verfassung und dem Verhalten des Erzählers bestimmt.

Die Glaubwürdigkeit von Gesines Erzählung wird untermauert dadurch, daß die Erzählerin intelligent, gebildet und zuverlässig ist, abwägt und reflektiert, keine voreiligen Schlüsse zieht und schließlich die von ihr verfolgte Erzählabsicht nicht verschweigt, sondern offenlegt. In der Benennung der Möglichkeiten, Grenzen und Intentionen des eigenen Berichtes verhält sich Gesine wie ein Historiograph. Der Zeitgeschichtler Thukydides kommentiert seine präzise und nüchterne Beschreibung einer Pestepidemie in Athen, bei der er die Gerüchte über ihre Entstehung weitgehend außer acht läßt, mit den Worten: »ich für meine Person will nur angeben, wie sie verlief, und sie so schildern, daß einer wenn sie einmal wiederkommt, genug von ihr weiß, um sie auf Grund der Symptome nicht zu verkennen. Ich kann das, da ich sie selbst gehabt, auch selber andere, die erkrankt waren, beobachtet habe.«[36] Derart programmatische und damit distanzierend-versachlichende Äußerungen finden sich auch bei anderen antiken Geschichtsschreibern. Sie gehören heute zum Standard der geschichtswissenschaftlichen Vorgehensweise.

So lassen sich auch Gesines grundsätzliche Überlegungen zur eigenen Erzählweise lesen. Gesine unterstreicht, daß sie keine deckungsgleiche Wiedergabe des Geschehens beabsichtige, kein »Zurückgehen in die

---

34 Vgl. Howald, Geist (Anm. 16), S. 113-139; Preller, Geschichte (Anm. 10), S. 263-265.
35 Gemeint ist hier wiederum nur die Jerichow-Erzählung Gesines.
36 Preller, Geschichte (Anm. 10), S. 129.

Vergangenheit, die Wiederholung des Gewesenen: darinnen noch einmal zu sein«.[37] Denn diese Form der ganzheitlichen Revitalisierung ihrer
Geschichte hält sie für unmöglich. Daß ihr Gedächtnis in der Lage ist,
mehr oder weniger abstrakte Daten abrufbar zu speichern, ist für sie nicht
entscheidend. Gesine kommt es darauf an, sich bestimmter, für ihr Leben
wichtiger Dinge zu erinnern. Ihr Bericht soll von der Adressatin, Marie,
verstanden werden. Sie bedauert, daß die Erinnerung kontingent und
brüchig, nicht rational bestimmbar ist, und daß das »Depot des Gedächtnisses [...] auf Reproduktion nicht angelegt«[38] ist. Trotzdem wünscht sie
sich mit einer für ihre Verhältnisse ungewöhnlichen emotionalen Vehe-
menz, daß »das Gedächtnis das Vergangene doch fassen könnte in die
Formen, mit denen wir die Wirklichkeit einteilen!«[39] Sie versucht so gut
es geht, ihr Gedächtnis zu »erziehen«,[40] damit es »genau«[41] ist.

Die Intention des erinnernden Erzählens liegt auf der Hand. Es geht
um das »Bescheid wissen«, wie sie mehrfach betont.[42] Das Motiv entspricht dem der antiken Geschichtsschreiber: erzählt wird für die Nachwelt, damit sie die Vergangenheit mit der Gegenwart in Bezug setzen
kann, und, in einem weiteren Sinn, gegen das Vergessen.[43]

Mit den für ihre Biographie relevanten geographie-, sozial-, wirtschafts-
und politikgeschichtlichen Details betritt Gesine, trotz der subjektiven
Ausrichtung ihrer Erzählung, ein Berichtsfeld, in dem sich vorwiegend
Historiker aufhalten. Sie vermittelt nicht in erster Linie, was sie über die
Vergangenheit denkt, oder wie sie sich die Vergangenheit ausmalt.
Gesine versucht weiterzugeben, was sie über die Beziehung der allgemeinen Geschichte zum eigenen Leben und dessen Umfeld ausfindig machen konnte. Entsprechend legt sie äußersten Wert auf eine klare und
durchdachte Darstellung des Gewesenen. Wenn ihre Erzählung nicht
klar strukturiert ist, tadelt sie sich: Sie rede so unordentlich, wie sie

---

37 Johnson, Uwe: Jahrestage. Aus dem Leben von Gesine Cresspahl, Bd. 1-4,
Frankfurt am Main 1989, S. 63. Im folgenden abgekürzt: JT.

38 JT, S. 63.

39 JT, S. 63.

40 JT, S. 1828.

41 JT, S. 1862.

42 Maries Reaktionen demonstrieren den Erfolg. »Gelernt ist gelernt.« JT, S. 1861:
»Meine Schularbeiten hab ich gemacht.« Vgl. auch JT, S. 672f.

43 Da das mündliche Erzählen im Gegensatz zu früheren Zeiten kein hinreichendes
Tradierungsmittel mehr ist, wird auf zeitgemäße Hilfsmittel, Tonaufnahmen und
Photographien, zurückgegriffen. JT, S. 937: »Und Cresspahl brauchte keine Bilder für
seine Erinnerung. Er war sicher in seinem Gedächtnis. Das Fotografieren fing erst mit mir
an; ich war die erste von uns, die das Vergessen fürchtete.«

denke.[44] Der Anspruch auf Reflexion, Klarheit und Deutlichkeit bei der Durchdringung und Darstellung des Gewesenen ist nicht nur durch die Kommunikationssituation mit der Tochter, also funktional, bedingt, sondern auch durch das Verhältnis zur Sache motiviert.[45]

Die für die *Jahrestage* typische Vermischung von personalen und auktorialen Erzählmomenten zielt auf die Genauigkeit und Authentizität der ›sehenden‹ Vergegenwärtigung. Auch bei Herodot, dem Vater der Geschichtsschreibung, wird Geschichte einmal distanziert und analysierend berichtet, dann wieder personalisiert, szenisch verdichtet und dramatisiert. Der Erinnerungswert des Berichteten wird durch die abwechslungsreiche Darstellung, die Kombination von Daten, Fakten und personellen Einzelheiten gesteigert.

Ähnlich den griechischen und römischen Geschichtsschreibern berichtet Gesine bereitwilligst über historische und zeitgenössische Personen, vermeidet aber die subjektive Introspektion und Intimität. Der dokumentarische Charakter des Erzählten wird dadurch ebenso gesteigert, wie durch die eingestreuten Zitate, Briefstellen, fingierten Dialoge oder die schon häufig beschriebene asyndetische Parataxe, die Aneinanderreihung von Tatsachen.

Die Aufarbeitung von Geschichte erfolgt vermittels der Vorstellungskraft, der Redlichkeit und der Reflexion in bezug auf eine mögliche Selbsttäuschung. Hinweise darauf finden sich auch bei »echten« Geschichtsschreibern: Um 500 v.Chr. begann Hekataios von Milet seine Erdbeschreibung und historische Genealogie von Völkern und Stämmen mit den Worten: »Dies schreibe ich, wie es mir wahr zu sein scheint.«[46] Und der Römer Sallust macht sein Wissen um die Grenzen der individuellen rationalen Erkenntnis durch das programmatische Bekenntnis deutlich: »so wahrhaftig als möglich und ich es zustande bringen werde!«[47] Auch der fiktiven Erzählerin der *Jahrestage* ist klar, daß die Darstellung nicht die absolute historische Wahrheit widerspiegelt.[48] Gesine betont mehrmals die Subjektivität, mit der das Material arrangiert und ausgewählt wird. Sie läßt sich in die Karten schauen, indem sie von den historischen Materialien, den Büchern, Filmen, Photos und Zeitungen,

---

44 JT, S. 386.

45 Einschlägig ist hier der Disput zwischen D.E. und Gesine über die Frage, wie Marie die sowjetische Zeit in Jerichow beschrieben werden soll. JT, S. 1327-1334.

46 Hug, Geschichtsschreibung (Anm. 11), S. 78.

47 Ebd., S. 89.

48 JT, S. 670: »Nie habe ich die Wahrheit versprochen. – Gewiß nicht. Nur deine Wahrheit. – Wie ich sie mir denke.«

die ihr als Vorlage und Erkenntnismittel dienen, berichtet. Innerhalb der
romanimmanenten Fiktion wird sie dazu von Marie veranlaßt.[49] Im Effekt ähnelt Gesine jedoch auch hierin den antiken Geschichtsschreibern,
die mit der Angabe der verwendeten Hilfsmittel, den Zeugen und
Überlieferungen, zugleich die Grenzen des Wahrheitsgehaltes ihrer
Erzählungen markierten.

Aus Gründen der Authentizität hat das Erzählen und Erfahren Priori-
tät vor der Erklärung. Die Ähnlichkeiten des Johnsonschen Satzbaus mit
dem Stil der Lutherbibel oder den Märcheneingängen der Gebrüder
Grimm und Johnsons Angabe, er sei beeinflußt von den archaischen
Chroniken des Alten Testamentes, unterstreichen dies.[50] Zu fragen wäre
gerade im Hinblick auf die Erzählintention, inwiefern die teilweise sehr
eingängige, durch andere Quellen eingeführte und bekannte Sprache
Johnsons mnemotechnisch begründet ist.

Die Verwendung englischen Satzbaus in deutscher Übersetzung im
New York-Teil ist schon bei oberflächlicher Betrachtung zu erkennen.
Lohnenswert wäre aber sicherlich auch eine genauere Untersuchung der
syntaktischen und grammatikalischen Eigenheiten unter dem Aspekt der
Ähnlichkeit mit dem Lateinischen, denn einzelne Satzkonstruktionen
und nominale Satzglieder und Verbformen erinnern an Eigenheiten der
lateinischen Sprache.[51] Die stilistischen Merkmale mögen als antiquiert
oder maniert bemängelt werden. Doch ist in Anlehnung an Christa
Bürger zu überdenken, ob Johnson dadurch, daß er die Sprache »von
weit her holt«, eine Möglichkeit findet, psychologisch komplizierte und
politisch-ideologisch belastete Sachverhalte mitzuteilen.[52]

---

49 JT, S. 151, 296ff., 454ff., 786ff., 1864f.

50 Vgl. Schwarz, Wilhelm Johannes: Der Erzähler Uwe Johnson, Bern 1970, S. 38-
59; Johnson, Uwe: Begleitumstände. Frankfurter Vorlesungen, Frankfurt am Main 1980,
S. 140; Gespräch mit Wilhelm J. Schwarz 10.7.1969, in: Eberhard Fahlke (Hg.), »Ich
überlege mir die Geschichte ...«. Uwe Johnson im Gespräch, Frankfurt am Main 1988,
S. 234-247, 243; Kolb, Herbert: Rückfall in die Parataxe, in: Neue Deutsche Hefte 10,
1963, H. 96, S. 42-74.

51 Dazu zählen auch Partizipial- und Adverbialkonstruktionen oder die Tatsache,
daß im Lateinischen ein einzelnes Wort einen Satz bilden kann. Abgesehen davon finden
sich die »altertümlichen«, »biblischen« Formeln ebenso bei den paganen römischen
Geschichtsschreibern. Gespräch mit Schwarz (Anm. 50), S. 242: »Mein Lieblingsfach war
immer Latein, Sprache sowohl als Literatur. Ich liebe Latein immer noch.«

52 Bürger, Christa: Uwe Johnson: der Erzähler, in: Peter Bürger (Hg.), Prosa der
Moderne, Frankfurt am Main 1988, S. 353-382, hier: 382. Vgl. Weiss, Peter: Notizbü-
cher 1971-1980, Frankfurt am Main 1981, S. 150: »Kann man diese Zeit schildern? Nein
– vielleicht in einem ungeheuer monströsen Buch.« Uwe Johnson, Fragen einer 10.

Ein wesentliches Moment der Romankonstruktion besteht darin, daß Gesines Erzählung immer wieder durch den Diskurs mit Marie unterbrochen wird. Das Geschichten-Erzählen wird in seiner ursprünglich mündlichen Form in den Roman hineingenommen, wobei sich das Publikum, Marie, aktiv beteiligt. Marie wehrt sich z.B. gegen die hergestellte und von ihr durchschaute Konstruktion. »Es wäre mir lieber, du erzähltest davon, als sei es dir erzählt worden.«[53] Sie äußert Darstellungswünsche und ihr wird, fiktionsimmanent, ein Mitspracherecht zugestanden.[54] Marie erscheint als Auftraggeberin und zugleich Rezipientin der Jerichow-Geschichte. Mutter und Tochter diskutieren, was erzählt wird, besprechen aber auch, wie das Erzählte aufgenommen werden soll.[55] Vielleicht ist in der Person Maries nicht nur symbolhaft die nachfolgende Generation,[56] sondern auch der potentielle Leser der *Jahrestage* entworfen, seine möglichen Reaktionen, Fragen und Deutungen.[57] Sicher dienen diese Diskurse jedoch dazu, den fiktionalen Charakter der Geschichte auszuloten und trotz der Probleme bei der Darstellung zu plausiblen Geschichten zu kommen.

Unüblich für ›echte‹ historische Darstellungen ist nicht die Tatsache, daß eine Beeinflussung des Erzählprozesses von außen bspw. durch Diskussionen mit anderen stattfindet, daß der Historiograph ausspart und subjektiv gewichtet. Unüblich ist der Umstand, daß diese Beeinflussung innerhalb des Textes dokumentiert und transparent gemacht wird. Die Deutlichkeit, mit der Gesine auf dunkle Stellen ihrer Erinnerung, mangelnde Beweise und daraus abgeleitete Annahmen hinweist, ist dagegen

---

Klasse der Hauptschule Küppersberg in Leverkusen v. 25.11.1970, Antworten v. 10.2.1971, in: Fahlke, Gespräch (Anm. 50), S. 133-136.

53 JT, S. 203; JT, S. 784f.: »Es wäre mir nicht angenehm. Es würde mir zu deutlich passen [...] Es sähe so gedacht aus.«

54 Z.B. JT, S. 987.

55 JT, S. 1048; »Jetzt soll ich an Francine denken [...]«
»Vergleich es nicht. Das Kind, das ich war.«
»Schon gut, Gesine [...] Du willst mir was erzählen, nicht aber etwas beibringen. Und doch denk ich mir was.«
»Nicht den Vergleich.«
»Aber was ich will.«
»Was du willst, Marie.« Weitere Vorschläge Maries bzgl. Änderungen und Auslassungen z.B. JT, S. 297ff., 454f., 619, 725, 1362.

56 Fahlke, Eberhard: »Ach, Sie sind ein Deutscher?« Uwe Johnson im Gespräch, in: Ders., Gespräch (Anm. 50), S. 7-49, hier: S. 25.

57 Zur Rolle Maries bes. Fries, »Jahrestage« (Anm. 1), S. 54, 56, 100, 108, 115. Gerlach, Identität (Anm. 5), S. 121.

durchaus geläufig.[58] Das Vorhandensein von beidem in der Mecklenburg-
Geschichte zeugt von einer extremen Rationalisierung, die auf eine
möglichst unumschränkte Echtheit und Offenheit abzielt und die grundsätzlich fiktiv-subjektive Situierung der Erzählung gerade durch ihre
schonungslose Entkleidung in den Hintergrund drängt. Dem Leser, der
bei historiographischen Texten immer auch ihre subjektive, durch den
Verfasser und seine Situation bedingte Beschränktheit des Aussagewertes
in Rechnung stellen muß, wird im Falle der Geschichtserzählung Gesines
diese ›Arbeit‹ abgenommen.

Der Vergleich einer der beiden Erzählweisen in den *Jahrestagen* mit den
erzähltechnischen Mitteln der antiken Geschichtsschreibung konnte nur
romanimmanent durchgeführt werden. Die für die Gesamtkonstruktion
des Romans essentiellen weiteren ›Auftragsverhältnisse‹, zum einen der
Auftrag Gesines an den Genossen Schriftsteller, ihr Lebensjahr aufzu-
zeichnen, zum andern die immer wieder von Johnson behauptete
Funktion der eigenen Person als vertraglich akkreditierter Berichterstatter seiner Romanfiguren und schließlich das Vorhandensein eines auktorialen Erzählers wurden ausgeklammert.[59] Auch der deutliche Kontrast
zwischen den bewußt erzählenden Passagen und den eher assoziativen
Tonband-Botschaften »Für wenn ich tot bin« ist hier nicht weiter zu
verfolgen.[60]

Denn im Zusammenhang mit diesem Beitrag ist die Konstruktion des
verzweigten Erzählauftrags nur insofern interessant, als er Wirkungsab-
sichten impliziert, die auch der Historiographie eignen. Mittels des
Erzählauftrags wird der in den *Jahrestagen* erzeugten Unmittelbarkeit des
Erzählten immer wieder die Mittelbarkeit des Erzählens, die Tradie-
rungsabsicht und die subjektive Gebundenheit des Berichtes, entgegen-
gehalten.

Es ging darum, die Berührungspunkte von Traditionen historischen
Erzählens und dem Mecklenburg-Komplex deutlich zu machen. Das für
die antike »Historia« und offenbar auch für die *Jahrestage* grundlegende

58 JT, 786-788.
59 Vgl. Johnson, Begleitumstände (Anm. 50), S. 129, 133, 299f.; Johnson, Uwe:
Wie es zu den *Jahrestagen* gekommen ist. Rede 18.10.1975, in: Fahlke, Gespräch (Anm.
50), S. 65-71; Gespräch mit Barbara Bronnen 30.11.1971, in: Fahlke, Gespräch (Anm.
50), S. 257-262, S. 261: Johnson als Medium, Transporteur, Chronist? »Das ist ja die
Fiktion, daß ich beauftragt bin, den Eindruck jedes Tages festzustellen oder ein erinnertes
Stück Vergangenheit.«
60 Vgl. dazu Fries, »Jahrestage« (Anm. 1), S. 51ff., 98ff. Zum fiktiven Arbeits-
verhältnis zwischen Gesine und dem Genossen Schriftsteller ebd. S. 68f.

Geschichtsverständnis ist weder objektivierend noch abstrahierend. Historia
bedeutete die Rekonstruktion des unmittelbar Vergangenen durch
Befragung von Augen- und Ohrenzeugen einschließlich der mündlichen
oder schriftlichen Überlieferung. Herodot meinte, man könnte das
Geschehen nur über einen Zeitraum von maximal drei Generationen
verfolgen. In den *Jahrestagen* kommt ein originär griechischer Gedanke
zum Tragen, indem die Vergangenheit auf dem Wege persönlich orien-
tierter Ermittlung erkundet wird.[61]

III.

Die spezifische Art des Johnsonschen Erzählens hat immer wieder die
Frage nach möglichen Vorbildern oder aber einer spezifischen Traditionswahl aufgeworfen. Auf die Frage nach den »Dichtern«, die ihn »im
besonderen beeindruckt und [...] beeinflußt« hätten, antwortet Johnson
1964: »Ich kann Ihnen nur sagen, welche Leute ich immer wieder lese
[...] es sind Thukydides, Herodot, die lateinischen Geschichtsschreiber.«
Unter dem Stichwort »Modernes« nennt Johnson Fontane, in einer
handschriftlichen Ergänzung später auch Brecht und Faulkner.[62] Zwei Jahre
danach gibt er an, immer wieder Tolstoi, Tschechow, Fontane, Heinrich
Mann, Thomas Mann, Thomas Wolfe, Faulkner und »die Klassiker«,
Plutarch und Herodot zu lesen.[63] Sicher, die von Johnson angegebenen
antiken Schriftsteller sind Klassiker, aber auffällig ist diese Traditionswahl
dennoch. Die Verbindung zu den aufgeklärten, humanistischen Geschichtsschreibern der Antike ist offensichtlich und bedeutsam, denn
Johnson verweist schließlich nicht auf Homer, Vergil oder Ovid.
 Anhaltspunkte für die Fragen nach dem poetologischen Standpunkt,
von dem aus Johnson seine spezifische Erzählweise gebrauchte, den
verfolgten Erzählintentionen und Wirkungsmöglichkeiten lassen sich

61 Vgl. Preller, Geschichte (Anm. 10), S. 109f.; Historein bedeutet Wissen wollen,
nachforschen.
62 Gespräch mit Alois Rummel 18.6.1964, in: Fahlke, Gespräch (Anm. 50), S. 208-
211, hier: 211.
63 Gespräch mit Adalbert Wiemers 15.1.1966, in: Fahlke, Gespräch (Anm. 50), S.
217f.; ebd.: Gespräch mit Schwarz (Anm. 50), S. 234-247, 237: »Jeder Schriftsteller muß
sich seinen Stoff selber beschaffen, er muß sich seine Form selber erarbeiten. Man kann
doch eigentlich recht wenig übernehmen [...] für mich ist die gesamte Literatur
gesammelte Erfahrung. Von Zeit zu Zeit lese ich alles noch einmal [...] moderne und alte,
klassische Texte.«

den *Jahrestagen,* Interviews[64] und poetologischen Texten des Autors entnehmen. Seine Interviews und nichtfiktionalen Texte sind allerdings
unter Vorbehalt zu lesen. Denn bei genauerem Hinsehen fällt auf, daß
eine erstaunliche Kohärenz zwischen den fiktionalen und nichtfiktionalen
Äußerungen Johnsons besteht. Es scheint so, als seien fiktionale Praxis
und theoretische Überlegung nicht nur teilweise deckungsgleich,[65] sondern
auch funktional dazu bestimmt, sich gegenseitig zu begründen und zu
bestätigen. Johnsons Schlagfertigkeit und ausgefeilte Rhetorik, die fast
jeden Kommentar in den Gesprächen, Vorträgen und Aufsätzen zitier-
fähig erscheinen lassen, bleiben inhaltlich trotz ihrer suggestiven Wirkung recht allgemein und formelhaft.[66]

Einen ersten Hinweis auf die spezifische und explizite Weise, in der
seine Arbeit historisch affiziert ist, gibt Johnson selbst durch seine
Anknüpfung an die aristotelische Unterscheidung von Geschichtsschreibung und literarischer Prosa. In einem Vortrag aus dem Jahr 1975
bemerkt er wie nebenbei: »Was ein Roman ist, wir wissen es doch,
Aristoteles hat es uns gesagt, neuntes Kapitel über die Dichtkunst, 1451a
36 und die folgenden Zeilen.«[67] Johnson zitiert hier sicher nicht zufällig
die Stelle in der aristotelischen Poetik, die sich mit der Unterscheidung
des Geschichtsschreibers vom Dichter befaßt,[68] eine Höherbewertung der
Poesie postuliert, und von der Geschichtswissenschaft heute als die
klassische Ziel- und Zweckbestimmung der Historiographie angesehen
wird. Bei Aristoteles heißt es: »Aus dem Gesagten ergibt sich auch, daß es

64 Skepsis ist hier sicherlich angebracht. Johnson selbst legt sie nahe. Vgl. das
Gespräch mit Bronnen (Anm. 59), S. 262: Auf die Frage, ob seine Antworten vorfabriziert
seien, antwortet er: »Es gibt eine definitive Form des Interviews [...] Ich versuche mich
so wenig wie möglich zu langweilen, indem ich [...] meine Antworten jeweils anders
formuliere [...] Sie fragen, und ich antworte, und ich weiß, daß Sie es veröffentlichen. Ich
kann nicht die Form des Interviews mißbrauchen, um mich als Person darzustellen.«
65 Zu Widersprüchen und Übereinstimmungen diesbezüglich: Fries, »Jahrestage«
(Anm. 1), S. 115ff.
66 Johnson, Uwe: Marie H. Cresspahl 2.-3. Januar 1972, ungekürzte Fassung in:
Fahlke, Gespräch (Anm. 50), S. 90-110.
67 Johnson, Uwe: Wenn Sie mich fragen, in: Fahlke, Gespräch (Anm. 50), S. 51-64,
hier: 54. Der Schlußteil dieses ansonsten unveröffentlichten Textes wurde unter dem
Titel »Vorschläge zur Prüfung eines Romans« in dem von E. Lämmert herausgegebenen
Band zur Romantheorie 1975 veröffentlicht.
68 Der ersten überlieferten systematischen Unterscheidung dieser Art. Die Historia
erscheint erstmals als ein literarisch-ästhetisches Genus, durch das nicht die Einheit einer
Handlung, sondern die »Einheit einer Zeit«, »was nämlich zu einer bestimmten Zeit sich
ereignete mit einem oder mehreren, die sich zueinander verhielten, wie es sich gerade
traf«, dargestellt werde. Zit. nach Meier, Antike (Anm. 12), S. 598.

nicht Aufgabe des Dichters ist mitzuteilen, was wirklich geschehen ist, sondern vielmehr, was geschehen könnte, d.h. das nach den Regeln der Wahrscheinlichkeit oder Notwendigkeit Mögliche. Denn der Geschichtsschreiber und der Dichter unterscheiden sich nicht dadurch voneinander, daß sich der eine in Versen und der andere in Prosa mitteilt – man könnte ja auch das Werk des Herodot in Verse kleiden, und es wäre in Versen um nichts weniger ein Geschichtswerk als ohne Verse; sie unterscheiden sich vielmehr dadurch, daß der eine das wirklich Geschehene mitteilt, der andere, was geschehen könnte.«[69] Obwohl die Dichtung wertvoller erscheint, wird der Nutzen der Geschichtsschreibung für die literarische Arbeit keineswegs bestritten. Aristoteles erscheint eine Verknüpfung von beidem unter Umständen sogar angebracht: »Nun glauben wir von dem, was nicht wirklich geschehen ist, nicht ohne weiteres, daß es möglich sei, während im Falle des wirklich Geschehen offenkundig ist, daß es möglich ist.«[70] Die Nachahmung der menschlichen Handlungen bestimme einen Dichter als solchen. »Er ist also, auch wenn er wirklich Geschehenes dichterisch behandelt, um nichts weniger Dichter. Denn nichts hindert, daß von dem wirklich Geschehenen manches so beschaffen ist, daß es nach der Wahrscheinlichkeit geschehen könnte, und im Hinblick auf diese Beschaffenheit ist er Dichter derartiger Geschehnisse.«[71] Johnson folgert daraus: »Der Roman muß die Historie [sic!] enthalten in nicht historischer Form. Das Zitat von Aristoteles lautet, in vereinfachter Form: Darum ist das erfindende Erzählen nützlicher als die Geschichtsschreibung, denn die Fiktion geht aus auf die Essenz (des menschlichen Lebens), nicht bloß auf die Einzelheiten.«[72] Das »wirklich

69 Aristoteles: Poetik, übersetzt und herausgegeben v. Manfred Fuhrmann, Stuttgart 1982, S. 29 = 1451a–1451b.

70 Ebd., S. 31.

71 Ebd., S. 31 u. 33. Aristoteles geht davon aus, daß Geschichte im allgemeinen kein in sich geschlossenes Ganzes bilde, sondern sich durch Kontingenz auszeichne. Der Geschichtsschreibung fehle die Dimension des Möglichen und die Allgemeingültigkeit. Die Typen tragen keine symbolische Bedeutung, die Handlungen keinen exemplarischen Charakter. Allerdings verkennt Aristoteles, daß auch die Geschichtsschreibung der Antike danach trachtete, im Einzelnen das Typische und Repräsentative hervortreten zu lassen, ohne das Einzelne zum Requisit des Allgemeinen zu machen.

72 Johnson, Wenn Sie mich fragen (Anm. 67), S. 62f. Dieses Aristoteles-Zitat ist im veröffentlichten Text »Vorschläge zur Prüfung eines Romans« nicht abgedruckt. Bei Aristoteles heißt es: »Daher ist Dichtung etwas Philosophischeres und Ernsthafteres als Geschichtsschreibung, denn die Dichtung teilt mehr das Allgemeine, die Geschichtsschreibung hingegen das Besondere mit. Das Allgemeine besteht darin, daß ein Mensch von bestimmter Beschaffenheit nach der Wahrscheinlichkeit oder Notwendigkeit be-

Geschehene« ist für Johnsons Romane wesentlich, es soll aber nicht in historischer, d.h. geschichtswissenschaftlicher Form verarbeitet werden. Eberhard Fahlke leitete daraus eine klare Distanzierung Johnsons gegenüber der Geschichtsschreibung ab, übersah dabei jedoch, daß sich dieses ›Schreibprogramm‹ auf das literarische Werk insgesamt bezieht.[73] Die Anklänge an historische Praktiken sind aber romanimmanent vorhanden. Sie lassen sich nur auf der Ebene der Mecklenburg-Erzählung nachweisen und sind durch die Einbettung in den Romankontext verfremdet. Daß dieses erzähltechnische Verfahren Gründe hat, veranschaulicht ein Blick auf den Lesskow-Aufsatz Walter Benjamins.[74] Ausgehend von dem durch die Entfremdungsproblematik der Moderne bedingten Niedergang der »Kunst des Erzählens«[75] erläutert Benjamin Grundzüge desselben. Nennenswert ist hier besonders der Hinweis auf die »Schule der Alten« und Herodot als einen ihrer Stellvertreter.[76] Dem »Erzähler« Herodot und seinen »Historien« attestiert Benjamin eine lange Wirkungsphase, weil die Berichte auf Erklärungen verzichten und den Rezipienten so immer wieder die Aufgabe der Deutung stellen. Als grundsätzlich wird anschließend der unlösbare Zusammenhang von Epik und Geschichtsschreibung bezeichnet.[77] Dies zeige sich besonders deutlich am Beispiel der Chronik. »Der Chronist ist der Geschichts-Erzähler«, der sich darauf beschränken könne, historische Vorgänge als »Musterstücke des Weltlaufs« auszugeben, während der Historiker, »der Geschichte schreibt«, gezwungen sei, diese auch zu erklären.[78] Benjamin trennt in seinem Aufsatz die narrative von der modernen, systematisch-wissenschaftlichen Geschichtsschreibung und entwirft zugleich eine Traditionslinie von den antiken Historiographen über die mittelalterlichen Chronisten zu den neuzeitlichen Erzählern. Diese Entwicklungsstufen des Erzählens seien

stimmte Dinge sagt oder tut – eben hierauf zielt die Dichtung, obwohl sie den Personen Eigennamen gibt. Das Besondere besteht in Fragen wie: was hat Alkibiades getan oder was ist ihm zugestoßen.« Aristoteles, Poetik (Anm. 69), S. 29, 31.

73 Fahlke, Erinnerung (Anm. 5), S. 92.

74 Benjamin, Walter: Der Erzähler. Betrachtungen zum Werk Nikolai Lesskows, in: Ders., Allegorien kultureller Erfahrung. Ausgewählte Schriften 1920–1940, Leipzig 1984, S. 380-406. Inwieweit dieser Aufsatz eine richtungweisende Bedeutung für das literarische Arbeiten Johnsons hatte, muß dahingestellt bleiben. Allerdings verweist Johnson selbst nachdrücklich auf Benjamins erzähltechnische Äußerungen, in: Johnson, Begleitumstände (Anm. 50), z.B. S. 69, 74, 87. Vgl. Fries, »Jahrestage« (Anm. 1), S. 116ff.

75 Benjamin, Erzähler (Anm. 74), S. 380.

76 Ebd., S. 386.

77 Ebd., S. 392.

78 Ebd., S. 393.

jedoch von den Veränderungen der modernen Produktionsbedingungen geschichtlich überholt worden.[79]

Benjamins Voraussetzung, daß der souveräne, allwissende Erzähler in der modernen, entzauberten Welt keinen Platz mehr hat, wird von Johnson geteilt. Seine Verwendung traditioneller Erzählverfahren ist keine trotzige Regression, denn die althergebrachten erzähltechnischen Mittel werden selektiv und gezielt in den *Jahrestagen* eingesetzt. Durch die doppelte Erzählerrolle, die Figur Marie und die zeitliche Collage mit dem New York-Tagebuch wird die Fiktion der ›epischen‹ Mecklenburg-Erzählung täglich durchbrochen, das Verfahren konterkariert. Darin zeigt sich ein bewußt-kritischer und kein naiv-umstandsloser Umgang mit der traditionellen Erzählerrolle.

Für Johnson bestand in der Verknüpfung der historiographischen und literarischen Erzählweise offenbar ein Ausweg aus dem »fälschlichen Gebrauch des Imperfekts, aus dem Missbrauch des ehemals meldenden Gestus für ein Fabulieren [...]. Die epische Dokumentation war das, der endlich gefundene Weg um die trostlose Prämisse der Fiktion, die mit dem Indikativ der Zeitformen ein Geschehen vortäuscht, das es nie gegeben hat, von der Unwahrheit gerade noch unterschieden durch das Eingeständnis und den Anspruch unter dem Titel, dies sei eine Form der literarischen Kunst.«[80]

Wie die antiken Geschichtserzähler will Johnson Geschichten erzählen, keine lehrreichen Fabeln.[81] Darum wird das ›wirklich Geschehene‹ mit Hilfe von erwiesenermaßen effektiven historiographischen Erzählmustern, die dem fiktionalen Rahmen angepaßt wurden, im Roman

---

79 Ebd., S. 393: »Im Erzähler hat der Chronist in verwandelter, gleichsam säkularisierter Gestalt sich erhalten.«

80 Johnson, Begleitumstände (Anm. 50), S. 264. Döblin weist übrigens auch darauf hin, daß der heutige Roman ein neues, eigenes und eigentümliches Gebilde sei, durch das auch die Erkenntnis der Wirklichkeit betrieben werde. Der Autor könne nicht mehr nur Schriftsteller und Dichter, sondern müsse eine Art von Wissenschaftler, »in spezieller Legierung Psychologe, Philosoph, Gesellschaftsbeobachter« sein. Döblin, Alfred: Der historische Roman und wir, in: Das Wort, 1936, H. 4, S. 56-71, hier: 65.

81 Vgl. das Gespräch mit Christof Schmid 29.7.1971, in: Fahlke, Gespräch (Anm. 50), S. 253-256, hier: 253. Vgl. dazu Jacoby, Geschichtsschreibung (Anm. 21), S. 73, Hekataios von Milet: »Dieses schreibe ich, wie ich es für wahr halte; denn was die Dichter erzählen, ist meines Erachtens widerspruchsvoll und lächerlich.« Ebd., S. 82, Herodot: »Nicht von Io, Medea und Helena will ich erzählen, ob ihre Geschichte sich so oder anders zugetragen hat, sondern ich will den Mann nennen, von dem ich weiss, dass er zuerst den Griechen feindlich entgegengetreten ist«.

plaziert. Wie Thukydides[82] erkannte aber auch Johnson, daß im Vergleich zum reibungslosen Fabulieren der Dichtung diese Erzählpraxis stilistisch und kompositorisch nicht unproblematisch ist. Deshalb sicherte er sich – ähnlich wie Thukydides – ab: »Im Interesse der Geschichte in einem Roman muß das schreibende Gewerbe alle Techniken und Reserven und Auskünfte anwenden. Anders wird sie nicht haltbar«.[83]

In seinen »Vorschlägen zur Prüfung eines Romans« benennt Johnson für ihn zentrale Romankriterien, die das Gesagte unterstützen und auch den Zweck des Verfahrens andeuten.[84] Johnson verlangt vom Roman, daß er eine neue Geschichte bringe, neu, »weil so noch nicht gezeigt [...] ursprünglich, nicht originell«.[85] Dabei kann es sich durchaus um eine alte Geschichte handeln. »Zwar wäre die Zeit des vorigen Frühjahres willkommen, ebenso die Frühzeiten dieses Jahrhunderts und wahrhaftig das Zeitalter Titus, nur soll die jeweils erzählte Vergangenheit uns unsere gegenwärtigen Verhältnisse erklären. Wir können die Nachrichten von unseren Vorgängern gebrauchen, wenn sie auch Nachrichten für und über uns sind.«[86]

Die Erzählabsicht Johnsons wird bei einer gedanklichen Gegenprobe noch deutlicher. Denn, was Johnson trotz Neigung zur Geschichte nicht geschrieben hat, ist ein historischer Roman. Obwohl dies, vergleicht man die Situation und das Schrifttum der Exilautoren des Dritten Reiches[87] mit Johnson, nicht so unwahrscheinlich gewesen wäre. Die Nähe des familien- und regionalgeschichtlichen Stoffes der *Jahrestage* zum Stoff, aus dem historische Romane gemacht sind, ist gegeben.[88] Aber in den *Jahrestagen* wird Gegenwartsgeschichte in nuce verhandelt, nicht eine al-

---

82 Jacoby, Geschichtsschreibung (Anm. 21), S. 88: »Mein Werk mag ja vielleicht beim festlichen Vortrag durch das Fehlen des Fabulösen weniger ergötzlich wirken. Da mag es genügen, dass die es für nützlich halten, die sowohl von der Vergangenheit genaue Kenntnis gewinnen wollen wie von dem, was sich nach Art alles irdischen Geschehens in Zukunft einmal ebenso oder ähnlich zutragen wird. Als ein dauernder Besitz, nicht als ein Prunkstück zum momentanen Anhören ist es geschrieben.«

83 Johnson, Vorschläge (Anm. 29), S. 402. Vgl. auch Gespräch mit Michael Roloff 20.8.1961, in: Fahlke, Gespräch (Anm. 50), S. 171-183, 183: »Ich bin sicher, es gibt Geschichten, die man einfach so erzählen kann, wie sie zu sein scheinen. Ich kenne keine.« Zu romanimmanenten Begründungen Fries, »Jahrestage« (Anm. 1), S. 130.

84 Johnson, Vorschläge (Anm. 29), S. 398-403.

85 Ebd., S. 399: »Was soll daran neu sein? Was wir davon wissen wollen.«

86 Ebd., S. 400. Historische »Kataloge« stehen als abzulehnender Gegensatz zur Vermittlung brauchbarer Erfahrungen für die Jetztzeit.

87 Dahlke, Geschichtsroman (Anm. 6), S. 9, 87ff., 181ff., 203ff.

88 Vgl. auch Mecklenburg, Provinz (Anm. 3), S. 73.

legorisch übertragbare, abgeschlossene Handlung in geschichtlicher Vor-
zeit.[89] Die ›Vergangenheitserzählung‹ ist zwar an die Biographien Cresspahls
und Gesines gebunden, aber der in historischen Biographien und Romanen
häufig anzutreffende »Kult der großen Herzen«,[90] die Idealisierung der
Charaktere, findet nicht statt. Weder die Verklärung der mecklenburgischen Landidylle als Angebot einer heilen Gegenwelt noch eine tagespo-
litisch motivierte, ideologische Parteinahme im zeitgeschichtlichen Kampf
der politischen Blöcke ist in den *Jahrestagen* nachzulesen.[91] Das Infragestellen des äußeren Scheins verhindert eine bequeme allzuschnelle,
widerspruchsfreie Einordnung.

Johnson geht davon aus, daß ein Bescheid-Wissen ermöglicht wird,
wenn das Fiktiv-Wahrscheinliche eine kontrollierbare Rückbindung zur
wirklichen, kontingenten Realität aufweist.[92] Deshalb fordert er, »so zu
schreiben, als ob Fiktionen jederzeit an der feststellbaren Wirklichkeit auf
ihre Haltbarkeit hin überprüft werden könnten«.[93]

Gesine soll beschreiben, was (möglich) war und ist. Ihre Erzählung
steht unter dem Zeichen der Wahrheitssuche bzw. der Darstellung des
Wahrscheinlichen.[94] Mit der für Gesines Erzählung zentralen allgemeinen Geschichte wird eine Geschichtsdimension integriert, die über die
Sphäre subjektiver Erfahrung hinausgeht und der Geschichtsforschung
sehr nahe kommt. Verstärkt wird dieser Eindruck durch das solide
Faktenfundament und den zum großen Teil nüchtern-lakonischen
Grundton. Die Tradierung der unmittelbaren Vergangenheit erscheint
als anstrengende Rekonstruktions- und Erinnerungsarbeit.[95] Gesine recherchiert die Ereignisse der Zeit vor ihrer Geburt und kombiniert die

89 Das gilt nicht für die Figuren in den *Jahrestagen*. Vgl. Fries, »Jahrestage« (Anm. 1),
S. 140f., 156-159.
90 Dahlke, Geschichtsroman (Anm. 6), S. 199.
91 Das heißt aber nicht, daß die *Jahrestage* politisch indifferent sind. Vgl. Fries,
»Jahrestage« (Anm. 1), S. 143ff.
92 Vgl. das Gespräch mit Werner Bruck 24.4.1975, in: Fahlke, Gespräch (Anm. 50),
S. 268-272, 269f.: »Das alles stützt aber nur die Erfindung und macht sie am Ende um so
wirklicher.«
93 Zu den Mecklenburg-Studien Johnsons s.a. Fahlke, »Deutscher?« (Anm. 56), S.
29f. Johnson, Begleitumstände (Anm. 50), S. 23: Johnson spricht von seiner »Vorliebe für
das Konkrete [...] was man vorzeigen, nachweisen, erzählen kann.« Johnson, Vorschläge
(Anm. 29), S. 401: »Wahrheit ist Bimsstein.«
94 Vgl. Mecklenburg, Provinz (Anm. 3), S. 184ff.
95 Es war Johnson auch daran gelegen den »Eindruck hier wolle jemand lediglich in
seine Kindheit zurück« zu vermeiden. Johnson, Begleitumstände (Anm. 50), S. 406,
440ff. Johnson, Uwe: Berliner Stadtbahn (1961), in Lämmert, Romantheorie (Anm. 29),

Informationen gegebenfalls mit den eigenen Erfahrungen. Wie jede Form der Geschichtsschreibung ist Gesines Rekonstruktion der Vergangenheit auch auf Mutmaßungen angewiesen. Nur so kann sie über Dinge berichten, die sich ihrem Kenntnisstand eigentlich entziehen.[96]

Während in der modernen Historiographie die hergestellte Wahrscheinlichkeit in der Regel als solche gekennzeichnet wird, damit nicht Erfindung und Legende Einzug halten, müssen die Grenzen bei der literarischen Kombinierung von Geschichte und freier Erfindung nicht deutlich gezogen werden. Die Vermischung der Ebenen kann bis ins Detail gehen, um ein geschlossenes Ganzes zu fingieren. Daß dies aber nicht zwingend ist, belegen schon Arbeiten, die vor den *Jahrestagen* entstanden sind, und in denen ebenfalls die Spannung zwischen historischer Echtheit und Wahrscheinlichkeit aufrechterhalten wird.[97]

In komprimierter Form findet sich die Johnsonsche Auffassung von Geschichtsvermittlung in dem von ihm erdachten Interview mit Marie Cresspahl aus dem Jahr 1972 wieder. Marie grenzt die Erzählung Gesines sowohl von der freien Dichtung[98] als auch von der wissenschaftlichen Arbeits- und Schreibweise deutlich ab.[99] Die ihr in den Mund gelegten Antworten sollen den Zweck des von Johnson hinsichtlich der Mecklenburg-Erzählung praktizierten Erzählmodus erläutern. Beabsichtigt ist keine allgemeinverbindliche, theoretische Erklärung, keine programmatische »Erziehung nach Auschwitz« (Th.W. Adorno). Die Lebensgeschichten sollen zeigen, daß Geschichte ein Produkt realen menschlichen Verhaltens ist.[100] Diese Haltung zur Geschichte teilt Johnson mit den

S. 334-337, bes. S. 335: Zur Problematik der Wahrheitsfindung in der Literatur. Johnson führt als »Fehlerquellen«, die es zu beachten gilt, individuelle und institutionelle Informationsmanipulationen an. Er legt teilweise das für Historiker übliche quellenkritische Programm dar.

96 Vgl. JT, S. 203: das von der Tochter abgeleitete, eindrucksvolle und sinnliche Bild Gesines als Säugling.

97 Z.B. Döblins bewußt »historisch-wissenschaftlich« fundierte Amazonas-Trilogie. \ gl. Dahlke, Geschichtsroman (Anm. 6), S. 103f., 145-149.

98 Johnson, Marie Cresspahl 1972 (Anm. 66), S. 91: »Was sie gesucht hat, es wird ihr geholfen haben zum Erfinden. [...] Bis es ausreichte zum Erzählen.«

99 Ebd., S. 94: »Hat Gesine dir wenigstens das erklärt auf eine wissenschaftliche Weise?«

»Nein, wie es vor sich ging.«

Maries Feststellungen erinnern stark an die Benjaminschen Ausführungen im Lesskow-Aufsatz.

100 Ebd.: »Es ist nicht passiert. Das haben Leute getan.« S. a. Gerlach, Identität (Anm. 5), S. 124ff. Theoretische Erkenntnismöglichkeiten werden allerdings nicht

antiken Historien-Verfassern. Die gleichsam kasuistische Aufklärung wird wegen ihres unmittelbaren Bezugs zur realen Lebenswelt des Lesers gegenüber einem »entfremdeten« Geschichtsunterricht bevorzugt.[101]

IV.

Die Wechselbeziehung zwischen Geschichtsschreibung und Fiktion und zugleich zwischen Vergangenheit und Gegenwart wird an mehreren Stellen in den *Jahrestagen* angedeutet. Im Zusammenhang mit Friedrich Jansens Spreizbeinmeter z.B. erklärt Marie, faktische Unsicherheiten der Mutter beim Erzählen würden sie nicht stören: »Ich möchte nur wissen, wie du es anstellst.« »Obwohl Jansens Geschichte nur möglich ist?« »Es ist die Möglichkeit, auf die niemand kommen kann als du. Was du dir denkst an deiner Vergangenheit, wirklich ist es doch auch.«[102]

Die faktische Realität ist mit der Person, die sie erlebt und beschreibt, untrennbar verbunden. Die Kombination von historisch Allgemeinem und fiktional Individuellem begründet Johnson wie folgt: »Wenn heute ein Siebzehnjähriger überhaupt das Bedürfnis hätte, sich zu informieren, wie der Zweite Weltkrieg in der Sowjetunion sich tatsächlich praktisch dargestellt hat, dann hätte er ja die Möglichkeit, die Gedächtnisschriften eines Infanterie- oder Luftwaffenregimentes nachzulesen [...]. Glauben wird er in der Regel Herrn Böll. [...] Bei Herrn Böll wird mit einzelnen Leuten vorgegangen, die gefragt werden, ob sie wollen. Von denen erfährt man auch noch mehr als bloß die Nummer, die dann nach dem eingetretenen Todesfall durchzubrechen und den Angehörigen zuzuschicken ist. Bei Herrn Böll kriegt man sogar Vorgeschichten und persönliche Eigenheiten [...] mit, so daß einem bei der Person, die dann tatsächlich doch wieder geopfert wird, [...] leid tut, daß sie geopfert wird.«[103] Die Verknüpfung von allgemeiner Geschichte und individueller Biographie erhöht nicht nur die Glaubwürdigkeit des Erzählten. Sie

---

ausgeschlossen. Johnson, Marie Cresspahl 1972 (Anm. 66), S. 99f. »Gesine hat mir von den Leuten in Jerichow erzählt und was die Neue Zeit mit ihnen anstellte. Nicht ein einziges Mal hat sie mir die Theorie zugemutet. Aber als ich selber die Theorie suchte, war ich durch Gesine reichlich versorgt mit Praxis.«

101 Vgl. Meier, Antike (Anm. 12), S. 602-606.

102 JT, S. 125: »Tricks der Erinnerung«.

103 Zit.: Gerlach, Identität (Anm. 5), S. 115. Vgl. auch Johnson, Begleitumstände (Anm. 50), S. 329, mit Verweis auf Böll: »Ich bin überzeugt, daß die ›einfachen Leute‹ das erheblichere Beispiel abgeben für Lebensverhältnisse in unserer Zeit, nicht allein

demonstriert auch, daß laut Johnson Wahrheit eine individuelle Angelegenheit ist.[104]

Überlegungen zum »historischen Fatalismus« des Autors oder die vermeintlich von ihm dargestellte »determinierende Macht« der Umstände und der Traditionen sind substanzlos. Die für die Unterstellung, Johnson schildere die Gegenwart »als variierende Wiederholung der Vergangenheit«[105] herangezogene ›Analogiesetzung‹ ist nicht gegeben.[106] Denn es werden keineswegs exakt widergespiegelte Realitäten gleichgesetzt, oder direkt verglichen.[107] Aus der Sicht von unmittelbar Betroffenen sind strukturelle Bedingungen der Vergesellschaftung im 20. Jahrhundert und ihre konkreten Auswirkungen beschrieben. Das Mittel dazu ist die Aktivierung subjektiver Erinnerung, deren Bruchstellen benannt werden. Während das Leben der Protagonistin auf diachrone und fragmentarische Weise romanimmanent nachvollzogen wird, wirkt die durch das Zusammengehen von Vergangenheits- und Gegenwartsebene erzielte Beschreibung synchron insofern, als Gesines Leben in verschiedene Zeiten und verschiedene ökonomisch-politische Kontexte eingebunden ist. Das daraus resultierende Spannungsverhältnis verweist auf Grundsätzliches. Wenn von einem historischen Kontinuum überhaupt gesprochen werden kann, dann erscheint dieses Kontinuum in den *Jahrestagen* als keineswegs defaitistische, sondern realistische Feststellung

---

wegen ihrer Überzahl, auch nicht nur weil sie in der Verteilung des Nationaleinkommens jenseits allen gerechten Verhältnisses benachteiligt sind; insbesondere, weil sie jede Verschlechterung der Lage unerbittlich ausbaden müssen, ihre Schwierigkeiten mit dem schärfsten Risiko überwinden müssen, ohne dass Geldreserven sie auffangen und Privilegien sie schützen, ohne dass sie in der Schule und später an die höheren Tricks herangekommen wären, meist auch ohne Hilfe.«

104 Vgl. Gespräch mit A. Leslie Wilson 20.4.1982, in: Fahlke, Gespräch (Anm. 50), S. 281-299, 288: »Ich glaube an die individuelle Wahrheit, die persönliche.«

105 Johnson huldigt weder einem zyklischen noch einem fortschrittsorientierten Geschichtsbild. »Assoziationen« dieser Art bei Hye, Roberta T.: Uwe Johnsons *Jahrestage*. Die Gegenwart als variierende Wiederholung der Vergangenheit, Bern 1978, S. 10-20, 31ff.; Schiffer, Eva: Politisches Engagement oder Resignation? Weiteres zu Uwe Johnsons *Jahrestagen*, in: Wolfgang Paulsen (Hg.), Der deutsche Roman und seine historischen und politischen Bedingungen, Bern 1977, S. 232-246.

106 Vgl. auch Fries, »Jahrestage« (Anm. 1), S. 124-126; Gespräch mit Matthias Prangel 6.3.1974, in: Fahlke, Gespräch (Anm. 50), S. 263-267, bes. 265.

107 Vgl. Johnson, Vorschläge (Anm. 29), S. 403: Der Roman »ist ein Angebot. Sie bekommen eine Version der Wirklichkeit. [...] kein maßstäbliches Modell. Es ist auch nicht ein Spiegel der Welt [...] nicht ihre Widerspiegelung; es ist eine Welt, gegen die Welt zu halten.«

der neueren zivilisatorischen Entwicklungen. Deren Konsequenzen verlangen nach Johnson vom Individuum grundsätzliche, moralisch-politische Entscheidungen. Das aufgezeichnete Bewußtseinsinventar Gesines macht deutlich, welche Probleme und Widersprüche damit verbunden sind. Die möglichen Zustandsformen, das Wissen, das Nicht-Wissen und das Nicht-Wissen-Wollen werden gleichermaßen in ihrer spezifischen Problematik für den Einzelnen aufgezeigt. Wenn Gesine die Überlieferung bzw. das Überleben bestimmter Verhaltensweisen und Gewohnheiten über die Generationen hinweg schildert, so steckt dahinter eine ganz persönliche und konkrete Erfahrung, die nichts mit abstrakten Geschichtsphilosophien zu tun hat.[108] Mit der komplexen Verschachtelung der Geschichten, die zu der vielbesprochenen Unbequemlichkeit der Johnsonschen Prosakonstruktion wesentlich beiträgt, wird ein Erinnerungsbogen gespannt, dem man einen moralischen Appell gegen das Vergessen entnehmen kann.[109] Gleichwohl impliziert dieser Erinnerungsbogen eine politisch-kritische, materialistische Grundhaltung. Die Jerichow-Erzählung erfüllt in diesem Zusammenhang zwei Funktionen. Zum einen demonstriert sie die enge Wechselbeziehung zwischen Vergangenheit und Gegenwart, zum andern dient sie als Vehikel für die Darstellung der Verflechtung des Privaten und Öffentlichen als Grundlage modernen Denkens und Handelns. Die Erzählung Gesines bietet verschiedene Möglichkeiten des Verhaltens, aber keine als Erzählabsicht verifizierbare, konkrete Handlungsorientierung.[110] Die verdeckte Intentionalität scheint nur beiläufig, im Zusammenspiel von Gesine und der mal kritischen, mal »naiven«[111] Zuhörerin Marie auf. Sie besteht nicht in einer Mobilisierung zum Handeln, sondern in der Aufklärung über

---

108 JT, S. 914.
109 Obwohl Johnson in seinen Vorschlägen zur Prüfung eines Romans moralische Schlußfolgerungen im Roman strikt ablehnt. Johnson, Vorschläge (Anm. 29), S. 403. Vgl. Mecklenburg, Provinz (Anm. 3), S. 197; Gerlach, Identität (Anm. 5), S. 23ff.
110 Johnson, Marie Cresspahl 1972 (Anm. 66), S. 91: »So wie Gesine es erzählt hat, muss ich es annehmen als wirklich und vergangen und out of reach. Unerreichbar. Kann ich nichts bei machen.« Die *Jahrestage* sind grundsätzlich nicht auf eine Handlungsorientierung hin konzipiert, historische Eckdaten (1933, 1945, 1953, 1956, 1968) fungieren nicht als handlungsauslösende Momente oder Symbole einer Parteilichkeit.
111 JT, S. 143f.: »Marie besteht darauf, daß ich ihr weiter erzähle wie es gewesen sein mag, als Großmutter den Großvater nahm [...] Aber was sie will ist nicht Vergangenheit, nicht einmal ihre. Für sie ist es eine Vorführung von Möglichkeiten, gegen die sie sich gefeit glaubt, und in einem andern Sinn Geschichten.« JT, S. 810: »Ich versteh es ja auch jetzt nicht. Erzähl es mir.« JT, S. 608: »Das glaube ich sofort.« JT, S. 1341: »Ich hätte eine geheime Bewandtnis beim Erzählen, du aber willst mir nicht mißtrauen.«

bestimmte Aspekte der Geschichte, um durch ein geschärftes, kritisches Bewußtsein Orientierungshilfen für die Gegenwart zu ermöglichen.[112] Die *Jahrestage* schildern »die Geschichte, Ausbildung und Abrichtung einer Person. Da möchte also offenbar jemand in einem bestimmten Alter und biologischen Zustand noch einmal feststellen, woher er gekommen ist, und er möchte das nicht nur zum Zwecke der eigenen Erkenntnis, sondern um daraus gewonnene Erfahrungen in der Diskussion mit dem eigenen Kinde weiterzugeben, an jemanden, der nicht in dieselben Fallen laufen soll wie er selber.«[113]

Die *Jahrestage* sind, soweit kann man Johnson zustimmen, »keine verkleidete Geschichtsschreibung. Dies aber ist, obwohl wir hier als Perspektive das Bewußtsein nur einer einzigen Person haben und nicht die Notwendigkeit, die Perspektive mehrerer Personen vorzuführen, ein sehr kompliziertes Unternehmen. Es ist eine andere Art Geschichte, und die Struktur des Unternehmens hat ihre Folgen in der Struktur des Buches gehabt.« Zum Zwecke seiner Version der Geschichtsvermittlung wählte Johnson das individuelle Bewußtsein Gesines, weil seiner Meinung nach Geschichte kein überpersönliches Schicksalsgeschehen ist, sondern auf individuellem Handeln und Verantworten beruht, und weil »das Leben einer alltäglichen und nicht berühmten Person exemplarisch sein kann«.[114]

Die Konzeption ist romanimmanent eingefangen durch Gesines Einstiegsformel »Ich stelle mir vor«,[115] mit dem der fiktionale Rahmen indiziert, und die Formel »So muß es gewesen sein«, mit der das historiographische Moment angezeigt wird.

---

112 JT, S. 1455: »Marie mißtraut Geschichten, die in allem zusammenpassen; so weit hab ich sie nun.« Indem Johnson den Nutzen geschichtlichen Bewußtseins bejaht, teilt er die Geschichtsauffassung der pragmatischen Geschichtsschreibung seit Thukydides.
113 Gespräch mit Prangel (Anm. 107), S. 265.
114 Vgl. Mecklenburg, Provinz (Anm. 3), S. 195f.: »Geschichte ›von unten‹«. S.a. Gerlach, Identität (Anm. 5), S. 82ff. Die angewandten Verfahren erinnern an die erzählende Dokumentationsarbeit der oral history und an die zuvor etablierte neuere Sozialgeschichtsschreibung. Bemerkenswert ist, daß zeitgleich mit der Abfassung der *Jahrestage* eine geschichtswissenschaftliche Neuorientierung in umgekehrter Richtung stattfand. Die angloamerikanische Sozialgeschichtsschreibung à la E.P. Thompson und Natalie Zemon Davies beabsichtigt, ohne äußerlich bleibende Theorien die Handlungen der geschichtlich Benachteiligten psychologisch aufzuarbeiten. Die ›sozialistisch-humanistischen‹ Historiker versuchen auf dem Wege sympathetischer Identifikation subjektive Erfahrungen und Verhaltensweisen zu beschreiben.
115 JT, S. 12.

Daß Johnson, indem er das Subjekt Gesine als Inkarnation des Privaten und Öffentlich-Allgemeinen profilierte, diese Figur konzeptionell überforderte, steht auf einem anderen Blatt.[116]

Die Anknüpfung Johnsons an überlieferte Erzähltraditionen bietet eine Möglichkeit, Empirie und Ästhetik zu vermitteln und so die Ereignisse aus der Perspektive der (potentiell) Betroffenen darzustellen.[117] Dabei fungieren die zusammengetragenen Details über Straflager und Menschenrechtsverletzungen, die topographischen, soziologischen und politischen Einzelheiten weder als naturalistische Staffage noch als bloßer allgemeinhistorischer Rahmen.[118] Auch darin besteht eine Verbindung zu den antiken Geschichtsdarstellungen: Nicht Gesetzmäßigkeiten der Geschichte oder eine wie auch immer geartete politisch-religiöse Ideologie bestimmen die Erzählungen. Die Jerichow-Erzählung und die antiken Historien kennzeichnet ein ›Mangel‹ an Abstraktion und Verallgemeinerungswillen, der bewirkt, daß die konkrete, dynamische Wechselbeziehung zwischen den geschichtlichen Vorgängen und den jeweils Beteiligten deutlich, aber nicht verbindlich ausgedeutet wird.[119]

Veronica Albrink, M.A., Seminar für Deutsche Philologie der Universität Göttingen, Humboldtallee 13, 37073 Göttingen

---

116 Vgl. Fries, »Jahrestage« (Anm. 1), S. 132ff., 138f. Johnson war sich des Problems bewußt. Gespräch mit Prangel (Anm. 107), S. 265f.: »Es käme mir höchst unnatürlich vor, wenn ich einem Subjekt statt individueller Reflexionen und Spiegelungen geschichtliche Gesetze oder sogar Geschichtsschreibung unterlegen sollte.«

117 Auch Walter Scott versuchte, geschichtliche Brennpunktsituationen auf von ihm erfundene Schicksale mittlerer Helden zu projizieren. Vgl. zum »Gebrauchswert« der fiktional-dokumentarischen Literatur auch Gerlach, Identität (Anm. 5), S. 117.

118 Z.B. über die KZ-Aufseherin Ilse Koch: JT, S. 48f.

119 Zur aktiven Leserrolle s.a. Gerlach, Identität (Anm. 5), S. 116f. Vgl. Johnson, Wenn Sie mich fragen ... (Anm. 67), S. 62: »Mit dem Roman ist die Geschichte versprochen. Was dazu gesagt wird, sagen Sie.« Howald, Geist (Anm. 16), S. 33, Herodot: »Ich habe die Pflicht zu erzählen, was berichtet wird, dieses aber zu glauben, ist ganz und gar nicht meine Pflicht. Jeder mag der Meinung beitreten, die er für die richtige ansieht.«

Rainer Benjamin Hoppe

»*Mangelhaft!*«

Uwe Johnsons Darstellung der DDR-Schule in den
Romanen *Ingrid Babendererde* und *Jahrestage* (4. Band)

Zwar sind wir alle zur Schule gegangen, doch fällt die Erinnerung daran
für jeden verschieden aus. Für eine stattliche Anzahl deutscher Autoren
fiel sie fürchterlich aus, und wir verdanken diesem Umstand – unter
anderen – den deutschen Schulroman.

Der Schulroman ist kein so altes Genre wie etwa der klassische
deutsche Bildungs- und Erziehungsroman, als dessen Zurücknahme man
ihn verstehen kann. Vor dem Hintergrund einer vehementen öffentlichen Schul-Debatte im Kaiserreich des letzten Drittels des 19. Jahrhunderts führte der Schulroman die Erziehungskritik in der deutschen
Literatur einem Höhepunkt zu. Das ganze Interesse des klassischen
Bildungsromans dagegen galt dem Heranreifen des Individuums, Kindheit und Jugend waren ihm stets nur Übergangsstadien. Und auf eben
diese Abschnitte konzentriert sich der Schulroman. Im *Wilhelm Meister,*
um den Klassiker aller Entwicklungsromane zu nennen, reifte der Held
noch durch das sinnvolle Wirken einer Gesellschaft in seine Rolle als
deren vollwertiges Mitglied hinein. Im Schulroman hingegen beschädigt
oder zerstört die Gesellschaft, bzw. die Schule als deren Sozialisations-
agentur, das Individuum.

Mit dieser Art von Kritik leiteten die Schulromane das »Jahrhundert
des Kindes«[1] ein. Ob bei Wedekind oder Thomas Mann, ob bei Hesse,

---

1 So der Titel von Ellen Key's Buch (dt. 1900), welches enormen Einfluß auf die
Debatte in Deutschland hatte.

Emil Strauß oder Friedrich Huch – die Konstellationen gleichen einander: ein recht sensibler Knabe (und allein dadurch schon sehr verwundbar) wird von seinen bestenfalls nur unfähigen, oft jedoch auch sadistischen Lehrern (die Autoren geben da kein Pardon!) in den Tod getrieben. Der gute Freund des Knaben ›überlebt‹, weil psychisch robuster, die Schule, er entkommt ihr. (Hier ist der Topos des *Ungleichen Paares* angelegt.) In diesem Handlungsschema wird die Kernzone dieser Romane sichtbar:[2] die Schule als ein Problem *an sich* übermannt den Schüler und erdrückt seine Individualität. Stets war es also mehr als nur die schulinterne Problematik, die die Autoren inspirierte – und vor allem ihren Zorn, auch wenn der meist von ihren persönlichen Erfahrungen mit der Schule herrührte. Das Thema war (und ist!) ein politisches: Durch das traditionell enge Verhältnis von Schule und Staat in Deutschland zeigte sich für die Autoren das ›Große‹ im ›Kleinen‹, geriet ihnen die Kritik an Schule und Lehrern zur Kritik am Staat und seinen Repräsentanten, wobei es den preußischen Staat am heftigsten traf. Die Erziehungskritik schlug notwendig in vehemente Gesellschaftskritik um.

»Thema verfehlt«? Was hat all dies mit Uwe Johnson zu tun? Nun, auch er gestaltete sein Schulerlebnis schriftstellerisch, und das gleich zweimal. Was ist da Ungeheures vorgefallen in seiner Schulzeit, fragt man sich da unwillkürlich, denn Uwe Johnson war einer der Autoren, die sich ›eigentlich‹ nie wiederholten.

Der mit persönlichen Auskünften habituell nicht großzügige Autor schildert Kindheit, frühe Jugend und seinen Schulgang in *Begleitumstände*.[3] Es waren »Zwei Bilder«, die Hitlers und Stalins, also Bilder zweier Diktatoren, die Johnsons Jugend überschatteten. Johnson war wahrscheinlich noch zu jung gewesen, um auf der Deutschen Heimschule dauerhaften Schaden durch die Nazi-Ideologie zu nehmen. Der Antifaschismus sowie die »Proklamation der sozialen Neuordnung«[4] versprachen eine bessere, gerechtere Zukunft in dem sich formenden »ersten sozialistischen Arbeiter- und Bauern-Staat auf deutschem Boden« und müssen nachhaltigen Eindruck gemacht haben auf eine Generation, der die

---

2 Das Thema Schule wird – handelt es sich doch um Entwicklungen – in der deutschen Literatur fast nur in erzählerischer Form abgehandelt. Ausnahme ist Frank Wedekinds Drama *Frühlings Erwachen,* in seinem Kern aber mehr der Pubertäts- als der Schulproblematik verpflichtet.

3 Johnson, Uwe: Begleitumstände. Frankfurter Vorlesungen, Frankfurt am Main 1980, S. 9-54.

4 Johnson, Uwe: Versuch, eine Mentalität zu erklären, in: Ders., Berliner Sachen. Aufsätze, Frankfurt am Main 1975, S. 52-63, hier: S. 53.

Eltern nicht nur physisch, sondern vor allem moralisch abhanden gekommen waren. Das »reichte für Vorschüsse, zu entrichten in Vertrauen«.[5]
Gleichzeitig war für den jungen Johnson mit »der schauerlich unbeugsa-
men Moral des Jugendlichen, der Schuld für sich als künftige Erfahrung
ausschliesst, [...] dieser Jossif Wissarionowitsch angenommen als der
Sieger«.[6] Hier liegen die Wurzeln für Johnsons späteres FDJ-Engagement.

Johnson besuchte – wie bekannt – von 1948 bis 1952 die John
Brinckman-Oberschule zu Güstrow. Hier machte Johnson seine *praktischen*
Erfahrungen mit dem Stalinismus. Dessen irrwitziger Personenkult war
noch die harmlosere Seite[7] gegenüber der wirklich gefährlichen und
politisch zentralen Dimension: der Aufhebung von Objektivität
schlechthin. Daraus ergab sich die Veränderung der Fakten zur jeweils
politisch gewünschten Version von Wirklichkeit, ganz im Sinne der
herrschenden Ideologie. Die gesellschaftliche Notwendigkeit der Lüge
wurde für den jungen Johnson zur existentiellen Grund-Erfahrung:

> Andere Lehrer wissen, dass der Schüler lügt beim Aufsagen von Lügen, die er von
> Niemanden weiss als von ihnen selber, und eine Eins schreiben sie ihm an, und
> der Schüler sieht ihnen zu dabei.[8]

Johnson erlebte, »wie man Sprache falsch benutzen kann, sogar mit dem
Vorsatz zu betrügen«.[9] Zu dieser Erfahrung gesellte sich die erste Bekanntschaft mit dem Terror des Systems. Als »Org.-Leiter« der »Z.S.G.L.«[10]
versuchte er, Mitschüler vor den Folgen ihrer »Albernheiten«,[11] konkret:
vor der Verhaftung durch die Staatssicherheit zu bewahren. Daß der
Realist Johnson von eher symbolischen Widerstandsakten gegen das
DDR-Regime nicht viel hielt, bezeugt der seinem Güstrower Deutsch-
und Musiklehrer gewidmete *Brief an Kurt Hoppenrath*,[12] der auf den 6.10.

---

5 Ebd.

6 Johnson, Begleitumstände (Anm. 3), S. 41; vgl. Novak, Helga M.: Die Eisheiligen,
Darmstadt/Neuwied 1981; dies.: »Vogel federlos«, Darmstadt/Neuwied 1982; Müller,
Heiner: Krieg ohne Schlacht. Leben in zwei Diktaturen, Köln 1992.

7 Das ausführliche Eingehen auf diesen in den *Begleitumständen* (Anm. 3) deutet darauf
hin, daß Johnson die überragende Bedeutung der Führerfigur für ein totalitäres System
durchaus rezipiert hatte; vgl. in diesem Kontext Arendt, Hannah: Elemente totaler
Herrschaft, Frankfurt am Main 1958, S. 89, 115f.

8 Johnson, Begleitumstände (Anm. 3), S. 49.

9 Ebd., S. 54.

10 »Was für ein Tier?« fragt auch Marie auf S. 1653 der *Jahrestage* (Anm. 57):
Organisationsleiter der Zentralen Schulgruppen-Leitung der FDJ.

11 Johnson, Begleitumstände (Anm. 3), S. 51.

12 In: Johnson, Uwe: »Entwöhnung von einem Arbeitsplatz«. Klausuren und frühe

1954 datiert ist. Hier kritisiert Johnson in Form eines recht sarkastisch ausfallenden Studentenulks »die idiotismen [!] des hier modernen Schul-Betriebs«:[13] die paranoid anmutende Überempfindlichkeit regimetreuer Lehrer, die hinter jeder Äußerung von Schülern eine »unerhörte Belei-digung der demokratischen Ordnung«[14] witterten; die »obligate Partei-lichkeit marxistischer Wissenschaft«.[15] Das alles sind Themen, wie sie sich dann in seinem Erstling *Ingrid Babendererde* wiederfinden werden. Was nicht verwundern kann, gehen doch beide Texte auf Johnsons Erlebnisse auf der John Brinckman-Oberschule zurück.

Zu einer Art ›Abrechnung‹ sowohl mit der DDR-Schule und ihren Lehrern als auch mit deren ›Widerspiegelung‹ in der DDR-Literatur gerät Johnson die III. Klausur im Staatsexamen des Sommers 1956 zum Thema *Welche literarischen Fragen wurden auf dem IV. Deutschen Schriftstel-lerkongress im Januar 1956 in Berlin behandelt?*[16] Der Absolvent Johnson, der sich nun bereits selber als Schriftsteller verstand, beantwortete die Frage mit einer Paraphrase des nach langer Mühe fast fertigen Erstlings *Ingrid Babendererde* – und verfehlte das Thema mit Wissen und Wollen.[17] Johnson setzt seinen Roman hier ganz ausdrücklich in Beziehung zum Genre des Schulromans, wie er es in Kurt Böttchers Aufsatz *Das Bild des deutschen Lehrers in Literatur und Wirklichkeit*[18] thematisiert gefunden hatte. Böttchers Artikel ist ganz der sozialistisch-realistischen Widerspiege-lungstheorie verpflichtet. Schon daß der Student Johnson den Titel des Aufsatzes wörtlich nimmt, ist ein ironischer Reflex darauf. Er vergleicht das apologetische und idealisierte Bild des Neulehrers mit den eigenen Erfahrungen und kann Widerspiegelung von Realität in der Literatur nicht feststellen. Gegen die Welt der geforderten Fiktion setzt der Student energisch – und mutig! – die Realität. In der DDR-Schule herrsche »die selbe sinnlose Autorität bürgerlicher Bildungs-Institute«;[19] Individualität und guter Wille junger Menschen würden auch hier grob mißachtet. Diese Schule lehre nichts anderes als »das plumpe widerliche

Prosatexte, hg. v. Bernd Neumann, Frankfurt am Main 1992, S. 104-107 (Schriften des Uwe Johnson-Archivs 3).

13 Ebd., S. 104.

14 Ebd., S. 105.

15 Ebd.

16 Ebd., S. 71-75.

17 Vgl. Johnson, Begleitumstände (Anm. 3), S. 103-108; Neumann, Bernd: Philo-logie und Biographie in Uwe Johnsons frühen Texten (1952-1959), in: Johnson, »Entwöhnung ...« (Anm. 12), S. 129-211, hier: S. 173f.

18 In: Neue Deutsche Literatur 3, 1955, Heft 9, S. 12-94.

19 Johnson, »Entwöhnung ...« (Anm. 12), S. 72.

Erlügen einer Haltung«, freilich nun gegenüber der »Demokratischen Republik«.[20] Summa summarum: »Die gutwilligen Anfänge waren verstimmt.«[21] Mit dieser einzigartigen Selbstexplikation stellte Johnson 1956 seinen Erstling in die Tradition des Schulromans, und das ganz ausdrücklich.

Woher nahm jemand, der selbst sehr aktiv in der Schul-FDJ war, das Recht zu solch strenger Kritik? Bereits im Frühsommer 1953 hatte Johnson mit seinem mutigen Auftritt an der Rostocker Universität[22] jene Erfahrung gemacht, die er später Ingrid Babendererde zuschrieb. Die Ereignisse in Rostock befreiten Johnson aus allen moralischen Verstrickungen, in die ein »Org.-Leiter der Z.S.G.L.« zwangsweise geraten mußte. Jetzt erst konnte er zum Schriftsteller, zum »Lehrling in diesem Beruf«[23] werden. Ganz zentrales, und zunächst ausschließliches Sujet seiner schriftstellerischen Arbeit aber wurde ihm — und dies zeigen die frühen Texte und drei Überarbeitungen des *Babendererde*-Manuskripts — die Geschichte seiner Schulzeit. Mit ihr begann er; mit ihr würde er enden.

Zusammengefaßt gilt: Johnson hat sich das Material seiner Schreibtätigkeit — »Man hat kein anderes Material als seine eigenen Erfahrungen«[24] — in seinen frühen Jahren systematisch angeeignet. Dabei steht das Erlebnis der eigenen Schulzeit stets zentral, ist belegbar bis in kleinste Details hinein. Daß die DDR und ihre Schule »staatliche Beihilfen«[25] leisteten, und ihn somit zum Schriftsteller machten, ist natürlich lediglich in dem Sinne zu verstehen — um innerhalb Johnsonscher heimatlicher Symbolik zu verbleiben —, daß der Sturm erlebter Konflikte Wind in Johnsons schriftstellerischen ›Segeln‹ war, die dann das ›Boot‹ seiner literarischen Produktion in Gang setzten und auf Kurs brachten. Gerade in der literarischen Verarbeitung biographischer Erlebnisse stellte sich der prägende Bezug zu einer bestimmten historischen Zeit zuallererst her. Nur so konnte sich auch Johnsons Vorstellung vom Status der Literatur als eines »Aufbewahrens einer Zeit« entwickeln.

---

20 Ebd., S. 74.
21 Ebd.
22 Vgl. Johnson, Begleitumstände (Anm. 3), S. 64-66.
23 Ebd., S. 69.
24 Interview mit Phillys Meras. Zit. nach: Über Uwe Johnson, hg. v. Reinhard Baumgart, Frankfurt am Main 1970, S. 169.
25 Johnson, Begleitumstände (Anm. 3), S. 55.

Vier Tage im Mai – die Schulwelt der Ingrid Babendererde

Der Roman *Ingrid Babendererde*[26] ist in zwei sehr verschiedenen Lebens-
bezirken angesiedelt. Da ist zum einen die seenreiche Natur Mecklenburgs
und in ihrer Mitte die so recht behaglich wirkende Schleuse; zum
anderen, topographisch gegenüberliegend und durch einen »Unteren
See« davon getrennt, die Stadt, die Welt der Schule. Ihr soll im folgenden
die Aufmerksamkeit gelten.

Zwar langweilt sich die Klasse 12 A in scheinbar bekannter Manier
dem Ende der letzten Stunde entgegen, und doch erfährt das wohlbe-
kannte und in den Schulromanen oft thematisierte Motiv der nicht
verstreichen wollenden Zeit, samt der dazugehörigen trägen Stille der
Klasse und dem rituellen Abfragen von ›Stoff‹, nur vordergründig eine
weitere Variation. Hinter dem vertrauten Bild steht eine neue, unerhörte
gesellschaftliche Realität: Man schreibt den Mai 1953, und der von der
FDJ vorangetriebene, »behördlich verschärfte Klassenkampf«[27] ist in Form
des Kirchenkampfes der FDJ gegen die christliche »Junge Gemeinde«
auch über diese Schule hereingebrochen. Elisabeth Rehfelde, Mitglied
der »Jungen Gemeinde«, warf, provoziert durch den ersten Vorsitzenden
der FDJ, Dietrich Seevken,[28] diesem öffentlich ihr FDJ-Mitgliedsbuch
vor die Füße. Von Partei und FDJ propagandistisch ›angeheizt‹, zieht der
Vorfall Kreise, führt zu Aulaversammlungen und gipfelt in Schulaus-
schlüssen, deren Konsequenz für die Schüler schließlich in Anpassung
oder Flucht mündet. Jener Kirchenkampf gibt also den Hintergrund ab
für eine »Reifeprüfung 1953«; eine Maturität, die dieser Konflikt allen
beteiligten Personen abverlangt. Es geht um die Moral des Einzelnen:
Wie verhält sich das Individuum unter dem zunehmenden politischen
Druck des – hier – deutschen stalinistischen Systems? Dies macht die
Spannung der Handlung aus, deren Ende dem Leser bereits auf den ersten
Seiten präsentiert wird. Der allwissende Erzähler (mit dessen Rolle Uwe
Johnson hier ironisch spielt) beobachtet über vier Tage im Mai 1953 vor
allem sein zentrales »Dreigestirn«. In dessen Mitte steht die strahlende
»Sonne« Ingrid,[29] umkreist und (erfolgreich) geliebt vom lebenstüchtigen

---

26 Johnson, Uwe: Ingrid Babendererde. Reifeprüfung 1953, Frankfurt am Main
1985.

27 Ebd., zuerst S. 60.

28 Johnson verwendet fast stets »sprechende Namen«; für den nicht-mecklenbur-
gischen Leser: Seevken = Seife; siehe auch Anm. 29.

29 Ihre Beziehung zur Sonne ist stets positiv, symbolisiert ihre Verfassung; s.
Johnson, Babendererde (Anm. 26), S. 20, 35, 48, 163, 228 u.a.; auch im Zusammenhang

blonden Klaus, ebenso verehrt (wenn auch erfolglos) von dessen ›Gegenspieler‹, dem grüblerischen dunklen Jürgen, der »die beiden übermässig gern«[30] hat. Die ›Tonio Kröger-Konstellation‹ wird noch dadurch intensiviert, daß dem Leser Ingrid auch zumeist durch die Sichtweise beider Jungen, durch deren erlebte Rede, vertraut wird.[31]

Die drei sind Schüler der bereits erwähnten Klasse 12 A, die Johnson als eine eigene Persönlichkeit darstellt.[32] Diese elfköpfige (eine Primzahl!) Einheit besteht zwar aus sehr verschiedenen Individuen, die aus sehr verschiedenen sozialen Klassen kommen, ist sich gegenüber ihren Lehrern jedoch so unmißverständlich einig, daß die Gemeinschaft der Klasse alternativ zur strammen FDJ-Organisation steht. Und weder das »Dreigestirn« noch überhaupt jemand in der Klasse hat ernsthafte Lernprobleme, die sonst in Schulromanen oft ins Verderben zu führen pflegen. Die trockene Mathematik, die nicht nur den Titelhelden von Torbergs *Schüler Gerber* (1930) in den Selbstmord trieb, wird hier in Gestalt der vitalen (und verführerischen!), aber angesichts abstrakter Formeln an der Tafel ratlosen Eva Mau nur noch ironisch zitiert. Das gefürchtete Latein – es brachte bereits den kleinen Marius in Kiellands *Gift* (dt. 1886) um – verliert allen Schrecken in der von Johnson geschilderten Klassenarbeit; die bei dieser Gelegenheit vorgeführte fröhliche Arbeitsgemeinschaft könnte einer Schüler-Klamotte vom Stil der *Feuerzangenbowle* entnommen sein. Doch Vorsicht: »Aktionen gegenseitiger Nothilfe«[33] haben im Mai 1953 noch einen anderen, hintergründigeren Sinn. Sie verweisen bereits auf die mündliche Prüfung der Loyalität gegenüber dem Staat in Aula-Versammlung und Verhör. Nicht traditionelle Schulprobleme,

mit dem sehr ausgiebigen Gebrauch von Licht- u. Fenster-Motivik im Roman. Diese, wie auch die sprechenden Namen, können auf den Einfluß der von Johnson sehr geschätzten Autoren Thomas Mann und Theodor Fontane zurückgeführt werden.

30 Johnson, Babendererde (Anm. 26), S. 26.

31 Zur Tonio Kröger-Konstellation s.: Neumann, Bernd: Ingrid Babendererde als Ingeborg Holm, in: Colloquia Germanica, Bd. 20, 1987, S. 203-212, bes. S. 211; ausführlicher aufgenommen bei Wunsch, Beate: Studien zu Uwe Johnsons früher Erzählung Ingrid Babendererde. Reifeprüfung 1953, Frankfurt am Main 1991, S. 133ff. Vgl. auch die Auseinandersetzung Johnsons mit dem Tonio Kröger-Motiv in: Begleitumstände (Anm. 3), S.58f. Der hier angesprochene erste Versuch, jene »Ur-Babendererde«, enthielt wohl im Kern die Liebesgeschichte der späteren Roman-Fassungen.

32 Insbes. Johnson, Babendererde (Anm. 26), S. 138: »12 A hielt das für eine ungeschickte Frage, 12 A kam sich vornehm angeredet vor, 12 A schwieg.«

33 Ebd., S. 132.

sondern von außen eindringende politische Konflikte stehen im Mittelpunkt des Romans.[34] Wie aber gestaltet sich dieser, in des Wortes
doppelter Bedeutung, ›Klassenkampf‹?

Schulalltag und Lehrer der Gustav-Adolf-Oberschule werden besonders anschaulich am Mittwoch vorgeführt, übrigens genau ermittelbar als
der 27.5.1953.[35] In der Geographie-Stunde des Vortags wurde deutlich,
worin sich der Unterricht in der DDR von dem in Westdeutschland
unterschied: die Vermischung von Sach-Information und politischer
Phrase; die zwanghafte Verknüpfung von Lehrstoff und tagespolitischen
Begebenheiten und das damit verbundene geradezu monomanische
Vergleichen der angeblichen (und auch tatsächlichen! Oder?) Nachteile
des kapitalistischen mit den ganz unbezweifelbaren Vorzügen des sozialistischen Gesellschaftssystems, welche – versteht sich – vorzugsweise in
der Sowjetunion realisiert vorliegen. Das weist deutlich auf jene Überzeugungsziele hin, die in der DDR-Schule nicht nur der Staatsbürger-
kunde und dem Unterricht in neuerer Geschichte, sondern jedem Fach
vorgeschrieben wurden. Einem befürchteten Widerspruch zwischen
wissenschaftsorientiertem und ideologischem Unterricht sollte damit
entgegengesteuert bzw. Gleichgültigkeit gegenüber letzterem vermieden
werden.[36]

Am Schul-Mittwoch in der *Babenderderde* geht es indessen ruhig an.
Genüßlich wird da die morgendliche Stimmung einer x-beliebigen
Schulklasse ausgebreitet. Gefahr ist nicht im Verzuge, man hat in der
ersten Stunde Englisch, bei »Sir« Sedenbohm, »der bürgerlich war und
unzuverlässig«,[37] ergo bei den Schülern sehr beliebt. Er lehrt nicht nur die
favorisierte Sprache des »imperialistischen Feindes«, sondern auch das
schwierige Latein. Weil in beiden Fächern ein solider Fachmann, wird er

---

34 Auch dies entspricht der Tradition des Schulromans; vgl. bei Döblin, Alfred:
November 1918 (Bd. 4, 3. Buch: Antigone und die Schuld der Ahnen); Feuchtwanger,
Lion: Die Geschwister Oppermann (1933); von Horváth, Odön: Jugend ohne Gott
(1938); Schallück, Paul: Engelbert Reineke (1959) u.a.

35 Johnson vergaß, bei den mehrfachen Überarbeitungen des Romans alle Ereignisse zeitlich anzugleichen. Der Beginn des 20. Kapitels mit seinem dreifachen »Dienstag«
muß sich auf den Mittwoch beziehen. Denn an einem Mittwoch will Hannes Pius »an
seinen Hals schlagen« [Johnson, Babendererde (Anm. 26), S. 90], eine Absicht, die er vor
der ersten Stunde des Mittwoch (ebd., S. 75) kundtut. Er kann sie auch erst am Mittwoch
äußern, weil das berühmte Mitgliedsbuch in einer Pause des Dienstag geworfen wurde.
Eine Rückblende schließt sich somit aus.

36 Waterkamp, Dietmar: Handbuch zum Bildungswesen der DDR, Berlin 1987,
S. 110.

37 Johnson, Babendererde (Anm. 26), S. 133.

von den Schülern als Autorität anerkannt und geschätzt. Dank seiner Souveränität kann er sich darauf beschränken, die »künstlerische Vollkommenheit ihres Schwindels«[38] anläßlich einer Klassenarbeit zu untersuchen, nicht etwa zu ahnden. Für diesen Lehrer und seine Klasse ist Vertrauen die Grundlage für ein gemeinsames Unterfangen: eben Lernen. Nur in solch vertrauter Atmosphäre kann eine politische Diskussion öffentlich im Rahmen der Klasse geführt werden – jener zentrale Streit zwischen Klaus und Jürgen um die »mental reservations« der Partei, bzw. der englischen Puritaner. Dieser Streit zeigt nicht nur Klaus als Kritiker und Jürgen als Verteidiger der FDJ, sondern rüttelt gleichermaßen am Prinzip des ›Überzeugungsziels‹. In Klaus' Rede vermischt sich der Unterrichtsstoff mit aktueller Politik. Der Streit zwischen den Puritanern und der englischen Königin Elisabeth wird plötzlich zu dem der Elisabeth Rehfelde mit der FDJ. Ein Lehrer Sedenbohm verhält sich in solch politischem Streit als Fachmann, nämlich zurückhaltend; er mischt sich nicht ein.

Im Gegensatz zu den durchaus differenziert dargestellten ›bürgerlichen‹ Lehrern der naturwissenschaftlichen Fächer – sie waren Anfang der fünfziger Jahre an den DDR-Oberschulen noch unersetzlich –, die die ›Überzeugungsziele‹ einfach negieren oder unterlaufen, akzentuiert Direktor Pius in seiner Geschichts-Stunde das Gegenteil. Allein schon um dem den Erstling so deutlich organisierenden dualen Prinzip Genüge zu tun, muß dem ›Guten‹ der ›Böse‹, muß einem Sedenbohm ein Pius folgen. Bis in kleinste Details hinein ist der eine die Gegenfigur des anderen, ist Pius das Paradebeispiel eines »unseeligen« sozialistischen Lehrers. Indessen verbindet sie eines: der eine ist, der andere war Direktor der Schule. Wenngleich im Roman nicht vollständig ausgeführt, weist dieser Umstand dennoch deutlich auf das *Ablösemotiv* hin,[39] wie es – den Zusammenhang von Schul- und Gesellschaftskritik unübersehbar evident machend – seit Raabes *Horacker* (1875) die Gestalt des Lehrers begleitet und in Feuchtwangers *Die Geschwister Oppermann* (1933) und Paul Schallücks *Engelbert Reineke* (1959) geradezu klassisch ausgebildet ist. Ein jugendlich forscher, vor allem aber staatstreuer Karrierist löst den philologisch gediegenen und pädagogisch verständigen Fachmann ab,

---

38 Ebd.
39 Ironischerweise ist es ein sehr linientreuer DDR-Germanist, der dieses Motiv zuerst erwähnt; Zacharias, Ernst Ludwig: Die Darstellung des Lehrers in der sozialistischen und in der bürgerlich-antiimperialistischen erzählenden deutschen Literatur, Diss. Potsdam 1964, S. 89ff.

der sich einem neuen politischen Regime aus moralischen, kaum politischen, Gründen nicht unterzuordnen vermag.

Direktor Siebmann, sein Spitzname »Pius« spielt auf die schon von
Walter Mehring, später Bertolt Brecht kritisierten »Marx-Pfaffen« an,[40]
die es »auf eine fromme Art zu tun hatte[n] mit / der Sozialistischen
Einheitspartei«,[41] wird von Johnson porträtiert als der prototypische
Vertreter einer Funktionärs-Kaste, der sich formenden »Neuen Klasse«
der DDR, wie sie dann Milovan Djilas in seinem (dt.) 1958 erschienenen
gleichnamigen Buch analysiert. Einmal durch die Partei bzw. die FDJ an
die Macht gekommen, befolgt Pius deren Anweisungen eifrig-blind. Die
revolutionäre Pose gerät zum bürgerlichen ›Heldenleben‹ mit – wie man
in der DDR nicht erst seit dem Herbst 1989 wußte – allen entsprechenden Vergünstigungen. Der Anspruch eines pädagogischen Neuanfangs
verfällt durch hergebrachtes Autoritätsgehabe. Der ›rote Bourgeois‹ Pius
behindert und verdirbt die Sozialisierung der Schüler, an der ihm liegt.
Die Schüler sind bereit, sich in die neue Gesellschaft einzugliedern, sie
haben zu Beginn sogar eine positive Haltung gegenüber dem Sozialismus.
Dessen Vertreter repräsentiert jedoch ausschließlich ›Altes‹ im neuen
Gewand. Deshalb ist »ihr einziger Vorwurf für die Demokratische
Republik [...] manchmal doch der dass sie ihnen einen solchen Direktor
habe vorsetzen mögen«.[42]

Die denkwürdige Stunde mit Direktor »Pius« bietet dann keine
Klaus'sche Persiflage mehr, sondern führt vor, wie man ein ›Über-
zeugungsziel‹ mit unpädagogischer Verbissenheit zu erreichen sucht und
damit allen Unterricht unfreiwillig persifliert. Die durchaus denunzierende
Darstellung, die ihren Höhepunkt in der Imitation der Redeweise von
Pius findet, ist ganz der Sicht der Schüler verpflichtet, speziell Ingrids.
Doch inflationiert Pius mit seinen »Redewellen«[43] nicht nur den Gebrauch der Sprache. Lächerlich und unsäglich langweilig – das ist nur die
eine Seite des Pius. Die andere Seite des Herrn *Siebmann* – und so wird
Thomas Manns Direktorfigur aus den Buddenbrooks ›beerbt‹ – zeigt
einen ›sozialistischen Wulicke‹, der mit zwar anderen Methoden, aber

---

40 »Hütet euch vor den Leuten, die euch predigen, ihr müßtet die *Große Ordnung*
verwirklichen. Das sind Pfaffen. [...] Hütet euch, die Diener von Idealisten zu werden;
sonst werdet ihr schnell die Diener von Paffen sein.« Aus: Brecht, Bertolt: Me-Ti. Buch
der Wendungen, in: Ders., Werkausgabe, Bd. 12, Frankfurt am Main 1967, S. 417-485,
hier: S. 507.
41 Johnson, Babendererde (Anm. 26), S. 86-87.
42 Ebd., S. 163.
43 Ebd., S. 171.

derselben vernichtenden Wirkung über die Karriere seiner Schüler befindet. Pius ›stalinisiert‹, er terrorisiert die Schule, denunziert sogar Schüler bei der Staatssicherheit.

Diese massive Beschuldigung des Romans zeichnet wiederum sehr reale Vorgänge nach. In der Festschrift zur 400-Jahr-Feier von Johnsons Schule findet sich der Hinweis, daß »Schüler unserer Schule wegen [...] feindlicher Tätigkeit gerichtlich bestraft werden mußten«.[44] Auch im Roman wird die Bespitzelung von Schülern ausdrücklich thematisiert.[45] Überwachung und Meinungsterror führen zu eben jenem Erlügen einer Haltung, zu jener Doppelgleisigkeit in Denken und Sprechen, deren Folgen nicht mehr übersehbar sind und Verrat begünstigen. Dies ist die gefährliche Seite des Pius. Sie wird sichtbar, wenn er den schulisch schwachen Hannes zum Verrat an seiner Freundin im Tausch gegen gute Noten überreden will;[46] wenn er versucht, Jürgen »angelegentlich« nach Klaus auszufragen: »Was mit dem eigentlich sei. Sag mal was macht der eigentlich in seiner Freizeit?«[47] Hier zeichnen sich bereits deutlich die Konturen eines sich sozialistisch nennenden Überwachungsstaates ab, und wie dieser bis in die letzten Verästelungen des privaten Lebens einzudringen sucht. In diesem Sinne bekommt auch die Lautsprecheran-lage der Schule – sie existierte auch an Johnsons Schule – einen anderen Sinn. Wer total, allumfassend herrschen will, muß sich zum Herrn über die Sprache, die Kommunikation machen. Die Spruchbänder der Schule, die Johnson im Roman sehr aufmerksam dokumentiert, zeigen freilich sofort wieder die Schwächen einer auf solchen Prämissen gebauten Herrschaft: sie erscheinen als reinweg »weisse Buchstaben auf blauem Tuch«.[48] Auch so fällt die Entwertung und Zerstörung der Sprache auf deren Urheber zurück.

---

44 Festschrift, 1553-1953: 400 Jahre Oberschule Güstrow, Güstrow 1953, S. 21. Ich bedanke mich bei Bernd Neumann für den Hinweis auf diese Quelle.

45 Vgl. Ingrids Gang durch die Stadt, in: Johnson, Babendererde (Anm. 26), S. 203ff.; Überwachung der Jungen Gemeinde, in: ebd., S. 142. Johnson schwächte den Vorwurf der Denunziation im Roman bei dessen vermeintlich druckreifer Überarbeitung selbst ab. In der 3. Fassung, in den *Begleitumständen* zitiert, heißt es noch: »Herr Siebmann hat vier aus unserer Klasse ins Zuchthaus gebracht im vorigen Jahr.«, in: Johnson, Begleitumstände (Anm. 3), S. 85; in der 4., der Druckfassung, ist Siebmann nur noch »Schlüsselfigur«, in: Johnson, Babendererde (Anm. 26), S. 162. Vgl. auch »Brief an Kurt Hoppenrath«: »(Übrigens ist der stellvertretende Direktor der John Brinckman-Ober-schule Sonderbeauftragter des Staatssicherheitsdienstes zumindest 1951 gewesen.)«, in: Johnson, »Entwöhnung ...« (Anm. 12), S. 105f.

46 Johnson, Babendererde (Anm. 26), S. 137-138.

47 Ebd., S. 223.   48 Ebd., S. 24.

Kann es bei solchem Mißbrauch von Sprache überhaupt noch eine inhaltliche Auseinandersetzung, oder gar Opposition an dieser Schule geben? Nicht zufälligerweise im Deutschunterricht, der auf Pius' vollständig inhaltsleere Geschichtsstunde folgt, findet diese in Ansätzen statt. Geleitet wird die Stunde von Frau Behrens, dem »Blonden Gift«, als Neulehrer ebenfalls erkennbar an jener angemaßten Würdigkeit (die einem Sedenbohm selbstverständlich zu eigen ist), an dem latenten Mißtrauen – immer sprungbereit am Fensterbrett lehnend – und an den offensichtlich fehlenden fachlichen Kenntnissen. Für sie wie für die Mitschüler bleibt Klaus' freche Wiedergabe einer frechen (Brechtschen) Schiller-Adaption der *Bürgschaft* eher »unübersichtlich«.[49] Klaus antwortet mit ihr auf die vom »Blonden Gift« geforderte Klassik-Rezeption im Geiste Lukács', er löst aber keine literaturästhetische Debatte über die *Kunst zu erben* aus, wie Bloch und Eisler sie in ihrem berühmten Artikel verstanden haben: eben nicht »das Klassische fast auf klassizistische Weise« preisen, sondern »produktiver Antritt des kulturellen Erbes«.[50] In der Schulstunde (wie leider auch in großen Teilen der DDR-Germanistik jener Jahre) findet sich stattdessen »redselige Wanderung«,[51] Langeweile. Die Klasse quittiert das, indem sie der Lehrerin den geforderten Gruß verweigert.

Solche Geringschätzung der Lehrer gründet sich im Roman auf politisches Mißtrauen. Dahinter steht jedoch tiefer moralischer Ekel vor rückgratloser deutscher Beamten-Mentalität, so wie sie dann in der zugespitzten politischen Situation des »Kirchenkampfs« zum Vorschein kommt. In ihrer schweigenden Anpassung verkommen die Lehrer zu Leuten,

die nichts weiter haben als was Lehrbefähigung genannt wird und grosskarierte Psychologie, Alleswissende, Vertrauenspersonen –; denen nichts einfällt als dass sie ihr Brot nicht verlieren wollen.[52]

Das ist nun Schulroman ›par excellence‹. Mit jugendlicher Unbedingtheit und Naivität wird hier – wie unzählige Male vorher – das moralisch vernichtende Urteil über Lehrer gefällt, die, wie auch ihre literarischen

---

49 Ebd., S. 100.
50 Bloch, Ernst/Eisler, Hanns: Die Kunst zu erben, in: Marxismus und Literatur, Bd. 2, hg. v. Fritz J. Raddatz, Reinbek bei Hamburg 1969, S. 105-109, hier: S. 107.
51 Johnson, Babendererde (Anm. 26), S. 101.
52 Ebd., S. 149.

(und realen) Vorgänger, sich anpassen um jeden Preis.[53] Das stalinistische Regime aber will noch mehr; es wünscht von *allen,* Lehrern wie Schülern, eine persönliche Gesinnungserklärung. Diesem Zweck dient der inquisitorische Charakter der Aula-Versammlungen. Jetzt schiebt sich das Regime auch zwischen die Freunde, selbst zwischen die Liebenden, und entzweit sie. Aber in der *Babendererde* ›geht es noch mal gut‹. Alle drei bestehen – sich und den anderen zum Vorbild – ihre »Reifeprüfung«. Ingrid legt vor allen Schülern ihr Bekenntnis zur individuellen Freiheit ab; Jürgen, der öffentlich gegen den Schulausschluß Ingrids stimmte und selbst in die politische Schußlinie geraten ist, verweigert sich Pius' Spitzeldiensten; der durch seine antifaschistische Biographie geschützte und sich vielleicht deshalb abseits haltende Klaus verläßt – solidarisch mit Ingrid – die Schule. Das Trio ist ›ehrlich‹ geblieben. Der 12 A hingegen wird in einem Dauer-Verhör durch Direktor Pius die Loyalitätserklärung für das Regime abgepreßt; diese ›mündliche Prüfung‹ besteht die Klasse nicht. Vom vormaligen Geist der Solidarität bleibt nur noch die Einigkeit, *darüber* zu schweigen.

Mit der für Johnson typischen Kreisstruktur kehrt der Roman wieder zurück zum Ausgangspunkt, in die Gegenwelt der Schleuse und den im doppelten Wortsinn »er-fahrenen« Freiraum der Natur. Hier entlädt sich nun symbolträchtig die ›Spannung‹ dieses nicht nur meteorologisch heißen Mai (noch 19 Tage bis zum 17. Juni!). Und hier kommen auch die Freunde noch einmal zusammen, demonstrieren im Gewittersegeln wortlose und gerade deshalb perfekte Gemeinschaft, sind »überaus zusammen in einem Boot«.[54] Im Verschmelzen mit den Elementen konstituiert das »Dreigestirn« den Gegenentwurf zur Zwangsgemeinschaft Schule, scheint die Utopie einer erfüllten Lebens- und Arbeitsgemeinschaft auf. Die Utopie verbleibt – es ist eben der Mai 1953 – nur als Erinnerung, sie wird gleichsam eingeschlossen in jene Höhle des Ali Baba, in die Märchenerzählung, welche die Flucht von Klaus und Ingrid begleitet. Beim Abschied von der Heimat auf dem Dachboden der Schleuse glimmen nun die Augen jener Katze auf, die dann als Symbol der Erinnerung Johnsons Werk durchwandern wird. Ihre Bedeutung, wie auch die Frage nach dem Vergessen – »Ob sie es vergessen hatten über ein Jahr, und ob das schlimm sein würde«[55] –, bleibt hier noch An-

---

53 Vgl. auch mit authentischem Lehrerverhalten in: »Meine Schulzeit im Dritten Reich«, hg. v. Marcel Reich-Ranicki, Köln 1982.

54 Johnson, Babendererde (Anm. 26), S. 239.

55 Ebd., S. 247; vgl. S. 59.

deutung. Die sich dennoch unmißverständlich äußernde »vorwegge-
nommene Erinnerungs-Trauer«[56] aber gilt der Welt der Schleuse und
keinesfalls der ›mangelhaften‹ Welt der Schule.

Remake oder Neugestaltung?
Die Schulzeit im Band 4 der Jahrestage

Eben diese Katze und das Ali Baba-Motiv geleiten uns zunächst einmal
vom frühen Roman zu Gesines Erinnerungserzählen der *Jahrestage* hin-
über. Am Anfang des Romans plaziert, umschließt ihre Erwähnung jene
grundlegende, weil das gesamte Erzählen der *Jahrestage* problematisierende,
Reflexion Gesines über die vielfachen Funktionen des Gedächtnisses:
einerseits zwar abrufbarer Speicher von Daten, Fakten, Zahlen zu sein;
andererseits aber die gewollte und gezielte Erinnerung zu verweigern:

Das Stück Vergangenheit, Eigentum durch Anwesenheit, bleibt versteckt in
einem Geheimnis, verschlossen gegen Ali Babas Parole, abweisend, unnahbar,
stumm und verlockend wie eine mächtige graue Katze hinter Fensterscheiben,
sehr tief von unten gesehen wie mit Kinderaugen.[57]

Schon als Kind sah Gesine diese Katze, und das Verlangen nach ihr
kostete sie in jener fürchterlichen »Wassertonnen-Geschichte« (JT, 616ff.)
fast das Leben: der durch religiösen Wahn motivierte versuchte Kindes-
mord der Mutter, die verhindern will, daß ihr Kind schuldig wird in der
sich abzeichnenden größten Katastrophe der deutschen Geschichte. Für
Gesine ist seit jenem traumatischen Erlebnis Erinnerung unlösbar mit der
Frage nach persönlicher Schuld verbunden. Die konsequente Parallel-
führung von Privatem und Politischem ist die Grundlage für alles
Erzählen in den *Jahrestagen*.

    Gesine, Jahrgang 1933, ist zu jung, um sich eine Mitschuld an den
nationalsozialistischen Verbrechen aufgeladen zu haben. Trotzdem reagiert sie geradezu panisch, als sie in New York auf jüdische Mitbürger
stößt, versucht ihre deutsche Herkunft im Ausland zu verleugnen,
reagiert, dem eigenen Verständnis nach, höchst irrational. Auf der Suche
nach einer Erklärung dafür kommt die Schule der SBZ bzw. der DDR ins
Bild:

---

56 Neumann, Ingrid Babendererde als Ingeborg Holm (Anm. 31), S. 208.
57 Johnson, Uwe: Jahrestage. Aus dem Leben von Gesine Cresspahl, Frankfurt am
Main 1970–1983, S. 64; zitiert als (JT, Seite).

Vielleicht sitzt der faschistische Schutt im Gedächtnis so fest, weil die Schulen der sowjetischen Besatzungszone in Deutschland viel Zeit verwendeten auf die Bekanntmachung der ... der Sachen, die die Deutschen als Nationalsozialisten gegen die Juden getan hatten?

Nein. Die Schule hat uns diese ... diese Dinge erklärt als gesetzmäßige Verfallserscheinungen des Kapitalismus in seiner höchstausgebildeten Phase, der des Imperialismus. Der selbe Unterricht lieferte das Werkzeug, mit dem zu erkennen war, daß der Versuch einer »Endlösung« für die Juden nicht durch ökonomische oder machtpolitische Wirkungsmechanismen zustande gekommen war, sondern aus der deutschen Art von Wahnsinn. (JT, 234)

Die »Neuen Schulen«, die den Antifaschismus doch so deutlich auf ihre Fahnen geschrieben hatten, ›verpackten‹ die Verbrechen in sozialhistorische Kategorien, reduzierten sie zu abstrakten und damit Distanz gewährenden »Dingen« und »Sachen«. Gesine wird sich hier ihrer »Unfähigkeit zu trauern«, um die Formel Alexander und Margarete Mitscherlichs zu zitieren, zumindest im Ansatz bewußt. Erst in der näheren Bekanntschaft mit ihrem tschechischen Sprachlehrer, Prof. Kreslil, dem »Gezeichneten«,[58] erst in der Begegnung mit dem leibhaftigen NS-Opfer, macht Gesine dann eine »apokalyptische«, und das bedeutet ja auch aufklärerische Erfahrung.[59] Die Unfähigkeit, den Filmtitel »The Fifth Horseman is Fear« zu entschlüsseln, sprachlich wie inhaltlich, erschüttert sie nachhaltig (JT, 1133ff.). Gesine wird selbst »gezeichnet«, ist im eigentlichen Sinne des Wortes sprachlos. Diese Entwicklung erst macht es ihr möglich, die Verbrechen des Faschismus nun nicht mehr nur als Statistik zu erfassen, sondern als persönliche, individuelle Leiden zu erkennen – und sie erschüttert zu ertragen.[60]

Aber nicht nur traumatisch belastende Erinnerung und die »Unfähigkeit zu trauern« überschatten Gesines Erzählen. Ihr Pendeln zwischen den beiden Welten – dem Mecklenburg der Vergangenheit und dem New York der Gegenwart – wird leitmotivisch begleitet von Edna St. Vincent Millays Gedicht *Recuerdo*. In jedem Band der *Jahrestage* zitiert, erfährt man erst im vierten Band dessen Herkunft und tiefere Bedeutung.

---

58 Die Übersetzung des Namens kann sowohl passivisch, »der Bezeichnete«, als auch aktivisch, »der Zeichnende«, ausgelegt werden.
59 Sehr ausführlich bei Storz-Sahl, Sigrun: Erinnerung und Erfahrung, Geschichtsphilosophie und ästhetische Erfahrung in Uwe Johnsons *Jahrestagen*, Frankfurt am Main 1988, S. 221ff.
60 Leider kann hier nur in Kürze auf diese Erfahrung Gesines hingewiesen werden. Johnson machte diese apokalyptische Erfahrung selbst: sein Auftritt vor dem »American Jewish Congress« in New York (JT, 253ff.).

Im März 1947 verriet Gesine ihren Vater in der Schule durch das Aufsagen dieses Gedichtes ungewollt an einen sowjetischen Geheimdienstler. So gewinnt das Gedicht nicht nur »immanent lebensgeschichtliche Bedeutung«,[61] sondern stellt – am Beginn der Schilderung von Gesines Nachkriegs-Schulzeit plaziert – diese durchgehend unter das Thema des Verrats.

Gesines Schulerzählung ist in den *Jahrestagen* durch die Faschismus-Erfahrung als Ausgangspunkt vorbelastet, vorgeprägt. Vor allem die implizite Reflexion darüber unterscheidet die Darstellung der Schule in den *Jahrestagen* von der in *Babendererde*.

Zwar treten die Figuren der *Babendererde* im späteren Roman wieder auf, werden aber gleichzeitig in Wendisch Burg, einem imaginären Ort im fernen Südosten Mecklenburgs, angesiedelt, fern von Gneez, dem zentralen Ort der Schulerzählung in *Jahrestage*. In *Babendererde* besuchte Gesine des öfteren ihre dortigen Verwandten, die Schleusen-Niebuhrs, und segelte sogar zusammen mit Klaus Niebuhr im Sommer 1951 (der seine Ingrid in *Jahrestage* schon ein Jahr früher fand). Parallelität und Ähnlichkeit bei doch so anderer ›Grundierung‹ der neuen Schulgeschichte hat Johnson selbst dem Bild der Schülerin Gesine am schulischen Arbeitsplatz deutlich eingezeichnet:

die Schülerin Cresspahl, während sie das letzte Jahr absaß in der Zwölf A Zwei, in einem viel kleineren Zimmer im dritten Stock, eine von fünfzehn, allein an einem Tisch, mit Fensterblick auf Dom und Hof. (JT, 1759)

Der zentrale Teil der Schulerzählung der *Jahrestage* umfaßt Gesines Schulzeit auf der Fritz-Reuter-Oberschule in Gneez vom Sommer 1948 bis zum Ablegen des Abiturs am 25. Juni 1952. Damit können »all die Knoten und Knicke und Brüche in Lebensläufen«[62] wesentlich gründlicher dargestellt werden, als die vier Tage Erzählzeit der *Babendererde* es zuließen. Gleichwohl gestattet gerade die Besonderheit der mit ins Erzählen einbezogenen Reflexion, daß Johnson im vierten Band der *Jahrestage* sozusagen die Entstehungsgeschichte der *Babendererde* ihrerseits thematisiert und verarbeitend zitiert.

Vergleicht man die Charakterisierung der Personen und ihre Konstellation in den beiden Romanen, zeigen die ins Auge fallenden Parallelen grundsätzliche Umkehrungen. So erscheint Gesine in den *Jahrestagen* fast nur als dunkler Widerpart zur lichten, hellen Gestalt der Ingrid

---

61 Storz-Sahl, Erinnerung (Anm. 59), S. 275.
62 Johnson, Begleitumstände (Anm. 3), S. 95.

Babendererde. Dies bezieht sich nicht nur auf deren verschiedene Haar-
farben. Gesine steht ebenfalls zentral als »Sonne« in einem »Dreigestirn«,
nur daß ihre Wärme tödlich wirkt. Sie bringt – in Anlehnung an das
Dädalos-Motiv – den um, der ihr zu nahe kommt. Gesines Schulfreund
Pius und ihr New Yorker Freund D.E. stürzen unter mysteriösen
Umständen ab; ihr Geliebter, Jakob, war schon vorher verunglückt; ihr
Mitschüler Dieter Lockenvitz verschwindet auf unbekannte Zeit hinter
Zuchthausmauern. Der entscheidende Unterschied aber ist: Die Schüle-
rin Gesine beugt sich den Zwängen der Schule, zeigt die gleiche
kleinbürgerliche Mentalität des Sich-Anpassens wie ihre Lehrer. Daß
man diesen z.B. die Zunge herausstreckt, wiegt noch keine Rede in der
Aula auf; Gesine selbst kommentiert ihren ›Widerstand‹ spöttisch in
Anlehnung an *Don Carlos* mit »Schülermut vor Rektorsthronen«.[63] Somit
steht eine große, aber eigentlich ungefährliche Pose konträr zu Ingrid
Babendererdes mutiger Praxis, zu ihrer tatsächlich gehaltenen Rede.
Kurzum: Gesine mangelt es an politischer Moral, und das läßt sie schuldig
werden.

Überstrahlte die jugendliche Liebe Ingrids und Klaus' alle politische
Zwistigkeiten im Erstling, so kommt es in den *Jahrestagen* zu keiner er-
füllten Beziehung mehr. Gesines und Robert »Pius« Pagenkopfs von
Klasse und Lehrern so mißverstandenes Verhältnis – »Wir waren Das
Paar« (JT, 1585) – beruht auf einem nicht-fixierten, nicht einmal
ausgesprochenen Vertrag, der jede erotische oder gar sexuelle Dimension
ausklammert. Das Motiv der unerfüllten Liebe zu jeweils einer dritten
Person läßt beide zusammenkommen »wie zwei Pferde, die einander
lange kennen im Geschirr« (JT, 1578).[64] Vertrauen zwischen Gesine und
Pius entsteht sogar erst, nachdem einer den anderen ins Zuchthaus
bringen könnte. Kein Wunder, daß diese Notgemeinschaft unter der
zunehmenden Politisierung von Schule und Gesellschaft zerbricht. Pius
versucht, der alles Dasein immer mehr beherrschenden Lüge im »Aero-
Club«, dem Vorläufer der NVA-Luftstreitkräfte, zu entgehen.[65]

---

63 JT, 1653; Bloch u. Eisler sahen allerdings demonstrativen Beifall an der bekannten
Don Carlos-Stelle als eine »Möglichkeit, legal gegen die Unterdrückung der Gedanken-
freiheit zu demonstrieren«. Bloch/Eisler, Die Kunst zu erben (Anm. 50), S. 106.

64 Johnson übersetzt dem Leser extra die Bedeutung des niederdeutschen Namens,
Pferdehaupt (JT, 1573); ein ungewöhnlicher Service. Pferdehaupt erinnert seinerseits
unwillkürlich an das die Wahrheit sprechende Pferd Falada des Grimmschen Märchens.

65 Siehe auch Dr. Kliefoths und Alexander Paepckes Rückzug vor dem Nationalsozialismus in das Militär (JT, 1627, 839).

Schneidend scharf greift in *Jahrestage* das Regime in die persönlichen Beziehungen ein und läßt keinen Platz mehr für eine – eigentlich romantische – ›Tonio Kröger-Konstellation‹. Sie wird von Johnson nach dem direkten Zitat aus Thomas Manns Novelle (in der Beschreibung von Gesines Tanzstunde; JT, 1462) verabschiedet. In der sich später kurzfristig bildenden Arbeitsgemeinschaft Cresspahl, Pagenkopf und Lockenvitz deutet sich bestenfalls noch die Umkehrung des »Dreigestirns«, wie wir es aus dem Jugendroman kannten, an. Während in der *Babendererde* noch politisch kontrovers diskutiert wurde, kommt es hier nur noch zum »Gespräch nach Vorschrift« (JT, 1726). Lockenvitz, eine nahezu unverfremdet autobiographische Figur, kann nicht als eine Fortschreibung des Jürgen Petersen der *Babendererde* verstanden werden; beide besitzen jedoch auffallende Ähnlichkeiten. Das betrifft nicht nur die Familienverhältnisse (beide Mütter sind Witwen und arbeiten im Gartenbau), sondern vor allem das kritische Verhältnis beider Schüler zum Sozialismus stalinistischer Prägung. Lockenvitz' schmerzhafte Ablösung von diesem mündet in entschiedenen Widerstand gegen das stalinistische Regime der DDR. Seine, dem Geist der Aufklärung verpflichtete, Dokumentation der Terror-Justiz der Hilde Benjamin-Ära soll Öffentlichkeit schaffen gegen die geschlossene Welt der Lüge, wie sie das Regime durch Kontrolle aller Medien errichtete. Deshalb bezahlt auch Lockenvitz am schwersten für seinen Widerstand. Fazit ist also: Uwe Johnson hat vor allem durch verarbeitendes Zitieren die Distanz zum Jugendroman, bei gleichzeitiger Parallelität der Story, erfolgreich gewahrt.

Den inhaltlichen Kern von Gesines Schulerzählung macht die immer härter werdende Konfrontation von Schülern und Staat in den frühen fünfziger Jahren aus. Schule und Schüler werden immer konsequenter in Auseinandersetzungen mit der Staatssicherheit hineingezogen: im Falle der Gollantz/Sieboldt – die Protestzettel gegen die Rolle der FDJ bei der Wiederbewaffnung der DDR klebten[66] – macht sie anläßlich der Dauerverhöre die Schule zum »Gefängnis« (JT, 1670); bei der Verfolgung von Lockenvitz läßt die Stasi Gesine und zwei ihrer Mitschüler zeitweise einfach spurlos verschwinden. Dementsprechend steigert sich die Vereinsamung; gemeinsames Handeln und feste menschliche Bindungen werden fast unmöglich. So muß sich z.B. Lockenvitz in Vorbereitung

---

66 Vgl. Schauprozeß gegen Werdauer Oberschüler 1951 wegen oppositioneller Flugblatt-Aktivitäten, in: DDR-Handbuch, Köln 1985, S. 955; vgl. auch Johnson, Begleitumstände (Anm. 3), S. 85.

seiner Aktion sorgsam von seinen Mitschülern isolieren, um sie nicht zu gefährden.

Wir erhalten somit das genaue Bild einer Schule, welche, deutlich markiert durch die nun im Roman referierte Schulreform von 1949 (JT, 1451ff.), von Anfang an, eben 1949, im Dienste des politischen Systems DDR steht. Daher erhält die entscheidende Verschärfung gegenüber dem Jugendwerk, daß nämlich in der »Neuen Schule« der *Jahrestage* die Schüler nun selbst zu Denunzianten werden, ihren Sinn. Kein halbwegs lächerlicher Direktor Pius, sondern der linientreue Schüler Gabriel Manfras (der ›menschenfressende‹ Erzengel des Systems, ein wahrlich drastisch sprechender Name!) sorgt dafür, daß die Klasse zu einem »Einschüchterungssalon«, der Schulgang ab der 10. Klasse zur »Angst-partie« (JT, 1783) wird. Hier dringt nicht von außen ein »behördlich verschärfter Klassenkampf« in die Schule ein, vielmehr ist dieser von den Schülern bereits verinnerlicht worden. Alle diese Einzelbeobachtungen fügen sich in *Jahrestage* immer dichter zu einem Gesamtbild des totalitären Überwachungsstaates, wie ihn Hannah Arendt analysiert hat.

Aus diesem Grund kann es an Gesines Fritz Reuter-Oberschule auch keinen Platz mehr geben für eine Lehrerfigur wie Sedenbohm. Diese Figur wird zwar als Direktor Kliefoth fortgeschrieben – doch im April 1950, weil nicht mehr systemkonform genug, verabschiedet. Nur so behält Kliefoth, der bereits im Nationalsozialismus den Schuldienst quittieren mußte (JT, 1652), seine moralische Integrität und kann damit später Gesines wirklicher Lehrer und Freund werden. Dr. Kramritz, der neue Rektor Gesines, bleibt eine schwach gezeichnete Hintergrundfigur. Johnson kommt nun ohne Ablösemotiv, ohne jeden ›Hohepriester‹ der herrschenden Ideologie aus, weil im gleichen Maße, wie der Terror in den Vordergrund rückt, jede Personifizierung desselben überflüssig wird.

Im Zentrum der Lehrerschilderung steht in den *Jahrestagen* Gesines Klassenlehrerin. Bettina Riepschläger, zuerst ein »fröhliches Mädchen, ohne Verlangen nach standesgemäßer Würde« (JT, 1475), erstarrt förm-lich im Gleichschritt mit ihrer Karriere, die die Junglehrerin zeitweilig bis ins Direktorat der Schule trägt. Die »verwandelte Bettina« (JT, 1648), sie heißt jetzt B. Selbich, maßt sich dann jene Neulehrer-Würde an, die Johnson schon in *Ingrid Babendererde* karikierte. Allein dadurch lächerlich genug, bricht sie mit der Klasse auch noch einen »Kleiderstreit« über das Tragen des Blauhemds der FDJ während des Unterrichts vom Zaun. Was in *Babendererde* noch den Anlaß für Ingrids Bekenntnis zur individuellen Freiheit hergab, das taugt in *Jahrestage* nur noch zum Zitieren trockenen, lakonischen Schülerwitzes (»Das Blauhemd, das is unse Ehrnkleit. Das

zichn wir man bloß zu fesslichn Anlässn an.« (JT, 1648). Dieser ist dann im
›Badeanzug-Konflikt‹ bereits verflogen. Gesine betastet das nicht nur
»nach frischem Wasser duftende Gewebe« (JT, 1651)[67] ab und zu, »[...]
während man euch von der Persönlichkeit des Genossen Stalin spricht,
dem weisen Führer und Garanten des Weltfriedenslagers!« (ebd.). Dieser
durch die kleinbürgerlichen und verklemmten Moralvorstellungen der
Lehrerin provozierte Konflikt – und hier schon an Walter Ulbrichts
spätere famose *Zehn Gebote der sozialistischen Moral* (1958) erinnernd –
führt die B. Selbich durch Gesines bereits erwähnten »Schülermut vor
Rektorsthronen« in die gesellschaftliche Isolation. Der letzte (Gift-) Zahn
wird dieser Lehrerin dann durch jenes geglückte Erpressungsmanöver
Pius' gezogen, mit Hilfe eines Fotos, welches »Frau Direktor als Opfer
der kapitalistischen Verführung auf der Zirkulationsebene« (JT, 1661)
zeigt, sprich: bei einem Einkaufsbummel in Westberlin. Durch dieses
Foto kommt sie auch zu ihrem Übernamen »Das Blonde Gift«, der sie
deutlich als Fortführung der Deutschlehrerin Frau Behrens aus der
Babendererde ausweist. Alle diese Beobachtungen summieren sich zum
Bild einer Lehrer- und Schulwelt, die vom latenten Terror beherrscht
wird, welcher seinerseits gleichsam mit konspirativem Gegenterror beantwortet wird.

Von solchen Lehrern wird denn auch kein Unterricht gegeben, der
des ausführlichen Erzählens wert wäre. Die in *Jahrestage* sich zahlreich
findenden kurzen Bemerkungen, kennzeichnen diesen fast stets als
»dumm Tüch« (JT, 1815). Umso deutlicher hebt sich dagegen die große
Ausnahme der Deutschstunden mit dem Praktikanten Matthias Weserich
ab (JT, 1694-1707). Er liest Fontanes *Schach von Wuthenow* mit Gesines
Klasse, wie es Johnson für seine Romane forderte: mitdenkend, analysierend, kritisch. Die Forderung nach einem aktiven Leser wird von der
Klasse verwirklicht. (Auf den poetologischen Gehalt der Schilderung der
Deutschstunde kann hier nicht eingegangen werden.[68]) Das bedeutet:
Schule wenigstens einmal frei von aller Ideologie und aller Bevormundung;
statt dem üblichen politikgesättigten literaturtheoretischen Unterricht
eine an Fakten orientierte »Beratung von fünfundvierzig Minuten« (JT,
1699), offen für alle Anregungen und vor allem die eigene Initiative der
Schüler.

---

67 Vgl. auch mit der Wasser-Staub-Symbolik in Ingrid Babendererde (Anm. 26).
68 Siehe dazu: Bond, Greg: Die Klassengesellschaft und die Dialektik der Gerechtigkeit. Uwe Johnsons DDR-Erfahrung und seine Lukács-Lektüre, in: »Wo ich her
bin ...«, Uwe Johnson in der DDR, hg. v. Roland Berbig u. Erdmut Wizisla, Berlin 1993,
S. 217-239.

In gewissem Sinne faszinierend, wenn auch heute schwer vorstellbar, ist andererseits die von der damaligen Schule verbreitete »neue Geschichte der Erfindungen« (JT, 1332, 1452), nämlich die der dem sowjetrussischen Volk fälschlich zugeschriebenen. Daß die Schule damals noch unter sowjetischer Verwaltung stand, reicht hier als Erklärung nicht ganz aus: »Auch in ihrem [Gesines] Abitur, Juni 1952, wäre die Antwort noch richtig gewesen.« (JT, 1452) Johnson weist mit dem so offensichtlich willkürlichen Umgang mit der Wahrheit klar auf den Totalitätsanspruch eines ideologischen Systems hin, das ungeniert die Realität zugunsten einer konstruierten ›eigenen Wirklichkeit‹ verdrängt. In letzter Konsequenz wird zur Wahrheit, was das Regime für eine solche ausgibt. Die »Neue Schule« versuchte nach Kräften, eine ›neue Wirklichkeit‹ zu schaffen, die mit der realen nichts mehr gemeinsam hatte.[69] Auf diese eher makabre Weise »bekam der jüngere Seneca noch einmal recht: Non vitae, sed scholae discimus« (JT, 1656). Und das steht auch in voller Übereinstimmung mit dem innersten Wesen totalitärer Systeme, wie Hannah Arendt sie in *Elemente totaler Herrschaft* (dt. 1955) analysiert hat. Hier findet sich wiederum jene Dichotomie Lüge – Wahrheit, die Johnsons gesamtes Werk durchzieht. Nur so, und nicht als ›nur‹ sauberes, schriftstellerisches Handwerk, erklärt sich letztendlich die uneingeschränkte Bedeutung des genauen Umgangs mit den Fakten vollständig. Zugleich macht dieser Tatbestand deutlich, warum Johnson mit enormem Detailreichtum ein ans Dokumentarische grenzendes Bild einer Epoche schaffen will, warum er einen »Versuch [machen wird], eine Wirklichkeit, die vergangen ist, wiederherzustellen«.[70]

Vergleicht man die vielen Details, welche Johnson aus dem Erstling in *Jahrestage* übernahm, wirft man ein Raster über deren neue ›Verwendung‹, so verstärkt sich der Eindruck, der schon zuvor beim Parallel-

---

69 Vgl. auch den Unterricht an der NS-Schule: Gesine handelt sich mit genau beobachteten, ge- u. erzählten Fakten eine »Fünf« ein (JT, 935). Es muß hier ausdrücklich differenziert werden zwischen der DDR der ersten stalinistischen Phase und der späteren Entwicklung. Hans-Peter Krüger weist in seinem Artikel »Ohne Versöhnung handeln, nur nicht leben« darauf hin: »Hätten wir nicht ständig die Ambivalenz der offiziellen Maßstäbe bewußt ausgenutzt und in den informellen Kommunikationsnetzen Gegenmaßstäbe entwickelt, wir hätten gar keine negativen Erfahrungen sammeln können, die wir aber doch so reichlich gemacht haben. Der Herbst 1989 wäre von innen her nicht möglich geworden.« (Sinn und Form 44, 1992, S. 40-50, hier: S. 45)

70 Schmid, Christof: Gespräch mit Uwe Johnson, in: »Ich überlege mir die Geschichte ...«. Uwe Johnson im Gespräch, hg. v. Eberhard Fahlke, Frankfurt am Main 1988, S. 253-256, hier: S. 256.

Lesen der beiden Schulgeschichten entstand. Beide Male werden dem
›Fundus‹ des klassischen Schulromans wesentliche Motive und Elemente
entnommen. Der Jugendroman verbleibt noch innerhalb der Grenzen
dieses Genres bzw. stellt sich in dessen Entwicklung. Die *Jahrestage*
dagegen erweitern das Genre durch die Frage nach der Wahrheit unter
totalitären Verhältnissen und dem generellen Verhältnis von Individuum
und Staat in einem totalitären System. Die ›böse‹ Rolle der Lehrer wird
in der »Pius«-Figur der *Ingrid Babendererde* noch thematisiert; in *Jahrestage*
dagegen werden die Lehrer ihrerseits von anderen staatlichen ›Organen‹
genauso bedroht – und damit ironischerweise für die Schüler erpreßbar.
Deswegen sitzen in *Jahrestage* Lehrer und Schüler Seite an Seite auf den
Bänken jener Aula,[71] in der Ingrid Babendererde im Erstling noch ihr
Bekenntnis zur individuellen Freiheit ablegen konnte. »Alles war sehr
hell«[72] und Elisabeth Rehfeldes Haar strahlte sonnenbeschienen »so ein
warmes Braun«[73] aus; in die Aula der *Jahrestage* hingegen fällt nur noch
»das bleich leuchtende Licht« (JT, 1715), hier ist es jetzt kalt. Nun reden
andere, verkünden die ›Volksrichter‹ im Schauprozeß gegen Gollantz
und Sieboldt ihre Terrorurteile. Hinter den Richtern jedoch hängt
»Picassos Friedenstaube in der zweiten Fassung« (JT, 1715). Schon
Kliefoth hatte 1949 »die Krallen der hinter ihm aufgemalten Picasso-
Taube im Genick« (JT, 1628).[74] Die Taube gilt, das ist ungewöhnlich, in
Johnsons Werk als Symbol für beide totalitäre Systeme, für das nazistische
wie für das stalinistische: »Dicke, fette Tauben« (JT, 243) umkreisen auch
im Monat des Ermächtigungsgesetzes, im März 1933, Cresspahls Haus.
Und in der *Babendererde* droht die blaue (!) Taube auf weißem Grund
vom Rathaus, als Klaus und Ingrid sich entzweien, mithin als sich für
Ingrid und Klaus auf dem Höhepunkt des Konflikts die politisch-
moralische ›Gretchenfrage‹ stellt.

---

71 Vgl. die Beschreibungen der Aula in: Johnson, Babendererde (Anm. 26), S. 140
und JT, 1714.

72 Johnson, Babendererde (Anm. 26), S. 140.

73 Ebd., S. 173.

74 Gesine gibt am Schluß der *Jahrestage* selbst einen deutlichen Hinweis zur wahren
Natur der Tauben, wenn sie in direktem Zusammenhang mit dem Mißbrauch der
Friedenstaube Picassos (dritte Fassung) durch die Kommunistische Partei feststellt, »daß
Tauben von unverträglichem Wesen sind, einander die Nester zerstören und ein
Unglück bedeuten für jedes Haus, das sie mit Nistplätzen angreifen« (JT, 1830).

Die neue Dimension: Elemente des Totalitarismus

Die Verwendung gleicher Symbole für zwei verschiedene Diktaturen und die darin sich ausdrückende Gleichstellung,[75] findet sich auch in vielen anderen Details – so in den gleich aussehenden Wandsprüchen in der Schule, den gleichen ›Fanglisten‹ in den Postämtern, in der Dokumentation politischer Justiz vor und nach 1945 (JT, 945ff., 1790ff.) – und sie findet sich im exakt gleichen Terminus »Neue Schule«, den vor den deutschen Stalinisten ja bereits die Nationalsozialisten benutzten.[76] Diese Gleichstellung sollte aber nicht als Ausdruck des in den fünfziger Jahren in Westdeutschland aus innenpolitischen Gründen so beliebten »Rot = Braun«-Vergleichs gesehen werden, spekulierte dieser doch auf die Relativität der Nazi-Verbrechen. Bei Johnson zeichnen sich hinter diesem Gleichheitszeichen, so meine ich, die Elemente einer Totalitarismustheorie ab, deren Kenntnis sich auch der nahen Bekanntschaft zu Hannah Arendt in New York verdankt.[77] Das soll nicht heißen, daß die gesamten *Jahrestage* im Geist dieser Theorie geschrieben wären. Doch besonders im vierten Band wird eine unübersehbare Affinität zu den Ansichten Arendts deutlich.

Doch bleiben wir beim Thema, der Schule in der DDR. Die Anfänge des Spätwerks sind, wie gezeigt, im Frühwerk, also in der *Ingrid Babendererde,* zu suchen. Die Helden dieses Romans lavieren entlang der Dichotomie Lüge und Wahrheit, welche Thomas Mann in seinem Vortrag *Meine Zeit* (1950) als zentral für den Totalitarismus gekennzeichnet hat. Thomas Mann, und bereits der junge Johnson war mit dessen Gesamtwerk vertraut, wies in diesem Vortrag auf die Funktion der Lüge als geschichtsbildende Macht für den totalitären Staat hin. Mann zeigt am Beispiel kirchlicher Geschichtsschreibung, »daß die Lüge durch Gewalt zur Wahrheit und zum Fundament des Lebens werden kann, [dies] ist es, was der Totalitarismus der Geschichte abgelernt hat«.[78]

75 Schwarz, Wilhelm J.: Gespräch mit Uwe Johnson, in: »Ich überlege mir die Geschichte ...« (Anm. 70), S. 238: »1945 wurde eine Diktatur durch eine andere abgelöst [...].« Die hier, 1969, formulierte Differenzierung zwischen Hitler- und stalinistischer Diktatur, trägt noch deutliche Spuren der DDR-sozialistischen Faschismus-Analyse.

76 Frick, Wilhelm: Kampfziele der deutschen Schule, zit. nach: Horvaths Jugend ohne Gott, hg. v. Traugott Krischke, Frankfurt am Main 1984, S. 239.

77 Ironisch verspielt weist Johnson auf den Zusammenhang von Taube und Totalitarismustheorie hin, wenn er die leicht verfremdete Spielfigur für Hannah Arendt, die Gräfin Seydlitz, im Riverside Park verbotenerweise Tauben füttern läßt (JT, 873).

78 Mann, Thomas: Gesammelte Werke in 12 Bänden, Bd. 11, Frankfurt am Main 1960, S. 302-324, hier: S. 317.

Der junge Johnson bezog sich später auf Thomas Mann als einen Lehrmeister für das Handwerk des Schriftstellers.[79] So wird dem Lehrling Johnson dessen Bekenntnis zur Wahrheit als leitender moralischer Kategorie des Schriftstellers nicht entgangen sein:

Als Schriftsteller, als Psychologe, als Darsteller des Menschlichen bin ich der Wahrheit verschworen und auf sie angewiesen. [...] Die Illusion ist künstlerisch; die Lüge ist unerträglich, ästhetisch wie moralisch [...].[80]

Durch das gesamte Werk Uwe Johnsons ziehen sich leitmotivartig diese Sätze; in ihrem Geist ist auch Gesines Erzählen der *Jahrestage* zu verstehen. In der selbstreflexiven Aufarbeitung der eigenen Schulgeschichte geraten beide totalitäre Systeme einander täuschend ähnlich: der einerseits radikale Bruch mit allen Traditionen, der einen revolutionären Neuanfang signalisiert; die andererseits halbrevolutionäre Diskontinuität der Mittel und Methoden, die den Regimen einen scheinlegalen Charakter verleiht; die Verschmelzung bzw. Überlagerung von staatlichen und Partei-Instanzen; das Verkommen der Ideologie zur Legitimation macht-politischer Motive; die versuchte Integration nach Innen durch einen äußeren Feind; vor allem aber – nach 1945 wie schon 1917! – das Fehlen einer gesellschaftlichen Struktur nach dem dramatischen Zusammen-bruch der bürgerlichen Gesellschaft. Erst mit den »verlorenen Beziehun-gen zu einer gemeinsamen Welt«,[81] die, gepaart mit der der Jugend eigenen Vorliebe für abstrakte Vorstellungen und der Unmöglichkeit, vergleichende Erfahrungen anstellen zu können, konnte der deutsche Stalinismus an das totalitäre System des Faschismus ›seitenverkehrt‹ anknüpfen,[82] d.h. konnte jener *gerade* unter Hinweis auf diesen darange-hen, seine Herrschaft zu errichten.

Die zahlreichen, bezeichnenden Elemente totaler Herrschaft, wie sie sich in *Jahrestage* niederschlagen, bedürfen noch einer genaueren Analyse. Hier sei nur auf einige der Kennzeichen totaler Herrschaft, wie sie die Schulerzählung im engeren Sinne aufweist, hingewiesen: die sich auflö-senden persönlichen Beziehungen und damit verbunden das Aufkom-men einer neuen Anonymität; die Anstrengungen des politischen Sys-tems, möglichst viele Menschen zu organisieren und in Bewegung zu

79 Bienek, Horst: Werkstattgespräche mit Schriftstellern, München 1965, S. 113.
80 Mann, Gesammelte Werke (Anm. 78), Band 11, S. 316.
81 Arendt, Elemente (Anm. 7), S. 74.
82 Siehe auch in: Johnson, Versuch (Anm. 4), zur Kontinuität beider Systeme S. 53; zur Allgegenwärtigkeit S. 55; zur neuen Rolle der Ideologie S. 56.

halten; der immer schärfer werdende Terror trotz abnehmenden Widerstands; vor allem aber die tägliche Lüge und damit letztendlich der Verrat. Gesine erkennt, daß sie selbst in der unauflösbaren Verschmelzung von politischem und privatem Schicksal sich einem System angepaßt hat, das in seiner grundsätzlichen Tendenz dem nationalsozialistischen erschreckend ähnelte. Mithin wird der Schuldzusammenhang in der Geschichte ihrer Familie nicht durchbrochen. Die existentielle Konsequenz solcher Schuldzuschreibung äußert sich in dem – in den *Jahrestagen* umgeschriebenen! – Schicksal von Martha Klünder und Peter Niebuhr, der Eltern von Klaus und Günter Niebuhr. In *Babendererde* noch als Widerstandskämpfer umgebracht,[83] sterben sie in *Jahrestage* ›nur‹ noch im Bombenhagel (JT, 930ff.) und sind Opfer wie alle anderen auch. Peter Niebuhr, von dem man nun erfährt, daß er im Reichsernährungsministerium Darrés arbeitete, ist nicht mehr moralisch qualifiziert genug für die Biographie eines Widerstandskämpfers; diese wird nun seinem hinterwäldlerischen Bruder Martin, dem »Retter von Wendisch-Burg« (JT, 975ff.) zugeschrieben. Martin ist Schleusenwärter, das flutende Wasser wäscht immer noch rein, ganz so wie im Erstling. Als sehr aktuelle Quintessenz erscheint jedoch, daß wer sich mit einem totalitären System einläßt, schuldig wird, wenn nicht in strafrechtlichem, so doch in moralischem Sinne. Hier nun herrscht Johnsons Fatum: niemand kann sich der *persönlichen* Verantwortung in einem totalitären System entziehen.

Johnson bietet uns mit den Schulgeschichten zwei ›Entwürfe‹ einer Zeit an, die in weite Ferne gerückt zu sein scheint. Berichte aus den frühen Jahren einer DDR, die es heute nicht mehr gibt, ja, deren Spuren mit verdächtiger Eile getilgt werden. Welche der beiden Versionen von ›Wirklichkeit‹ jene Zeit nun besser, treffender beschreibt, welche davon zu »unserem 20. Jahrhundert wird« das sollten die Leser entscheiden, und gerade die der ehemaligen DDR.[84] Bedenken möge man dabei den Schluß

---

83 Johnson, Babendererde (Anm. 26), S. 169.
84 Der Roman *Jahrestage* ist erzählt: »für die Kinder, die in der Klasse dieser Gesine Cresspahl waren von 1948–52, er ist erzählt für die Leute, die im Wintersemester 1952 oder Frühjahr 53 ein Studium an einer Universität der DDR versuchten, er ist auch erzählt für die Leute, die nach dem Aufstand vom Juni 1953 weggegangen sind, in eine ihnen anfangs sehr befremdliche Welt, er ist auch erzählt für die Leute, die in der Bundesrepublik wohnen und solche haben ankommen sehen«. Daiber, Hans: Die Cooperation mit Gesine. Interview mit Uwe Johnson, in: Johnsons »Jahrestage«, hg. v. Michael Bengel, Frankfurt am Main 1985, S. 129-132, hier: S. 130.

der *Jahrestage;* hier heißt es, nahezu mit Sartre: »Geschichte ist ein Entwurf«; und (eher buddhistisch): »was dem Gesetz des Werdens unterliegt, muß nach diesem Gesetze vergehen« (JT, 1891). Eine sinn-stiftende Ideologie existiert nicht, Werden und Vergehen sind unabhän-gig von gesellschaftlicher Entwicklung endlos sich wiederholende Prozesse. Es bleibt dem Einzelnen nichts anderes, als *seine* Version dieses Werdens und Vergehens, seinen Entwurf der Wirklichkeit aufzuschreiben.

Rainer Hoppe, cand. philol., Germanistisches Institut der Universität Trondheim, 7055 Dragvoll, Norwegen

Irmgard Müller

Vorstellung des Jahrestage-Kommentars

Vielleicht sind Uwe Johnsons *Jahrestage* der beste Roman über Deutschland in der Mitte des 20. Jahrhunderts und eine faszinierende Lektüre, aber sie sind auch eine gelinde Unverschämtheit.

Ein Werk, das mit der Seitenzahl 1891 endet, und wenn man genau nachzählt, bleiben immer noch 1876 Seiten Text übrig. Wer soll das lesen, der nicht von Berufs wegen ein Dauerleser ist?

Und wer soll das verstehen, wenn ...

– wenn fundierte Kenntnisse in Plattdeutsch und Englisch vorausgesetzt werden.

– wenn zumindest eine gewisse Ahnung von Tschechisch, Latein, Französisch, Dänisch, Holländisch und Finnisch erforderlich ist und wenn die Russisch-Kenntnisse für ein Gedicht von Majakowski ausreichen müssen. Denn selbst wenn die Übersetzung im Text gegeben ist, nützt das wenig, solange man sie nicht als solche erkennen kann und die Abweichung von der wörtlichen Übersetzung und eventuell damit beabsichtigte Bedeutungsverschiebungen verpaßt.

– wenn detailliertes Wissen aus der deutschen Geschichte über einen Zeitraum von 50 Jahren notwendig ist, um Angaben zu Daten, Namen und Ereignissen verstehen zu können, ohne deren Hintergrund die Textstelle flach bleibt. Was hilft die Nummer eines Gesetzesparagraphen, solange nicht bekannt ist, mit welchem Wortlaut hier eine (angebliche) Übertretung geahndet wird?

– wenn das Spiel des name-dropping von Avenarius bis Zatopek reicht, mit dem Namen allein allerdings niemandem geholfen ist.

– wenn Informationen über Lebensumstände in Deutschland-Ost und -West und aus New York City als selbstverständlicher Besitz erwartet werden. Ein Ex-DDR-Leser weiß sehr wohl, was eine LPG Typ III war, und vielleicht auch, welche Funktionen Wilhelm Girnus innehatte, aber welches Mitglied des Bundestages hatte die Ehre, Adenauers Hündchen genannt zu werden, und warum werden in New York manche Ambulanzen nach einem Hosenschnitt benannt?

– wenn Mecklenburger Redensarten, fast boshaft konstant, nach einem halben Satz abgebrochen werden und so die Bedeutung unklar bleibt oder nur erraten werden kann.

– wenn ein literarisches Puzzle von Zitaten inszeniert wird, zu dem mindestens ein Teil fehlt, sei es der Name des Autors, der Kontext oder das Ende des Spruchs. Ganz abgesehen von den (vorerst) unerkannt bleibenden Zitaten.

– wenn der Hintergrund einer Episode verschwimmt, weil weder das Kampfliederbuch der FDJ noch die zweite Zeile eines 30 Jahre alten Schlagers zur Jugenderinnerung des Lesers gehören.

– wenn als geheimer Fingerzeig amerikanische bzw. englische Begriffe wie Groundhog Day und Holy Innocents' Day gegeben werden, jedoch nur die genauere Kenntnis dieser Traditionen sonst dunkle Passagen erhellt, und sich dabei eines davon gar als deutsche Bauernregel entpuppt.

– wenn Begriffe oder Wendungen aus allen Bereichen des Lebens nur in Umschreibungen anklingen können und man, irritierend genug, nicht weiß, ob hier verborgener Sinn oder Lust am Versteckspiel vorliegt. Oder beides.

– wenn der Titel für jede beliebige Tageseintragung wörtlich genommen werden könnte, der mögliche Gedenktag aber nur in einem Filmtitel verborgen ist.

– wenn der Roman durch ein eigenwillig bedeutsames Geflecht von Motiven zusammengehalten wird, deren Auf- bzw. Nicht-Auftreten weitere Aufschlüsse geben kann.

Die Liste der Probleme ist noch ein gutes Stück fortsetzbar. Das *Kleine Adreßbuch für Jerichow und New York* gibt erste Auskunft über Namen und Orte, reale sowie erfundene, und hofft im übrigen auf »eine Vollständigkeit, die jeder Benutzer nur für sich selbst herstellen kann«. Wenn sich das Ideal der Vollständigkeit auch nicht erreichen lassen wird, so ist inzwischen immerhin begonnen worden, sich in die Nähe zu lesen, nachzulesen, nachzuschlagen, zusammenzutragen, aufzulisten.

Seit dem Herbst 1991 arbeitet ein Team daran, all den Namen, Daten und Verweisen nachzugehen. In einem präzisen Zeilenkommentar sollen Wort- und Sacherklärungen, Übersetzungen, inter- und intratextuelle Bezüge erscheinen, die sowohl eine Lese- als auch eine wissenschaftliche Interpretationshilfe anbieten. Ein gesonderter Beitrag wird die Entstehungs- und Rezeptionsgeschichte der *Jahrestage* erläutern. Die Arbeit an diesem Band mit Erläuterungen ist so weit fortgeschritten, daß wir hoffen, sie innerhalb des kommenden Jahres abzuschließen.

Ein zweiter Band wird Materialien zu den den Roman beherrschenden historischen Ereignissen wie Vietnamkrieg und Prager Frühling enthalten, des weiteren Essays zu den Leitmotiven, Information zur Topographie wichtiger Land- und Ortschaften, Erläuterungen zur Einarbeitung der *New York Times,* eine Genealogie der Familie Cresspahl und ein umfangreiches Register.

Um sich der erwähnten Vollständigkeit so weit wie möglich anzunähern, bitten wir jede(n) Interessierte(n), jeden recherchier- und dechiffriersüchtigen Leser um seine Mitarbeit. Das Grundprinzip ist eine Arbeit im Kollektiv, so daß jeder Mitarbeiter genannt, aber nicht jede einzelne Zuarbeit namentlich ausgewiesen wird. Für eine genaue Auskunft über Arbeitsweise, Verantwortliche für einzelne Themengebiete und Bände sowie eine Liste ungeklärter Probleme wenden Sie sich bitte an Thomas Schmidt, Kunitzer Straße 15, 07749 Jena, Tel. 03641-55576. Darin der Polizei nicht unähnlich, werden wir uns über jeden Hinweis freuen.

Der nachfolgende Auszug soll sowohl einen Eindruck von der Anlage des Kommentars vermitteln als auch einen Einblick in den Stand der Arbeit gewähren.

Irmgard Müller, Kugelherrnstr. 14, 61462 Königstein

13. 10. 1967
Jahrestag: Yom Kippur.

169,1 *Yom Kippur* – Wichtigster jüdischer Feiertag, Sühnetag, Versöhnungstag; völlig der inneren Einkehr und Prüfung gewidmet; beendet als letzter der »Zehn Bußtage« den Anfang des jüdischen Jahres mit strengem Fasten, Sabbatruhe und Gebet; vgl. 3. Ms 16.

196,19 *Dean Rusk* – Geb. 1909; am. Politiker und Wissenschaftler; 1960–69 Außenminister der USA unter J. F. Kennedy und L. B. Johnson, Demokrat.

170,26f. *Daily Express* – Engl. konservative Tageszeitung seit 1900.

170,31f. *im April 1915 bei Langemarck* – Vom 22. 4. – 25. 5. 1915 fand die zweite Schlacht bei Ypern statt, in deren Verlauf der erste Gasangriff überhaupt in der Geschichte der Menschheit geführt wurde; s. 562,30.

171.7f. *War Office* – (engl.) Verteidigungsministerium.

171,19-25 *Studenten von Langemarck … aus gewöhnlicher Scheißangst* – Der verlustreiche Angriff (22.-23. 10. 1914) deutscher Kriegsfreiwilliger während der ersten Schlacht bei Ypern wurde zum Mythos der »Helden von Langemarck«.

171,26 *Tag der Reichsgründung* – Am 18. 1. 1871 gelang es Bismarck, nach dem Sieg Preußens im Dt.-Frz. Krieg, den Norddeutschen Bund zum Deutschen Reich zu erweitern.

171,31 *Stahlhelm* – Bund der Frontsoldaten; gegr. 1918; größte militarist. Organisation der Weimarer Republik; nach 1933 in die SA übernommen.

172,5 *B.D.M.* – Bund Deutscher Mädel; Organisation der Hitlerjugend für Mädchen von 14-18 Jahren.

172,7f. *in der einstweilen verbotenen Uniform* – SA und SS wurden von 13. 4. bis 14. 6. 1932 durch die Reichsregierung verboten.

172,9 *Brink* – Im nd. Sprachraum veraltet für Dorfplatz, Anger.

172,29f. *»Kol Nidre« beginnt … Bitte um Vergebung* – »Kol Nidre« sind die Anfangsworte eines jüdischen Gebets, das vor dem eigentl. Abendgebet dreimal wiederholt wird; sie gaben der ganzen Andacht ihren Namen.

Gesamter Text des »Kol Nidre«: »Alle Gelübde, Entsagungen, Bannungen, Entziehungen, Kasteiungen und Gelöbnisse unter jedem Namen, auch alle Schwüre, so wir gelobt, geschworen, gebannt und entsagt haben, haben werden – von diesem Versöhnungstage bis zum Versöhnungstage, der zu unserem Wohle herankommen möge – bereuen wir hiermit allesamt; sie alle seien aufgelöst, ungültig, unbündig, aufgehoben und vernichtet, ohne Verbindlichkeit und ohne Bestand. Unsere Gelübde seien keine Gelöbnisse; was wir entsagt, sollen keine Entsagungen, und was wir beschworen, keine Schwüre sein.« (S. Ph. de Vries: Jüdische Riten und Symbole. Reinbek 1990, S. 98f.).

172,35 *Goyim* – (hebr.) Abwertend für Ungläubige, Nichtjuden.

Leitmotive: Juden.

[*Probleme:*
–169,29 News Chronicle – ?]

Kritik

In dieser Rubrik sollen wichtige Publikationen zu Uwe Johnsons Werk vorgestellt und vor dem Hintergrund der politischen und kulturellen Entwicklungen in Deutschland kommentiert werden. Wenn auch das Hauptgewicht auf Neuerscheinungen liegt, so bleibt es wünschenswert, nach und nach diejenigen relevanten Arbeiten aus den ersten dreieinhalb Jahrzehnten der Johnson-Rezeption aufzuarbeiten, die besonders nachhaltig gewirkt haben oder – trotz inhaltlicher Bedeutung – einfach untergegangen sind. Für diesen Zweck wird genügend Platz zur Verfügung stehen, und er ist keinesfalls allein für die Herausgeber reserviert. Im Gegenteil: Beiträge und Kommentare sind willkommen.

Ulrich Fries

Zum gegenwärtigen Stand der Beschäftigung mit Uwe Johnson

> With the way the characters change from the first person to the third person [...] you're never quite sure if the third person is talking or the first person is talking. But as you look at the whole thing, it really doesn't matter.
>
> B. Dylan

Es liegt auf der Hand, daß ich im ersten Band des Jahrbuchs weder einen Gesamtüberblick über die Forschung seit 1959 geben, noch mich andererseits ganz auf die Veröffentlichungen der letzten Zeit, gar der Jahre 1992 und 1993 beschränken kann. Deshalb wollte ich den Mittelweg einschlagen und auch einige frühere Veröffentlichungen heranziehen, von denen die gegenwärtige Rezeption Johnsons mitbestimmt wird. Das Erscheinen des Kontext-Bandes *Wo ich her bin ...«. Uwe Johnson in der D.D.R.*, des zweiten Bandes des Internationalen Uwe-Johnson-Forums und der Arbeit von D.G. Bond[1] kurz vor Redaktionsschluß (8. August 1993) machte dann aber eine aktualisierende Überarbeitung notwendig,

---

1 »Wo ich her bin ...«. Uwe Johnson in der D.D.R., hg. von Roland Berbig und Erdmut Wizisla, Berlin 1993; Internationales Uwe-Johnson-Forum. Beiträge zum Werkverständnis und Materialien zur Rezeptionsgeschichte. Band 2 (1992), hg. von Carsten Gansel, Bernd Neumann und Nicolai Riedel, Frankfurt am Main 1993 (zitiert als Forum 2); Bond, D.G.: German History and German Identity: Uwe Johnsons »Jahrestage«, Amsterdam/Atlanta (GA) 1993 (Amsterdamer Publikationen zur Sprache und Literatur 104).

die den ursprünglichen Ansatz gesprengt hat.[2] Auch wenn dies zu gelegentlichen Überschneidungen geführt hat, wurde an dem Vorgehen
festgehalten: Zum einen einfach der Aktualität und der Aufgabe wegen,
für eine breite Rezeption neuer Erkenntnisse zu sorgen; zum anderen,
weil gerade die Arbeit Bonds in ihrer dezidiert politischen Grundaussage
auf die gegenwärtige Situation in Deutschland zielt.[3]

1.

Über Jahre war der Status der Johnson-Bibliographie von Nicolai Riedel,
sofern sie die Sekundärliteratur erfaßte, höher anzusetzen als der Gegenstand, von dem sie handelte. Das begann sich für das Frühwerk 1985 mit
der nachträglichen Publikation des *Ingrid*-Romans zu ändern. Doch noch
im Jahre 1987 gab es zum Beispiel nur zwei, zudem schwer zugängliche
germanistische Arbeiten, welche die in der ästhetischen Form von
Johnsons Spätwerk *Jahrestage* liegende Herausforderung angenommen
und die grundlegende Erzählproblematik in diesem Roman betrachtet
haben. Die Autoren, Ingeborg Hoesterey–Moffett und Peter Pokay,
analysierten die Erzählweise mit sehr unterschiedlichen Ergebnissen.[4]

Nicolai Riedel stellte noch Anfang 1989 fest, daß in den späten
achtziger Jahren nur ein wichtiges Buch zu den *Jahrestagen* erschienen sei.
Er meinte die Publikation von Sigrun Storz-Sahl, die sich um eine an
Benjamin orientierte Interpretation bemüht und auf den Nachweis zielt,
Johnson habe Benjamins »Theorie der Rettung« ästhetisch umgesetzt.[5] Er

2 Ein Grund, warum die Argumentation gelegentlich länger bei scheinbaren Klei-
nigkeiten verweilt als für den Beitrag eines der Herausgeber passend, liegt darin, daß ich
zunächst einen früheren Irrtum abzuarbeiten habe, des weiteren nicht gewillt bin, die im
Zusammenhang der Publikation jüngst erschienener Sammelbände zu beobachtenden
Praktiken anderer Herausgeber einem oder mehreren anderen gegenüber schweigend zu
akzeptieren.

3 Zudem gibt Bond in seinem Abschlußkapitel »Bidding Farewell to and Preserving
the Past: Johnson Today« einen Abriß der Rezeption Johnsons in Deutschland und setzt
sich besonders mit möglichen zukünftigen Interpretationstendenzen auseinander; vgl.
Bond, Identity (Anm. 1), S. 197ff.

4 Vgl. Hoesterey-Moffett, Ingeborg: Die Verkomplizierung des Ich-Romans in der
Moderne, Diss. masch. Cambridge (MA) 1977 und: Pokay, Peter: Vergangenheit und
Gegenwart in Uwe Johnsons »Jahrestage«, Diss. Salzburg 1983.

5 Vgl. Storz-Sahl, Sigrun: Erinnerung und Erfahrung. Geschichtsphilosophie und
ästhetische Erfahrung in Uwe Johnsons *Jahrestagen,* Frankfurt am Main 1988. Ich stimme
mit der Wertung Riedels nicht überein und halte den Ansatz von Storz-Sahl überdies für
methodologisch naiv. Ob dieser Vorbehalt gerechtfertigt ist, kann erst im Zusammen-

selbst bemühte sich, die mangelnde Auseinandersetzung mit Johnsons Werk durch die Gründung einer Zeitschrift zu ändern, die einen offenen Charakter, eben den eines Forums haben sollte.[6] Der erste Band wirkt jedoch etwas unstrukturiert. Er ist weder thematisch zentriert, noch liefert er einen Überblick über das Gesamtwerk. Der Großteil der Aufsätze – es sind nur wenige Erstveröffentlichungen darunter – beschäftigt sich mit dem Spätwerk, zum Teil unter etwas abgelegenen Gesichtspunkten. Wichtig der Beitrag Mecklenburgs, in dem er an Hand des Nachlaß-Textes *Versuch, einen Vater zu finden* »die Darstellung von Geschichte im Werk Uwe Johnsons exemplarisch« untersucht.[7] Die in seinem Nachwort zu diesem Textfragment enthaltenen Überlegungen zum entstehungsgeschichtlichen Zusammenhang mit *Jahrestage* hat er im ersten Band des Forums nicht weiter ausgeführt.[8] Dort konzentriert er sich auf diese bislang unbekannte Form der Darstellung von Geschichte im Werk Uwe Johnsons. Bond merkt verwundert an, »it is curious that the rest of *Heute Neunzig Jahr* was not published along with *Versuch, einen Vater zu finden*« (Bond, Identity, S. 104, Anm. 30), verweist auf die Veröffentlichung eines weiteren Abschnitts aus dem längeren Text, und kritisiert Mecklenburgs Vorgehensweise:

It is a weakness of Norbert Mecklenburg's work on *Heute Neunzig Jahr* not to reflect on this text in isolation, but to draw on material from *Jahrestage* which may seem to aid interpretation. The narrative situation of *Heute Neunzig Jahr* is clearly quite different from *Jahrestage* because the narrator is so impersonal. Mecklenburg,

hang einer eingehenden Untersuchung der Bedeutung Benjamins für das Werk Johnsons entschieden werden. D.G. Bond kommentiert die Arbeit von Storz-Sahl in seinem Kapitel über den kalendarischen Aufbau der *Jahrestage* und kritisiert ihre dualistische Sicht der beiden Erzählebenen; vgl. Bond, Identity (Anm. 1), S. 114f. Er kommt zu dem Schluß: »All in all, Storz-Sahl's book is a good example of the perils of using a particular understanding of a philosophical or theoretical model to explain a literary work such as ›Jahrestage‹. This method runs the risk of becoming normative and procrustean when an uncritical understanding of the theory is applied equally uncritically to the work of fiction« (ebd., Anm. 47).

6 Vgl. Internationales Uwe-Johnson-Forum. Beiträge zum Werkverständnis und Materialien zur Rezeptionsgeschichte. Band 1 (1989), hg. von Nicolai Riedel, Frankfurt am Main 1990 (zitiert als Forum 1). – Zu zwei darin enthaltenen Beiträgen vgl. Spaeth, Dietrich: Johnson lesen, in: die horen 37, 1992, Heft 166, S. 139-149, hier: S. 142ff.

7 Vgl. Mecklenburg, Norbert: Ein Junge aus dem ›Dreikaiserjahr‹. Uwe Johnson als Historiker. Zur posthum veröffentlichten Erzählung »Versuch, einen Vater zu finden«, in: Forum 1 (Anm. 6), S. 96-113.

8 Vgl. Johnson, Uwe: Versuch, einen Vater zu finden. Marthas Ferien, hg. von Norbert Mecklenburg, Frankfurt am Main 1988.

however, assumes that the narrator is the Gesine known from *Jahrestage* and takes it from there.[9]

Die Kritik überrascht nicht nur allgemein aus methodologischen, sondern auch aus ganz konkreten Gründen: zum einen nimmt auch Bond Gesine ohne Umstände als Erzählerin an, zum anderen behandelt Mecklenburg den Text tatsächlich weitgehend als eigenständige Ausprägung der Geschichtsdarstellung bei Johnson. Der ebenfalls im *Forum 1* wiederabgedruckte Text von Sara Lennox zu Johnsons Geschichtsauffassung steht in einem deutlichen inneren Spannungsverhältnis zur Analyse Mecklenburgs und reflektiert eher ihr gewandeltes politisches Selbstverständnis,[10] als daß er die politische Kernaussage der *Jahrestage* erhellen würde. Auch ihre Beobachtungen zur Stellung des 4. Bandes im Romanwerk sind nicht überzeugend.[11] Das Interview Osterles mit Johnson vom 19. August 1983 ist faszinierend und abstoßend zugleich.[12]

Auch der bereits im Jahre 1989 erschienene, von Manfred Jurgensen edierte und Helen Wolff gewidmete Sammelband *Johnson. Ansichten – Einsichten – Aussichten* hat keinen inhaltlichen Mittelpunkt, sollte ihn auch nicht haben.[13] Es gelingt nur punktuell, wie es im Vorwort heißt, »weiterreichende Aussichten auf sein [Johnsons] erzählerisches Werk freizulegen«, so in den Beiträgen von Norbert Mecklenburg und Walter Schmitz. Beide stellen Fassungsvergleiche an. Norbert Mecklenburg hatte Zugang zu Teilen des Nachlasses aus dem *Jahrestage*-Umkreis erhalten, stellt hier erste Ergebnisse seiner Studien als Vergleich zwischen zwei vorgefundenen Textfassungen vor und fordert deren Veröffentlichung. Als Begründung führt er an, daß die beiden Manuskripte zu

9 Bond, Identity (Anm. 1), S. 106, Anm. 35.

10 Vgl. dazu ihre Dissertation: Lennox, Sara Jane King: The Fiction of William Faulkner and Uwe Johnson. A Comparative Study, Diss. masch. Ann Arbour (Michigan) 1973.

11 Lennox, Sara: History in Uwe Johnson's »Jahrestage«, in: Forum 1 (Anm. 6), S. 72-95. Eingehend und kritisch setzt Dietrich Spaeth sich mit diesem Aufsatz auseinander, indem er ihn der Arbeit Mecklenburgs im selben Band gegenüberstellt; vgl. ders., Johnson lesen (Anm. 6), S. 142ff.; vgl. in diesem Zusammenhang auch: Gerlach, Ingeborg: Aus der Sicht des vierten Bandes, in: Michael Bengel (Hg.), Johnsons »Jahrestage«, Frankfurt am Main 1985, S. 251-262.

12 Vgl. Osterle, Heinz D.: Todesgedanken? Gespräch mit Uwe Johnson über die »Jahrestage« (19.08.1983), in: Forum 1 (Anm. 6), S. 137-168.

13 Johnson. Ansichten – Einsichten – Aussichten, hg. von Manfred Jurgensen, Bern 1989. Eine relativ ausführliche Besprechung dieses Sammelbandes liegt vor und geht im Besonderen auf die Beiträge von Hubert Opalka, Frauke Meyer-Gosau und Norbert Mecklenburg ein; vgl. Spaeth, Johnson lesen (Anm. 6), S. 139-145.

Heute Neunzig Jahr, obwohl sie mit Datierungen aus dem Jahre 1975 versehen sind, »die ältere Version des gleichen Erzählstoffs [wie in *Jahrestage*] darbieten«.[14] Daraus folgt, »daß Johnson 1975 ein Manuskript bearbeitet hat, das früher entstanden ist als *Jahrestage,* also vor 1967, wahrscheinlich sogar, wie sich zeigen wird, beträchtliche Zeit vorher«.[15] Eine erzähltheoretische Konsequenz von besonderem Interesse ist die Untermauerung der These, daß Johnson die Gesprächssituation zwischen Gesine und Marie später, vielleicht erst im Verlauf der endgültigen Niederschrift entwickelt hat:

> Der Weg von *Versuch, einen Vater zu finden* zu *Jahrestage* bestand [...] in erster Linie in einem Ausbau der Erzählsituation. Die Kombination von Ich- und Sie-Form und die Dialogisierung der Erzählerstimme in Gestalt von Gesines Tochter Marie erlaubten es, neben der Vergangenheit auch die Gegenwart [...] in Erzählung und Diskurs einzubeziehen.[16]

Dies ist ein wichtiges Indiz für die Entwicklung der Erzählposition Johnsons und weist auf den Aspekt der Dialogisierung zurück. Sie ist schon in den *Mutmassungen* immanent formkonstituierend; aber noch im *Achim*-Roman bleibt ihre Umsetzung problematisch.[17] Der völlig unkonturiert bleibende, eigentlich nur aus seinem Wissen bestehende Gesprächs- bzw. Fragepartner läßt deutlich werden, daß hier eine konstruierte Kommunikationssituation gestaltet ist, die zudem eklatante Widersprüche aufweist.[18]

Schmitz diskutiert Passagen aus verschiedenen Fassungen des *Ingrid*-Romans vor dem Hintergrund ihrer Adaptation in die *Jahrestage* sowohl formal wie thematisch, wenn auch kurz.[19] Erwähnt werden soll schließ-

---

14 Mecklenburg, Norbert: Ergänzung, Variante, Vorstufe? Uwe Johnsons unveröffentlichter Nachlaßtext »Heute Neunzig Jahr« in seinem Verhältnis zu »Jahrestage«, in: Jurgensen (Anm. 13), S. 91-120, hier: S. 105. Wie schon das ausführliche Zitat von Bond weiter oben andeutet, kam nicht das gesamte Nachlaßfragment (Titel: *Heute Neunzig Jahr*), auf das Mecklenburg seine Überlegungen stützt, zur Veröffentlichung.

15 Ebd., S. 107.

16 Ebd., S. 116.

17 Man kann an dieser Stelle ein Konzept erkennen, das sich im Spätwerk in den Genossen Schriftsteller und Marie auseinanderlegen wird, ja weiter noch in die ›Stimmen der Toten‹. Meine These ist es, daß dies Formen eines Versuchs der epischen Auflösung des Allwissenheitsproblems darstellt, das sich in Wirklichkeit aber überhaupt nicht aufheben läßt.

18 Diese Behauptung wird weiter unten in der Besprechung der Arbeiten von Riordan und Möller belegt.

19 Vgl. Schmitz, Walter: Die Entstehung der ›immanenten Poetik‹ Uwe Johnsons.

lich die Studie von Frauke Meyer-Gosau, aus der ein zusammenfassendes Zitat hier so unvermittelt stehen muß, wie ihr Aufsatz im Kontext des Sammelbandes:

Was Bachmann als Un-Möglichkeit im Prozeß des Schreibens bewußt wurde, Johnson versuchte es unwissend: in die Geschichte eines (weiblichen) Individuums durch Re-Konstruktion eine Ordnung zu bringen, wo im Falle weiblicher Geschichte nur eine De-Konstruktion zu einer neuen Ordnung – »Zukunft« – hätte führen können. Notwendig nämlich wäre eine Loslösung des – fiktiven – weiblichen Ich von den (Herrschafts-)Zeichen gewesen, die seine Geschichte und Gegenwart formiert haben. Sie lediglich zu modernisieren, wie Johnson es getan hat, kann hingegen nur eine Erneuerung der alten, vernichtenden Ordnung bewirken; was dann folgerichtig ein neuerliches, nun tatsächlich rettungsloses Verunglücken miteinschließt.[20]

Die Arbeit Meyer-Gosaus verschließt sich einer diskursiven Einbindung, ist aber zugleich ein Indiz dafür, daß zumindest die *Jahrestage* eine größere Rezeptionsbreite erreicht haben. Insofern stehen der Jurgensen-Band und das *Forum 1* für ein in den späten achtziger Jahren langsam zunehmendes Interesse an Johnson,[21] das sich ansonsten in der Form von regionalen Veranstaltungen, Zeitschriftenaufsätzen und Buchbeiträgen äußerte und in dieser Form einer breiteren Öffentlichkeit nicht ohne weiteres zugänglich ist.[22] Das gilt weniger für Christa Bürgers 30-seitige

Ein Fassungsvergleich zu »Ingrid Babendererde. Reifeprüfung 1953«, in: Jurgensen (Anm. 13), S. 141-166.

20 Meyer-Gosau, Frauke: Weibliche Perspektive des männlichen Erzählers? Uwe Johnsons »Jahrestage« der Gesine Cresspahl, S. 137, in: Jurgensen (Anm. 13), S. 121-139. – Spaeth attestiert der Autorin gründliche Textkenntnis und eine »riskante Deutung«, sich selbst »beim Lesen einige Bedenken«. »Vielleicht«, so schließt er, »verstehe ich auch die Sache mit der De-Konstruktion nicht und könnte mich da nur mit dem alten Jeserich trösten, dem seine Selige immer gesagt hatte: ›Ja, Jeserich, was du dir bloß denkst; wir sind eben ein Rätsel‹«; in: Spaeth, Johnson lesen (Anm. 6), S. 140f.

21 Zu fragen ist dabei, ob als Auswahlkriterien subjektives Engagement und Wohnsitz der Autoren für die Aufnahme von Beiträgen in einen Sammelband ausreichen. Um es konkret zu machen: der Band kostete nur 33,– DM (a real bargain compared to Storz-Sahl's book), und da muß man wohl die hermetisch gegen Diskussion sich sperrenden Ausführungen von Frauke Meyer-Gosau und die unerträglich simplifizierenden »Einsichten« von Herrn Fickert in Kauf nehmen, die jede(r) auf seine/ihre Art daran scheitern, daß Uwe Johnson mit seinem fiktionalen Personal nicht identisch sein will – oder ist er es?

22 Als ein Beispiel für diesen Tatbestand mag die verhältnismäßig kurze Studie von Dietrich Spaeth gelten. Sie benutzt den Anfang der *Jahrestage*, um Johnsons späte Erzählweise darzustellen (vgl. ders.: »Ich stelle mir vor«. Eine Leerstelle in Uwe Johnsons

Studie über den Erzähler Johnson.[23] Sie ist umso bemerkenswerter, als
Uwe Johnsons Werk in literaturhistorischen oder -geschichtlichen Ar-
beiten entweder gar nicht, oder nur am Rande vorkommt. Hier nun wird
Johnson vor dem Hintergrund der klassischen nachhegelschen Roman-
theorien in den Kreis der großen Romanciers der Moderne: Flaubert,
Zola, Proust, Kafka, Joyce, Faulkner und Musil gestellt. Die Autorin
belegt ihre literaturhistorische Einschätzung in einem Verfahren, das
Johnsons Spätwerk vergleichend interpretiert. Mit dem Verhältnis von
Geschichte und Realität, Erinnerung und Erfahrung spricht Bürger
wichtige Aspekte von Johnsons Schreiben an. Daß Johnsons poetisches
Selbstverständnis und auch seine Romane sich mit Brechts Realismus-
Begriff vereinbaren lassen, und daß hier eine spannungsreiche, aber
theoretisch unbedenkliche Verbindung besteht, wird vorgeführt und
kann als Ergebnis kaum überraschen. Johnsons kritisch-positiver Bezug
auf Brecht ist bekannt, und Brechts Theorieverständnis ist weit genug.[24]
Es ist nicht zu übersehen, daß Bürger bemüht ist, für die Form der
Jahrestage gegen Adornos normative Realismus-Kritik einen Platz in
seiner Moderne-Konzeption zu finden. Mit Mecklenburgs defensiver
Argumentation, durch den »Nachweis moderner Verfahrensweisen«
Johnsons Modernität im Sinne der Ästhetischen Theorie zu belegen, gibt
sie sich nicht zufrieden.[25] Christa Bürger ist ehrlich genug, die schließlich
gefundene Nische als einen unsicheren Ort auszuweisen, wenn sie die
epische Naivität, in der nach Adorno die Kritik der bürgerlichen Ver-
nunft lebt, in ihrer Bedeutung als theoretische Zuflucht relativiert: der
Frankfurter Theoretiker habe, zwar »in einem Nebensatz versteckt, auch
die Unmöglichkeit von Erzählen heute behauptet«.[26] Mit dem Theoretiker Benjamin hat sie es (im Abschnitt »Geschichtenerzählen«) wesentlich leichter. Nicht nur ist Benjamin weniger dogmatisch als Adorno, in
und besonders zwischen seinen letztlich sehr heterogenen Schriften gibt
es genug Lücken, in die ein formal so komplexes Werk wie die *Jahrestage*
eingepaßt werden kann. Mit Benjamin attestiert Bürger in ihrem dritten

---

Roman »Jahrestage«, in: die horen 35, 1990, Heft 159, S. 151-160) und operiert mit
einem prägnanten, wenn auch bereits früher bearbeiteten Textstück (vgl. dazu weiter:
Fries, Ulrich: Uwe Johnsons »Jahrestage«. Erzählstruktur und Politische Subjektivität,
Göttingen 1990, S. 41ff.).
    23 Vgl. Bürger, Christa: Uwe Johnson: der Erzähler, in: Peter Bürger, Prosa der
Moderne, Frankfurt/Main 1988, S. 353-382.
    24 Vgl. ebd., S. 354-360.
    25 Vgl. ebd., S. 359.
    26 Ebd., S. 363.

Kapitel Johnson im Vergleich zu Proust eine moderne Verwendung von Erinnerung. Zu einer wirklich überzeugenden Wertung der *Jahrestage* gelangt sie nicht. Der Zugang zu der spezifischen Formstruktur des Romans bleibt ihr verschlossen. Sie interpretiert die Erzählweise nicht immanent, sondern immer vor dem Hintergrund der letztlich normativ-dogmatischen Urteile Adornos über den modernen Roman, die sie nicht in ihrer Historizität begreift und relativiert. Weder die widersprüchliche Erzählsituation noch der episodische Aufbau werden in ihrer eigenen (theoretischen) Bedeutung erkannt. So wenig die Kategorien Stanzels dem Werk gerecht werden, so wenig auch Adornos apodiktische Äußerungen zum modernen Roman. Und so ist die Frage berechtigt, ob nicht der Blick von den Höhen der Moderne die Sicht auf Johnsons eigentümliche Erzählweise zu unscharf werden läßt.

Während Bürger Johnsons poetologische Reflexionen noch ernstgenommen und kritisch reflektiert hat, wurden sie von der Mehrzahl der Kritiker nur funktional zur Bestätigung ihrer Interpretationen eingesetzt. Damit mußten ihnen deren innere Spannungen wie auch das Spannungsverhältnis zwischen den fiktionalen und theoretischen Texten entgehen. Wenn man Johnsons Basisfiktion vom vertrackten Vertragsverhältnis nicht zu Ende denkt, kann man auch die darin versteckte Widersprüchlichkeit nicht finden; dann wird es schwierig, einen Roman immanent zu kritisieren. *Dann* sitzt man dem Spiel des Autors auf, der seine praktischen Probleme auch darum theoretisch ausstellt, weil er zu wissen scheint, wie man sie am besten versteckt: nämlich offen. Ähnlich problematisch verhält es sich mit einem anderen anerkannten Dogma moderner Romantheorie, das Johnson sich ziemlich unbedarft zu eigen gemacht hat: die Obsoletheit des auktorialen Erzählers. Das hat ihm etliche erzähltechnische Probleme eingebracht, wie der späte Rückblick auf das frühe und mittlere Werk zeigt. Es soll hier ausreichen, darauf hinzuweisen, daß die gängige und von Johnson aufgegriffene Begründung, die moderne Welt (des ausgehenden 19. und beginnenden 20. Jahrhunderts) wäre so komplex und undurchschaubar geworden und damit ein allwissender Erzähler obsolet, anachronistisch ist. Diese Überlegung hatte in der ersten Hälfte des 19. Jahrhunderts schon Balzac angestellt;[27] Johnson mag sich

---

27 Vgl. zu Johnsons Balzac-Kritik als Teil seiner poetologischen Reflexionen: Fries, »Jahrestage« (Anm. 22), S. 116ff. – Generell ist festzuhalten, daß Johnsons Bemerkungen zu Balzac mehr über sein eigenes Theorieverständnis aussagen als über das Balzacs. Johnson scheint zu glauben, Balzac und damit die Verwendung des auktorialen Erzählers (mit letztlich gesellschaftstheoretischen, nicht ästhetischen Kategorien) ad absurdum führen zu können, wenn er lapidar die vermeintliche geschichtliche Überlegenheit seiner

dessen nicht bewußt gewesen sein, als er während der Arbeit an den
Mutmassungen anfing, Faulkner zu lesen und seine narrativen Strategien
zu überdenken.[28]

2.

Die Hinwendung der wissenschaftlichen Aufmerksamkeit wie auch eines
breiteren Publikums zu diesem in jeder Hinsicht unbequemen Autor, die
sich nach fulminantem Auftakt[29] dann immer schleppender vollzog, er-
hielt durch die Aufhebung der deutschen Teilung mit ihren nur schwer
absehbaren Konsequenzen eine neue Dimension und wurde durch sie
deutlich verstärkt. Das Interesse an Uwe Johnson und speziell an seinem
letzten Roman hat nach der »Wende« unübersehbar zugenommen. Ein
Beispiel dafür ist auch der Artikel in der *Zeit* vom Frühjahr des Jahres
1990,[30] der an der Schilderung des Konzentrationslagers Fünfeichen in

Position mit der Nennung der Lebensdaten Balzacs begründen will. Tatsächlich aber
wäre eher die Kritik Bürgers an Johnson im Anschluß an dessen Diktum zu relativieren:
Adorno lebte von 1903 bis 1969.

28 Die Intensität seiner Auseinandersetzung mit Faulkner illustriert die von Bierwisch überlieferte Tatsache, daß Johnson zu Zeiten in der Lage war, *The Sound and the
Fury* mit dem Original in der Hand fließend auf deutsch vorzutragen (vgl. Bierwisch,
Manfred: Erinnerungen Uwe Johnson betreffend, in: Berbig/Wizisla (Anm. 1), S. 80-91,
hier: S. 84).

29 Man denke an die Rezeption nicht nur der *Mutmassungen,* sondern auch an den
anfänglichen Erfolg des *Achim*-Romans, bei der Frankfurter Buchmesse 1961 das am
meisten ins Ausland verkaufte Buch: 1962 sind bereits mehr als zehn Lizenzen für
Übersetzungen vergeben. Symptomatisch erscheint der rasche, und dann rasch abebben-
de Verkaufserfolg: war am dritten Messetag schon die erste Auflage von 5000 Exemplaren vergriffen und folgten im selben Jahr noch drei weitere Auflagen mit insgesamt
20.000 Büchern, so setzte sich diese Entwicklung 1962 nicht weiter fort. Bis 1980
erreichte das Buch eine Auflage von 172.000 Exemplaren (*Mutmassungen* = ca. 240.000)
(Vgl. Riedel, Nicolai: Untersuchungen zur Geschichte der internationalen Rezeption
Uwe Johnsons, Hildesheim 1985, S.98 und Möller, Birgit: Die Geschichte sucht sich ihre
Form, Magisterarbeit masch. Kiel 1992, S. 6).

30 In: Die Zeit, Nr. 16 vom 13.4.1990, S. 59/60. – Wenn Roland Berbig in einem
(im übrigen gelungenen) Interview mit Günter Grass das Fünfeichen-Kapitel der
Jahrestage als Beispiel für ein Thema bezeichnet, »was die DDR-Geschichtsschreibung
zum Teil unterschlug« (Grass, Günter: Distanz, heftige Nähe, Fremdwerden und
Fremdbleiben. Gespräch über Uwe Johnson, in: Berbig/Wizisla (Anm. 1), S. 99-121, S.
99), so ist dies eine unhaltbare Apologie, wenn auch vielleicht nicht so gemeint. Die
DDR-Geschichtsschreibung hat meines Wissens keinen Beitrag zur Aufhellung der
(Un-)Rechtsprechung durch die sowjetischen oder eigenen Justizinstanzen geleistet.

den *Jahrestagen* Johnsons historische Aktualität aufzeigen will und erstaunt die Frage stellt, woher der Autor das alles habe wissen können – als ob diese Informationen nicht frei zugänglich gewesen wären.[31] Die Frage weist aber zurück auf die geringe öffentliche Rezeption dieses Schriftstellers in der alten Bundesrepublik. Meiner Meinung nach hatte sie ihren Grund hauptsächlich in dem weitgehenden Desinteresse der westdeutschen Bevölkerung an den Zuständen in der DDR.[32]

Daß Johnsons politische Unbequemlichkeit widerständig war, liegt nahe. Und es half der Verbreitung seiner Texte wenig, daß die westdeutsche Linke damals hauptsächlich mit der Lektüre von Texten beschäftigt war, in denen Menschen nur als Kategorien vorkamen. Vermutlich hat das Interesse an Uwe Johnson bei Lesern in der alten DDR heute andere Motive und wird sich wohl auch von Anfang an anders orientieren, als es früher in der Bundesrepublik der Fall war: das wissenschaftliche wie das allgemein literarische. Dabei spielt nicht nur die andere Lesekultur eine Rolle. Auch die Suche nach Selbstverständigungsmustern, die sich den neuen Erfahrungen nicht rückhaltlos ergeben will, prädestiniert Uwe Johnson zu einem fast schon zu idealen Identifikationsobjekt.[33] Das kann zu Verzerrungen führen, und es ist zu befürchten, daß die historisch-politische Entschlüsselung zunächst in den Vordergrund tritt und den Zugang zu dem verstellt, was die eigentliche Leistung werden muß: die

31 Vgl. dazu auch Zetzsche, Jürgen: »... ich meine die Grenze: die Entfernung: den Unterschied.« Uwe Johnsons Mecklenburg, in: Biographie ist unwiderruflich. Materialien des Kolloquiums zum Werk Uwe Johnsons im Dezember 1990 in Neubrandenburg, hg. von Carsten Gansel und Jürgen Grambow, Frankfurt am Main 1992, S. 21-34, hier: S. 31: »Johnson hat die Namen der Liste nicht erfunden. Sie basieren auf Eintragungen aus dem Buch, das Gerhard Finn 1958 [!!!] im Namen der Berliner ›Kampfgruppe gegen Unmenschlichkeit‹ herausgegeben hat; sein Titel: ›Die politischen Häftlinge der Sowjetzone. 1945–1958‹«. Vgl. weiter Fernengel-Pflug, Birgit: Cresspahls Haftzeit im Konzentrationslager Fünfeichen und ihr realgeschichtlicher Hintergrund. Anmerkungen zu einem Kapitel in Uwe Johnsons »Jahrestagen«, in: Forum 2 (Anm. 1), S. 185-204. Vgl. weiter den Beitrag von Rudi Gerstenberg in diesem Band.

32 Johnson hatte diese Einstellung, die sich in den dann folgenden fünfzehn Jahren noch weiter verfestigte, schon 1974 benannt: »Die Haltung der bundesrepublikanischen Bevölkerung zur nationalen Wieder-Vereinigung würde ich beschreiben mit der Rührseligkeit, in der sie die Trennung von den [Ost]deutschen beklagten, und der Entschlossenheit, mit der sie die Trennung hinnahmen, auch dies über ein Vierteljahrhundert lang.« (Johnson, Uwe: Wiedervereinigung, Antwort vom 17. 5. 1974 [auf eine Frage von Schülerinnen aus Vigneux], in: »Ich überlege mir die Geschichte ...«. Uwe Johnson im Gespräch, hg. von Eberhard Fahlke, Frankfurt am Main 1988, S. 155).

33 Johnsons einseitige Darstellung der Bundesrepublik in seinem Werk leistet den ideologischen Lesarten Vorschub.

Interpretation auf die sichere Basis einer umfassenden narratologischen Analyse zu stellen. Diese Basis aber wäre allererst herzustellen, und zwar unter Einbeziehung der Arbeiten von Franz Stanzel, Dorrit Cohn und Gérard Genette. All diesen Theoretikern ist gemeinsam, daß sie ihre Ergebnisse an ganz spezifischen Werken gewonnen haben, so daß sie nicht einfach interpretatorisch appliziert werden können, sondern in der Konfrontation mit Johnsons Werk zu modifizieren wären. Das positive Ergebnis könnte dann nicht nur eine größere Durchdringung der komplexen, teilweise widersprüchlichen und sich von Werk zu Werk entwickelnden Erzählweise Johnsons sein; es müßte auch das Interesse an der Narratologie im deutschsprachigen Raum befördern, das viel zu lange unter der Dominanz einer allgemeinen, primär gesellschaftstheoretisch ausgerichteten Literaturtheorie in der Nachfolge der Frankfurter Schule gelitten hat. Die objektiven Voraussetzungen dafür haben sich verbessert, nachdem inzwischen einige Schriften Genettes in deutscher Übersetzung vorliegen.[34]

Tatsächlich ist zu fürchten, daß das Interesse an der Enttarnung von Jonas Blach, an der Dechiffrierung von (blue) J.B. oder Rohlfs, der Person der Gräfin Seydlitz oder den Vorbildern für Charaktere wie Kliefoth, Schumann oder Haase – mit anderen Worten: eine reale Spurensuche – zumindest anfänglich vorherrschen wird. Es verschlägt wenig, die Kurzatmigkeit solcher Enthüllungen an Beispielen aufzuweisen. Was ist damit gewonnen, wenn wir wissen, daß ein Satz im Zusammenhang der Wohnungssuche von Gesine als ein Zitat von Helen Wolff kenntlich gemacht werden kann? Natürlich freut man sich über solche kleinen Entdeckungen, denn immer schwingt ja auch die Frage mit, wie Johnson seine persönlichen Erfahrungen eingebracht, verwendet oder verschlüsselt hat. Aber das sind Marginalien.

Vielleicht ist es kein Zufall, daß eine ausländische Stimme auf eine andere, eher die Wirkung denn die Interpretation betreffende Gefahr der neuen Rezeptionslage aufmerksam macht:

Yet if Uwe Johnsons's newly gained popularity is to be restricted to his achievement as a critical writer whose theme was injustice in the German Democratic Republic then it will come to signify even less. That Johnson's writing about the GDR is amongst the most important there is and that it is of particular interest again today should not be denied, but it should also not be

34 Vgl. Genette, Gérard: Paratexte, Frankfurt/New York 1989; ders.: Fiktion und Diktion, München 1992; ders.: Palimpseste. Die Literatur auf zweiter Stufe, Frankfurt am Main 1993.

ignored that Johnson was concerned to examine the GDR in a broader historical perspective. [...] The danger today is that images of Johnson are tailored to disreputable needs of the present, according to which it is expedient to decry GDR totalitarianism, but not to question critically the capitalist West nor the common history of both postwar German states.[35]

Diese Gefahr ist mit Sicherheit gegeben,[36] aber die wissenschaftliche Forschung wird an der öffentlichen Meinung so wenig ausrichten, wie sie sich gegen dieselbe immunisieren kann. Über die Wirkung der Literatur, zumal der *Jahrestage* macht sich Bond auch keine Illusionen: »Of course there are limits to what such a book achieves, for that is remarkably little« (Bond, Identity, S. 213), hatte er im selben Atemzug eingeräumt. Es kann also kaum verwundern, daß das neue öffentliche Interesse, wo nicht von vornherein einfach Marketing–Überlegungen dahinter stehen, zunächst auf die Oberfläche der Texte zielt und ebenfalls viel von dem ignorieren wird, was auch bislang schon ignoriert wurde: neben und zugleich mit der narrativen Struktur der Texte ihre historisch-kritische Aussage, gerade im Hinblick auf die deutsche Geschichte dieses Jahrhunderts. Aber es ist eine Tatsache, daß heute unversehens nicht nur vordergründig eine ganz neue Lektüresituation – speziell der *Jahrestage* – entstanden ist.

Eine neue Lektüresituation gerade für die DDR war seit Mitte der achtziger Jahre in Vorbereitung gewesen. Davon zeugen heute noch die Zeitschriftenbeiträge von Grambow und Drescher,[37] vor allem aber die Textsammlung *Eine Reise Wegwohin* und der zweite Band ausgewählter Prosa Johnsons, *Vergebliche Verabredung,*[38] ebenfalls auf Initiative Grambows

35 Bond, Identity (Anm. 1), S. 213.

36 Vgl. dagegen Schoeller: »Johnsons Werk, nach seinem Tod 1984 für beinahe ein Jahrzehnt in den Schutzraum des Abseits eingekehrt, erweist sich unter der Beleuchtung des Nachhinein als unverbraucht von der verrinnenden Zeit. Es gibt ein Reservoir an Fragen preis, die nach dem Untergang der DDR eher verschärft als erledigt sind« (Schoeller, Wilfried F.: Der Schmerz der Grenze, in: LiteraturMagazin 31, 1993, S. 107). Nur schade, daß solche Gedanken oft in einer sehr pathetischen Schreibweise dargeboten werden.

37 Vgl. Grambow, Jürgen: Heimat im Vergangenen, in: Sinn und Form 38, 1986, S. 134-157; Drescher, Horst: Zu Uwe Johnson, in: Sinn und Form 42, 1990, S. 346-353; der Vollständigkeit halber: ders.: ›Meissnische Dankrede‹, in: Sinn und Form 44, 1992, S. 158-163.

38 Johnson, Uwe: Vergebliche Verabredung. Ausgewählte Prosa, hg. von Jürgen Grambow, Leipzig 1992. – Den ersten Band mit dem Titel *Eine Reise Wegwohin* hatte Grambow bereits 1989 beim Aufbau-Verlag veröffentlicht, nach langem Kampf mit den Behörden und nicht in der ursprünglich konzipierten Form. Daraus abzuleiten, hier habe jemand aus Opportunismus gehandelt, ist böswillig.

in einem ostdeutschen Verlag herausgekommen. Seinen Einsatz hebt
Günter Grass zu Recht hervor, wenn er davon spricht, daß Grambow
»mit seinem Aufsatz in *Sinn und Form* eine Bresche schlug in der DDR-
Öffentlichkeit«.[39] Es sind Texte aus drei Jahrzehnten, aus dem mittleren
Werk (aus *Karsch, und andere Prosa; Berliner Sachen*) und dem vierten Band
der *Jahrestage*. Die Auswahl ist zutiefst politisch, auch unaufdringlich
selbstkritisch. Man beachte, welcher Text die Sammlung eröffnet, und
welcher folgt. Alle zusammen zeigen Johnson als wachen politischen
Moralisten.[40] So begreift ihn auch Fritz Rudolf Fries in seinem Nachwort, das zugleich vom westlichen Leser Sensibilität für die Rezeption
Johnsons im Osten fordert.[41] Für den westlichen Leser dieses in der alten
Buchmetropole Leipzig herausgegebenen Bandes ist das Gespräch zwischen Jürgen Grambow und Stephan Hermlin eine Fundgrube,[42] ersetzt
wohl auch das fehlende Vorwort.

39 Vgl. Grass, Gespräch (Anm. 30), S. 103. – Den Grambow-Text in *Sinn und Form*
habe ich seiner Zeit als Versuch der Vereinnahmung Johnsons durch die DDR gelesen
und in meiner Dissertation scharf kritisiert; vgl.: Fries, »Jahrestage« (Anm. 22), S. 176).
Diese Lesart vernachlässigt jedoch den politischen Kontext der Veröffentlichung in der
DDR von 1986 und ist so nicht haltbar.

40 Die Frage nach dem Politikverständnis Johnsons, seinen Ursprüngen und Grenzen bearbeitet Mecklenburg. Er konstatiert einen Fall von »Politikverweigerung« und
sieht ihn in direktem Zusammenhang »mit den dogmatischen, rigoristischen Elementen
von Johnsons Sozialismusverständnis«. Den Implikationen dieser Einsicht wäre noch
genauer nachzugehen. Vgl. Mecklenburg, Norbert: »Märchen vom unfremden Leben.«
Uwe Johnson und der Sozialismus, in: Das Argument 34, 1992, S. 219-233.

41 Dem tut keinen Abbruch, daß sich F.R. Fries zumindest in einer Frage so
ahnungslos zeigt, wie es viele westliche Leser gern tun möchten: »Woher wußte Johnson
diese erst heute öffentlich gemachten Zahlen und Daten?« (S. 148). Diese Zahlen lagen
im Westen seit den fünfziger Jahren für jeden bereit, der sie sehen wollte (vgl. dazu auch
weiter oben Anm. 31).

42 Hier wehrt sich Grambow erstmals öffentlich gegen die Kampagne Bernd
Neumanns, wenn er Hermlin das Schroeder-Gutachten vorliest und ihn fragt: »Diese
Notiz ermutigt Leute zu schließen, Schroeder habe Johnson dem Staatssicherheitsdienst
preisgegeben. Sie kannten ja Max Schroeder – wie deuten Sie diese Fakten?« Hermlin
antwortet: »Hören Sie – ich habe Schroeder gut gekannt, hatte oft mit ihm zu tun, war
sehr erschüttert durch seinen Tod – er war ein hochanständiger Mann. In der krankhaft
aufgepeitschten Atmosphäre, in der wir / leben, werden die ungeheuerlichsten Dinge
aufgebauscht und in die Welt gesetzt. Selbstverständlich hat Schroeder so etwas mit
niemandem gemacht; und dieses, allerdings unglückliche, Wort, das er da notiert hat,
würde ich sagen, ist eines von den Worten, die unkontrolliert einem durchschlüpfen, die
aber nicht wörtlich zu nehmen sind«; Johnson, Verabredung (Anm. 38), S. 138f.

3.

Aus meiner Sicht ergeben sich zumindest vier Fragen, die bei kommenden Interpretationen mitbehandelt werden sollten: Was hat das Werk Johnsons durch die Auflösung der DDR an historischem Pathos verloren? – Weiter: was ist ihm an gegenstandsbezogener Aktualität zugefallen? Und was kann es durch ein ganz neues Publikum mit einem anders motivierten Rezeptionsinteresse gewinnen? Und schließlich: droht die Kritik deutscher Geschichte in den Hintergrund zu treten, noch weiter vernachlässigt zu werden, die zum Kern des Werks wie zur moralisch-politischen Grundausstattung seiner Protagonistin gehört: die unnachsichtige Analyse des deutschen Faschismus und dessen mangelnde Aufarbeitung speziell im Westen, aber auch im Osten des geteilten Deutschland?

Da der wissenschaftliche Betrieb schwerfälliger ist, hat die real-historisch gewachsene Bedeutung Johnsons zunächst in Aktivitäten des Kulturbetriebs ihren Ausdruck gefunden. Meist findet sich in irgendeiner Form der Suhrkamp-Verlag unter den Initiatoren. Dagegen ist prinzipiell nichts zu sagen, doch die Formen können verstimmen. Eine spektakuläre Eisenbahn-Fahrt von Berlin nach Güstrow mit vielen prominenten Gästen brachte den im Sommer 1992 ins Ernst-Barlach-Theater Eingeladenen neben der Standard-Rede von Siegfried Unseld einige Informationen über die Reichsbahn-Hierarchie und den unvergessenen Satz des jetzigen Bundesbahn-Chefs: »Je besser die Planung, desto härter trifft uns der Zufall.« Beim Empfang im Schloß wurden weiche Laugenbrezel gereicht, dazu warmer Wein. Das opulente Bufett stand im Zug. Herr Cordes, der den Betrieb und die Kultur-Hierarchie kennt, hatte sich Stullen mitgebracht.

Anfang der neunziger Jahre gab es eine ganze Reihe, meist regional geprägter Veranstaltungen, im Osten (Güstrow, Neubrandenburg, Parchim) wie im Westen (Bad Godesberg, Travemünde, Rendsburg), auch eine vom Frankfurter Archiv betreute Ausstellung machte ihre Runde durch die Bundesländer. Sie war im Mai auch in der Deutschen Bücherei in Leipzig zu sehen, wie die Buchmesse 1992 in Leipzig überhaupt unter dem Motto »Johnson« stand.

Die »Hommage á Uwe Johnson« in der Alten Börse war auf den Autor des Suhrkamp-Verlages zugeschnitten: Uwe Johnson ist verlags- und kulturpolitisch verwertbar geworden. Die bei dieser Gelegenheit der Öffentlichkeit vorgestellte *edition leipzig suhrkamp* bietet mit anderem Einband versehene und ein bis zwei Mark billigere textidentische Ausgaben der Schriften Johnsons. Aber das neue Rezeptionsinteresse stellt weitergehende Ansprüche, fragt nicht nur nach Textvarianten und Unveröffentlichtem, es verlangt grundsätzlich nach einem anderen Umgang mit Johnson und mit seinem Werk.[43] Eine Dekade ist seit Johnsons Tod vergangen, und Jahr um Jahr erscheinen aus dem Archiv mal größere, mal kleinere Portionen aus dem Nachlaß, eklektisch herausgerissen, oftmals gut kommentiert, jedes Mal lesenswert, natürlich. Immer wieder werden auch hervorragende Wissenschaftler zur Mitarbeit gewonnen, aber das Resultat bleibt »piecemeal«. Es fehlt ein kritisches Konzept für eine Werkausgabe. Das ist umso unverständlicher, als der Verlagschef und Testamentsvollstrecker das volle Vertrauen Johnsons erwarb, als er ihn auch in schweren Zeiten unterstützte. Und es wird auch nicht plausibler, wenn man weiß, daß das Archiv de facto von einem so engagierten Wissenschaftler und ausgewiesenen Johnson-Kenner wie Eberhard Fahlke betreut wird. Zu sehr ist strukturell seine Wirkung auf das Einzelne beschränkt, ohne sie deshalb unterschätzen zu wollen: Man soll nicht denken, daß die Johnson-Ausstellung des Hessischen Rundfunks, die 1992 in einigen Städten der neuen Bundesrepublik zu sehen war, ohne seine Hilfe und die der anderen Mitarbeiter des Archivs möglich gewesen wäre.[44]

Es fehlt im Falle Johnsons die leidenschaftliche und effektive Propagierung eines œuvres, ohne dessen breite Rezeption das öffentliche Bewußtsein der Bundesrepublik gar nicht auskommen kann, soll es (sich) nicht mit der Kritik an den Verhältnissen in der vergangenen DDR von der eigenen Geschichte ablenken.[45] Johnsons Werk weist immer wieder auf das gemeinsame historische Erbe des Faschismus hin, aber es zeigt auch, daß die Kriegsschuld wesentlich von der DDR und ihren Bewohnern getragen wurde. Ohne die Besinnung auf diesen Zusammenhang wird es

43 Es ist nicht zufriedenzustellen mit hochglanzpapierenen, aber fehlerhaften Bildbänden, und es wird auf die Dauer auch nicht den etwas lauten Thesen Bernd Neumanns folgen, die für die angekündigte Biographie wenig Gutes verheißen. Jede, besonders aber die biographisch orientierte, Interpretation verliert, wenn sie in den Dienst persönlicher Selbstdarstellung gezogen wird.

44 Die Ausstellung wurde in Frankfurt am Main, München, Bremen, Rostock, Leipzig und Kiel gezeigt und fand ein lebhaftes Echo in der Presse. Als Begleitprogramm wurde eine fünfteilige Filmreihe unter dem Titel *Uwe Johnson – Erzähler des Jahrhunderts* gezeigt.

45 Daran ändern auch neue Fernsehproduktionen oder Wiederholungen von alten nichts – seien sie mit oder ohne anschließende(r) Talkshow; vgl. Bond, Identity (Anm. 1), S. 202, Anm. 15.

keine substantielle Vereinigung geben. Das, was heute als jugendlicher Rechtsradikalismus daherkommt und mit seinen Opfern das Bild Deutschlands in der Welt schwer beschädigt, wird unbegriffen bleiben und nicht überwunden werden, wenn nicht nachträglich jene Schuld diskutiert und anerkannt wird, die der Struktur der *Jahrestage* eingeschrieben ist.

Bis Ende der achtziger Jahre bot die professionelle Johnson–Forschung das Bild geistiger Erstarrung, das sie schon früh unschön ausgezeichnet hatte und seit dem Erscheinen der *Jahrestage* zu einem wirklichen Hindernis für unvoreingenommene Interpretationen geworden war. Immer dieselben Zitate, immer wieder identische Argumente und Formulierungen. Im thematischen Bereich ist es die Rede ›vom richtigen Leben im falschen‹ und von der ›moralischen Schweiz‹, die immer der Erwähnung wert scheint, und doch nur in der Johnson-Forschung existiert. Oder hat man sonst schon einmal von der Moralität der Schweiz gehört? Im Zusammenhang mit dem deutschen Faschismus wohl kaum. – Man hat noch nicht einmal bemerkt, daß diese Formulierung Johnsons Kenntnis der amerikanischen Vietnam-Diskussion entstammte.[46] Des weiteren beschäftigte man sich ausgiebig mit der Diskussion von Gedächtnis und Wahrheitssuche, ohne zwischen inhaltlichen und formalen Problemen zu differenzieren. Geschichtliche und ästhetische Fragestellungen wurden miteinander verwechselt, das umso eher, als auf die Historizität der verwendeten eigenen Kategorien nur selten reflektiert wurde. Der Blick zurück auf eine für die Nachgeborenen unbegreifliche Zeit führte zu unhistorischen Psychologisierungen: die scheinbar unverständliche Rückkehr Cresspahls ins faschistische Mecklenburg wurde psychologisch, moralisch und politisch interpretiert, nie aber als mögliche Allegorisierung von Brechts Rückkehr in die stalinistische DDR gelesen.

Mit viel Pathos wurde stets dasselbe wiederentdeckt. Erzähltheoretisch sah es nicht anders aus. Da gab es ein paar Zitate, die waren ›Renner‹: überall präsent, und dann – in ihrer inhaltlichen Bedeutung – gleich wieder verschwunden, will sagen: in der Regel hatten sie keine Folgen für die Argumentation, weil die Rezeptionsgeschichte an der mangelnden Einsicht leidet, daß sich das Werk Johnsons von der Erzählstruktur her entschlüsselt, und nicht aus politisch-moralisierenden Glaubensbekenntnissen.[47] »Die Frage, welche Stellung der Roman bezieht, läßt

---

46 Bond ist einer der wenigen, dem die doppelte Ironie in der Verwendung dieses Ausdrucks bei Johnson nicht entgeht; vgl. Bond, Identity (Anm. 1), S. 45.

47 Für Bond stellt sich die Situation Anfang der neunziger Jahre ganz anders dar. Er

keine ideologische Antwort zu. Auskunft gibt allein seine Ästhetik«, hieß es 1959 über die *Mutmassungen*,[48] aber dieser Satz gilt ebenso für das Spätwerk, auch wenn Enzensberger diesem nichts abgewinnen kann.[49]

4.

Der Förderung der Sekundärliteratur zu Johnson kommt heute eine größere Bedeutung zu als noch vor der »Wende«, und sie sollte von seinem Verlag durchaus konsequenter betrieben werden. Auf den ersten Blick könnte man mit dem Ertrag des Jahres 1992 zufrieden sein. Doch die beiden neuen Archivbände mit ganz frühen Arbeiten Johnsons – von B. Neumann 1992 rechtzeitig zur Leipziger Messe herausgegeben – erfüllen kaum die in sie gesetzten Erwartungen.[50] Das Textmaterial ist wichtig, und es ist unerläßlich, sich damit intensiv auseinanderzusetzen. Die literaturwissenschaftlichen Arbeiten, Prosaskizzen und Verlagsgut-

stellt die narratologische Analyse an Hand der Kriterien Stanzels ganz in Frage und beruft sich dabei auf Riordan und einen Aufsatz von Fahlke/Zetzsche, die kurzerhand erklären, daß es Johnsons »Erzählen gerade daran gelegen ist, derartige [narratologische, U.F.] Abgrenzungen fragwürdig erscheinen zu lassen«; Bond, Identity (Anm. 1), S. 94. Was damit kritisiert wird, sind die unkritische Verwendungsweise stanzel'scher Kategorien und die damit oft einhergehende Tendenz zu normativen Urteilen. Wenn Bond Grambows Einschätzung zustimmend referiert, »Fries uses a traditional narratological model which may not be suitable for ›Jahrestage‹« und fortfährt »Fries may seem to improve on his predecessors with a bit of Genette [...], but ultimately his tools are as Stanzelesque as those of most major ›Jahrestage‹ critics« (ebd., Anm. 18), so hat er damit keineswegs unrecht. Zwei Punkte allerdings dürfen angemerkt werden: auf diesen Sachverhalt habe ich bereits explizit hingewiesen, vgl. Fries, Ulrich: Riverside Drive Revisited, in: Forum 1 (Anm. 6), S. 67f., Anm. 2; und zweitens: es findet sich im 2. Band des Internationalen Uwe-Johnson-Forums kein Beitrag Grambows.

48 Enzensberger, Hans Magnus: Die große Ausnahme, in: Raimund Fellinger (Hg.), Über Uwe Johnson, Frankfurt am Main 1992, S. 55–60, hier: S. 59. Nach ersten, zum Teil sehr kundigen Reaktionen auf die *Mutmassungen*, folgten eine Entintellektualisierung im Umgang mit Johnsons Werk und feuilletonistische Reaktionen bei gleichzeitig immensem Fleiß, Zitate von Suhrkamp–Autoren mit linker Aura in Umlauf zu halten. Das brachte wenig, ist aber im Rückblick trotzdem noch interessant – eben wegen der Zitate.

49 Vgl. Fries, »Jahrestage« (Anm. 22), S. 11, Anm. 2.

50 Johnson, Uwe: »Entwöhnung von einem Arbeitsplatz«. Klausuren und frühe Prosatexte, hg. von Bernd Neumann, Frankfurt am Main 1992 (Schriften des Uwe Johnson-Archivs 3); Johnson, Uwe: »Wo ist der Erzähler auffindbar?« Gutachten für Verlage 1956–1958, hg. von Bernd Neumann, Frankfurt am Main 1992 (Schriften des Uwe Johnson-Archivs 4).

achten Johnsons müssen in den Zusammenhang des Gesamtwerks gestellt werden. Sie werfen ein Licht auf das spätere Werk, sind aber auch erst von ihm her zugänglich. Der Wille Johnsons zur Meisterschaft ist überall spürbar, in den Kommentaren die Gefahr der Hagiographie.[51] Ein weiteres Problem besteht darin, daß sich in diesen Kommentaren posthum eine plumpe Vertrautheit mit Johnson breit macht. Sie ist kein Fortschritt gegenüber dem kritischen Interpretationsansatz, den Neumann in seiner Habil-Schrift *Utopie und Mimesis* verfolgt hatte, auch wenn dieser zu leicht überspannten (politisch motivierten) Fehlinterpretationen geführt hatte.[52]

Auch der *Über Uwe Johnson* betitelte Sammelband (1992; es ist der zweite diesen Titels, aber eigentlich der vierte – zählt man nur die Aufsatzsammlungen von M. Bengel und Gerlach/Richter hinzu) läßt auf eine unbefriedigende Strategie schließen. Er enthält überwiegend bereits früher veröffentlichte Texte. Ein seriöses Konzept wären zwei Bände gewesen: einer mit den guten Aufsätzen der vorausgegangenen drei Bücher, einer mit neuen. Oder man hätte das Ganze dreiteilen und einen Band den unveröffentlichen Texten Johnsons vorbehalten können. Möglichkeiten gab es mehrere, gewählt wurde die billigste.[53]

Nimmt man den von Raimund Fellinger zusammengestellten Band für sich, dann muß man sagen: er ist gut.[54] Das Ziel eines umfassenden

---

51 Bedenklich erscheint es, daß Neumann zudem die Kommentare für seine Privatfehde mit Jürgen Grambow mißbraucht. Dies hat zumindest die Arno Schmidt-Gemeinde belustigt und zum Abdruck einer Satire in Briefform geführt, in der auch einige stilistische Mängel der Texte herausgestellt werden. Vgl. O'Donnell, Paedar (Hg.): Aus dem Briefwechsel Rathjen/Krause (II), in: Schauerfeld, Mitteilung der Gesellschaft der Arno-Schmidt-Leser (AASL) 1992/4, S. 15-19).

52 Vgl. Neumann, Bernd: Utopie und Mimesis. Zum Verhältnis von Ästhetik, Gesellschaftsphilosophie und Politik in den Romanen Uwe Johnsons, Kronberg/Ts. 1978, bes. S. 111-222; vgl. dazu Bond, Identity (Anm. 1), S. 73f., 83f., 115; weiter Fries, »Jahrestage« (Anm. 22), S. 143ff.

53 Nicht so bei den Archivbänden: was sollen Nachlaßtexte Johnsons in dieser Aufmachung? Man sollte auch Johnson-Leser als Käufer nicht unterschätzen. – Anders und angemessener die beiden von Mecklenburg herausgegebenen und kommentierten Texte aus dem Umkreis der *Jahrestage,* vgl. dazu aber Bond, Identity (Anm. 1), S. 104, Anm. 30, sowie die von Fahlke zusammengestellten Bände von Gesprächen mit Johnson, »Ich überlege mir die Geschichte ...« (Anm. 32) und: Johnson, Uwe: Porträts und Erinnerungen, hg. von Eberhard Fahlke, Frankfurt am Main 1988. Tatsache ist aber, daß der Blick auf die Ausgaben der Werke Johnsons (und die im selben Verlag erschienene Literatur dazu) ein Wirrwarr von Editionen zeigt, mit denselben Fehlern in mehrfach anderen Umschlägen; mit Kommentarbänden, deren Texte sich zu oft wiederholen.

54 Bonds kurze Bemerkung, »there is a new anthology ›Über Uwe Johnson‹, edited

Überblicks im Spiegel der Sekundärliteratur wird beinahe erreicht. Den Band eröffnet ein Briefwechsel Johnsons mit dem Ziel der Veröffentlichung »seiner Schrift *Ingrid*«. Einen Tag nach seinem 22. Geburtstag läßt er die »Sehr geehrte(n) Damen und Herren des Aufbau-Verlages« wissen: »Mir liegt daran daß die Ihnen vorliegende Skripte ein Buch wird in der Demokratischen Republik.«[55] Warum es dann mit der Veröffentlichung von *Ingrid Babendererde* zu Lebzeiten nichts wurde, das durchzieht die abgedruckten Rezensionen zu dem posthum (1985) erschienenen Erstling, dessen Handlung ein (guter) Originalbeitrag von Michael Bengel vorsichtig in den Zusammenhang der DDR-Geschichte stellt.[56]

Aus den zahlreichen Äußerungen über die *Mutmassungen* sind durchweg Beiträge gewählt, die zum Besten des seinerzeit Veröffentlichten gehören, so die von Reich-Ranicki und Enzensberger.[57] Das ›mittlere‹ Werk Johnsons schneidet schlechter ab, aber das liegt im Falle des *Achim*-Romans am offiziellen Forschungsstand. Doch selbst unter diesem Gesichtspunkt hätte der Auszug aus der Arbeit von Gisela Ullrich nicht noch einmal erscheinen müssen. Insgesamt nur knapp dreißig Seiten zu *Zwei Ansichten, Skizze eines Verunglückten* und *Karsch, und andere Prosa*[58] sind zu wenig, auch wenn das aus der Neuveröffffentlichung des *Karsch*-Bändchens übernommene Mecklenburg-Nachwort in seiner Kürze sehr

by Raimund Fellinger, which contains little previously unpublished material« (Bond, S. 203, Anm. 16), ist zwar richtig, wird dem Band aber nicht gerecht.

55 Johnson, Uwe: Ein Briefwechsel mit dem Aufbau-Verlag, in: Fellinger (Anm. 48), S. 11-14, hier: S. 11. Vgl. dazu auch Grambow, Jürgen: Uwe Johnson bei Aufbau. Notizen zu einer Vorgeschichte, in: Weimarer Beiträge 36, 1990, S. 1523-1528.

56 Vgl. Bengel, Michael: Ein Bild des jungen Mannes als Künstler. Ermunterung zum Lesen des Romans von Uwe Johnson »Ingrid Babendererde. Reifeprüfung 1953«, in: Fellinger (Anm. 48), S. 31-43.

57 Der Aktualität halber sei zum Thema *Mutmassungen* auf eine Reihe von kürzeren Aufsätzen zu diesem Roman verwiesen, die 1992 erschienen sind (vgl. Der Gingko-Baum. Germanistisches Jahrbuch für Nordeuropa, Elfte Folge, Helsinki 1992, Lesarten I, S. 195-214).

58 Hier fehlt, wenn man das so sagen kann, die Analyse von Awino Kührt zu der Jona-Erzählung (s.u.). Sie fehlt zumindest als Korrektur der Arbeiten von Grawe und Rosenberg, die beide – in dem Johnson-Band von Gerlach/Richter erschienen – die politische Dimension des Textes überhaupt nicht wahrnehmen (vgl. Grawe, Christian: Literarisch aktualisierte Bibel. Johnsons Kurzgeschichte »Jonas zum Beispiel« und Rosenberg, Christel: Noch einmal: Uwe Johnson, »Jonas zum Beispiel«, in: Rainer Gerlach/ Matthias Richter (Hg.), Uwe Johnson, Frankfurt/Main 1984, S. 205-211 und S. 212-218).

informativ ist. Die Interpretation der *Skizze* durch Peter von Matt[59] bezeichnet den Anfang einer Rezeption, die diesen Text nicht nur autobiographisch liest, sondern ihn in einen breiteren literarischen Kontext einbettet.[60] Die *Reise nach Klagenfurt,* ein wichtiger Text für das Selbstverständnis Johnsons,[61] findet gar nicht statt. Und zu den *Berliner Sachen* – sie werden immer wieder eklektisch herangezogen, wenn man um ein Zitat zu Johnsons Poetologie verlegen ist und nicht noch einmal auf seine Interviews zurückgreifen will – vermißt man eine Studie geradezu schmerzlich, die das Ungewöhnliche dieser meist kurzen Texte gewürdigt und sie als theoretische und politische in ihrem Spannungsverhältnis zum Romanwerk begriffen hätte.

Im Abschnitt über die *Jahrestage* wird nur Altbekanntes versammelt. Im letzten Teil »Perspektiven des Gesamtwerks« enthält der Band jedoch entlegene Texte von Manfred Bierwisch (vormals [einzig] unveröffentlicht), Jürgen Grambow, Norbert Mecklenburg und Eberhard Fahlke, allesamt lesenswert, informativ – einfach gut. Einzig ein Beitrag stört. Er heißt »Für wenn ich tot bin«, hat seinen Titel von Johnson geborgt und stammt von Prof. Dr. Siegfried Unseld.[62]

5.

Die Geschichte hat die *Jahrestage* beinahe unvermittelt zu einem historischen Roman werden lassen. Ein Kapitel deutscher Geschichte, das der Roman als offenes voraussetzt, hat seinen Abschluß gefunden. Was für die Akteure im Roman räumlich und politisch auseinandergerissen war, ist es nicht mehr. Das stellt für den Leser heute geschichtliche Distanz zum Erzählten her. Nach dieser Veränderung der geschichtlichen Di-

---

59 Vgl. von Matt, Peter: Die Einsamkeit des moralischen Subjekts in der Moderne, in: Fellinger (Anm. 48), S. 161-173.

60 Bond beklagt die unzureichende Rezeption der *Skizze* nach Lektüre des von Matt-Textes, erwähnt auch Storz-Sahls Auffassung »that Skizze should not be reduced to autobiography« [Bond, Identity (Anm. 1), S. 182, Anm. 38] und widmet dem kurzen Text über zwanzig Seiten (vgl. ebd., S. 173-196).

61 Diesen Nachweis führte Peter Horst Neumann am 23. November 1984 auf dem Johnson-Symposion im Institute of Germanic Studies in London. Später nahm er seinen großen breitkrempigen braunen Hut und ging früher.

62 In New York, in London, in Leipzig und in Güstrow war dieser Text schon als Vortrag zu hören. Ich bin überzeugt, daß Siegfried Unseld mehr zum Verständnis von Leben und Werk Uwe Johnsons beitragen kann.

mension des Werks ist die nächste Aufgabe, die verwendeten erzählerischen Mittel neu zu bestimmen. Diesem Bemühen werden etliche Postulate der Johnsonforschung zum Opfer fallen, erfreulicherweise. Die Arbeit daran hat schon begonnen. In diesem Zusammenhang steht die umfangreiche Untersuchung Uwe Neumanns.[63] Ihre Ergebnisse sind beachtlich. U. Neumann untersucht Johnsons Realismusbegriff vor dem Hintergrund von Theorie und Praxis des Noveau Roman und zeigt, daß von Übereinstimmung keine Rede sein kann.[64]

Auch das lange nur oberflächlich bearbeitete Frühwerk findet jetzt mehr Aufmerksamkeit.[65] Ausgelöst hat das die posthume Veröffentlichung von *Ingrid Babendererde* (1985). Bei der wissenschaftlichen Resonanz hat auch die Frage eine Rolle gespielt, ob von den drei vorhandenen Fassungen die richtige zur Veröffentlichung ausgewählt wurde. Inzwischen hat Beate Wunsch eine Untersuchung vorgelegt, die in ihrem ersten Teil die Rezeptionsgeschichte von Johnsons posthum veröffentlichten Erstling nachzeichnet:[66] lauter Oberflächlichkeiten und Mißverständnisse. Ihre Arbeit ist der Versuch, sich deutlich von diesem Mißstand abzusetzen und dem Roman durch eine umfassende Analyse gerecht zu werden.[67] Zudem liefert sie in dem Kapitel »*Ingrid Babendererde* und das Gesamtwerk« einigen Aufschluß darüber, was aus dem von Uwe Johnson aufgegebenen Werk in die *Jahrestage* eingegangen ist.[68] Beachtung verdient schließlich auch die klare Aussage, daß Johnson zuerst und vor allem in den Zusammenhang der DDR-Literatur gehört.[69]

Ebenfalls Neues zum Frühwerk trägt eine Dissertation aus England bei. Colin Riordan[70] hat als erster die narrative Struktur der *Mutmassungen* kritisch aufgearbeitet und kommt zu dem Schluß, das Erzählkonzept sei konsequent inkonsequent. Er beweist diese These und weist zu Recht

---

63 Neumann, Uwe: Uwe Johnson und der Nouveau Roman, Frankfurt am Main 1992.

64 Vgl. dazu auch die ausführliche Rezension von Holger Helbig in diesem Band.

65 Die Liste der Referenten beim neubrandenburger Kolloquium weist allein zwei als Verfasser wissenschaftlicher Arbeiten zu *Ingrid Babendererde* aus.

66 Wunsch, Beate: Studien zu Uwe Johnsons früher Erzählung »Ingrid Babendererde. Reifeprüfung 1953«, Frankfurt am Main 1991 (Literaturhistorische Untersuchungen 18).

67 Unverständlich bleibt allerdings, warum Wunsch die Arbeit von Schmitz (s.o., Anm. 19) nicht rezipiert hat.

68 Vgl. dazu auch Mecklenburg, Norbert: Zeitroman oder Heimatroman, in: Wirkendes Wort 36, 1986, S. 172-189.

69 Vgl. dazu auch Mecklenburg, Norbert: Uwe Johnson als Autor einiger deutscher Literaturen, in: Literatur für Leser, 1991, Heft 1, S. 1-7.

70 Vgl. Riordan, Colin: »The Ethics of Narration«, London 1989.

darauf hin, daß Johnson diesen Roman ursprünglich traditionell chronologisch begonnen hatte. Riordan stellt die *Jahrestage* in den Mittelpunkt seiner Monographie, zeigt aber positive Ergebnisse hauptsächlich beim Frühwerk. Seine Studie ist dennoch ertragreicher, als einige Rezensenten glauben machen wollen.[71]

Riordan kann mit der Anwendung der Kategorie »Dezentralisation der Erzählinstanz« die auf Stanzels Begriffe festgelegte Rezeption ohne Schwierigkeiten beiseite fegen, und er tut es auch. Zum ersten Mal, so kommt es einem vor, werden hier Kategorien ins Spiel gebracht, die sich am Text orientieren, nicht umgekehrt den Text an den interpretatorischen Hilfsmitteln messen, wie Pokay es einmal beispielhaft mit den *Jahrestagen* fertiggebracht hat.[72] Die Interpretationen von *Babendererde* und *Mutmassungen* sind konsequent und ganz auf den Primärtext bezogen, die Ausführungen zum *Achim*-Roman sind weniger stringent und überzeugend, die *Jahrestage*-Bearbeitung schließlich wortreich und unstrukturiert; sie läßt sich nur mit punktuellem Gewinn lesen.

Nachdem Johnson in Bezug auf die *Mutmassungen* einmal von einer erzählerischen »Verteilung der Kompetenzen« gesprochen hat, läßt sich mit Riordan am *Dritten Buch* die Einführung eines oder mehrerer Gesprächspartner als Versuch einer Aufweichung der narrativen Autorität feststellen, denn auf der Oberfläche sind es die Fragen an Karsch, die den Roman strukturieren, wie auch die Schlußfrage gemeinhin als Ausgangspunkt gelesen wird. Es ist ganz wichtig – und witzig –, vor dem Hintergrund der *Jahrestage* mit ihren zwei poetologischen Dialogsituationen die fiktive, fiktionale und illusionistische Erzählsituation des *Dritten Buches* zu rekapitulieren: es gibt dort einen Frager, eine Frageinstanz, die zwar schon nach drei Seiten und drei Zeilen auftaucht, die aber irgendwie nachgeschoben wirkt, wie nachträglich einmontiert. Riordan bemerkt von dieser – früher nur zu vermutenden – erzähltechnischen Inhomogenität nichts und ist der Meinung, daß der Text sich aus dem anschließenden Fragespiel beider Stimmen entwickelt und daß Karsch selbst auf beiden Ebenen – also der Erzählzeit wie der erzählten Zeit – der Erzähler sein muß. Inzwischen ist belegt, *daß* und gezeigt, *wie* Johnson die Fragen montiert hat.

Das ist die Leistung der von Birgit Möller vorgelegten Magisterarbeit zum *Dritten Buch über Achim,* für die erstmalig ein früheres Manuskript des

---

71 Vgl. dazu auch die ausführliche Rezension von Holger Helbig in diesem Band.
72 Vgl. Pokay, Peter: Die Erzählsituation der »Jahrestage«, in: Bengel, Johnsons »Jahrestage« (Anm. 11), S. 298.

Romans benutzt wurde.[73] Offenkundig bedurfte es dieses Einblicks in den Schaffensprozeß des Autors, um einen ersten wissenschaftlichen Zugriff auf das erzähltheoretisch heikelste wie zeitgeschichtlich am meisten ›belastete‹ Buch Johnsons zu ermöglichen. Von allen Romanen Uwe Johnsons hat *Das Dritte Buch über Achim* durch die Aufhebung der staatlichen Trennung Deutschlands am eklatantesten an historischem Sinn verloren.[74] Zu sehr ist der Inhalt, scheint die Form einer politischen Konstellation geschuldet, die ihr Produkt im schlechten Sinne immunisierte. Das *Dritte Buch,* wie schon die *Mutmassungen* und mehr ausgeführt die *Jahrestage* bezeugen die formalen Anstrengungen Johnsons um neue, andere, zugleich realistisch verankerte wie avantgardistisch-verwirrende Erzählmöglichkeiten. Immer – und im *Dritten Buch* mehr als in allen anderen – spielt der Autor mit seinem Leser, den er hofiert wie düpiert.[75] Austragungsort dieses ambivalenten Verhältnisses ist die Struktur seiner Texte. Sie enthüllt sich im Vergleich, und das gilt im Binnenverhältnis seiner Romane wie mehr noch für die Beziehung des fertigen *Achim*-Romans zu seiner Vorfassung.

Der Vergleich dieser beiden Texte läßt eine Absicht Johnsons klar hervortreten: den Leser durch eine undurchsichtige formale Gestaltung zu verwirren. Das macht nicht nur den Großteil der bisherigen Untersuchungen hinfällig, die in gutem Glauben in die Texte hineininterpretierten, was der Autor in Interviews vorgegeben hatte. Es zerstört auch das Klischee vom Spaziergänger Johnson, der seine Geschichten umherträgt, bis sie fertig sind. Die Konfrontation der nun (zumindest teilweise) nachzuvollziehenden Genese des Romans mit der Poetik seines Autors läßt alle Interpretationen, die sich auf dieselbe berufen, fraglich erscheinen.[76]

73 Möller, Die Geschichte sucht sich ihre Form (Anm. 29).

74 Daß er damit zugleich auch eine neue politische Bedeutung erhalten hat, sei explizit angemerkt. – Der Roman zeitigt im übrigen nach wie vor unerwartete Reaktionen. Ein Beispiel ist: Huhn, Klaus: Das vierte Buch über Täve, Berlin 1992. Huhn wie Schur wehren sich hier gegen das von Johnson angeblich gezeichnete Bild des Rennfahrers als eines Opportunisten (vgl. Huhn, S. 14-18).

75 Es gelingt ihm auch heute noch, wie der Artikel von Kurt Fickert zeigt, der neben anderen Fehlern fertigbringt, den Aufstand vom 17. Juni ins Jahr 1956 zu verlegen (vgl. ders.: The Reunification Theme in Johnson's »Das Dritte Buch über Achim«, in: German Studies Review XVI, 1993, S. 225-234.)

76 Was das dadurch entstehende Bild der Arbeitstechnik Johnsons betrifft, so wird es durch einen von Norbert Mecklenburg in Heft 10/1992 der *du* präsentierten Text bestätigt (vgl. Zurück in die Heimat und weg aus ihr. Von Uwe Johnson, S. 68-71).

Die von Möller vorgelegte Untersuchung hebt die erzählerischen Probleme Johnsons in dieser Periode hervor. Sie können nunmehr als selbstgemacht gelten und bedeuten einen Widerspruch zwischen öffentlicher Selbstinszenierung und wirklicher Arbeitsweise. Erst jetzt lassen sich die ersten 34 Seiten des Buches kohärent interpretieren, erst jetzt enthüllt sich, um welchen Preis Johnson das Ende des Romans zirkulär als seinen Anfang inszenierte, erst jetzt entpuppen sich die Fragen, als das was sie sind: dem Text äußerliche Strukturierungsmittel. Möllers abschließende Deutung in Hinblick auf sein weiteres Schaffen überzeugt durch Mut und Folgerichtigkeit. Möller interpretiert die *Reise wegwohin* als Reaktion des Autors auf die Probleme der Formgestaltung des *Achim*-Romans als »schwer zu widerlegende(n) Beweis formaler Selbstkritik bei gleichzeitiger Verschärfung der politischen Position. Auffällig vor allen anderen Dingen: die Kürze und die unkomplizierte Erzählweise. Sie war nicht so sehr Johnsons Intention geschuldet, den ideologischen Aspekt des in der Bundesrepublik praktizierten Freiheitsbegriffs zu attackieren, sondern schon eher Teil einer Krise, die sich dann in den *Zwei Ansichten* manifestierte. Es dauerte Jahre, bis Uwe Johnson sich künstlerisch von den Schwächen erholt hatte, die das *Dritte Buch* prägen. Die *Reise wegwohin* und mehr noch die *Zwei Ansichten* markieren Stufen der Zurücknahme seiner überzogenen formalen Ansprüche. Er selbst aber hat sehr genau gewußt, daß sein temporäres erzählerisches Scheitern sowohl politisch-historisch wie persönlich bedingt war. Indem er nach New York ging, gab er seine ureigene Thematik nicht auf, vielmehr erarbeitete er sich einen neuen Zugang.«[77] Das belegen die *Jahrestage* jenseits jeden Zweifels.

Vor dem Hintergrund der ihm bekannten Ergebnisse Möllers arbeitet Holger Helbig die narratologische Struktur des *Achim*-Romans auf.[78] Diese Magister-Arbeit läßt zusammen mit der Studie Möllers den bisherigen Forschungsstand hinfällig erscheinen. Helbig gelingt es, ausgehend von einer erzähltheoretisch fundierten Analyse der Erzählweise, den widersprüchlichen, teils manierierten Text aufzuschlüsseln und die einzelnen Formelemente in ihrer Beziehung zueinander und als Teile einer ihnen innewohnenden Poetologie des Autors zu bestimmen. Dabei muß er nicht, wie sonst allgemein üblich, auf Selbstaussagen Johnsons zurück-

---

77 Möller (Anm. 29), S. 167.
78 Helbig, Holger: Beschreibung einer Beschreibung. Untersuchungen zur Erzählsituation in Uwe Johnsons »Das Dritte Buch über Achim«, Magisterarbeit masch. Erlangen 1993.

greifen. Vielmehr zeigt er, daß das *Dritte Buch* zugleich eine immanente Auseinandersetzung mit wesentlichen Positionen des Lukács'schen Realismusbegriffs darstellt.[79] Selten ist ein derartiger Erkenntnissprung zu verzeichnen. Was aber noch viel wichtiger ist: es kommt Bewegung in die Johnson-Rezeption, eine im positiven Sinne respektlose, wissenschaftlich fundierte Bewegung, die ohne viel Aufhebens sich an der Sache, am Text orientiert.

6.

Aus den von Carsten Gansel und Jürgen Grambow herausgegebenen Materialien eines Kolloquiums im Dezember 1990 in Neubrandenburg[80] sticht der Vortrag von Uwe Grüning hervor, der den Abstand ausmißt zwischen dem noch ganz jungen Uwe Johnson und der nicht mehr so jungen DDR-Literatur, die ihre poststalinistischen Gesichtsfalten über ihr Bild der Zeit gelegt hatte, die sie nicht zeigen durfte. Es ist ein selbstkritischer und einfühlsamer Text, und so endet er auch.[81] Ein Großteil der Beiträge dieses Bandes steht in der Wahl seiner Thematik wie in der Tendenz der Aussagen unter dem Eindruck (der negativen Aspekte) der nationalen Wiedervereinigung, versucht andererseits eine fiktive Bestimmung Johnsons in der neuen Konstellation.[82] In diese

79 Helbig arbeitet die Bedeutung von Lukács für die Entwicklung der Schreibweise Johnsons zusammenhängend an seinem Untersuchungsgegenstand heraus. Dieser Sachverhalt hatte bislang nur thesenhaft und allgemein in die Forschungsliteratur Eingang gefunden. – In einem zeitgleich entstandenen Aufsatz geht Bond auf die Bedeutung Lukács' für Johnson ein. Seine Überlegungen sind aufschlußreich, doch entgeht ihm die Bedeutung Lukács' für den *Achim*-Roman; vgl. Bond, Greg: Die Klassengesellschaft und die Dialektik der Gerechtigkeit. Uwe Johnsons DDR-Erfahrung und seine Lukács-Lektüre, in: Berbig/Wizisla (Anm. 1), S. 217-239.

80 Der Band wird eröffnet von einem Text Grambows, der ursprünglich als Nachwort zu seinem Aufbau-Band gedacht gewesen war und sich konzeptionell an Johnsons *Stichworten* zu Frisch orientiert; vgl. Grambow, Jürgen: Ein übergangenes Kapitel, in: Gansel/Grambow (Anm. 31), S. 13-19. Hinzuweisen ist auf die fünf Seiten mit dem Titel *Fünf Heimaten, genaugenommen,* in welchem neue Leseerfahrungen mit Johnson an der Literaturschule in Neubrandenburg dargestellt werden; vgl. Gansel/Grambow (Anm. 31), S. 61-65.

81 Grüning, Uwe: »Ingrid Babendererde« – ein von der DDR-Literatur nicht angenommenes Paradigma, in: Gansel/Grambow (Anm. 31), S. 45-51.

82 Am prononciertesten macht das Werner Gotzmann in seinem Aufsatz mit dem programmatischen Titel »... wie die Sache gefingert wurde, geschoben, verpatzt«. Ein Dialog mit Uwe Johnson zur deutschen Vereinheitlichung, in: Gansel/Grambow (Anm.

Richtung unternimmt Carsten Gansel erste Schritte der Einordnung, wenn er Johnsons Werk in den »Kontext der DDR-Literatur« und ihrer theoretischen Prämissen stellt: ein Vorhaben, das Fortsetzung in verschiedener Hinsicht verlangt.[83]

Jürgen Zetzsche gibt unter einem etwas irreführenden Titel Hinweise, wie »sich das literarische Mecklenburg Johnsons konstituiert und wie man sich genauer sein Arbeitsverfahren vorzustellen hat«.[84] Er hebt dabei besonders auf das Geschichtliche der Erzählweise Johnsons ab und arbeitet beinahe ausschließlich mit Zitaten aus den *Jahrestagen* und den *Begleitumständen*. Vielleicht hätten sich die Zuhörer von einem Mitarbeiter des Uwe Johnson Archivs einige weniger bekannte Informationen gewünscht?[85] Die erhalten sie, zumindest ansatzweise, in Wolfgang Strehlows Vortrag, wenn er aus einem bis dato unveröffentlichten ersten Blatt einer Vorfassung des *Achim*-Romans und aus dem Arbeitsbericht des Autors zitiert.[86] Es gelingt ihm aber nicht, dieses Material für den Zweck seines Vortrags fruchtbar zu machen: »Ich verstehe ihn als aktuelle Einführung in *Das Dritte Buch über Achim*.«[87] Es ist der mit Abstand

---

31), S. 53-59. Es ist eine witzige und auch scharfsinnige Abrechnung mit den letzten vierzig Jahren westdeutscher Ostpolitik. Zugleich merkt man ihr den Standpunkt eines westberliner Linken an, der die Schkopau-Banderole auf Fahrten zwischen zwei Orten sehen konnte, an denen die SED nicht viel zu sagen hatte. Ich glaube nicht, daß Johnson an einem Dialog dieser Art seine Freude gehabt hätte. Nirgends war letztlich die deutsche Teilung kommoder zu erleben als in Westberlin. Is nu nich mehr.

83 Gansel, Carsten: Das Puzzle-Prinzip. Erzählen als Prozeß der Wahrheitsfindung. Uwe Johnson im Kontext der DDR-Literatur, in: Gansel/Grambow (Anm. 31), S. 107-128. Die Rezeptionsgeschichte Johnsons im Reichsbahngebiet verdient eine umfassende Darstellung und wäre zugleich ein Stück Aufarbeitung von Vergangenheit, wie es doch so gern und laut gefordert wird. Den Beginn hat Jürgen Grambow gemacht (vgl. ders.: Eine Reise Wegwohin, in: Sprache im technischen Zeitalter, 1989, Heft 112, S. 306-314). – Dieser Aufsatz hätte in den Kolloquium-Band (und in das Buch von Berbig/Wizisla) gehört. Immerhin enthält er ja nicht nur, wie man vom Titel hätte schließen dürfen, tatsächlich gehaltene Vorträge. – Gansel selbst verfolgt in einem neueren Aufsatz den literaturhistorischen Aspekt des Themas »Johnson und die DDR-Literatur« weiter in die Vergangenheit zurück; vgl. ders.: Uwe Johnsons Frühwerk, der IV. Schriftstellerkongreß 1956 und die Tradition des deutschen Schulromans um 1900, in: Forum 2 (Anm. 1), S. 75-129.

84 Zetzsche (Anm. 31), S. 28.

85 Wenn stattdessen in diesem von Druckfehlern (das geht bis in die Titel der Beiträge, vgl. ebd., S. 79) nur so wimmelnden Band auch noch die Elde zur Elbe wird (vgl. ebd., S. 23), fragt man sich schon, wer Korrektur gelesen hat.

86 Es handelt sich um einen kleinen Teil des Materials, das Birgit Möller zur Grundlage ihrer wissenschaftlichen Arbeit gemacht hat (s.o., Anm. 29).

87 Strehlow, Wolfgang: Uwe Johnsons Prosa, gelesen in Zeiten des Umbruchs. Am

schwächste Text des Bandes, von einem halblinken, historisch unreflektierten Politik- und Weltverständnis durchzogen, dessen Herkunft zu untersuchen interessanter wäre, als die Fehler in der Argumentation nachzuweisen.[88]

Nicolai Riedel gibt eine dichte Übersicht der Wirkungsgeschichte Uwe Johnsons und geizt auch nicht mit interessanten Details.[89] Die Fragen, die er nebenbei aufwirft, können zum Teil beantwortet werden: zum Nachruf auf Feltrinelli im *Kürbiskern* gibt Eberhard Fahlke Auskunft;[90] zur Frage der Streichungen in der amerikanischen Übersetzung läßt sich sagen, daß Johnson auch die Bände drei und vier selbst (in Zusammenarbeit mit Helen Wolff) für die Publikation in den USA vorbereitet hat. Riedel bemerkt zu Recht, daß das Fehlen ganzer Tageseintragungen irritiert, während seine Auffassung, Johnson hätte vornehmlich dort gekürzt, »wo das Bild der USA besonders negativ gezeichnet wird«,[91] erst noch zu überprüfen wäre. Sehr problematisch erscheint die Behauptung, »Johnson war zeitlebens politisch indifferent.«[92] Sicher hat er sich außerliterarisch nicht so häufig zum Tagesgeschehen artikuliert wie etwa Grass oder Böll, doch von politischer Indifferenz oder Neutralität zu reden, ist verfehlt. Johnsons Interviews, Aufsätze und vor allem sein Romanwerk sprechen eine eindeutige, politische Sprache.

Michael Bengel wendet sich vehement gegen die Versuchung, die *Jahrestage* autobiographisch zu lesen, ohne diejenigen Momente im Roman zu verschweigen, die einer solchen Lesart Vorschub leisten.[93] Nach einer kurzen Skizzierung der Formgestalt des Romans stellt Bengel die Protagonisten jener verkürzten Sichtweise vor, Tilman Jens und Fritz Raddatz. Während im Falle von Jens die Motive schnell ausgemacht sind – es handelt sich um den Versuch, Johnsons Tod für den eigenen Vorteil

Beispiel des Romans »Das Dritte Buch über Achim«, in: Gansel/Grambow (Anm. 31), S. 97-106, hier S. 97f.

88 Typisch dafür ist auch der Hinweis auf den *Karsch*-Text, der das neubrandenburger Publikum beruhigen soll, es habe im Westen schließlich auch Zensur stattgefunden und der abschließende Vergleich zwischen dem Wesen der [!] Juristen und der [!] Literatur (vgl. ebd., S. 105f.).

89 Vgl. Riedel, Nicolai: »Mit dem Berliner Fontane-Preis fing alles an«. Notate zur Wirkungsgeschichte Uwe Johnsons, in: Gansel/Grambow (Anm. 31), S. 67-78.

90 Vgl. ebd., S. 75 und Johnson, Porträts (Anm. 53), S. 149f.

91 Riedel, Fontane-Preis (Anm. 89), S. 77.

92 Ebd., S. 75.

93 Bengel, Michael: »Kunst ist ein ganz besonderer Saft«. Über die Versuchung, die »Jahrestage« als ein Tagebuch zu lesen, in: Gansel/Grambow (Anm. 31), S. 35-44.

auszunutzen –, verhält es sich bei Raddatz etwas anders. Raddatz und Johnson waren befreundet gewesen, und Johnson hatte ihm unter dem Siegel der Verschwiegenheit anvertraut, wie es (aus seiner Sicht) um die Beziehung zwischen ihm und seiner Frau bestellt war. Das hatte Johnson auch anderen, aber eben immer als Geheimnis anvertraut.[94] Raddatz machte es öffentlich, als er sein vermeintliches Insider-Wissen als Interpretationsmittel bei Gelegenheit einer Rezension der Frisch gewidmeten *Skizze eines Verunglückten* benutzte. Das ging daneben.[95]

Den wissenschaftlich bedeutendsten Beitrag des Bandes bildet die 17seitige Analyse Awino Kührts von Johnsons Jona-Erzählung.[96] Kürth nimmt als Ausgangspunkt, daß der Text bereits 1957 entstand und werkgeschichtlich ein Verbindungsglied zwischen *Ingrid*-Roman und *Mutmassungen* darstellt. Sie argumentiert plausibel, daß die erstmalige Veröffentlichung 1962, dann im *Karsch*-Band 1964, »zur Folge hatte, daß eine wesentliche Dimension des Textes unberücksichtigt blieb«.[97] Sie liest die Kurzgeschichte als parabelhafte Auseinandersetzung Johnsons mit Stellung und Möglichkeiten der Intellektuellen in der DDR nach dem Ende der Tauwetterphase (1956). Von diesem Ansatz aus entschlüsselt sie den Text widerspruchsfrei und überzeugend, wenn auch stilistisch nicht immer ganz glücklich. Man kann ihrer These folgen, Johnson hätte die Erzählung auch zur Selbstverständigung geschrieben und daraus (und zwar schon für die *Mutmassungen,*[98] aber mehr noch für seine späteren Werke) die Konsequenz gezogen, einen (im Vergleich zu *Ingrid Babendererde*) anderen »Personenkreis« ins Zentrum seiner Romane zu stellen, also die Intellektuellenproblematik nur noch am Rande zu behandeln.[99] – Bezieht man den Gedanken auf die Vita Johnsons, drängt sich die Überlegung auf, daß ihm bereits Ende 1957 klar gewesen sein muß, daß er nicht würde in der DDR bleiben können.

---

94 Helen Wolff berichtete in einem Gespräch, Max Frisch habe umgekehrt Johnson nie verziehen, ihn in ein Vertrauen gezogen zu haben, das in dem vorgestellten Sinne keines war, da er sein ›Geheimnis‹ einer Reihe von Personen preisgegeben habe.

95 Raddatz, Fritz J.: Das verratene Herz. Uwe Johnson: Skizze eines Verunglückten, in: Die Zeit, Nr. 46 vom 12. November 1982, Literatur, S. 1.

96 Kührt, Awino: Uwe Johnsons Kurzgeschichte »Jonas zum Beispiel« als Modell künstlerischer Selbstverständigung über die Gegenwart, in: Gansel/Grambow (Anm. 31), S. 79-95.

97 Ebd., S. 79.

98 Unbestritten nimmt die spezifisch DDR-historische Intellektuellenproblematik in den *Mutmassungen* einen wichtigen Platz ein. Das Schicksal von Dr. Jonas Blach erscheint vor dem Hintergrund der Jona-Geschichte weniger zufällig.

99 Vgl. Kührt (Anm. 96), S. 94.

Das erste Halbjahr 1993[100] brachte gleich drei gewichtige Neuer-
scheinungen, davon zwei Sammelbände und eine Monographie über die
Jahrestage. Die Beiträge zu dem Kontext-Band mit dem thematischen
Mittelpunkt ›Johnson und die DDR‹ stammen im Wesentlichen aus der
Zeit um und nach 1989.[101] Das Vorwort der Herausgeber stellt die Texte
im Überblick vor, gibt Auskunft auch über einige Leerstellen.[102] Johnsons
Versuch, eine Mentalität zu erklären, eröffnet den Band und gibt ihm eine
Dichte vor, die in den ersten beiden Abschnitten mit Gesprächen,
Briefwechselexzerpten und Erinnerungen aufrechterhalten werden kann.
Das in Frage und Antwort faszinierende Grass-Interview soll man nicht
beschreiben, das muß man lesen. Lesen muß man auch die Exzerpte aus
dem Briefwechsel von Johnson mit Lotte Köhler und Johannes Bobrowski,

---

100 Im Oktober 1992 war das Heft 10 der Zeitschrift *du* erschienen (vgl. dazu auch
die Rezension von Thomas Schmidt in diesem Band). Es enthält neben Erinnerungen
von Helen Wolff, Jürgen Becker und Günter Kunert noch zwei wichtige Beiträge: Eine
Erstveröffentlichung Johnsons, herausgegeben von Norbert Mecklenburg unter dem
Titel *Zurück in die Heimat und weg aus ihr* (S. 68-71), und einen Aufsatz zum Verhältnis
Johnson/Arendt. Hier berichtet Bernd Neumann, daß Johnsons Auftritt vor dem
American Jewish Congress nicht am Abend des 16.1.1967 stattgefunden hat, weil er zu
dieser Zeit im Goethe House an der Fifth Avenue einem Vortrag Hannah Arendts
beiwohnte; Thema: Walter Benjamin. Auch wenn man Neumann in seiner melodrama-
tischen Interpretation nicht folgt, so bleibt dies doch eine wichtige Entdeckung in
thematischer und formaler Hinsicht (vgl. Neumann, Bernd: Korrespondenzen. Uwe
Johnson und Hannah Arendt, in: du. Die Zeitschrift der Kultur, 1992, Heft 10, S. 62-66).
Bleibt zunächst die Frage offen, wann denn Johnsons Auftritt auf dem Podium des
American Jewish Congress stattgefunden hat.
101 »Als wir vor drei Jahren begannen, Uwe Johnsons Verbindung zu Ost-
deutschland, zur DDR nachzuzeichnen und Spuren zu suchen, die sie hinterließen,
waren diese Wurzeln des Autors fast in Vergessenheit geraten«, in: Berbig/Wizisla (Anm.
1), Vorwort, S. 11.
102 Nicht über alle: lange hat es gedauert, bis dieser Band in Druck gehen konnte,
und die Entstehungsgeschichte ist nicht frei von Ungereimtheiten. Bedauerlich bleibt die
erneute Attacke Neumanns gegen Grambow und (hier besteht ein Zusammenhang) das
Fehlen eines Beitrags des Angegriffenen. Bond kommentiert den Streit: »[...] a most
prominent feature of new Johnson reception is its interest in Max Schroeder's unfortunate
evaluation of ›Ingrid Babendererde‹ for the Aufbau-Verlag in 1956. This contained the
line ›Autor braucht eine Gehirnwäsche‹, which became the title of the Spiegel's article on
Johnson in January 1992 and of Joachim Kaiser's article for ›Süddeutsche Zeitung‹ in July
1992. A rather unsavoury and misplaced argument between Bernd Neumann and Jürgen
Grambow concentrates on the interpretation of this line«, in: Bond, Identity (Anm. 1),
S. 213, Anm. 38. – Es geht dabei eigentlich um die Auslassung dieser Zeile bei Grambow,
die Neumann als willkommener Anlaß diente, Grambow die Verniedlichung der
Situation Johnsons vor seinem Weggang aus der DDR vorzuwerfen.

die Briefe von Hans-Jürgen Schmidt und Helen Wolff, die beiden
Beiträge von Manfred Bierwisch und den von Günter Kunert.[103]

Der dritte Teil des ansprechend gestalteten Buches ist der wissenschaftliche und für ihn gilt, wenn auch mit Abstrichen, die Warnung aus
dem Vorwort, daß »die wissenschaftliche Aneignung (auch die der
populäreren Art) immer die Gefahr in sich birgt, in eine Einverleibung
auszuufern«.[104] Das trifft auf keinen Text mehr zu als auf die so genannten
»Beobachtungen zu der DDR in Uwe Johnsons *Jahrestage*«.[105]

Während die erste Hälfte des Buches im Wesentlichen aus Zeugnissen
über die Person Johnsons besteht, zielt die zweite auf die entscheidenden
literarischen und literaturtheoretischen Erfahrungen, die der junge Johnson
auf dem Weg zu seiner künstlerischen Selbstverwirklichung noch in der
DDR gemacht hat.[106] Nicht von ungefähr gelten zwei der Texte dem
Verhältnis Johnsons zu Brecht, genauer: seiner Arbeit an den nachgelas-
senen *Me-ti*-Fragmenten. Der eine, das bislang unveröffentlichte Manuskript einer Rundfunksendung vom 26. Dezember 1965,[107] besteht im

103 In diesem Zusammenhang lesenswert ist der Vortrag, den Michael Hamburger
1984 in Richmond gehalten hat (vgl. ders.: Uwe Johnson − eine Freundschaft, in:
Sprache im technischen Zeitalter, 1985, Heft 93, S. 2-12).

104 Berbig/Wizisla (Anm. 1), Vorwort, S. 12.

105 Vgl. Berbig, Roland: Eine Bürgerin der »D.D.R.« namens Gesine Cresspahl
erzählt. Beobachtungen zu der DDR in Uwe Johnsons *Jahrestage*, in: Berbig/Wizisla (Anm.
1), S. 319-351. Die ersten beiden Seiten sind sowohl dem Gegenstand als auch der
Stellung des Artikels in seinem Umfeld unangemessen und gipfeln wohl nicht zufällig in
einem langen Zitat aus dem einzigen Abschnitt der »Jahrestage«, auf dessen Streichung in
der amerikanischen Übersetzung Helen Wolff bestanden hatte. − Was den Rest anlangt,
sei statt des Verweises auf die unerträgliche Leichtfertigkeit des Verfassers in Sachen
»Erzähllage« aus dem Text selbst zitiert, zwecks Auto-Dekonstruktion: »Wer Uwe
Johnson und Gesine Cresspahl für sich und seine Sicht auf deutsche Nachkriegs-
geschichte samt ihrer Folgen beanspruchen will, sollte nicht auf deren unbedingte
Gefolgschaft rechnen.« (ebd., S. 351).

106 Neben dem bereits erwähnten Beitrag zur »DDR in den *Jahrestagen*« paßt natürlich auch der Artikel über den Johnson-Kesten-Streit im Jahre 1961 nicht in dieses
Schema. Die Arbeit ist als solche durchaus erwähnenswert, da sie − sehr gut recherchiert
− die ganze Kontroverse kulturhistorisch aufarbeitet und darin eine frühe und entscheidende Erfahrung Johnsons mit der westdeutschen Öffentlichkeit nachvollziehbar macht;
vgl. Hinz, Margund/Berbig, Roland: »Ich sehe nicht ein, daß die Mauer in Berlin ein
literarisches Datum gesetzt haben sollte ...«. Uwe Johnson im politischen Diskurs, in:
Berbig/Wizisla (Anm. 1), S. 240-269.

107 Vgl. Johnson, Uwe: Kommentar zu Bertolt Brechts »Me-ti«. Buch der Wendungen. Redemanuskript für eine Hörfunksendung. Ausstrahlung im dritten Programm
von Sender Freies Berlin/Norddeutscher Rundfunk, am 26. Dezember 1965, in:
Berbig/Wizisla (Anm. 1), S. 270-300.

wesentlichen aus langen Brecht-Passagen und ist nach einer textkritischen Einführung zurückhaltend, aber aufschlußreich kommentiert. Die Auswahl konzentriert sich zunächst auf politische Texte, in denen Brecht in der Haltung des Me-ti die Verbrechen der Nationalsozialisten kritisiert und sich mit den Schwierigkeiten beim Aufbau des Sozialismus in der Sowjetunion auseinandersetzt. Johnson macht deutlich, daß es Brecht trotz seiner Kritik an der Sowjetunion im Anschluß an die hegelsche Dialektik und die Lehren von Marx und Engels um »die Richtlinien [geht], nach denen man für den Umsturz arbeiten und die ›große Ordnung‹ aufbauen soll«.[108] Johnson weist darauf hin, daß »das Buch *Me-ti* [...] auch Verhaltensweisen alltäglicher Natur, gewöhnliche Vorfälle [beschreibt], aus denen unverhofft eine Lehre entspringt, nicht jedoch als Moral, sondern als unterhaltsame Pointe«.[109] Wenn auch das Buch unvollständig sei, werde die Figur des Lehrers Me-ti deutlich.

Der von Erdmut Wizisla erarbeitete Bericht über die Entstehung der Suhrkamp-Ausgabe des *Buchs der Wendungen* mit Uwe Johnson als Herausgeber ist wohl der aufschlußreichste und spannendste Beitrag des Bandes.[110] Er zeichnet zum einen die massiven Widerstände nach, denen sich Johnson Mitte der sechziger Jahre durch die DDR-Kulturhierarchie bei seiner Arbeit ausgesetzt sah. Zugleich beschäftigt er sich auch kritisch mit der philologischen Aufgabe, der Johnson sich gegenübersah, da »Brechts Fragment [...] ohne eine nachweislich auf den Autor zurückgehende Gliederung überliefert« ist.[111] Wizisla weiß zu berichten, wie es überhaupt dazu kam, daß Johnson mit dieser gerade politisch heiklen Aufgabe betraut wurde und zeichnet die Veränderungen auf, die Johnson an seiner ursprünglichen Editions-Vorstellung vornahm. Er kommt zu dem Ergebnis, Johnson habe die ihm gestellte Aufgabe meisterhaft bewältigt und erklärt dessen Engagement mit der enormen Wichtigkeit, die Brecht für ihn wie andere ostdeutsche Intellektuelle hatte.

Die Arbeit Neumanns[112] gibt ein breites Bild der Einflüsse und Anregungen, die Johnson erwarteten, als er im Herbst 1954 von Rostock nach Leipzig wechselte. Er füllt die von Johnson selbst gewählte Bezeichnung

108 Ebd., S. 290.
109 Ebd., S. 293.
110 Wizisla, Erdmut: »Aus jenem Fach bin ich weggelaufen«. Uwe Johnson im Bertolt-Brecht-Archiv – die Edition von »Me-ti. Buch der Wendungen«, in: Berbig/Wizisla (Anm. 1), S. 301-319.
111 Ebd., S. 308.
112 Vgl. Neumann, Bernd: Leipzig, oder: die Schule der Modernität. Uwe Johnson und William Faulkner, in: Berbig/Wizisla (Anm. 1), S. 177-216.

Leipzigs als »wahre Hauptstadt der Deutschen Demokratischen Republik«[113] mit einer Beschreibung der Personen und Diskussionsthemen
aus, deren Einfluß er speziell für die Niederschrift der *Mutmassungen*
ausmacht. Neben Hans Mayer, der Johnson den Zugang zu den Werken
der ›bürgerlichen Dekadenz‹ ermöglichte, stellt er den Freundeskreis um
Bierwisch, Baumgärtner, Menzhausen und Klemm heraus.[114] In dieser
Runde wurden Schriften von Adorno und Benjamin, aber auch die
Interpretation Faulkners durch Sartre intensiv diskutiert. Neumann hält
dafür, daß Johnsons spezifische Handhabung des Erzählers in den *Mutmassungen* nicht ohne diese Diskussion denkbar gewesen sei. Er weist aber
zugleich darauf hin, daß Johnson im Unterschied zu Faulkner einen
anderen, trotz der konkreten politischen Umstände eher positiven Zu-
kunftsbegriff verwendet habe. Im vierten und letzten Abschnitt seines
Beitrags greift Neumann eine Kontroverse im oben erwähnten Diskus-
sionszirkel auf. Anhand von Briefexzerpten und eines längeren Textes aus
einer Festschrift für Max Bense versucht er darzustellen, daß Johnson
seine Sicht des Individuums und dessen Rolle im Geschichtsprozeß
gegen eine mehr deterministische Sicht des Menschen in seiner Gesellschaft zumal in die *Mutmassungen* eingeschrieben habe.[115]

Während der Name Lukács im Text Neumanns nur am Rande
vorkommt, so in dem Aufsatz von Greg Bond bereits im Titel.[116]
Trotzdem geht es Bond scheinbar weniger um Lukács als um Johnsons

Respekt vor dem Menschen, vor dem Individuum, [...] der viel mehr mit den
prägenden Erfahrungen des Autors in der DDR der fünfziger Jahre als mit einem
theoretischen Bekenntnis zum modernen Roman zu tun haben könnte.[117]

Die bislang gängige These, Johnson habe Lukács als Theoretiker des
sozialistischen Realismus schlicht abgelehnt und speziell in seinem Frühwerk sich von dessen Postulaten abgesetzt, verwirft Bond als zu einfach.[118] In seinem zweiten Abschnitt weist er an Hand einer Passage aus
den *Jahrestagen* nach, daß Johnson den ungarischen Theoretiker zwar auf
der Oberfläche des Textes hart kritisiert, aber untergründig »mehrere
Briefstellen [Fontanes] zu *Schach von Wuthenow* eingeflochten [hat], die

---

113 Ebd., S. 178.
114 Vgl. ebd., S. 183.
115 Vgl. ebd., S. 205ff.
116 Vgl. Bond, Klassengesellschaft (Anm. 79).
117 Ebd., S. 218.
118 Vgl. ebd., S. 221.

wiederum einen Bezug zu Lukács' Fontane-Aufsatz herstellen«.[119] Nicht
im Gegensatz, sondern sehr wohl mit positivem Bezug zu Johnsons
Aufsatz *Berliner Stadtbahn* folgert Bond: »Aber was Johnson und Lukács
gemeinsam haben, ist wohl eine Grundauffassung der Vorzüge des
kritischen, realistischen Erzählens.«[120]

Der von Gansel, Riedel und Neumann herausgegebene zweite Band
des *Internationalen Uwe-Johnson-Forums* enthält gleich zwei Beiträge zu
Johnsons *Skizze eines Verunglückten*. Im ersten versucht Bernd Neumann
nach einem umfangreichen literaturgeschichtlichen Rekurs auf das Genre
der Biographie, seine Vorstellung einer »biographischen Hermeneutik«
zu entwickeln.[121] Die Applikation auf Johnsons Text reduziert diesen
letztlich auf seine angebliche autobiographische Dimension,[122] und es ist
mit einiger Sicherheit zu erwarten, daß Neumanns Thesen zur Bedeutung des biographischen Materials für die Werkinterpretation auf Widerspruch stoßen werden.

Einen eher textimmanenten Ansatzpunkt wählt Peter Ensberg.[123]
Nachdem er sich programmatisch gegen Interpretationen abgegrenzt hat,
die von dem vermeintlichen autobiographischen Substrat der *Skizze*
ausgehen, setzt er bei der komplexen Erzählsituation in der Einleitung des
Textes an. Deren Ambivalenz liest er – etwas kurzschlüssig – als Ausdruck
der mißglückten Identitätsfindung des Joe Hinterhand. Dessen Geschichte vom Findelkind über den gesellschaftlichen Außenseiter zum
betrogenen Ehemann analysiert er unter Einbeziehung von Erkenntnis-
sen der Identitätsforschung. Catt/Hinterhands extreme Fixierung auf
seine Frau ergibt sich vor diesem theoretischen Hintergrund quasi
unausweichlich, genauso wie dann die Folgen des Verlustes seiner Frau.
Konsequent wendet sich die Analyse dann dem Androgynen-Mythos in
Platos *Gastmahl* zu, der in Johnsons Erzählung eine wesentliche Rolle
spielt. Der auf diesem Mythos aufruhende Lebensentwurf Hinterhands
wird in seiner Literarizität und Widersprüchlichkeit dargestellt, an dem
Vertrauen Hinterhands in seine Verwirklichung auch das gewalthafte

119 Ebd., S. 225.
120 Ebd., S. 227. Der letzte Abschnitt des Aufsatzes beschäftigt sich im Wesentlichen mit der Erzählform der *Mutmassungen* und kann hier nicht weiter erörtert werden.
121 Neumann, Bernd: Über Uwe Johnsons »Skizze eines Verunglückten« und
einige Beispiele einer biographischen Hermeneutik, in: Forum 2 (Anm. 1), S. 13-39.
122 Vgl. dagegen Bond, Identity (Anm. 1), S. 173ff.
123 Vgl. Ensberg, Peter: Identitätsfindung und ihre Ambivalenz in Uwe Johnsons
»Skizze eines Verunglückten«, in: Forum 2 (Anm. 1), S. 41-73.

Moment aufgedeckt. In seinem Resümee ordnet Ensberg die *Skizze* literaturhistorisch ein:

Das Zurückgeworfensein des Subjekts auf sich selbst, der gescheiterte Versuch individueller Sinnstiftung, das Fehlen einer verbindlichen Weltauffassung stellen die *Skizze* in die lange Reihe literarischer Werke der Moderne, die zu verstehen sind als »Reaktionen auf die neuzeitliche Erschütterung jener alten Integrationsgewißheit, welche das christlich-mittelalterliche Weltbild und seine späten Erscheinungsformen in Deutschland bis zum Ende des 17. Jahrhunderts sicherstellten«.[124]

Dieses Ergebnis überrascht vor dem Hintergrund der voraufgegangenen Analyse durch seine Allgemeinheit. Der abschließende Verweis auf die narratologische Ambivalenz des Textes und dessen daraus resultierende Offenheit kann aber nicht überzeugen. Die narratologische Analyse geht nicht tief genug. Der Wechsel der Erzählsituationen mit ihrer starken auktorialen Komponente kann letztlich nicht einfach mit der Funktion erklärt werden, die Darstellung der gescheiterten Identitätsfindung formal abzusichern. Dazu ist die Erzählweise der in den *Jahrestagen* zu ähnlich, wie Ensberg selbst bemerkt.[125] Positiv bleibt der Versuch, den Text von innen zu begreifen. Dazu hätte aber auch gehört, das Ensemble der verwendeten Zitate, ihre Beziehung zueinander und die formale Einbindung in die Erzählung gründlicher zu hinterfragen. Und schließlich vermisse ich die ästhetische Anerkennung dessen, was den Text letztlich so dicht macht und wohl fast jeden Leser anrührt: jenes Moment des Umschlagens am Ende der einzelnen, distanzierten Erinnerungen Joe Hinterhands, wenn das Bewußtsein des Betrogenwordenseins aufscheint und sich in einer schmerzhaften Wendung in ein objektivierendes Resümee retten will.

Der Beitrag Gansels[126] ist recht heterogen, wie der Titel schon ankündigt, aber speziell auf den ersten 18 Seiten interessant. In gewisser Weise setzt Gansel seine Arbeit fort, Johnsons Schaffen im DDR-Kontext zu bestimmen,[127] aber sowohl mit einer neuen Akzentsetzung als auch an einem anderen Gegenstand, dem *Ingrid*-Roman. Die ebenfalls umfangreiche vergleichende Studie Strehlows[128] zu den Eigenheiten der

---

124 Ebd., S. 67.
125 Vgl. ebd., S. 47.
126 Vgl. Gansel, Frühwerk (Anm. 83).
127 Vgl. Gansel, Puzzle-Prinzip (Anm. 83).
128 Vgl. Strehlow, Wolfgang: Erfahrungen mit der dialektischen Schreibweise bei William Faulkner und Uwe Johnson, in: Forum 2 (Anm. 1), S. 131-171.

Schreibweise Johnsons und Faulkners ist aufschlußreich, indem sie mit einigen überkommenen Vorstellungen aufräumt. Sie stellt neue Bezüge her, wenn sie dem Einfluß Faulkners auf Johnson nicht mehr allein am Frühwerk nachspürt und auch die immer noch virulente These in Frage stellt, Johnson habe in den *Jahrestagen* Faulkners ideologische Sicht der Vergangenheit übernommen. Weder läßt Strehlow die Festlegung Faulkners auf ein resignativ-mythologisierendes Geschichtsbild gelten, noch liest er Gesines unbestreitbares Interesse an der Aufarbeitung der eigenen Vergangenheit als Indiz für eine den Roman prägende, rückwärtsgewandte und pessimistische Geschichtskonzeption. Bedeutsam für seine Analyse ist die Tatsache, daß er nicht nur inhaltlich argumentiert, sondern wesentliche Elemente der Formstruktur heranzieht.[129]

Neuen Aufschluß über Form und Inhalt der *Jahrestage* verspricht die Monographie von D.G. Bond. Ihre historisch-politische Ausrichtung wird schon im Titel manifest. Während Sprache und Stil die angelsächsische Herkunft erkennen lassen, verrät die politische Lesart eine intime Kenntnis der deutschen literarischen und intellektuellen Szene zumindest der letzten fünf Jahre. Bond gelingt es, Fragen der Formstruktur von Johnsons Roman mit einer spezifisch historischen Betrachtungsweise zu verknüpfen. Daß dabei der politisch-historische Aspekt der dominante bleibt, deutet sich früh an. Bond macht auch keinen Hehl daraus. Wenn sein Verfahren zugleich eine gewisse Theoriefeindlichkeit impliziert, so richtet sich diese nicht etwa speziell gegen einzelne theoretisch überfrachtete Momente der bisherigen Diskussion, sondern sie ist gewissermaßen ubiquitär. Das beginnt mit seiner Diskussion der Frage, was der moderne Roman als Geschichtsdarstellung leisten kann. Hier gibt er sich damit zufrieden, im Rekurs auf Böll und Grass zu postulieren, daß der Roman mehr als nur eine »Lückenbüßerfunktion« habe.[130] Auch die an den romantheoretischen Kategorien Adornos und Benjamins orientierte frühe Kritik der *Jahrestage* als eines formal rückständigen Werks erledigt er souverän, indem er bislang unterrepräsentierte Momente der Roman-

---

129 Da mir das *Forum 2* erst bei der Endredaktion meines Beitrags zugänglich wurde, mußte die Besprechung der oben genannten Beiträge unangemessen kurz ausfallen, und konnten die restlichen darin enthaltenen Aufsätze gar nicht berücksichtigt werden. Letzteres mag zu verschmerzen sein, da der Beitrag Mecklenburgs bereits andernorts publiziert war, und die Arbeit zu dem Fünfeichen-Kapitel der *Jahrestage* über die Illustration der bekannten Arbeitsweise Johnsons mit historischen Quellen kaum hinauskommt. Eine Übersicht der Rezeption Johnsons im niederländischen Sprachraum von Nicolai Riedel beschließt den Band.

130 Vgl. Bond, Identity (Anm. 1), S. 17ff.

struktur hervorhebt, ohne sich grundsätzlich auf die inzwischen tatsächlich etwas aus der Mode gekommene Diskussion einzulassen. Gleichermaßen verfährt er mit den narratologischen Problemstellungen, die Johnsons Werk aufwirft.[131]

Es ist genau dieser unzureichend bearbeitete Aspekt, der seine Analyse beeinträchtigt. Das wird in der Form seiner Auseinandersetzung deutlich, wenn er die Frage nach dem Erzähler schlicht als erledigt erklärt[132] und statt dessen die kalendarische Form des Romans mit ihrer Episodenstruktur zum Ausgangspunkt seiner Formanalyse nimmt. Zudem zeigt sich bereits an seiner überblicksartigen Darstellung der den *Jahrestagen* vorausgehenden Werke ein Hang, Johnsons schriftstellerische Entwicklung auf politisch-ethische Fragen zu reduzieren. Vom *Ingrid*-Roman über die *Mutmassungen,* das *Dritte Buch,* die *Reise Wegwohin* zu den *Zwei Ansichten* interessiert ihn fast ausschließlich die Frage, wie Johnson deutsche Geschichte, speziell die des Faschismus verarbeitet hat. Wenn er bei den Romanen vor den *Jahrestagen* die Erzählproblematik thematisiert, dann fast nur unter historisch-inhaltlichen Gesichtspunkten. Das wird besonders in seinem Resümee des *Achim*-Romans deutlich.[133] Hier entgehen ihm Johnsons erzähltechnische Formprobleme gänzlich.

Was Bond interessiert, ist der Nachweis einer für die heutige Zeit aktuellen politischen Grundaussage der *Jahrestage.* Die Spezifität dieser Aussage steht für ihn fest, lange bevor er seine Argumentation voll entwickelt hat, und sie hindert ihn mehr als einmal, bisherige Forschungsergebnisse produktiv einzubinden. Bonds Grundüberzeugung, die *Jahrestage* enthielten ein positives, zumindest nicht pessimistisches oder resignatives Geschichtsbild, durchzieht seine ganze Arbeit und bestimmt sowohl deren Aufbau wie auch seinen Umgang mit der Forschungsliteratur. Mit besonderer Deutlichkeit tritt dies am Ende des

---

131 Vgl. ebd, S. 87-94.

132 Vgl. ebd., S. 87ff.; es lohnt kaum, auf Bonds Argumentationsweise im Detail einzugehen, aber zwei Aspekte sollen benannt sein: zum einen referiert er Erkenntnisse anderer, ohne sie im Einzelnen zu zitieren (vgl. besonders S. 90-93); zum anderen diskreditiert er sie, indem er ihre Relevanz für die politische Aussage schlicht ausblendet. Richtig zu beurteilen ist sein Vorgehen, wenn man sich seine Anmerkung 62, S. 122 anschaut. Was er hier mit ungewöhnlicher Pedanterie als eigenständige Leistung (mit Jahresangabe: 1989) ausweist, mag eine solche gewesen sein. Nachweislich unwahr ist seine implizit vorwurfsvolle Behauptung, ich hätte »drawn on« [his] »use of Benjamins' review« (ebd.). Meine 1987 in Harvard eingereichte Dissertation enthält bereits die in Rede stehenden Passagen. This ain't cricket, Mr. Bond.

133 Vgl. ebd., S. 30ff.

2. Abschnitts seines Buches zu Tage. Nachdem er zuvor in einer bemerkenswert intensiven und produktiven Weise die Herausbildung des Prag-Themas in seiner Bedeutung für Gesine und damit auch für die Gesamtaussage des Romans herausgearbeitet hat, stellt er die These auf, das darin zumindest für Gesine enthaltene Hoffnungs-Moment gehöre zur Kernaussage der *Jahrestage*.[134] Aus dieser Perspektive müssen ihm alle anderen Lesarten obsolet erscheinen. Bond scheut nicht davor zurück, eine gerade Linie von Neumann über Mecklenburg zu Fries zu ziehen,[135] so daß seine Sicht als Korrektur einer generell verfehlten politischen Rezeption Originalität beanspruchen kann. Die Argumentation ist denkbar simpel: Bond kritisiert, man hätte den Prager Frühling nicht als »metaphor of hope« (S. 85) erkannt, »but only as one of destruction« (ebd.) und damit »only the latter half of the formula« (ebd.), also die Hälfte des Buches unberücksichtigt gelassen.[136] In seinem 3. Kapitel arbeitet Bond die Wichtigkeit der kalendarischen Form der *Jahrestage* heraus, immer bemüht, aus der Formanalyse Belege für Gesines Geschichtstüchtigkeit abzuleiten. Die Kapitel IV. (The Dead) und V. (Identity) untermauern die Gesamtaussage seines Buches,[137] daß Johnsons Roman als exemplari-

---

134 Vgl. ebd., S. 82-86; es fällt auf, daß Bond die inhaltliche Widersprüchlichkeit der Entscheidung Gesines nicht problematisiert.

135 Eine eingehende Analyse müßte die wissenschaftliche Bedenklichkeit des Vorgehens von Bond aufweisen, sich kritisch mit seiner Kernthese auseinandersetzen und einige seiner Behauptungen widerlegen.

136 Ein wichtiges Indiz für die Beliebigkeit seiner Argumentation ist, daß er gerade an dieser Stelle einen Gedanken Cresspahls (»so viel kränkende Hoffnung«) anführt, der im Zusammenhang mit dessen Tod auftaucht. – Noch unangemessener werden seine abschließenden Überlegungen dieses Kapitels, wenn er davon spricht, die *Jahrestage* konfrontierten uns »with the history that we repress« (S. 86). Tun wir das? Und trifft es zu, daß die Bedeutung des Prager Frühlings von westlichen Kritikern unterschätzt wurde eben wegen ihrer »Western positions« (ebd.)? Bond erweist sich als völlig unfähig, die ungeheure Bedeutung des Prager Frühlings für einen Teil der westlichen Intelligenz nachzuvollziehen. Diese enorme Fehleinschätzung muß überraschen, da sie im Widerspruch steht zu der nicht unerheblichen Kenntnis, mit der Bond ansonsten den politischen Hintergrund des Romans begreift. Zwei ganz unterschiedliche Beobachtungen könnten hier zur Erklärung beitragen: 1. Bond beginnt mit der Formanalyse des Romans erst nach diesem Urteil, es gehört zu seinen Interpretationsvoraussetzungen. – 2. Die politische Analyse Bonds enthält eine Hierarchie des Schreckens. Der Faschismus geht dem Stalinismus voraus. Die Rolle Stalins und die mit seinem Wirken verbundene Deformation der KPD als Ermöglichungsgrund des deutschen Faschismus bleibt unbenannt – und wohl auch unerkannt.

137 Hinzuweisen ist besonders auf seine Analyse von *Skizze eines Verunglückten*. Zum einen wegen der darin enthaltenen Kritik an Johnson, er habe hier eine problema-

sche Auseinandersetzung mit dem deutschen Faschismus zu verstehen ist, und daß diese »Trauerarbeit« romanimmanent nicht in die politische Resignation führt. Bonds abschließende wirkungsgeschichtliche Bestimmung der *Jahrestage* ist ein engagiertes Plädoyer, die Leistung Johnsons nicht einseitig auf seine Kritik des Stalinismus zu reduzieren, sondern in der Aufarbeitung der DDR-Geschichte das Bewußtsein der den beiden deutschen Teilstaaten gemeinsamen Vergangenheit gegenwärtig zu halten. Sein Buch schließt mit einem sehr feinfühlig gewählten Zitat aus dem *Ingrid*-Roman. Es zeigt, daß Johnson gerade das Problem des Vergessens und der Erinnerung von Anfang an als eines der Schuld verstanden hat.

Dr. *Ulrich Fries*, Schillerstr. 8, 24116 Kiel

tische Synthese von Einzelschicksal und Geschichte gestaltet, zum anderen, weil die sehr ausführliche Interpretation im Zusammenhang mit den beiden Beiträgen zum selben Thema in *Forum 2* und dem Aufsatz von Snyder (in diesem Band) ein wachsendes Interesse an diesem lange vernachlässigten Text Johnsons signalisiert.

Holger Helbig

»Du lüchst so schön«

Zu: Colin Riordan, The Ethics of Narration. Uwe Johnson's
Novels from »Ingrid Babendererde« to »Jahrestage«

> Ach, ohne Ende ist das Suchen nach der Wahrheit!
> Lawrence Sterne, *Das Leben und die Ansichten des*
> *Tristram Shandy*

I.

Tristram Shandy wußte, wovon er sprach. Doch könnte der Seufzer,
folgt man Riordan, durchaus von Uwe Johnson stammen, der eigene
Probleme hatte, seine nicht enden wollende Suche nach der Wahrheit
mit dem Verlangen zusammenzubringen, diese dem Leser vorzuführen
und erzählend zu gestalten.

Riordan untersucht in seinem Buch *The Ethics of Narration*[1] die erzählerische Entwicklung in Johnsons Gesamtwerk. Bereits die Gliederung des Buches teilt seinen Gegenstand in zwei zeitlich abgegrenzte
Einheiten: das erste Drittel befaßt sich mit den Romanen vor den
Jahrestagen, der größte Teil ist dann dem Johnsonschen Hauptwerk
gewidmet. Damit folgt die Darstellung im großen zwar der Chronologie,
doch präsentiert Riordan seine an den *Jahrestagen* entwickelte zentrale These
bereits eingangs und setzt sie auch zur Interpretation des Frühwerks ein.
Daß dieses methodologisch zu problematisierende Vorgehen ohne Er-

---

1 Riordan, Colin: The Ethics of Narration. Uwe Johnson's Novels from »Ingrid
Babendererde« to »Jahrestage«, London 1989. Im folgenden zitiert als: (Riordan, Seitenzahl).

läuterung auskommt, hat seinen Grund im immanenten Bezug zwischen den Johnsonschen Romanen. Er macht dieses Verfahren nicht allein möglich, er provoziert es vielmehr.

The complex system of narrative dynamics evident in *Jahrestage* operates according to a set of moral imperatives which together amount to no less than a code of narrative ethics. And that code of ethics explains the technical development from the early novels through to *Jahrestage* in a way which extraliterary explanations – sociological and historical – cannot match. (Riordan, 3)

Das in Aussicht gestellte Verfahren, ausgehend von der erzählerischen Struktur auch die sozialen, politischen und historischen Implikationen und deren Verbindung zum »code of narrative ethics« darzustellen, ist eine solide Grundlage für die Arbeit am Text; noch dazu, wenn gleich eingangs eine begrüßenswerte Vorsicht im Umgang mit theoretischen Äußerungen des Autors demonstriert wird. Schon lange sollte dies ein Grundsatz der Wissenschaft vom Erzählen sein: *Never trust the teller, always trust the tale*.

Handlungen von realen und fiktiven Personen denselben moralischen Kriterien zu unterwerfen ist Alltag im Umgang mit Literatur. Das Unternehmen hingegen, eine weitere fiktive Instanz, den Erzähler nämlich, auch an jenen Kriterien zu messen, und damit auch das Erzählen, entbehrt nicht einer gewissen Originalität. Allerdings wird damit der Erzähler verdächtig nahe an den Autor gerückt.

The common ground between author and narrator [...] is moral, for precisely this kind of integrity defines the narrative scope within Johnson's literary works. *Wahrheitsfindung* may thus be regarded as a principle, not only in the sense of an axiom, but also in that of a moral category. (Riordan, 6)

So ist es durchaus kein Zufall, wenn die nähere Bestimmung des Prinzips »Wahrheitsfindung« ebenfalls bei einer Äußerung des Autors ansetzt (vgl. Riordan, 8). Aus dem Konflikt zwischen jenem Prinzip und den Begrenzungen des fiktiven Mediums resultiert für Riordan die Entwicklung Johnsonscher narrativer Technik. Ihr Ziel ist danach »[...] to construct in the form of an organized set of values an independent fictional reality derived from an actual reality of the past« (Riordan, 9).

Diese im einführenden ersten Kapitel vorgenommene Polarisierung ist letztlich illusionär. Doch muß in dieser Kritik immanent verfahren werden: Wenn Riordan in der »Conclusion« an seine anfänglich aufgestellten Thesen anknüpft, so geht eine Analogie von Erinnern und Erzählen völlig auf; beides dem Anspruch auf Wahrheit zu unterwerfen, mündet in seiner eigenen Logizität notwendig in eine Historisierung. Das Erzählen wird somit zu einem »Aufarbeiten der Vergangenheit« (Riordan, 217), einem »Wiedergewinnen von Erinnerungen« (Riordan, 216) im Sinne der Mitscherlichs. Riordan verweist auf die Parallelität der von ihm beschriebenen narrativen Strukturen und dem von den Mitscherlichs vermißten Prozeß, »in welchem das Individuum einen Verlust verarbeitet« (ebd.).

Die fünf Seiten umfassende »Conclusion« löst dann aber nur bedingt ein, was als zweiter Schritt zu erwarten und auch eingangs versprochen war. Riordan skizziert dort eher mit groben Strichen das Feld möglicher künftiger Untersuchungen, das aus der vorliegenden Arbeit resultiert. Hier befindet er sich 1990 schon nicht mehr auf der Höhe der Forschung.

II.

Die Reihe seiner Textanalysen eröffnet Riordan mit der Untersuchung der *Mutmassungen über Jakob* – und einem Paradoxon, indem er Johnsons Erstling der Kategorie von Roman zurechnet, »which cannot be read, only be reread« (Riordan, 12). Ich bestreite dies aus mehreren Gründen, nicht zuerst, weil ein Wiederlesen natürlich ein Lesen voraussetzt; auch, weil die »Lesbarkeit trotz allem« die Haltbarkeit des Romans begründet. Freilich kann man Johnson nicht oft genug lesen, entscheidend für den wissenschaftlichen Umgang mit dem Text ist aber nicht die Anhäufung von passenden Zitaten, sondern die Auswahl von relevanten Textstellen.

Die Untersuchung zu den *Mutmassungen* ist stringent aufgebaut, mutig geschrieben und erfrischend zu lesen. Die komplizierte Erzählstruktur wird als ein System der Informationsvergabe interpretiert, das die Bildung eindeutiger kausaler Ketten beim Leser nicht zuläßt. Die Situation des Lesers ist damit sowohl der Rohlfs als auch der des Autors vergleichbar: was die Produktion eines kohärenten Bildes anbelangt, der des ersteren, was die Konstruktion einer Geschichte betrifft, der des letzteren (vgl. Riordan, 16f.). Dem Erzähler der *Mutmassungen* wird jedoch, und das ist neu und gut, der Zugang zu allen Fakten, die er für seine Zwecke benötigt, nachgewiesen.

Riordan macht – ausgehend von Johnsons Aufsatz *Berliner Stadtbahn (veraltet)* und in kritischer Abgrenzung zu Ree Post-Adams und Ingrid Riedel – darauf aufmerksam, daß der scheinbar begrenzte Zugang zu Informationen in der narrativen Struktur nicht reflektiert wird (vgl. Riordan, 38). Perspektivwechsel nicht zu erläutern und Informationen vorzuenthalten sind Vorrechte eines auktorialen Erzählers, und Riordan fragt nach der Strategie solchen Erzählens. Das Finden der Wahrheit, hier die Synopse der Geschichte mit ihren Bedingungen, wird als Unmöglichkeit vorgeführt,

> [...] since the novel as a finite object can have no hope of recapturing the potential infinite values of the past reality from which it is derived, or fully explaining the consequential chains which link those values, it must admit that the only heuristic approach open to both narrator and recipient is one of acknowledged subjectivity. Presumption of objectivity or absolute explication invalidates any claim to truth. (Riordan, 19)

So versteht Riordan die *Mutmassungen* als die Entfaltung des Problems, wie zu erkennen sei, welche Forderungen an den Erzähler sich aus seinem Anspruch auf Wahrheit ergeben, und wie diesem nachgekommen werden kann (vgl. Riordan, 20).

Im nächsten Schritt, der Untersuchung von *Das dritte Buch über Achim,* wird diese Fragestellung mit der Problematik des Erinnerns gekoppelt. Das *Dritte Buch* in dieser Hinsicht als eine Art Prototyp der *Jahrestage* zu bezeichnen, ist berechtigt (vgl. Riordan, 28). Was die Beschreibung Karschs anbelangt, ist die Untersuchung genau, aber inkonsequent. Die in Kapitel II (vgl. Riordan, 25f.) eingeführte und in Kapitel III (vgl. Riordan, 48ff.) wieder aufgenommene These von Karsch »being simultaneously a defined character in the novel and a selfconscious narrator« (Riordan, 48) ist ein theoretischer Spagat, der zur Aufrechterhaltung des Ansatzes nicht vonnöten gewesen wäre. Die Behauptung, »Karsch, the object of narration, has moved in time to the point where he has become the narrator« (Riordan, 25) ist zwar durch Äußerungen Johnsons zu stützen, die angeführten Textevidenzen machen diesen Schluß jedoch keinesfalls zwingend. So wird in dem von Riordan besonders hervorgehobenen Zitat »Deswegen bliebst du da? Blieb Karsch da?« (Riordan, 25; DBA, 34) die erste Frage, die auf die Identität des Erzählers abzielt (und ihn tatsächlich Karsch gleichsetzen würde), nicht beantwortet. Erst die Korrektur macht das weitere Erzählen möglich; ein Umstand, der für einen auf die Wahrheitsproblematik ausgerichteten Ansatz von etlichem Belang ist.

Ein Vergleich von *Ingrid Babendererde,* den *Mutmassungen* und dem *Dritten Buch* verdeutlicht die erzählerische Entwicklung Johnsons. Riordan stellt sie in Bezug zur Situation des modernen Romans – mit klarem Verweis auf Adorno, der hier treffend zitiert wird (vgl. Riordan, 43, Anm. 25) –, um so die Spezifik des Erzählers Johnson zu ermitteln.

Die Problematik der Allwissenheit wird aus ethischem Blickwinkel betrachtet; heraus kommt ein Dilemma, das den in den eingangs beschriebenen Thesen enthaltenen Widerspruch explizit macht:

[...] if the narrator is to be non-omniscient and so display the search for truth, he must have defined limits to his knowledge. If his knowledge is to be limited, he must be dramatized as a character. Yet dramatization of the narrator limits the range of perspectives. (Riordan, 48)

Vor diesem Hintergrund ist die Feststellung »[...] close examination of the text reveals that Karsch does enjoy certain narrative privileges incommensurate with his position as a character in the novel« (Riordan, 49) entscheidender als der bereits besprochene Versuch, diesen Widerspruch im Sinne Johnsons zu nivellieren. Hieran wird vielmehr deutlich, daß und wie weit Johnson von der Lösung des beschriebenen Dilemmas entfernt ist.

Wenngleich die Bände *Karsch, und andere Prosa* und *Zwei Ansichten* mit Blick auf die erzähltechnische Entwicklung von wenig Belang sind, finden sich dort entscheidende Vermittlungsstufen und Bindeglieder zu den *Jahrestagen.* Eine zentrale Stellung nimmt dabei die Erzählung *Osterwasser* ein, die von Riordan unerwähnt bleibt. Gerade sie ist ein Muster für Johnsons Umgang mit Erinnern und Erzählen und bietet sich als Fortsetzung der von Riordan entwickelten Betrachtung an.[2] An *Zwei Ansichten* interessiert vor allem der untypische Umgang mit dem Problem Gedächtnis: »In this novel, the eradication of undesirable or unpleasant memories assumes a dominant position.« (Riordan, 60)

III.

Betrachtet man die Untersuchungen zu den *Jahrestagen,* so ist es am Leser, Sterne zu zitieren. Wenn die Proportionen der Kritik nicht denen des Buches entsprechen, so hat das in diesem Umstand seine Ursache. Die Organisation des Materials ist bei weitem nicht so gut gelungen wie im ersten Abschnitt. Bei der umfänglichen Darstellung geht streckenweise

---

2 Johnson schafft hier die Voraussetzung für die Erinnerung seiner Figuren: ihre Vergangenheit. In der etwa 1964 entstandenen Erzählung verwendet Johnson zum ersten Mal Charaktere wieder, die aus den *Mutmassungen* bekannt sind: Jakob und Gesine. Die Handlung liegt zeitlich vor der des Romans. Berichtet wird aus einer Zeit, die in den *Jahrestagen* von Bedeutung sein wird. (Dort findet sich die Episode im dritten Band wieder; vgl. Jahrestage, S. 1195f. und S. 1254.)

der Blick auf die damit verfolgte Absicht verloren, mit einigem Schaden für die Stringenz der Argumentation. Das ist um so schwerwiegender als es sich hier um zwei Drittel des Textvolumens handelt.

Obwohl er im ersten Kapitel davor warnt, erliegt Riordan, wie fast alle anderen Kritiker auch, des öfteren der Versuchung, Johnsons poetologischen Äußerungen eine theoretische Dignität beizumessen, die sie prinzipiell nicht haben können. Aussagen des Autors haben im wissenschaftlichen Sinne keine Beweiskraft, wenngleich sie Anregungen und Anstöße vermitteln. Das parallele Lesen der Autorenbiographie gehört in einer solchen Arbeit in die Anmerkungen, wenn überhaupt.

Diese Kritik trifft nicht die Kenntnis des Verfassers, sondern die Art, wie er sie verwendet und in die Darstellung einbringt. Der Verweis auf den Tod der Schwägerin (vgl. Riordan, 123) oder der Vergleich zwischen dem Leben Johnsons in Amerika und dem seiner Romanfiguren (vgl. Riordan, 140) haben keinerlei interpretatorische Relevanz.

In diesem Zusammenhang fällt auf, wie viel Zeit zwischen der Fertigstellung der Arbeit und ihrem Erscheinen als Buch liegt. Was bei Riordan noch Spekulation ist, läßt sich inzwischen, nach Erscheinen des Bandes *Porträts und Erinnerungen,*[3] durch Textvergleich nachweisen. Dieser Umstand weist Riordan als einfühlsamen Leser Johnsons aus. Er mutmaßt nach einer genauen Analyse der erzählerischen Umstände, daß der Brief, der in den *Jahrestagen* am 26. Juni an J.B. geschrieben wird, einen autobiographischen Anlaß habe. Die Vermutung begründet er mit dem Verweis auf die moralischen Prinzipien des Autors und den harten Ton des Briefes (vgl. Riordan, 85, Anm. 27). Diese Vermutung zu einer Gewißheit zu machen erlaubt der Johnson-Text *Twenty-five Years with Jake, a.k.a. Bierwisch,*[4] in dem sich nicht nur dieselben Initialen, sondern auch der folgende Satz findet: »... for a moment the sea had the civility to be as blue as blue can be, too.«[5] Doch ist hier nicht der Ort, eine Biographie zu vervollständigen.

Riordan deckt ein für Johnson typisches Erzählmuster auf,

[...] the familiar Johnsonian structural pattern of *erzählte Zeit* beginning at a point well previous to the fictional present, gradually catching up and merging with the *Erzählzeit* (Riordan, 65),

---

3 Johnson, Uwe: Porträts und Erinnerungen, hg. von Eberhard Fahlke, Frankfurt am Main 1988.

4 In: ebd., S. 95-108.

5 Ebd., S. 102; beschrieben wird hier ein Spaziergang an der Ostsee. Im fraglichen Brief heißt es: »... einen Blick Ostsee: blue as blue can be« (Jahrestage, S. 1641).

das ein Moment der Kontinuität im Gesamtwerk markiert. So leitet er die
Betrachtung der *Jahrestage* ein, um sich dann mit der Sekundärliteratur
auseinanderzusetzen. Die Diskussion des Forschungsstandes, vermutlich
1987, verdeutlicht die Berechtigung eines erzähltheoretischen Ansatzes.
Die in diesem Zusammenhang unternommene Betrachtung des von
Johnson verwendeten Frisch-Zitates »Ich stelle mir vor« belegt das. Nicht
nur der fiktive Status des Erzählten wird davon berührt, auch der des
Erzählers (vgl. Riordan, 77f.). Verantwortlich für das Erzählen in den
Jahrestagen ist danach der Genosse Schriftsteller. Ausgehend von der
Darstellung seiner narrativen Beziehung zu Gesine und deren Beschrei-
bung als »primary narrative relationship« untersucht Riordan Gesines
Beziehung zu den anderen Erzählinstanzen im Text. Den Gebrauch des
Personalpronomens der ersten Person wertet er als Beleg für die Mög-
lichkeit, jeder dieser Instanzen – wie Gesine selbst – narrative Kompetenz
zuzusprechen.[6]

Da Gesine nur für einen Teil der *Jahrestage* als Erzähler fungiert, ergibt
sich nach Riordan eine Textspannung aus jenen Passagen und dem
verbleibenden Rest; gemeint ist all das Material, das Marie nicht zugänglich
ist, wohl aber dem Leser. Grund dafür sei »[...] the disparity between
Gesine's narrative motivation with regard to herself as storyteller and that
with regard to Marie as recipient« (Riordan, 97).

Die Parallele zwischen Erinnern und Erzählen wird in Kapitel VII
wieder aufgegriffen. Gesines Erzählen über die Vergangenheit – im
besondern über Gegebenheiten, die sie nicht aus eigener Erfahrung
berichten kann – weist alle Anzeichen allwissenden Erzählens auf. Hier
wird das Prinzip Wahrheitssuche mittels der Stimmen der Toten realisiert. Gesine ist nicht in der Lage, diese Stimmen zu ignorieren, gleichzeitig hat sie keinen willkürlichen Zugang zu dieser Informationsquelle,
wie Riordan belegt. Das besondere Abhängigkeitsverhältnis resultiert aus
der narrativen Funktion der Toten.

[...] in practical terms the dead exert a tangible, autonomous influence on the
narrative method by virtue of their editorial power as an information source.
(Riordan, 109)

Wenn Riordan in diesem Zusammenhang auf die Parallele zwischen der
Erzählsituation Gesine – Genosse Schriftsteller und der soeben bespro-

---

6 Die Kompetenz der einzelnen Figuren, im besonderen Gesines, verhält sich
keineswegs exklusiv gegen die Verantwortlichkeit des Genossen Schriftsteller. Hier
existiert eine – wie immer – prekäre Koexistenz.

chenen verweist, macht er zugleich auf die Begrenztheit des Ansatzes der Erzählkompetenz aufmerksam: als Modell erklärt es den in Rede stehenden Sachverhalt nicht völlig.

In the same way that GS tells her [Gesines, H.H.] story, she tells theirs [der Toten, H.H.], although of course GS is involved in the latter process as well. (Riordan, 112)

Die Darstellung des Erzählens der Jerichow-Ebene umfaßt einen großen beschreibenden Teil, der wichtige Ereignisketten zusammenfaßt, deren Bedeutung im darauf folgenden Kapitel hervortritt. Erst die dort im Hinblick auf das Verhältnis Gesine – Marie gemachten Äußerungen lassen den Zusammenhang zwischen erinnerter Geschichte und erzählter Erinnerung vollends deutlich werden. Von Relevanz ist in diesem Zusammenhang vor allem die Aufarbeitung des motivischen Materials. Wasser wird als Metapher für Gedächtnis, die Katze als Bild des Erinnerns gelesen, beides in seiner Genese im Text verfolgt. Diese Bewegung führt zu der Analogie von Erinnern und Erzählen.[7]

Die Untersuchung endet mit der genauen Beschreibung der erzählerischen Funktion Maries, die sich aus der vorangegangenen Diskussion der Figurenmotivation ergibt. Die Darstellung des narrativen Paradigmas Gesine – Marie wird der Bedeutung dieser Konstellation für das Erzählen gerecht. Am Beispiel der Regentonnengeschichte macht Riordan zum einen deutlich, wie weit die Kompetenz Gesines reicht, zum anderen, welchen Entwicklungsprozeß Marie sowohl als Charakter als auch in der Ausübung ihrer narrativen Funktion durchläuft.

Marie's efforts must restrict themselves to discovering intrinsic implausibilities and inconsistencies in Gesine's story, testing, as it were, the narrative's structural strength. (Riordan, 161)

Zusammen mit der Darstellung der Funktion der Toten etabliert die Diskussion mit Marie die Grenzen der erzählerischen Freiheit Gesines (vgl. Riordan, 166). Riordan erkennt, wofür die Meinungsverschiedenheiten zwischen Mutter und Tochter stehen:

The discussion or contest between Marie and Gesine fictionally represents the everpresent problem of validity, of constantly testing the story's mettle, a problem which underlies the development of Johnsonian narrative technique from beginnnig to end. (Riordan, 169)

---

7 Der Titel des Kapitels, »The Origins of Narration«, scheint unglücklich gewählt, er müßte eher »The Origins of the Story« heißen.

Die Konstruktion einer Fiktion, deren inhärente Wahrheit der historischen standhält, wird damit zum Ziel des Erzählens. Die fiktionale Wahrheit aber, so Riordan mit Johnson, unterliegt der Kontrolle des Lesers (vgl. Riordan, 171). Im Roman fällt diese Aufgabe Marie zu.

Ein zusammenfassendes Kapitel ist nach einer so umfangreichen Analyse wünschenswert und erforderlich, der Übergang zur »Conclusion« wäre dann nicht so abrupt ausgefallen.

Bei aller Kritik bleiben zwei Momente, die es verdienen, besonders hervorgehoben zu werden. Das erste betrifft die Gründlichkeit, mit der die Untersuchung durchgeführt wurde. Die dargestellte Faktenmenge ist für jeden Johnson-Leser von Nutzen. Das zweite wird als Ergebnis der Arbeit nicht kenntlich gemacht, was seine Ursache in der Spezifität des Ansatzes hat. Spätestens wenn zu lesen ist, »Gesine's aim is not art, but truth, although the truth she seeks can only be attained by artistic means« (Riordan, 184), wird deutlich, daß das Problem der Wahrheit letztlich eines des Erzählens ist, nur mittelbar eines der Sprache. Es ist ein unbezweifelbares Verdienst der Arbeit, dies vorgeführt zu haben.

Zu überdenken bleibt allerdings, doch nicht an diesem Ort, inwieweit die Spezifik des Ansatzes die Mittel der Untersuchung beeinflußt hat. Der Terminus »narrative integrity« fordert eine methodologische Untersuchung geradezu heraus.

Die Synopse all der angebotenen Teile und Gedanken läuft hinaus auf einen Satz, der sich auf Seite 86 findet und nicht nur die *Jahrestage* betrifft: »But the paradox we are asked to accept [...] concerns the way we look at fiction.« Daran läßt sich nicht rütteln. Johnsons Werk gibt allen Grund, die Diskussion über den Charakter des Fiktiven wieder aufzunehmen. Riordans Buch ist ein wichtiger Beitrag dazu.

Holger Helbig, Universität Erlangen-Nürnberg, Institut für Deutsche Sprach- und Literaturwissenschaft, Bismarckstr. 1b, 91054 Erlangen

Holger Helbig

Gegen Klischees

Zu: Uwe Neumann, Uwe Johnson
und der *Nouveau Roman*

Gelehrte. Haben die Weisheit mit Löffeln gefressen. –
Man mache sich über sie lustig.

Gustave Flaubert, *Das Wörterbuch der übernommenen Ideen*

Eine übernommene Vorstellung, und es gibt derer etliche in der Johnsonforschung, heißt im Französischen »idée recue« – das klingt deutschen
Ohren nach erheblicher Würde. Es mag dies ein Grund sein, weshalb
Uwe Neumann seinem Vorhaben, die Johnsonphilologie um ein Klischee ärmer zu machen, mit manchmal ausschweifender Gründlichkeit
und einem beachtlichen, um nicht zu sagen erdrückenden, Aufgebot an
Belegen nachkommt. Erklärtes Ziel der Arbeit[1] ist es, Johnsons Erzählwerk der Theorie und Praxis des Nouveau Roman gegenüberzustellen
und deren Divergenz in fundamentalen poetologischen Positionen nachzuweisen.

Das Unternehmen ähnelt einem Zweifrontenkrieg. Zum einen wird
der Versuch unternommen, auf gut hundert Seiten Johnsons poetologisches
Programm zu umreißen. Zum anderen wird, völlig zu Recht, der
Nouveau Roman nicht als einheitliche Erscheinung, sondern als

---

1 Neumann, Uwe: Uwe Johnson und der *Nouveau Roman*. Komparatistische Untersuchungen zur Stellung von Uwe Johnsons Erzählwerk zur Theorie und Praxis des
Nouveau Roman, Frankfurt am Main 1992 (Beiträge zur Literatur und Literaturwissenschaft
des 20. Jahrhunderts 10). Bei Zitatnachweisen im Text und bei Bezugnahmen auf diesen
Titel in den Anmerkungen werden nur die Seitenzahlen angegeben.

Konglomerat der Auffassungen und Werke französischer Schriftsteller
betrachtet, die mehr oder minder bezüglich (recht allgemeiner) poeto-
logischer Tendenzen übereinstimmen. Demzufolge zerfällt die Konfrontation mit Johnsons Werk in sehr viele kleine Abschnitte, die jeweils
einen eng begrenzten poetologischen Aspekt oder einen Autor betreffen.
Das ist methodisch konsequent, macht das Buch aber nicht lesbarer. Als
drittes sei ein ›heimliches‹, aber auffällig beharrlich verfolgtes Vorhaben
erwähnt: die Bedeutung Max Frischs für Uwe Johnson hervorzuheben.
Das führt bis zu einem Exkurs über die Ansichten Max Frischs zum
Nouveau Roman. Nun wird Frischs Bedeutung für Uwe Johnson aber
nirgendwo geleugnet, zudem ist das Unternehmen ohnehin materialreich
genug;[2] die Darstellung der Problematik wäre wohl auch ohne dies
ausgekommen. Angesichts der 567 Seiten hätte dieser Verzicht in Erwä-
gung gezogen werden sollen.

Das gleiche gilt für große Partien des vierten Teils, in dessen zweitem
Abschnitt, nach über 450 Seiten der Untersuchung, die Rezeption des
Nouveau Roman in Deutschland dargestellt wird. In der daran anschließenden Erörterung des Erzählens in der Postmoderne wird auf den Platz
des Nouveau Roman zwischen avantgardistischer Moderne und Postmoderne, den Johnsons zwischen Tradition und Moderne verwiesen.[3]
Nach der detaillierten Analyse ist diese Bestimmung, vor allem was
Johnson anbelangt, zu pauschal. Die eigentliche Schlußbetrachtung
kommt mit nicht einmal einer Seite aus: »Machen wir es kurz: *Uwe Johnson
ist kein deutscher Nouveau Romancier*« (S. 526). Sie wird in dieser übertrie-
benen Verknappung der Arbeit nicht gerecht; auch vier Seiten Auflistung
diverser Desiderata der Forschung zu Johnson und zum Nouveau Roman können das nicht gutmachen.

Die Darstellung ist in vier Teile gegliedert. Der erste, »Zwischen
Einfluß und Tradition«, trägt den treffenden Untertitel »Präliminarien«.
Nachdem bereits die »Genese einer Legende« – der Stand der Forschung –
skizziert wurde, wird mit einem Zitat von Pierre Astier auch die zweite
Legende verabschiedet: »la fameuse *Ecole du Nouveau Roman* n'existe pas.
Une telle Ecole est un mythe« (S. 32). Tabula rasa; beste Voraussetzungen
für einen umfassenden Neubeginn. Uwe Neumann hat, wie die Ergeb-
nisse der Untersuchungen zeigen, diese Chance genutzt.

2 Das Literaturverzeichnis umfaßt 34 eng- und kleinbedruckte Seiten; auch *Zettels
Traum* bleibt nicht unerwähnt (vgl. S. 566).
3 Vgl. S. 506-525, bes. 525.

In den Präliminarien wird vorgeführt, daß Johnson und die Nouveaux Romanciers über eine gemeinsame Tradition verfügen, »insofern sie das konventionelle ›realistische‹ Romanverständnis problematisieren« (S. 69). Dies bildet den Ausgangspunkt der Untersuchung, denn als Ergebnis kann diese hochgradig verallgemeinernde Feststellung nicht befriedigen, wie Neumann mit Blick auf die Johnsonphilologie feststellt. Von Interesse ist der Hinweis auf den gemeinsamen Bezug zu Balzac, den Robbe-Grillet und Johnson übereinstimmend kritisieren; mehr noch: der als Zitatliebling geltende Vergleich des allwissenden Erzählers mit dem Tennisschiedsrichter findet sich bei Nathalie Sarraute bereits 1956. (Das dazugehörige Buch allerdings nicht in Johnsons Bibliothek, wie Neumann weiß.[4])

Die Darstellung ist unterhaltend und informativ, sie schlägt einen gelungenen Bogen von Goethe zu Thomas Mann und von diesem zu André Gide, wartet mit allerlei glänzenden Beobachtungen auf, unter denen sich eine treffende Anmerkung zu Thomas Bernhard, ein köstliches Arno-Schmidt-Zitat und ein Hinweis auf den in diesem Zusammenhang klassisch zu nennenden J.L. Borges befinden – das ist lange nicht alles –, und wird durch einige einleuchtende Ausführungen zum Spiegelmotiv bei Stendhal ergänzt. – Die gediegene Auswahl der Motti, zumeist zwei, bei über fünfzig Kapiteln, hätte genügt, die Belesenheit des Verfassers zu demonstrieren.

Der zweite und dritte Teil bilden den Kern des Buches, und was soeben noch Anlaß zur Kritik gab, verdient nun ein klares Lob. Die Auswahl der Zitate und die Verweise auf die weiterführende Literatur sind kenntnisreich, treffsicher und pointiert.

Die in Umlauf befindlichen Ansichten zu Johnsons Poetik bieten ein Spektrum, das reichhaltiger und in seinen Extremen gegensätzlicher kaum sein könnte. Es reicht von der Behauptung, er habe über gar keine Poetik verfügt (Ree Post-Adams, die Johnson zu wörtlich nimmt) bis hin zur Feststellung, diese sei bereits klassisch (Bruno Hillebrand in kühner Verallgemeinerung). Das von Neumann aus Aussagen des Autors und Analysen seiner Romane zusammengetragene Material nimmt sich vor diesem Hintergrund betont sachlich aus. Er bescheinigt Johnson eine ambivalente Position zur eigenen Ästhetik und benennt als Grund »die Gelenkstelle in Johnsons Erzähltheorie« (S. 75): die Relation von Form

---

4 Vgl. S. 70 und S. 51, Anmerkung 8. Bei Johnson findet sich der Vergleich in dem Essay *Berliner Stadtbahn (veraltet)*.

und Inhalt. Daß Johnson nach den *Mutmassungen* und dem *Dritten Buch* mit *Zwei Ansichten* zu einer »weitgehend traditionellen« und mit den *Jahrestagen* zu einer »weniger komplizierten Form (zurück)findet«, gibt Anlaß zu der Vermutung, er sei Ende der fünfziger und Anfang der sechziger Jahre einem mittelbaren Einfluß des Nouveau Roman »erlegen« gewesen.[5] Die Frage nach der Spezifik des Johnsonschen Realismus führt zur Untersuchung des Wahrheitsbegriffes und dessen Umsetzung im Text, *der Vorführung der schwierigen Suche nach der Wahrheit*. Für die beiden Romane, die mutmaßlich unter dem Einfluß des Nouveau Roman gestanden haben, konstatiert Neumann mit Norbert Mecklenburg ein »topisches Erzählen«, die »quasi-pragmatische Einbettung der Narration in Argumentation, die Darstellung der einem Sachverhalt zugrunde liegenden Umstände«.[6]

Neumann versteht Johnsons Romane als »zeitkritische Gesellschaftsromane« (S. 93), »literarische Alltags- und Sozialgeschichte« (S. 94), für die »der Gegensatz zwischen Individuum und Gesellschaft konstitutiv« (S. 95) sei. Daraus ergibt sich die für das Gesamtwerk »zentrale Frage nach der politischen Moralität« (S. 96). Diese Einschätzung steht im Einklang mit den Erkenntnismöglichkeiten, die Johnson der Literatur einräumte. Der spätere Verweis auf die »Tradition aufklärerisch-engagierter Literatur« (S.108) ist durchaus berechtigt. »Auch wenn Johnson stets betont hat, er verfolge mit seinen Büchern ›kein politisches Unterfangen‹, dann ist nichtsdestoweniger das Unternehmen, die besagte Einsicht [«daß die Deutschen noch auf Dekaden hinaus in den Augen der anderen Völker gemessen werden auf ihre Distanz zum versuchten Genozid an den Juden», Büchner-Preisrede] ›unter die Leute zu bringen‹, ein eminent politisches, gerade in einer Gesellschaft, deren ›Unfähigkeit zu trauern‹ hinlänglich bekannt ist.« (S. 107) – Diese Beobachtung hat besonderes Gewicht im Hinblick auf die aktuelle Johnsonrezeption, wie sie etwa an der Zusammenstellung der Texte in *Vergebliche Verabredung*[7] deutlich wird.

Es ist dann die Rede von »einem Appell an den damaligen Staatsratsvorsitzenden der DDR, Erich Honecker« (S. 111), einem Brief, in dem zahlreiche bundesdeutsche Schriftsteller, unter ihnen Günter Grass, im November 1988 darum ersuchten, Johnson als »bedeutendsten literarischen Chronisten der DDR« endlich der ostdeutschen Öffentlichkeit

5 Vgl. S. 76f.
6 Vgl. S. 88, bei Mecklenburg, Norbert: Erzählte Provinz. Regionalismus und Moderne im Roman, Königstein 1982, S. 194.
7 Johnson, Uwe: Vergebliche Verabredung. Ausgewählte Prosa, hg. von Jürgen Grambow, Leipzig 1992.

zugänglich zu machen. Das liest sich wie eine Erfolgsgeschichte: »Die Antwort erfolgte immerhin am darauffolgenden Tag und bestand in der Ankündigung der Veröffentlichung einer Sammlung von Erzählungen unter dem Titel ›Eine Reise wegwohin‹« (ebd.). Es ist aber nicht einmal die Hälfte der Geschichte; und da schon genug Unvollständiges im Umlauf ist, sei zumindest auf die fehlenden Teile verwiesen. Jenen unermüdlich Engagierten ist, zusammen mit Uwe Neumann, zuallererst Unkenntnis ostdeutscher kulturpolitischer Abläufe zu bescheinigen, ein gewisser Illusionismus, um es wohlwollend zu formulieren. Bereits Mitte der achtziger Jahre hatte Stefan Hermlin mit konkreten Hinweisen die Veröffentlichung Johnsons in der DDR vorbereitet, was Jürgen Grambow, dem Herausgeber des erwähnten Bandes, die Arbeit erleichtert hat. Dessen Nachwort war, noch ehe sich bundesdeutsche Schriftsteller bemühten, abgeschlossen. Resultat des Appells war die Verweigerung der Druckgenehmigung und die Auflage, etwas an dem bereits konzipierten Band zu verändern. Um auf keinen der Texte Johnsons verzichten zu müssen, entschloß sich Grambow, einen Abschnitt aus dem Nachwort zu streichen. Denn gestrichen werden mußte, anderenfalls wäre keine Veränderung zu vermelden gewesen, die aber war notwendig, um nachzuweisen, daß auf die Kritik reagiert und somit getan worden war, was jenen unerläßlich schien, die Genehmigungen zum Druck verwalteten.[8] Wenn sich an jenem Brief etwas ablesen läßt, so zuerst eine Fehleinschätzung der Briefschreiber, ihre Wirkung betreffend. Das haftet, so weiß man, jener Spezies an. Zum anderen die Fehleinschätzung der Verhältnisse im Nachbarstaat. Die wäre mit wenig Mühe zu vermeiden gewesen. Das Buch wäre dann aller Wahrscheinlichkeit früher und mit einem längeren Nachwort erschienen.

An dieser Episode wird auch sichtbar, was noch 1988 in *dieser* Frage durchaus berufene Gutachter von Johnsons sozialistischem Realismus hielten: nichts. Dennoch und gerade deshalb ist Johnsons Verhältnis zu dieser vermeintlich literarischen Kategorie eine Betrachtung wert. Nur im Sinne der mit diesem Begriff verbundenen Theorie ist es möglich, Johnson keine *Parteilichkeit* zu bescheinigen,[9] nachdem zuvor die »mate-

---

8 Vgl. dazu Grambow, Jürgen: Ein übergangenes Kapitel, in: Carsten Gansel/Jürgen Grambow: Biographie ist unwiderruflich. Materialien des Kolloquiums zum Werk Uwe Johnsons im Dezember 1990 in Neubrandenburg, Frankfurt am Main 1992, S. 13-19, hier: S. 14. Dort auch das fehlende Stück Nachwort. Vgl. auch Vergebliche Verabredung (Anm. 7), Gespräch mit Stephan Hermlin, S. 136.

9 Vgl. S. 113ff., besonders S. 113f. und 117.

rialistische Sicht der Geschichte ›von unten‹« (S. 103) als Ursache für das
Interesse am Individuum benannt wurde. »Daß die Schilderung der
Arbeitswelt aus einer marxistischen Perspektive erfolgt und dabei gene-
relle Kritik an der kapitalistischen Arbeitswelt intendiert ist, wird vielfach
deutlich« (S. 120), stellt Neumann dann auch fest. Dies ist von der
Auseinandersetzung mit dem sozialistischen Realismus in Johnsons Werk
nicht zu trennen, in Gestalt des Herrn Fleisg und der Frau Ammann im
Dritten Buch etwa, oder der Dissertation des Deutschlehrers Weserich in
den *Jahrestagen*. Zu diesem Thema steht der größte Teil der Arbeit noch
aus, erste Bemühungen sind erfreulicherweise nicht nur in dieser Untersuchung erkennbar.[10] – Auch eine gründliche Untersuchung zu Johnsons
Max Frisch-Rezeption fehlt bislang. Neumann sieht vor allem hinsichtlich der Biographieproblematik Berührungspunkte.

Die Darstellung der Johnsonschen Poetik schließt mit zwei Kapiteln
ab, deren Gegenstand zur Betrachtung des Nouveau Roman überleitet,
wie schon durch die Überschrift »Erzählte Semiotik: Ein Spezialist für
Kommunikations- und Verständigungsschwierigkeiten« (S. 154) angedeutet wird. (Das zweite Kapitel befaßt sich mit Formen der Leseraktivi-
erung.) Die Krise des Subjekts äußert sich im Nouveau Roman zumeist
als Sprachkrise, »während sich bei Johnson, ohne daß dieses Phänomen
der Moderne freilich geleugnet würde, doch unübersehbare Reservate
finden, innerhalb derer die Sprache Identität nicht zersetzt, sondern
gerade erst stiftet« (S. 158). Mit dieser Feststellung wird eine der Qualitäten Johnsonscher Prosa beschrieben. Anhand eines auffälligen Details,
der Beschreibung von Gesichtern, untersucht Neumann dieses Thema
weiter. Dessen Deutung ist allerdings zu sehr an eine biographische
Anekdote angelehnt, die Nachfrage des Autors zum Thema »Gehirn-
funktion in Zusammenhang mit Mimik« (S. 164) nämlich, von der dieser
in den *Begleitumständen* spricht, und daher zu eng. Das in diesem Zusammenhang entscheidene Stichwort fällt, von Johnson selbst gegeben, am
Ende des Kapitels und wird nicht weiter verfolgt: *die Geste*. Denn nicht
nur Beschreibungen des Gesichts sind zu finden, sondern auch der
Bewegungen der Hände oder des ganzen Körpers. »Ich halte für sinnlos
dir ihr Gesicht zu beschreiben, es ist das leichteste am Menschen zu
vergessen; die Worte vergleichen und sind offen nach überallhin«,[11] heißt

---

10 Vgl. S. 122. Vgl. dazu auch die Beiträge von Uwe Grüning und Carsten Gansel
in: Gansel/Grambow, Biographie (Anm. 8).
11 Johnson, Uwe: Das dritte Buch über Achim, Frankfurt am Main 1973, S. 33.

es im *Dritten Buch*. Hier wird der Sprachzweifel, eng verknüpft mit dem Generalthema des Romans, der Unmöglichkeit einer Lebens*beschreibung,* thematisiert. Die Geste nämlich als eines jener *Dinge,* die sich wohl zeigen, und über die trotzdem zu schweigen ist.[12]

In diesen Zusammenhang gehört auch eine weitere Konstante der Johnsonschen Prosa: die ausführlichen und exakten Dingbeschreibungen (die erst später im Vergleich zum Nouveau Roman behandelt werden). Sie mit Reich-Ranicki lediglich als ironisch-didaktische Kontrastmotive einzuschätzen, und dazu noch zu behaupten, sie ständen »im wesentlichen im Dienste von Darstellungsabsichten« (S. 442), greift zu kurz. Gerade im *Achim*-Roman sind sie unabdingbar zur Vorführung der immer noch bestehenden Möglichkeit der Beschreibung: die allerdings durch die Existenz einer Grenze beschnitten wird. Indem Karsch nur Dinge beschreibbar sind, und diese nur auf eine bestimmte Art und Weise (nämlich nicht mit Vergleichen), wird eine These des Erzählers belegt.

Die Fortsetzung der Untersuchung belegt noch einmal die Gründlichkeit Neumanns, der mit der Frage beginnt, ob es ihn denn gäbe: den Nouveau Roman. Die Frage hat durchaus Berechtigung und ist in ihrer provokativen Sorgfalt gegen die pauschalisierende Bedenkenlosigkeit der Johnsonforschung gerichtet, in der der Nouveau Roman zumeist als ein »monolithisches Phänomen« (S. 178) angesehen wird. Die Äußerungen der Nouveau Romanciers werden einer eingehenden und im Verlauf der Darstellung sorgfältig differenzierenden Untersuchung unterzogen.

Den Ausgangspunkt bildet der »poetologische Konsens der Nouveau Romanciers: der Roman wird als ein Experimentierfeld einer Suche nach« neuen Formen der narrativen Wirklichkeitswiedergabe verstanden« (S. 184). Zentral ist der »schillernde Begriff« (S. 186) der *écriture,* der darauf verweist, »daß jede literarische Darstellung den Bedingungen einer Versprachlichung unterliegt«, als deren wesentliche Komponenten die »Realismusproblematik« und »die poetische Funktion der Sprache als Spezifikum der ästhetischen Botschaft« (S. 186) zu nennen sind. Dem liegt die Überzeugung zugrunde, »daß realistische Literatur niemals eine

---

12 In Anlehnung an Wittgenstein etwa. In Ingeborg Bachmanns Essay *Ludwig Wittgenstein. Zu einem Kapitel der jüngsten deutschen Philosophiegeschichte,* der 1953 in den Frankfurter Heften erschien und Johnson wohl bekannt gewesen ist, findet sich etliches Material, das eine solche Verbindung wahrscheinlich erscheinen läßt. – Unter anderem wird dort auch der Satz: »Die Grenzen meiner Sprache bedeuten die Grenzen meiner Welt« zitiert, der Karschs Problem treffend umreißt. Vgl. dazu: Bachmann, Ingeborg: Werke, Band IV, München 1978, S. 12-24.

echte Widerspiegelung der Realität sein kann, sondern nur als ›sekundäres modellbildendes System‹ (Jurij M. Lotman) eine ›illusion de mimesis‹ (Gérard Genette) zu erzeugen vermag« (S. 190). Die im Mittelpunkt der poetologischen Reflexion stehende »recherche« wird als Kennzeichen einer provozierenden Avantgardebewegung beschrieben, die »der Dynamik der Suchbewegung« den Vorrang vor dem Ziel der Suche einräumt.[13] Der »Imperativ einer unbedingten Innovation im Formalen« (S. 196) und die daraus resultierende »Inakzeptabilität«[14] (S. 199) der Texte sind die wichtigsten Tendenzen innerhalb dieser Avantgarde.

Bereits in diesem Stadium der Untersuchung läßt sich das poetologische Verhältnis Johnsons zum Nouveau Roman in Umrissen beschreiben. Beiden gemeinsam ist die grundlegende Ansicht, »literarische Formen nicht als eine vom Inhalt ablösbare Schablone anzusehen« (S. 204). Das erlaubt noch nicht, auf eine Nouveau Roman-Rezeption Johnsons zu schließen, denn derselbe Grundsatz läßt sich ebenso aus der Brecht-Lukács-Debatte herleiten. (Das ist die biographisch wahrscheinlichere Variante, die mit einem Brechtzitat belegt wird: »Es verändert sich die Wirklichkeit; um sie darzustellen, muß die Darstellung sich ändern«; S. 204.) Ebenso offensichtlich wie diese Gemeinsamkeit ist der grundlegende Unterschied. Die den Nouveau Roman »kennzeichnende Reduktionsbewegung, wonach das einmal Erreichte stets aufs Neue der Destruktion anheimgegeben wird« (ebd.), die permanente formale Erneuerung also, ist *nicht* kennzeichnend für Johnsons Erzählwerk. (Wenngleich sich dies, als interessante These, für die Entwicklung von den *Mutmassungen* zum *Dritten Buch* behaupten ließe.) Der Traditionalist Johnson versteht »literarische Formen als Korrelate thematischer Vorgaben«.[15] An dieser Stelle ist der erneute Verweis auf Brecht zwingend. Im Sinne des Nouveau Roman, so läßt sich zusammenfassen, ist Johnson *nicht* zu den Avantgardisten zu rechnen.

Dennoch läßt sich auf den ersten Blick eine weitere Gemeinsamkeit feststellen: das, nach Bloch, den Leser miteinbeziehende dedektorische Erzählen.[16] Die Offensichtlichkeit dieses Phänomens ist wohl die Ursache der *oberflächlichen* Behauptung von der Übereinstimmung der Theorie des Nouveau Roman mit den Romanen Uwe Johnsons gewesen. Die Unterschiede werden sichtbar, fragt man nach den Ursachen und Absichten solchen Erzählens.

---

13 Vgl. S. 184; S. 202ff.   15 S. 205; vgl. auch S. 205ff.
14 Neumanns Übertragung für »illisibilité«.   16 Vgl. S. 218ff.

Am Beispiel Pingets[17] wird gezeigt, worin sich die dem vermeintlich gleichen Verfahren unterliegenden Intentionen unterscheiden. »Während bei Johnson [...] verschiedene Perspektiven und Meinungen eine vom Leser zu leistende Synthesenbildung ermöglichen, laufen die Texte Pingets darauf hinaus, eine Multiplizierung einander ausschließender Sequenzen zu inszenieren« (S. 230). Johnsons Figuren verfügen über »eine Biographie, die sie unverwechselbar erscheinen« läßt (238), sie sind hochgradig individuell gezeichnet.[18] Somit steht er in der Nachfolge eines traditionellen realistischen Erzählens, gegen das sich der Nouveau Roman gewandt (und später: etabliert) hat.[19]

Die Ursache dieser Differenz sind die »gänzlich unterschiedlichen philosophisch-epistemologischen Voraussetzungen« (S. 246). Neumann faßt den Nouveau Roman als »literarisches Äquivalent eines ›linguistic turn‹« (ebd.) auf, das unter dem Einfluß des Strukturalismus entstanden ist. Dem steht Johnsons Poetik mit ihren im weitesten Sinne gesellschaftskritischen Implikationen, wie sie sich aus den Bezügen zu Benjamin und Adorno ergeben, diametral gegenüber (ebd.). Die für den Strukturalismus konstitutive Subjektkonzeption, die »Dezentrierung des Subjekts«, wird ausgehend von Lévi-Strauss' struktularer Anthropologie über Roland Barthes bis hin zu Foucault verfolgt und führt zurück zu der die Untersuchung bestimmenden Frage: »Was hat all dies mit Uwe Johnson zu tun?« (S. 254) – »Gar nichts. Zunächst einmal dürfte es in der deutschen Literatur nach 1945 kaum einen Schriftsteller geben, dessen Werk sich so beharrlich und emphatisch jedweder das Individuum auslöschender Anonymisierung widersetzt« (ebd.). Damit ist der Gegensatz deutlich markiert. Johnsons Romane sind von den geschichtsfernen Welten des Nouveau Roman grundverschieden. Alle weiteren Unterscheidungen sind vor allem Konsequenzen dieses Umstands.

Die folgenden Beispiele illustrieren und bestätigen den Befund. Im Vergleich zu Sarraute und Robbe-Grillet zeigt sich, daß es Johnson im Gegensatz zu diesen nie darauf ankam, »einen Gedankenfluß, einen

---

17 Die Johnsonforschung hat bisher nahezu ausschließlich Texte Robbe-Grillets behandelt. Mit der Auswahl Pingets macht Neumann auf Texte aufmerksam, die hinsichtlich der Erzählinstanzen in den frühen Romanen Johnsons (ein namenloser, nur schwach konturierter Erzähler mit wenigen Persönlichkeitsmerkmalen) große Ähnlichkeiten aufweisen. Er verweist außerdem auf Claude Simons *Le vent* (1957). Vgl. dazu S. 226ff.

18 Mit gewissen Abstrichen«, die Nebenfiguren bleiben oft undeutlich.

19 Vgl. dazu S. 238-246.

stream of consciousness, zu transkribieren«.[20] Wohl ist bei Johnson zu erfahren, daß assoziative Vorgänge ablaufen (in den *Jahrestagen* werden sie in gewisser Weise formbildend für die Übergänge zwischen den beiden Zeitebenen), sein erzählerisches Interesse ist aber nicht auf deren prozessuales *Wie* gerichtet. Während im Nouveau Roman durch den Verzicht auf herkömmliche erzähltechnische Signale die zeitlichen Differenzen und Bewußtseinszustände nivelliert werden, findet sich in allen Romanen Johnsons eine grob eingehaltene Chronologie; mehr noch: in den Jahrestagen findet sich eine Chronik.[21]

Gewissermaßen als Antwort auf bereits vorhandene Untersuchungen, im besonderen auf Bernd Neumanns *Utopie und Mimesis,*[22] findet sich ein Vergleich der literarischen Praxis Johnsons mit der phänomenologischen Position Robbe-Grillets.[23] Dessen Programm der »destitution des vieux mythes de la profondeur« (S. 306) besteht in dem Verzicht auf jegliche anthropomorphisierende Metaphorik, um so eine von allen Deutungen befreite, sinneutrale Welt darstellen zu können. Uwe Neumann macht darauf aufmerksam, daß weder die aus diesem Programm resultierenden Dingbeschreibungen an sich noch die damit verbundene Art der Betrachtung der Dinge zu einer Schule (»école du regard«) geführt haben. Johnsons poetischer Realismus, der wesentlich durch die von Robbe-Grillet zurückgewiesene Art der Metaphern geprägt ist, zeigt sich gerade in Beschreibungen, deren Aura und Tiefe mit der »bedeutungslosen Oberfläche« der Schilderungen Robbe-Grillets kollidieren.

Die Entwicklung zum Nouveau Nouveau Roman in den sechziger Jahren läßt die Differenzen noch deutlicher hervortreten. Das nun formulierte Ziel, textuelle Welten ganz auf die »Beschreibung von Vertextungsverfahren« und die »Reflexion auf die Bedingtheiten der écriture« (S. 315) zu beschränken, führt zu einer »esthétique du langage« (Foucault). Ein radikal antimimetisches Programm, das die Verselbständigung sprachlicher Prozesse propagiert. Johnson hat diese Vorgänge ohne Zweifel wahrgenommen. Mit Gespür für Johnsons ernstgemeinte Spiele verweist Neumann auf den Nachruf *Identität des verstorbenen Autors zweifelhaft; Verleger verweigern Auskunft,*[24] den sich Johnson selbst ge-

---

20 S. 272, vgl. auch S. 283.

21 Vgl. dazu S. 280-291.

22 Neumann, Bernd: Utopie und Mimesis. Zum Verhältnis von Ästhetik, Gesellschaftsphilosophie und Politik in den Romanen Uwe Johnsons, Kronberg 1978.

23 Vgl. S. 304ff.

24 Johnson, Uwe: Porträts und Erinnerungen, hg. von Eberhard Fahlke, Frankfurt am Main 1988, S. 38-49.

schrieben hat. Mit »Strategie« sind die folgenden Zeilen überschrieben: »Mr. Johnsons beabsichtigt, das Manuskript vom Flughafen Orly zum Schauplatz seines Verschwindens mitzunehmen, es zu lesen und es dann für alle Zeiten zu verbergen.«[25] Das Verschwinden, der Tod des Autors, als Strategie. Diesem Phänomen war, vor allem in Frankreich, eine Debatte gewidmet, zu der unter anderem Roland Barthes' Schrift *La mort de l'auteur*[26] von 1968 gehört. Johnsons Nachruf stammt von 1970. Hier die Fortsetzung des Zitats: »Die Pariser Polizei betrachtet den bedauerlichen Zwischenfall, der sich am vergangenen Donnerstag auf dem Flughafen Orly zugetragen hat und am gleichen Tag entdeckt wurde, als ›nicht außergewöhnlich‹. (Orly ist der Flughafen von Paris, der Hauptstadt von Frankreich.)«[27]

Johnsons Geschichtsbild, sein Beharren auf der Frage »nach einem adäquaten und politisch verantwortungsbewußten Handeln« (S. 340), machen ihm die theoretischen Positionen des Nouveau Roman unannehmbar. Neumann verweist hier auf Norbert Mecklenburg. Geschichte selbst als Entwurf, hat dieser unter Anspielung auf eine inzwischen oft zitierte Formulierung aus den *Jahrestagen* festgestellt, hat Johnson nie zu denken oder zu erzählen versucht. Dieser Hinweis macht Johnsons dokumentaristische Konkretheit verständlich.

Anhand von Ricardous theoretischen Ausführungen wird der Abstand des Nouveau Roman zu Johnsons Werk vermessen. In diesen Zusammenhang gehört auch das danach besprochene Programm der »dissémination«. Ricardou benennt als zentrales Charakteristikum die »auto-représentation«: »Ainsi le roman est-il pour nous moins l'écriture d'une aventure que l'aventure d'une écriture« (S. 354). Das Wesen der Literatur besteht demzufolge »in der poetischen Funktion der Sprache, der Autoreferentialität, nicht in ihrer Referentialität« (S. 362), der Roman wird zu einem »autonomen System selbstreflexiver Zeichen« (S. 363). Gertrude Stein hat dafür die Formel »A rose is a rose is a rose is a rose« geprägt. Die Antwort Johnsons hätte nicht in einer Anmerkung stehen müssen.[28] »Eine Rose ist eine Rose ist eine Rose unzweifelhaft. Das Nähere regelt die Gewerkschaft Gartenbau in Kassel, oder Öffentliche Dienste, Transport und Verkehr in Stuttgart, im Verein mit der Gelehrtenrepublik.«

---

25 Ebd., S. 46.
26 Roland Barthes, La mort de l'auteur, in: Mantéia 5, 1968, S. 12-17.
27 Johnson, Porträts (Anm. 24), S. 46.
28 Vgl. S. 370, Anm. 63.

Der exkursartige Einschub über Flaubert als Bezugspunkt der Nouveau Romanciers läßt die besondere Stellung Johnsons deutlich werden. Flaubert, »als einer der großen Realisten des 19. Jahrhunderts«, ist »gleichwohl der Vertreter einer L'art-pour-l'art-Ästhetik« (S. 389). Johnsons Sprache zeigt nicht weniger Spuren poetischer Anstrengung als die Flauberts; der Hinweis auf Ortheils Feststellung, es gäbe in der deutschen Nachkriegsliteratur nur zwei Autoren, deren Sprache schulebildend wirken könnte, nämlich Johnson und Weiss, steht zu Recht am Ende des Kapitels. Johnsons poetisches Programm ist an »mimetisch-referentiellen Absichten« (S. 390) orientiert, bei gleichzeitiger Hochschätzung der Bedeutung und Möglichkeiten von Sprache als künstlerischem Mittel. Das impliziert auch Sprachkritik, die sich als Antwort auf den Sprachmißbrauch des Nationalsozialismus ebenso wie des Stalinismus versteht. An dieser Stelle (S. 411f.) bleibt Neumann leider zu allgemein, wenngleich die These, Johnson realisiere damit, was Ricardou fordert, aber einzulösen nicht in der Lage ist, einleuchtet. Ricardou, in gewisser Hinsicht der Extremist unter den Theoretikern des Nouveau Roman, faßt diesen als Sprachkritik auf, die den *nouveau lecteur* hervorbringe, einen im Umgang mit den ideologischen Texten seiner Welt mündigen Leser.[29]

Das siebente Kapitel hätte, seiner Bedeutung entsprechend, mehr Raum beanspruchen können. Es ist den »zentralen Erzählstrategien und Vertextungsverfahren« (S. 413) gewidmet, der Realisierung des bisher hauptsächlich durch Verweise auf poetologische Texte und Interviews Behaupteten. Beherzte Streichungen im Vorangegangenen hätten hier größere Textnähe erlaubt. So bleibt es manches Mal bei einer Verallgemeinerung, zudem läuft die Arbeit nach 400 Seiten Gefahr zu zerfallen. Die Aneinanderreihung der jeweiligen Gegenüberstellungen gefährdet gegen Ende den Blick auf den Gesamtzusammenhang.

Die Annahme, daß die Gespräche zwischen Gesine und Marie ein außerliterarisches Vorbild haben, nämlich Johnsons Gespräche mit Margret Boveri, muß hinter der Bedeutung, die Dialoge in Johnsons Romanen von Anfang an gehabt haben, zurücktreten.[30] Zumal eben deren Modernität ein Moment der Kontinuität des Johnsonschen Werkes ausmacht. In den Jahrestagen sind sie wesentlicher Bestandteil der Handlungen auf der Gegenwartsebene, wenngleich sie, wie Fries bereits nachgewiesen hat, auf die Vergangenheitserzählung keinen substantiellen Einfluß haben.

---

29 Vgl. S. 403–410.
30 Vgl. S. 425ff.

Daß sie für das Erzählen sehr wohl von Bedeutung sind, eben im Sinne einer Problematisierung, die nicht zerstört, hat Riordan dargestellt. Zu unterstreichen ist die Differenzierung, daß Johnson das Geschichtenerzählen *problematisiert,* während es im Nouveau Roman tendenziell *aufgegeben* wird (S. 417). Das trifft für alle Romane Johnsons zu, selbst wenn es in den von Neumann oft zitierten *Zwei Ansichten* zur Arabeske verkommen ist. Das epische Moment wird in den Jahrestagen besonders deutlich, als eine aus der Vielzahl von Episoden entstehende Kontinuität.[31] Daß er trotzdem auf die Erzählreflexion nicht verzichtet, beweist die Bedeutung, die das Erzählen als Prozeß für Johnson hatte – in freilich anderer Weise, als dies für den Nouveau Roman gilt.

Trotz aller bisher vorgetragener Kritik: Uwe Neumanns Buch ist von seltener Qualität. Das gilt zuerst für die immense Menge an Details, die über weite Strecken durch die aufwendige Gliederung überschaubar gehalten wird. (Ein solches Vorgehen verlangt aber unbedingt nach einem abschließenden, die Einzelbetrachtungen zusammenführenden Überblick. Er fehlt.) Der Versuch, Johnsons Poetik nach den für die Untersuchung relevanten Kriterien zu beschreiben, ist weit über die daraus resultierenden Beschränkungen hinaus gelungen und zu einem soliden Ausgangspunkt für weitere Betrachtungen geraten. Sodann gilt das Lob der Umsicht bei der Auswahl der einzelnen Vergleiche. Sie lassen sowohl die Unterschiede zwischen den einzelnen Nouveau Romanciers als auch deren Kontrast zu den Ansichten und Romanen Uwe Johnsons deutlich hervortreten. Und nicht zuletzt gilt es der im Lang-Verlag schon außergewöhnlich zu nennenden geringen Zahl an Druckfehlern. Das Buch ist zur rechten Zeit erschienen und der Johnsonforschung sind mehr von dieser Art zu wünschen. Vielleicht mit weniger Gewicht, aber doch vom gleichen Format.

Holger Helbig, Universität Erlangen-Nürnberg, Institut für Deutsche Sprach- und Literaturwissenschaft, Bismarckstr. 1b, 91054 Erlangen

---

31 Vgl. S. 419f.

Thomas Schmidt

Auf dem Weg zum Klassiker?

Uwe Johnson: »Entwöhnung von einem Arbeitsplatz«. Klausuren und frühe Prosatexte. Mit einem philologisch-biographischen Essay hg. von Bernd Neumann, Frankfurt am Main 1992, 211 Seiten (Schriften des Uwe Johnson-Archivs 3).

Uwe Johnson: »Wo ist der Erzähler auffindbar?« Gutachten für Verlage 1956–1958. Mit einem Nachwort hg. von Bernd Neumann, Frankfurt am Main 1992, 207 Seiten (Schriften des Uwe Johnson-Archivs 4).

du. Die Zeitschrift der Kultur, 1992, Heft 10: Uwe Johnson. Jahrestage in Mecklenburg, Zürich 1992.

Kennen Sie die Zeitung *Blickpunkt Bahn?* Nein? Die Leser des Jahrbuchs und der *Zeitung der Deutschen Bundesbahn und der Deutschen Reichsbahn* werden wohl nur in wenigen Fällen dieselben sein. In dieser Zeitung war im Heft 10/92 auf Seite 16 ein Beitrag über *Eine Reise zu Uwe Johnson* zu lesen, der sich u.a. durch dessen »heftige Zuneigung zur Bahn« legitimierte. Berichtet wurde von der Reise des Suhrkamp-Verlegers Siegfried Unseld und einiger seiner Autoren mit dem ehemaligen Regierungssonderzug der DDR durch *Johnsons Mecklenburg*. Im gleichen Jahr reiste auch eine Uwe Johnson-Ausstellung durch Deutschland, die in sechs großen Städten an den ›Dichter der deutschen Teilung‹ oder ›der beiden Deutschland‹, den wichtigsten Erzähler der DDR-Literatur und wie die Stigmata noch lauten, erinnern oder ihn erst einmal bekanntmachen sollte. Das gleiche Ziel hatte der Schwerpunkt *Uwe Johnson* auf der Leipziger Buchmesse 1992, den deren Veranstalter gemeinsam mit dem Suhrkamp-Verlag zu setzen versuchten.

Zu eben dieser Buchmesse lagen am Suhrkamp-Stand die Bände 3 und 4 der *Schriften des Uwe Johnson-Archivs* aus und steigerten damit den Symbolwert der Kampagne: ein Dichter kehrt in die Stadt seines Studiums zurück. – Mecklenburg wird als Uwe Johnsons Heimat literat(o)ur(ist)isch erschlossen; der Schriftsteller wird zum Gegenstand einer Ausstellung; eine Buchmesse steigert mit ihm ihr Image; es gibt ein Archiv mit einer eigenen, gut aufgemachten Schriftenreihe. Zeitgeschichte und Kommerz bringen den Kritiker beider Deutschland noch nicht einmal ein Jahrzehnt nach seinem Tode auf den Weg zum Klassiker.

Hatten die ersten beiden Archiv-Bände[1] eher illustrierenden Charakter (Verhältnis Verleger-Autor; Das Archiv; Recherche über die Topographie der *Jahrestage*), so sind in diesen beiden von Bernd Neumann herausgegebenen Büchern – bis auf eine Ausnahme – unveröffentlichte Texte des Schriftstellers aus seiner Zeit in der *Demokratischen Republik* vereint. Die Texte entstanden zwischen 1952 und dem Jahr seines *Umzugs* nach Westberlin 1959: Klausuren und Seminarreferate des Studenten; Exposés für Ausgaben, Verlagsgutachten und Rezensionen des arbeitslosen Germanisten; Kurzprosa und Prosa-Varianten. Es sind somit die wichtigsten Johnson-Publikationen der letzten zwei Jahre.

Eigentlich ist es wohl Sache der einem Klassiker zustehenden historisch-kritischen Ausgabe, dessen frühe und auch die nicht-poetischen Texte zu veröffentlichen. Die vorliegende Edition mag sich aber dadurch rechtfertigen, daß sie nicht nur das geistige Umfeld der ersten beiden Romane *Ingrid Babendererde* und *Mutmassungen über Jakob* bis in Motive und Gestaltungsweisen hinein überraschend aufhellt, sondern auch zeigt, wie Johnson in Anlehnung an und in Abstoßung von in der DDR der 50er Jahre gültigen kulturpolitischen Wertmaßstäben seine originäre Poetologie entwickelte. Der ehemalige Güstrower Oberschüler, der nach seiner Rostocker Exmatrikulation wegen Parteinahme für die Junge Gemeinde in Leipzig studierte und den nach seinem Studium kein Verlag zum Lektor wollte, ja den nicht einmal eine Maschinen- und Traktoren-Station als Kulturobmann genommen hätte, schrieb Ende der 50er Jahre die DDR-Literatur, die freilich nichts von ihm wissen wollte, auf den avanciertesten Stand der modernen Schreibkunst.

Bis auf den Abituraufsatz *Die Kunst gehört dem Volke* und Johnsons bisher verschollener, nun aber von Elmar Jansen zum Druck vorbereiteter Diplomarbeit über Barlachs *Der gestohlene Mond* und einem zu vernachlässigenden und wohl wirklich erst in einer späteren Gesamtausgabe Platz findenden Übersetzungsversuch wollen die beiden Bände vollständig sein. Doch zumindest für die Arbeiten für DDR-Verlage stellt sich die

---

1 Unseld, Siegfried/Fahlke, Eberhard: Uwe Johnson. »Für wenn ich tot bin«, Frankfurt am Main 1991 (Schriften des Uwe Johnson-Archivs 1); Nöldechen, Peter: Bilderbuch von Uwe Johnsons Jerichow und Umgebung. Spurensuche im Mecklenburg der Cresspahls, Frankfurt am Main 1991 (Schriften des Uwe Johnson-Archivs 2).

Frage, ob nicht eine Reduzierung um einige Gutachten und um Passagen
aus den Exposés zu Ausgaben von Altenberg, Wedekind und Werfel der
Lesbarkeit und Prägnanz dieser nicht einschränkend auf ein literatur-
wissenschaftliches Publikum angelegten Reihe[2] zugute gekommen wäre.
Für den Band *Entwöhnung von einem Arbeitsplatz* ist das weniger problematisch. Johnsons Arbeiten als Germanistikstudent sind nicht nur prägnant
in ihren Aussagen und völlig selbständig in der Darstellung literaturge-
schichtlicher Kenntnisse. Sie befreien sich auch früh von einer akademi-
schen Terminologie und formen einen Stil, der mit feinem Gespür für die
Gefährdungen von Sprache nach präzisen und ungewöhnlichen Formu-
lierungsmöglichkeiten sucht: »Das Leben Franz Kafkas geschah in der
Zeit von 1883 bis 1924.« Aber auch sonst war der Student in Leipzig sich
seiner Urteile sicher. Ein Referat über Thomas Otway, das ihm mit
einem exzellenten Exkurs über den englischen Materialismus und das
Theater des 17. Jahrhunderts in England die Aufmerksamkeit seines
Lehrers Hans Mayer einbrachte, belegt dies ebenso wie die beiden
Abschlußklausuren, die der Kandidat aus inhaltlichen und politischen
Gründen wiederholen mußte. Uwe Johnson betrieb mit seinem Lehrer
ein *Klausur-Spiel,* das zu einer leichten Verstimmung bei beiden führte.
»Es ist leider nicht möglich, diese Klausur zu lesen, d.h. zu entziffern«,
lautete Mayers doppeldeutiges Urteil über die eine, die Heines *Winter-
märchen* zum Gegenstand hatte und geschrieben ist voller Anspielungen
und im Wissen um die genaue Heine-Kenntnis des Lehrers. Unter die
andere Klausur schrieb dieser: »Es hieße, sich zum Partner – sagen wir:
eines Spiels! zu machen, wollte man diesen Aufsatz lesen und ›zensieren‹,
als ob es sich um eine gültige Prüfungsleistung handle.« Johnson interpre-
tierte in dieser Klausur, die den IV. Deutschen Schriftstellerkongreß 1956
zum Gegenstand haben sollte, seinen eigenen als Manuskript bei Hans
Mayer auf dem Schreibtisch liegenden Roman *Ingrid Babendererde.*[3] Die
Interpretation ist (kultur)politische Kritik: »So lernte man auf der Oberschule die Ironie in ihren zierlichsten Spielarten, so lernten die meisten

---

2 Durch Güstrow laufen Touristen mit Peter Nöldechens Band über die Topographie
der Johnsonschen Romane als Reiseführer.
3 Vgl. zu den kulturpolitischen Zusammenhängen der in der Klausur teilweise
(scheinbar) ungenau dargestellten Problematik und Johnsons Hintergrundwissen zum
IV. Schriftstellerkongreß die Anmerkungen in: Gansel, Carsten: Uwe Johnsons Frühwerk, der IV. Schriftstellerkongreß und die Tradition des deutschen Schulromans um
1900, in: Ders./Bernd Neumann/Nicolai Riedel (Hg.), Internationales Uwe-Johnson-
Forum. Beiträge zum Werkverständnis und Materialien zur Rezeptionsgeschichte. Band
2 (1992), Frankfurt am Main 1993, S. 86f. und 94f.

das plump widerliche Erlügen einer Haltung zur Demokratischen Republik, die sie nicht hatten, die sie nicht haben konnten sieben Jahre nach dem Kapitalismus und faschistischem Krieg.« Zum Schluß fordert Johnson indirekt die Veröffentlichung seines Romans. Das war ein politischer Eklat und nicht mehr allein in Mayers Hand, dem dieses »ungeheure Selbstgefühl« (Neumann) wohl auch zu weit gegangen sein mochte. In den fälligen Nachhol-Klausuren zu Brechts *Der gute Mensch von Sezuan* und Hebbels *Maria Magdalena* vertieft Johnson den Eindruck, den schon der Otway-Vortrag nahelegte und den auch seine Gutachten zu den Wedekind- oder Werfel-Ausgaben bestätigen; der Editor arbeitet das in seinem Nachwort heraus: Johnson behandelt die Stücke wie ein Dramaturg der Brechtschen Schule.

Auch in seiner frühen Kurzprosa zeigt sich Johnson als ausgesprochen pointiert und scharf formulierender Beobachter der politischen Wirklichkeit der frühen DDR: etwa in einer genauen Beschreibung der Sinnentleerung und des machtpsychologischen Mechanismus' des *Wahlgangs* oder im fingierten *Brief an Kurt Hoppenrath.* Letzterer ist eine Art politische Referenz für seinen in den Westen gegangenen Oberschul-Lehrer. »Herr Hoppenrath war die unwahrscheinliche Erscheinung des vertrauenswürdigen Lehrers. [...] Unerträglich wurde seine Stellung, als er die freundschaftlich werbende Hand der SED (Sozialistische Einheitspartei Deutschlands) übersah.« Der Unterschrift Johnsons ist folgende Notiz nachgestellt: »Herr Uwe Johnson [...] hat obenstehende Unterschrift in meiner Gegenwart vollzogen. (–) ... Barr, Psychiatr.- u. Nervenklinik der Univeristät Rostock.« Auch ein Original-Stempel der Anstalt fehlt nicht. Dieser Nachsatz mag zugleich Selbstironisierung und Selbstschutz gewesen sein. Der Text nämlich ist politisch ausgesprochen direkt formuliert; ganz im Gegensatz zur später in *Karsch, und andere Prosa* veröffentlichten Erzählung *Jonas zum Beispiel,* deren Herkunft der Band zeigt.

In seiner frühen Prosa experimentiert Johnson mit darstellerischen Mitteln wie in dem literarisch wohl besten Text dieses Bandes: *Gerücht vom Zwirn* (1958). Er probiert hier im multiperspektivischen Zulassen verschiedener Stimmen das poetische Verfahren aus, das die *Mutmassungen* ein Jahr später zu einer Sensation werden läßt. Und in Johnsons frühestem bekannten Text, dem der Herausgeber den Titel *Beschreibung Gabrieles* gab, schreibt sich der Achtzehnjährige an ein Generalthema seines späteren opus magnum *Jahrestage* heran. Photographien werden befragt auf ihre mnemonische Haltbarkeit; sie sind Anlaß, eine Geschichte zu produzieren.

In den Gutachten probiert sich der Erzähler gleichfalls aus: wie er zu Rudolf Bartschs Fragment *Die Lüge geht mitten durchs Herz* feststellt: »Der Erzähler ist nicht auffindbar [...] Die Folgen sind übel«, so geht es ihm auch in den anderen Verlagsarbeiten an vorderster Stelle um die Logik des Erzählens und die Organisation des sprachlichen Materials. Sichtbar wird eine dem Begutachter als Maßstab dienende Poetologie. Diese Gutachten und Lektorate hatten sehr heterogene Texte zum Gegenstand: englische Romane des 19. und 20. Jahrhunderts, Manuskripte über Wandlungen eines jungen Faschisten, die Nachkriegszeit und auch Karl Mundstocks Roman *Helle Nächte*. Der in der DDR-Literaturgeschichtsschreibung später als ein Beispiel des *Produktionsromans* gehandelte Text über den Aufbau des Eisenhüttenkombinats/Ost ist dem Gutachter ein »ungegliedertes Monster«; für ihn »ergibt sich der Eindruck der Autor habe die Mühe eines kurzen Buches gescheut, so ist es ein langes geworden«; »ein weniger lyrisch verehrter Stalin wäre erträglicher«. Johnson resümiert: »Die literarische Bedeutung des Buches hält sich in den Grenzen der Reportage und des Tatsachenberichtes, so ist es ein historisches Dokument.«

Das exzellente Jean Paul-Nachwort kam durch Johnsons ›Ortswechsel‹ nach Westberlin nicht mehr zum Druck. Johnson schrieb dazu an den Chef des Mitteldeutschen Verlages: »Ich bin das literarische Engagement inzwischen leid. Sie wissen dass ich mich damit nicht begeben möchte in die freie Warenwirtschaft, für die Republik reicht es erwiesener Massen nicht aus. Das ist eine Frage des persönlichen Verhältnisses zur schriftlichen Aussage, das kann ich nicht absichtlich ändern.«

Ein Drittel der beiden Bände machen die essayistischen Nachworte des Herausgebers aus. Vermutet man in der Unmenge an neuen Fakten über Johnsons Leben und Schreiben Teile der Biographie, an der der Editor derzeit arbeitet, möchte man mit einem Gutachten Johnsons empfehlen: »Ein Druck in diesem Zustand ist nicht ratsam.« Neumanns Nachworte kranken nicht nur an mangelnder sprachlicher und inhaltlicher Durcharbeitung – im Sog der suggestiven Sprache Johnsons sich spreizendes mimetisches Schreiben und inhaltliche Doppelungen häufen sich; sie sind auch ein Beispiel für die Zurichtung eines Autors nach Gutdünken des Interpreten. Johnson ist schon in seiner Oberschulzeit für Neumann derjenige, »der nur allzubald Adorno und Bloch lesen und hören würde«, er gilt ihm schon da als der Autor der *Mutmassungen*. Für den Herausgeber ist Uwe Johnson »ein frühreifer Proust in Güstrow«, »ein ›deutscher Faulkner‹, ein Riese des avancierten Erinnerungs-Erzählens«. In des Editors Prokrustesbett findet sich die harsche Kritik

Johnsons aus dem Exposé für eine Peter Altenberg-Ausgabe (kein Verhältnis zum geschriebenen Wort, Formlosigkeit und verspielte Eitelkeit der Texte, Protesthaltung als Bohemien bloße Attitüde u.a.) unversehens als Faszination wieder; die Rezension von Weyrauchs *bericht an die regierung* wird auf den respektvollen Umgang mit einem »Kollegen« zusammengepreßt, obwohl Johnson grundsätzliche Einwände an Weyrauchs Darstellungstechnik geltend macht. Vergleichbares findet sich nicht nur in der Kommentierung des Immatrikulationsaufsatzes über Arnold Zweigs *Der große Krieg der weißen Männer*. Dies alles, um unter Trommelwirbel Buñuel adaptierend zu resümieren: »Es war [...] eine Hochzeit zwischen dem sehr tüchtigen proletarischen Schriftsteller Karl Mundstock und dem Wiener Décadent Peter Altenberg, zwischen Stahlwerk und Café, [...] zwischen dem damals schon gestrigen Heute der aktuellen sozialrealistischen Literatur und der immer noch höchst heutigen [...] des Wiener Fin de siècle.« Trotzdem gibt es zwischen Altenberg und Johnson z.B. mehr Gemeinsames als den übermäßigen Genuß von Alkohol. Eines der Johnsons gesamtes Schaffen durchziehenden Hauptmotive, die Katze (als Allegorie unentfremdeten Lebens; als Katze Erinnerung, die sich selbst in den Schwanz beißt), hat in der Altenberg-Lektüre einen Ursprung. Das stellt Neumann auch dar.

Für Johnson waren die Gutachten zumeist interessegeleitete Brotarbeiten. Diese Arbeiten fordern jedoch fragend ein, wieso ein DDR-Verlag von einem mit Berufsverbot belegten Germanisten zu so virulenten Themen wie Altenberg, Wedekind und Werfel, die nun wahrlich nicht zum sogenannten Erbekanon gehörten, Gutachten erstellen ließ. Das findet aber genausowenig des Herausgebers Interesse wie der Verbleib der Gutachten, was daran liegen mag, daß Neumann die Johnson-Arbeiten nicht mühsam zusammensammeln mußte, sondern sie zu großen Teilen vom Archiv bekam.

Dafür taugt Uwe Johnson dem Editor für einen politisch denunzierenden Grabenkampf, der geradezu mit Genuß – Positionen entstellend und verdrehend – inszeniert wird. Dessen Ziel ist Jürgen Grambow, der sich um Johnsons Wunsch gekümmert hat, »in beiden Teilen Deutschlands mit dem Leser verkehren zu dürfen«[4] und den einzigen Band mit Johnson-Prosa in der DDR herausgab. Grambow, der übrigens auch als

---

4 Johnson, Uwe: Ich über mich, in: Rainer Gerlach/Matthias Richter (Hg.), Uwe Johnson, Frankfurt am Main 1984, S. 16-21, hier: S. 19.

erster über *Johnson bei Aufbau*[5] recherchierte und vortrug, hätte diese frühen Johnson-Texte wohl auf eine adäquatere Art kommentiert; möglicherweise im Sinne von Johnsons späterer Auswertung seiner DDR-Erfahrung: »wer da ging, sagte sich von einem Lehrer los, nicht ohne Würdigung der vermittelten Erkenntnisse, aber unbeirrbar in dem Entschluß, die Vormundschaft grundsätzlich aufzukündigen.«[6] Grambow hätte auch gewußt, daß die 1. Bitterfelder Konferenz bereits 1959 stattfand und daß der Name desjenigen, der mit Honecker im Zuchthaus war, zwar auch mit *H* beginnt, aber nicht Hermlin war, sondern – Havemann, Robert; Hermlin blieb ein deutsches Zuchthaus erspart.

Resümierend ist zu den beiden Bänden festzustellen, daß Johnsons frühe Texte lebendig genug sind, um sich der in der Verkürzung lauernden Abtötung eines rachelüsternen Bernd Neumann zu entziehen.

Ein bisher unveröffentlichter Text des Schriftstellers ist auch im Uwe Johnson gewidmeten Oktober-Heft der ambitionierten Schweizer Kultur-Zeitschrift *du* zu lesen. Zusammen mit dem seit zwei Jahren oft zitierten Kapitel vom 29. Mai aus den *Jahrestagen* (»Wenn Jerichow zum Westen gekommen wäre«) bildet *Zurück in die Heimat und weg aus ihr* formal und auch inhaltlich den Rahmen für neun Beiträge, eine Vielzahl Fotografien und eine von Archiv-Leiter Eberhard Fahlke zusammengestellte und bebilderte Biografie in Stichpunkten, die in ihrer knappen, aber ausgesprochen prägnanten Ausformulierung durch Vollständigkeit besticht. In gleichsam schlagender Symbolik schließt diese Biografie mit Worten aus Heinrich Bölls Nachruf auf Johnson, dessen Nobilitierung zum Klassiker beschwörend, das Heft ab: »Spätere Zeiten erst werden seine Grösse wahrnehmen.«

Der Erstdruck *Zurück in die Heimat und weg aus ihr* ist eine Fortsetzung des posthum veröffentlichten *Versuch, einen Vater zu finden*; also die in mecklenburgischer, deutscher und europäischer Geschichte gespiegelte Biografie Heinrich Cresspahls – diesmal der Jahre 1918–1924. Norbert Mecklenburg kommentiert den Text aus seinen sachlichen Abweichungen zu den *Jahrestagen* als eine der »Vorstufen« zum Roman, ja als dessen »Urfassung«.

---

5 Vgl. Grambow, Jürgen: Uwe Johnson bei Aufbau. Notizen zu einer Vorgeschichte, in: Weimarer Beiträge 36, 1990, S. 1523-1528.

6 Johnson, Uwe: Versuch, eine Mentalität zu erklären. Über eine Art DDR-Bürger in der Bundesrepublik Deutschland, in: Ders., Berliner Sachen, Frankfurt am Main 1975, S. 59.

»Wenn Jerichow zum Westen gekommen wäre« bestimmt einen thematischen Akzent des Heftes: die deutsche Einheit und ihre Folgen auch für die Johnson-Rezeption. Dem ordnen sich einige Beiträge und die Fotos von Thomas Flechtner unter, oder besser – zu: Bilder aus dem Mecklenburg des Jahres 1992. Die Distanz des Schweizers erzeugt Unsicherheit beim Betrachter; das Urteil schwankt zwischen Klischee und origineller Konstellation. Vom das spärliche Licht spiegelnden Kopfsteinpflaster einer Schweriner Gasse gleitet der Blick auf die Reklame am sich duckenden Giebel eines Fachwerkhauses: »Erotik bei Horst-Otto«. Am Bahnhof Güstrow steht vor den alten Lagerhallen von »Aug. Haacker, Kohlen Baustoffe Eis ...« ein Kleiderständer und etwas daneben, aber zentral im Bild, eine leere Bananenkiste. Erst beim zweiten Hinsehen wird am Rande einer Landschaft auf dem Fischland bei Ahrenshoop ein Trabant-Wrack im Straßengraben sichtbar. Was für den Johnson-Leser, zumal wenn er solche Konstellationen im Osten tagtäglich durchlebt, bekannte Bilder und Motive sind, mag für den Schweizer Adressatenkreis exotisch sein, verfremdet aber über diesen Blick womöglich auch die eigene Wahrnehmung. Im Kontrast zu Flechtners Bildern stabilisieren die Zeichen des Verfalls in der zweiten Gruppe von Fotografien, den Schwarz-Weiß-Fotos aus Johnsons eigenem Bestand, eher eine scheinbare Idylle. Beide Bildfolgen zeigen die topographischen Ränder des Bodens, auf dem Johnsons Nobilitierung statthat: Mecklenburg – als Ausgangs- und Zielpunkt eines Klassikers.

Flechtners Bilder illustrieren den als Journal einer Reise durch Johnsons Mecklenburg ausgewiesenen Beitrag Wilfried F. Schoellers; ein Konglomerat aus Reflexionen und Beobachtungen im Mecklenburg der Nach-Wende-Zeit vor dem Hintergund der Bücher und Themen des Schriftstellers. Gleichzeitig problematisiert der Beitrag Schoellers aber auch »die Grenze: die Entfernung: den Unterschied«[7] und läßt damit nicht aus, daß Johnson trotz einer zeitgeschichtlich bedingten und ihn glättenden Konjunktur spröde bleibt wie die Landschaft, die ihn formte: »mit seiner immer von Schweigen bedeckten Hoffnung, die er einst mit seiner Gesine geteilt hat, mit dieser Hoffnung als menschlichem Mass? Er ist durch die Wiedervereinigung in eine Art deutsches Niemandsland gerückt.«

Die zweite Text-Gruppe formiert sich weniger um *Jahrestage in Mecklenburg* als vielmehr um die Person des (Wahl-)Mecklenburgers. Uwe Johnson ist anscheinend lange genug tot, um über ihn von seinen

---

7 Johnson, Uwe: Das dritte Buch über Achim, Frankfurt am Main 1973, S. 9.

Freunden und Kollegen Auskunft verlangen zu können. Greifbar werden dabei Versatzstücke eines Psychogramms. »Alle hatten Angst vor ihm«, beginnt Günter Kunert seinen distanziert-skurril und gnadenlos freundlichen, jedes Wort über das Werk vermeidenden Bericht über den disziplinierten Alkoholiker Uwe Johnson und beschreibt u.a. die gemeinsame Suche nach einem kleinen Nivea-Gummiball in seinem Ostberliner Haus. Familie Johnson wäre deshalb um ein Haar zu spät an den Grenzübergang gekommen. »Johnson umgab eine Glasglocke aus Fremdheit, die vermutlich keiner zu durchdringen vermochte«, ist Kunerts Resümee. Auch Fritz Rudolf Fries, wie Johnson in den 50ern Student in Leipzig und wie dieser seine Erfahrungen mit der DDR dieser Zeit in einem Roman verarbeitend (*Der Weg nach Oobliadoh* steht dem Johnsonschen Meisterwerk *Mutmassungen über Jakob* nicht nach), schreibt in seinem ansonsten eher unpersönlichen Beitrag von den Unwägbarkeiten im Umgang mit seinem ehemaligen Kommilitonen: »Später tauschten wir von Missverständnissen gefährdete Briefe.« Ebenso macht auch Helen Wolff den Menschen Johnson sichtbar: »Was ihm fehlte, um ganz gewinnend zu sein, war die Nachsicht – womit er sich und seinen Nächsten das Leben zerstörte.« Sie berichtet in nahezu weiser Ausgewogenheit von ihrer ersten Begegnung mit Uwe Johnson während dessen Amerika-Besuch mit Günter Grass. Nicht nur eine Stelle hat sie Johnson verschafft, sondern auch seine Recherche zu den *Jahrestagen* unterstützt, z.B. durch die Vermittlung einer Fahrt mit einem Polizei-Streifenauto. Ebenso wie Hannah Arendt konnte Helen Wolff Johnson erzählen, »wie die Welt vor der Judenausrottung ausgesehen hatte«. Damit markierte die Verlegerin einen prägnanten Eckpunkt von Johnsons Amerika-Erfahrung: »Es lag ihm daran, jüdischen Menschen zu begegnen, denn er war in einer ›judenfreien‹ Umgebung aufgewachsen – was er, der tief Unschuldige, als Schuld empfand.« »Die Wahrheit über Uwe Johnson bleibt Mutmassung«, schreibt Helen Wolff ans Ende ihres Beitrages. Das ist wie ein Resümee zu der zuvor stehenden Erinnerung Jürgen Beckers *Das Dokument aus Cottbus*. Johnson, der schon in den *Mutmassungen* mit intimen Detailkenntnissen der Stasi-Szene aufgewartet hatte, zauberte den genauen Lageplan des Grabes von Beckers Mutter auf einem Cottbusser Friedhof hervor: »Zu verstehen, zu fragen habe ich auch nichts, ihm selber sei eine Auskunft auch nicht erlaubt, die Auskunft nämlich, die dieses Papier gebe, sei geheim ermittelt worden […].« Nichts wird aufgelöst, es bleibt geheimnisvoll, undurchschaubar. Hans Mayer trägt zum Psychogramm Uwe Johnsons zwar nichts bei, versucht aber dessen Tragweite abzustecken. Johnson gehört in die Reihe derer, die die Aura unnachahmlicher

Individualität vorweisen können. Wie bei Kafka oder Brecht sei bei Johnson Leben und Werk in jedem Augenblick verbunden gewesen. Für Mayer steht Uwe Johnson in der deutschen Nachkriegsliteratur neben Paul Celan, Arno Schmidt, Friedrich Dürrenmatt und Thomas Bernhard. Hans Mayer stellt sich selbst die Frage, ob er für Johnson ein Ziehvater war. Er beantwortet sie – mit ja und nein. Den Beginn der langdauernden Bekanntschaft durch das Referat über Otway (s.o.) bestätigt *einer seiner Lehrer* jedenfalls.

Zwei Aufsätze aus dem literaturwissenschaftlichen Lager bilden die abschließende dritte Gruppe des Heftes. Barbara Bastings Aufsatz *Verwandtschaft der Schuld* geht nach Meinung des Rezensenten von zu oberflächlichen Prämissen aus. Nicht die schuldhaften Verstrickungen von Heinrich Cresspahl sind es, mit denen Lisbeth nicht fertig wird. Cresspahls Schuld war es vor allem, »daß er solche Vergrößerung ihrer Schuld nicht aufgehalten hatte«,[8] nämlich daß Lisbeth zurückgegangen ist und bleiben wollte in Hitlers Deutschland. Die kategorische Bindung Lisbeth Cresspahls an die protestantische Moral und deren Institution, die Kirche, sind letztlich eine Ursache für Gesines Gedächtnis-Trauma[9] und für Lisbeths Selbstmord. Außerdem ist das Schuldmotiv schwer thematisierbar, ohne aus der Perspektive der gedoppelten Erzählinstanz die jüdische Dimension des Romans miteinzubeziehen. Die Verquickung der Themen und Motive um den Miniaturhausbau herum ist weitaus komplexer, als Barbara Basting annimmt.[10] Zudem haben die *Jahrestage* 366 und nicht 365 Tage (und 367 Eintragungen) – 1968 war ein Schaltjahr. Bei der Kennzeichnung des »utopische[n] Entwurf[s]« der *Jahrestage* unterläuft Basting ein noch gravierenderer Irrtum, der ihre eigene These an dieser Stelle ad absurdum führt: »So wie die Auseinandersetzung mit der Generation der Mütter und Väter immer wieder von neuem einsetzen muß – in den letzten Worten des Romans bezeichnet Gesine Marie einmal mehr als ›das Kind, das ich war‹ und deutet damit eine zyklische Geschichtsauffassung an.« Gesine bezeichnet Marie an keiner Stelle des Romans als »das Kind, das ich war«, schon gar nicht an dessen Ende, sondern kennzeichnet mit diesen Worten ihre eigene Erfahrung: daß die Differenz zwischen erlebter und gelebter Kindheit Ursache für einen

8 Johnson, Uwe: Jahrestage. Aus dem Leben von Gesine Cresspahl, Band 1-4, Frankfurt am Main 1988, S. 511.

9 Vgl. ebd., S. 1856.

10 Vgl. in diesem Band: Schmidt, Thomas: »Es ist unser Haus, Marie.« Zur Doppelbedeutung des Romantitels *Jahrestage*.

komplizierten, an der Grenze zum Pathologischen statthabenden Er-
innerungsvorgang ist.

Bernd Neumanns Beitrag *Korrespondenzen. Uwe Johnson und Hannah
Arendt* läßt dagegen – im Gegensatz zu seinen Texten in den beiden
Archivbänden – auf eine Biographie des Schriftstellers hoffen, die Leer-
stellen erhellt und Zusammenhänge klärt und dabei die Unverletzlichkeit
der Privatsphäre des Autors wahrt, an deren Grenze zumindest Günter
Kunert in seinem Beitrag wohl gelangt ist.

Die jüdische Philosophin hat sich Johnson des öfteren verweigert. Sie
wollte ihm nicht die Büchner-Preis-Rede halten; er durfte ihre Erinnerungen an ihre Heimat Königsberg nicht aufschreiben; in seinem New
York-Film wollte sie nicht auftreten; sie verweigerte auch die Aufnahme
in die *Jahrestage:* Johnson hat den Doppelnamen Arendt-Blücher daraufhin aus dem Manuskript gestrichen, und Hannah Arendt in der Gräfin
Seydlitz porträtiert. Aber diese Verweigerungen haben der Beziehung
beider keinen Abbruch getan. Neumann berichtet von Spaziergängen
durch die jüdischen Viertel New Yorks: »Sie [...] hatte nicht verstehen
können, wie man jemanden nicht an den Zügen seines Gesichts als
jüdisch erkennen könne.« Johnson bleibt ihr verbunden bis zu ihrem
Tod. Auch in der Aufnahme philosophischer Positionen: Hannah Arendt
hat die Herrschaft über die Erinnerung als das zentrale Kennzeichen
totalitärer Herrschaft bestimmt. »Beide von Johnson verarbeiteten totalitären Systeme setzten jedenfalls auf Machtausübung durch die Aus-
löschung aller individuellen Erinnerung auf dem Weg über die Bürokra-
tie. Die Verfügung über das Gedächtnis der Untertanen galt ihnen als
Herrschaftsgarantie.«

Die freundschaftliche Beziehung beider dokumentiert auch der Briefwechsel. Diesen Vorteil, mit unveröffentlichtem Material arbeiten zu
können, reizt Neumann allerdings nicht voll aus. – Zudem unterläuft ihm
auch hier eine Ungenauigkeit: Nicht nur im Briefwechsel mit Frau
Arendt grüßte Johnson mit deutschen Grußformeln am Ende, auch in
dem mit Max Frisch.[11] – In dem Briefwechsel Arendt-Johnson nimmt
Walter Benjamin eine zentrale Position ein. Diese Position auch für die
Jahrestage zu bestimmen, unternimmt Neumann in der Rekonstuktion
eines Ursprungs des Romans. Neumann hat entdeckt, daß der »Schriftsteller Johnson«,[12] den die Hauptfigur Gesine Cresspahl im Roman am

---

11 Vgl. du. Die Zeitschrift der Kultur, 1991, Heft 12: Max Frisch 1911–1991,
S. 74ff.
12 Johnson, Jahrestage (Anm. 8), S. 253.

16.1.1967 auf einer Veranstaltung des *Jewish American Congress* zum ersten Mal trifft, realiter an diesem Tag zu einem Vortrag Hannah Arendts über Walter Benjamin war. Von diesem Vortrag ausgehend, bestimmt Neumann die Bedeutung Benjamins für Johnson – für eine Biografie wohl ausreichend. Die Interferenz wesentlicher Themen und Motive in dieser zentralen Szene belegt erneut das jüdische Thema als eines der wichtigsten des Romans.

Das Heft hat *Lesenswert* und *Sehenswert* – und nicht nur aus der Perspektive der Schweiz. Es trifft die disparaten Gründe von Johnsons derzeitiger Aktualität: der ›Dichter der deutschen Teilung‹ als Protagonist der deutschen Einheit; die deutsch-rassistische Schuld gegenüber den Juden, die auratische Persönlichkeit im Umfeld der Entindividualisierung. Neben den Archivbänden 3 und 4 verdeutlicht es eine Tendenz, die die skeptische These vom werdenden Klassiker unterstützt: indem das Bild Uwe Johnsons schärfer wird, läuft es auch Gefahr, sich zu verklären.

Ein Text des Heftes jedoch ist bisher vergessen worden; der des Freunds und Verlegers von Uwe Johnson, Siegfried Unseld. Unseld hat über seine Beziehung zu Johnson schon im ersten Band der oben rezensierten Reihe Intimeres und Überzeugenderes geschrieben. Der sich dem Deutschland-Thema zuordnende Beitrag hier ist eher ein verdünnter Auszug von schon einmal Gelesenem und Gehörtem über das Werk, den Autor und dessen Stigma, Dichter beider Deutschland zu sein. Aber vielleicht hören wir demnächst aus der Zeitung der Lufthansa wieder vom Chef des Suhrkamp-Verlages. (Es ist doch möglich, daß Herr Unseld mit einer Iljuschin 18 von Berlin-Schönefeld zum JFK-Airport in New York fliegen wird, um daselbst vor des Autors und seiner Hauptfigur Wohnhaus am Riverside Drive ein Rauch- und Trankopfer zu bringen.)

Thomas Schmidt, Kunitzer Str. 15, 07749 Jena

»... und hätte England nie verlassen«
Uwe Johnson zum Gedenken

Vor zehn Jahren trafen sich Freunde und Leser Uwe Johnsons in London und folgten so einer Verabredung, die Uwe Johnson selbst getroffen hatte. Er war zum Vorlesen verabredet gewesen, doch ließ sein Tod aus der Lesung eine Ehrung werden.

Das Institute of Germanic Studies der University of London und das Johnson-Jahrbuch knüpfen an diese Veranstaltung an. Aus Anlaß des 60. Geburtstages und 10. Todestages veranstalten wir vom *19.–21. September 1994* in London eine Tagung, Uwe Johnson zu Ehren. Das zentrale Thema werden, aus gegebenem Anlaß, die *Jahrestage* sein.

Es sprechen und lesen: Michael Bengel, Dr. Greg Bond, Dr. Eberhard Fahlke, Dr. Jürgen Grambow, Dr. Uwe Grüning, Holger Helbig, Günter Kunert, Prof. Norbert Mecklenburg, Prof. Peter Horst Neumann, Dr. Colin Riordan, Dr. Johann Siemon, Prof. Emery Snyder, Dr. Mary Stewart, Prof. Horst Turk.

Kontaktadressen:

The Administrative Secretary
Institute of Germanic Studies
29 Russel Square
London WC1B 5DP
England

Holger Helbig
Universität Erlangen-Nürnberg
Institut für Deutsche Sprach-
und Literaturwissenschaft
Bismarckstr. 1b
D-91054 Erlangen

Ulrich Fries

Uwe Johnsons »Jahrestage«
Erzählstruktur und Politische Subjektivität

1990. 183 Seiten, kartoniert. ISBN 3-525-20563-5

»Anliegen der Arbeit von Ulrich Fries ist es, Uwe Johnsons vierbändiges Romanwerk in seinem unverwechselbaren ästhetischen Rang als einen wesentlichen Beitrag zum Verständnis und zur inneren Bewältigung deutscher Geschichte, speziell historischer Schuld zu begreifen. Dabei geht es dem Verfasser um den Zusammenhang von historischer Konstellation, ästhetischer Form und politischer Aussage. ... Der Ausgangspunkt ist die genaue Lektüre, die Aufmerksamkeit für den Text, der dann schrittweise interpretatorisch erschlossen wird.« *(Deutsche Literaturzeitung)*

»Das Buch ist gut lesbar, was nicht an jeder Stelle bedeuten muß: leicht; genußvoll ist die Lektüre allemal: lesen, überdenken, im Roman nachschlagen, nochmals lesen: eine Erkenntnis gewonnen haben.« *(die horen)*

»Scholarly consideration of Johnson, more so than in most cases, has been bifurcated by the Atlantic. German studies have, by and large, concentrated on the social and political aspects of his work. ... American studies have emphasized narratological aspects, often to the exclusion of the political. Now we have a book that attempts to fuse those lines of development. I should say at the outset that Fries´s study is the best work so far written on Uwe Johnson.«
(The German Quarterly)

V&R *Vandenhoeck & Ruprecht · Göttingen*